알타이학의 어제와 오늘

알타이학총서 1
알타이학의 어제와 오늘

초판 1쇄 인쇄 2015년 10월 10일
초판 1쇄 발행 2015년 10월 15일

지은이 김주원 외 7명
펴낸곳 서울대학교출판문화원
펴낸이 성낙인

책임편집 김미진
디자인 장혜원

출판등록 제15-3호

주소 08826 서울 관악구 관악로 1
대표전화 02-880-5252 | 팩스 02-888-4148
마케팅팀(주문상담) 02-889-4424, 02-880-7995
이메일 snubook@snu.ac.kr
홈페이지 www.snupress.com

ISBN 978-89-521-1674-1 94700
978-89-521-1769-4 (세트)

이 저서는 2007년 정부(교육과학기술부)의 재원으로
한국연구재단의 지원을 받아 수행된 연구임(NRF-2007-361-AL0016).

알타이학총서 1

알타이학의 어제와 오늘

김주원 외 7명 지음

ALTAIC STUDIES: PAST AND PRESENT

서울대학교출판문화원

머리말: 알타이학 첫걸음

마침내 알타이학총서 1권을 내놓는다. 서울대학교 인문학연구원 산하 알타이학연구소가 출범한 지 7년여 만에 내놓는 학술서이다. 그간 우리 연구소는 알타이어족에 대한 학제적 연구를 내걸고 관련 연구자들이 모여 집담회를 이어 왔다. 『알타이학의 어제와 오늘』은 이 집담회 과정의 산물이다.

이 책에는 만주어와 우디허어의 연구 현황과 연구사가 개괄되어 있고, 러시아의 발해사 연구나 러시아 제국 지식인들의 시베리아 토착민관과 같은 역사학 논문도 수록되어 있으며, 시베리아 샤머니즘이나 알타이 여러 민족들의 기원을 다룬 시조신화 연구와 같은 문화와 문학에 관한 논의가 있을 뿐만 아니라, 유전자 분석을 통해 알타이어계 여러 민족 간의 상관성을 다룬 자연과학 논문도 실려 있다. 알타이학연구소가 내세운 알타이 제 민족의 언어 · 구전문학 · 역사 · 종교 · 민속 · 유전체에 대한 조사와 연구라고 하는 활동 영역을 거의 망라한 연구물을 모았다고 할 수 있다.

그러나 우리의 성과가 '알타이학의 어제와 오늘'이라는 제목에 턱없이 부족하다는 것을 자인하지 않을 수 없다. 학계에서 중앙유라시아(Central Eurasia)라고 부르는 지역과 알타이어계라고 부르는 민족은 대단히 방대하고 다양한데 관련 연구자들은 국내에는 적고, 당연하게도 연구물도 많지 않다. 이런 알타이학의 현실이 이 총서의 첫 권에 고스란히 반영되어 있다. 국내 알타이학의 연구 현황과 연구사를 정리해 보려고 했지만 이 정도에서 마무리할 수밖에 없었다. 그럼에도 불구하고 이 책을 내는 데는 현재 진행되고 있는 알타이학의 이모저모를 한곳에 모아 알타이학의 과거와 현재를 점검하여 향후 진일보의 계기로 삼자는 원려가 있었음을 이해해 주시기 바란다.

주지하듯이 국내의 알타이학은 주로 국어학·언어학 쪽에서 연구되어 왔다. 그것은 이 개념 자체가 주로 한국어의 계통적 기원을 밝히려는 목적에서 수용되었기 때문이다. 그러나 기원론은 현재 오리무중이다. 기원을 밝히고 계통의 선후 관계를 따지는 논의가 무용한 것은 아니지만, 인접한 언어들 사이의 상호 관계와 차이를 규명하는 쪽이 더 긴요하지 않은가 한다. 나아가 언어학을 넘어 종교와 문학을 포함하는 민속 문화의 상호 관계에 대한 연구로 확장되어야 언어의 문제도 해결될 수 있지 않을까 생각한다. 이런 고민이 이 총서의 첫 권에 담겨 있음을 기억해 주시면 좋겠다.

"흩어져 있는 호랑이보다 모여 있는 까치가 힘이 세다"는 속담이 있다. 몽골 속담이다. 이제 알타이학총서는 첫걸음을 내딛었다. 이 총서의 다음 걸음은 '만문노당(滿文老檔)의 번역과 주해', '알타이어계 제 민족 창세신화 번역과 주해' 등으로 이어질 것이다. 이를 계기로 앞으로 더 많은 까치들이 모여 국내외 알타이학 연구들이 집적되는 힘 있는 총서로 우뚝 서기를 희망해 본다. 관련 연구자들과 독자들의 질정과 적극적인 참여를 기대한다.

이 총서 1권은 많은 빚을 지고 있다. 먼저 서울대학교 인문학연구원의 지원이 아니었다면 이 책이 빛을 보기 어려웠을 것이다. 감사드린다. 또 이 책을 기획하고 편집까지 맡아주신 전임 소장 김주원 교수님, 세미나에 참여하여 발표와 토론을 해주신 여러 교수님들과 대학원생들께도

감사드린다. 끝으로 어려운 학술출판 환경 속에서도 이 총서를 짊어진 서울대학교출판문화원에 고마움의 뜻을 전하고 싶다.

2015년 8월

조현설

차례

제1장

서론: 알타이학의 어제와 오늘

김주원

서울대학교 언어학과 교수

주요 논저: 사라져 가는 알타이언어를 찾아서(2008, 공저), Materials of Written Manchu(2008, 공저), 조선왕조실록의 여진족 족명과 인명(2008), A Grammar of Ewen(2011)

1. 들어가기

'알타이학'이라는 용어를 느슨하게 정의하자면 '알타이라는 개념으로 묶을 수 있는 언어·문화 공동체를 형성하는 지역에 대해 종합적인 연구를 하는 학문 분야'라고 할 수 있다. 알타이학이라는 명칭은 우리 학계에서 그다지 익숙한 명칭이 아니다. 오히려 우랄알타이어족 또는 알타이어족이라는 용어가 쉽게 떠오를 것이다. 실상 알타이라는 명칭은 비교언어학 또는 한국어 계통 연구 분야에서 널리 쓰이던 용어이다. 게다가 한때 한국어 계통 연구를 위하여 알타이계 여러 언어와 비교를 하던 소박한 의미의 비교 연구의 학문적 유행이 지나간 이후에 알타이라는 명칭은 더욱더 쓰임새가 위축되었다.

그러나 비록 '알타이'라는 용어는 직접 사용하고 있지는 않지만 이른바 '알타이계 민족'에 관련된 연구가 여러 학문 분야에서 상호 연관이 없이 이루어지고 있었다. 이는 전적으로 지난 100여 년 간 지속되었던 한국어 계통론 연구가 남긴 효과였다고 생각된다. 즉 한국어가 알타이어족에 속한다는 명제가 교과서에 실리고, 최근에 알타이계 언어가 사용되는 지역을 비교적 쉽게 방문할 수 있을 뿐만 아니라 그들과의 인적·학문적·경제적 교류가 활발해지면서 각 분야에서 활발하게 연구가 이루어지고 있었던 것이다. 게다가 각 분야의 연구는 연관 분야 학문과의 교류를 갈망하고 있었다.

이러한 상황을 고려하여 몇몇 연구자들이 뜻을 모아서 2008년 8월에 서울대학교 인문학연구원 산하에 알타이학연구소를 설립하였다. 연구소를 설립함으로써 얻을 수 있는 가장 큰 효과는 각 분야에서 연구되던 여러 연구 주제를 '알타이학'이라는 명칭하에 통일할 수 있게 된 것이다. 현재 알타이학연구소에는 언어 · 문학 · 역사 · 종교 · 민속 · 유전형질연구실의 6개 연구실이 있다. 이들 각 실의 연구 분야는 다음과 같다.

- 언어연구실은 알타이 제 민족의 제 언어에 대한 조사와 연구를 담당한다.
- 문학연구실은 알타이 제 민족의 구전문학에 대한 조사와 연구를 담당한다.
- 역사연구실은 알타이 제 민족의 역사에 대한 조사와 연구를 담당한다.
- 종교연구실은 알타이 제 민족의 종교 전통에 대한 조사와 연구를 담당한다.
- 민속연구실은 알타이 제 민족의 민속에 대한 조사와 연구를 담당한다.
- 유전형질연구실은 알타이 제 민족의 유전체에 대한 조사와 연구를 담당한다.

알타이학연구소에서는 이러한 분야의 연구자들이 상호 교류함으로써 지금까지 언어 일변도로 운위되었던 '알타이'라는 개념을 공유하면서 보다 종합적으로 연구하여 상승효과를 얻을 수 있게 되었다.

이하에서는 '알타이'라는 개념을 처음 썼고 지금도 활발하게 쓰고 있는 언어학 분야의 연구사를 살펴봄으로써 개념을 확립하고 앞으로 활발한 연구를 할 수 있는 계기로 삼고자 한다.

2. 알타이언어 사용 지역

알타이어족이라는 용어를 정의해야 하겠지만, 여기에서는 유라시아 지역에서 사용되는 알타이어족에 속한 언어를 먼저 소개하고자 한다.

알타이어족에는 만주퉁구스어파, 몽골어파, 튀르크어파의 세 어파가 존재하며 이들 어파에는 55개의 개별 언어가 속해 있는데 각 어파에 11개, 10개, 34개의 언어가 있다. 이들 언어의 명칭과 분포는 다음과 같으며〔김주원 외(2011) 참고, 더 상세한 설명은 김주원 외(2008)에서 볼 수 있다〕, 지도를 제시하면 〈그림 1-1〉과 같다(이 지도에 쓰인 번호는 아래 각 언어의 번호와 일치한다).

1) 만주퉁구스어파

(1) 어원어 Ewen

인구: 19,071명(2002년) 중 모어 사용자 7,168명(38%)

지역: 러시아 사하(야쿠티야)공화국과 캄찻카(Kamchatka) 반도, 오호츠크 해 연안

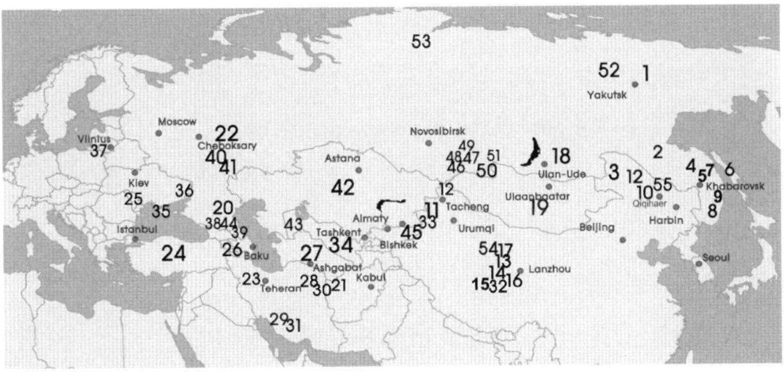

〈그림 1-1〉 알타이언어의 분포

(2) 어웡키어 Ewenki

(러시아 지역)

인구: 35,527명(2002년) 중 모어 사용자 7,584명(21%)

지역: 시베리아 예니세이 강으로부터 오호츠크 해에 이르는 지역과 사할린주

(중국 지역: 오로챈어라고 한다)

인구: 8,923명(2000년) 중 모어 사용자 1,200명(13%)

지역: 네이멍구(內蒙古)자치구 어룬춘(鄂倫春)자치기(2,050명), 헤이룽장성 쉰커(遜克)현(991명), 후마(呼瑪)현(460명), 타허(塔河)현(470명) 등

(3) 솔론어 Solon, 솔론 어웡키어 Solon Ewenki

인구: 30,505명(2000년) 중 모어 사용자 19,000명

지역: 중국 네이멍구자치구 후룬베이얼(呼倫貝爾)시 어웡키족(鄂溫克族)자치기, 모리다와다워얼족(莫力達瓦達斡爾族)자치기 등

(4) 네기달어 Negidal

인구: 567명(2002년) 중 모어 사용자 100–170명

지역: 아무르 강(=黑龍江) 하구의 하바롭스크주 카멘카(Kamenka) 지구와 폴리나 오시펜코(Polina Osipenko) 지구

(5) 나나이어 Nanai

(러시아 지역)

인구: 12,160명, 모어 사용자 3,886명(약 32%)(2002년)

지역: 하바롭스크주, 연해주, 사할린주 등

(중국 지역)

인구: 4,640명(2000년) 중 모어 사용자 약 30퍼센트

지역: 헤이룽장성 퉁장(同江)시(1,060명), 푸위안(撫遠)현(468명), 라오허(饒河)현(529명) 등

(6) 윌타어 Uilta

인구: 346명, 모어 사용자 64명(18.5%)(2002년). 그러나 실제로 이 언어를 비교적 자유로이 구사할 수 있는 사람은 10명 미만인 것으로 추정됨.

지역: 러시아 사할린주의 노글리키(Nogliki) 지구, 포로나이스크(Poronajsk)시, 일본의 홋카이도(北海道)

(7) 울치어 Ulchi

인구: 2,913명, 모어 사용자 732명(25%)(2002년)

지역: 러시아 하바롭스크주의 울치(Ulchi) 지구

(8) 우디허어 Udihe

인구: 1,657명, 모어 사용자 227명(14%)(2002년). 그러나 40명을 넘지 않는다는 주장도 있음.

지역: 러시아 하바롭스크주의 나나이(Nanaj) 지구 소재 그바슈기(Gvasjugi)와 연해주의 포자르(Pozhar) 지구 소재 크라스니 야르(Krasnyj Jar) 및 테르네이(Ternej) 지구 소재 아그주(Agzu)

(9) 오로치어 Orochi

인구: 686명, 모어 사용자 257명(37%)(2002년)

지역: 러시아 하바롭스크주의 소베츠카야 가반(Sovetskaja Gavan'), 바니노(Vanino), 콤소몰스크나아무레(Komsomol'sk-na-Amure) 남쪽의

노보예 옴미(Novoje Ommi)

(10) 만주어 Manchu, 滿洲語

인구: 10,682,262명(2000년) 중 모어 사용자 12명

지역: 중국 헤이룽장성 헤이허(黑河)시 쑨우(孫吳)현과 치치하얼(齊齊哈爾)시 푸위(富裕)현

(11) 시버어 Sibe, 錫伯語

인구: 중국 전체의 시버족 188,824명(2000년) 중에서 신장웨이우얼자치구에 34,566명(2000년)이 거주하는데, 이 중에서 약 24,000여 명이 시버어를 구사한다고 추정됨.

지역: 중국 신장웨이우얼자치구 이리(伊犁) 지구 차부차얼시보(察布査爾錫伯, 찹찰시버)자치현(18,938명), 우루무치(烏魯木齊)시(3,674명), 이닝(伊寧)시(3,011명), 훠청(霍城)현(2,585명), 궁류(鞏留)현(1,381명), 타청(塔城)시(1,214명) 등

2) 몽골어파

(12) 다고르어 Dagur, 達斡爾語

인구: 132,394명(2000년) 중 모어 사용자 80퍼센트가량(에스놀로그)

지역: 중국 네이멍구자치구 모리다와다워얼자치기, 헤이룽장성 치치하얼시 메이리쓰(梅里斯)다워얼족구, 신장웨이우얼자치구 타청시

(13) 몽구오르어 Monguor, 토족어 Tu, 土族語

인구: 241,198명(2000년) 중 모어 사용자 80퍼센트가량(에스놀로그)

지역: 중국 칭하이(青海)성의 후주투족(互助土族)자치현, 민허후이족투족(民和回族土族)자치현

(14) 보난어 Bonan, 保安語

인구: 16,505명(2000년) 중 모어 사용자 1만여 명

지역: 간쑤(甘肅)성 린샤후이족(臨夏回族)자치주 지스산바오안족둥샹족싸라족(積石山保安族東鄉族撒拉族)자치현, 칭하이(青海)성 퉁런(同仁)현

(15) 캉자어 Kangjia, 康家語

인구: 2,000여 명 중 487명이 캉자어를 구사하고 그중 377명은 능통, 110명은 대략 통하는 수준임(1996년).

지역: 중국 칭하이(青海)성 황난짱족(黃南藏族)자치주 젠자(尖扎)현의 캉자(康家)촌

(16) 둥샹어 Dongxiang, 東鄉語

인구: 513,805명(2000년) 중 모어 사용자 25만 명(에스놀로그). 둥샹어만 말하는 인구는 8만 명

지역: 중국 간쑤성의 서남부 주로 린샤후이족자치주 둥샹족자치현, 신장웨이얼자치구 이닝(伊寧)현과 훠청(霍城)현

(17) 동부요구르어 East Yugur, 東部裕固語

인구: 요구르족 13,719명(2000년) 중 동부요구르어 사용자 3,000명(에스놀로그)

지역: 중국 간쑤성 서북부 쑤난(肅南)위구족자치현

(18) 부랴트어 Buriat, 布里亞特語

(러시아 지역)

인구: 전 세계의 부랴트족 59만 명(2004년, http://www.hoodomg.com) 중 445,175명(2002년)이 러시아에 거주하고, 그중 부랴트어를 안다고 대답한 사람은 368,807명(83%)

지역: 러시아 부랴트공화국(중심지 울란우데), 이르쿠츠크주, 치타주

(몽골 지역)

인구: 66,000명(2008년, http://www.hoodomg.com), 몽골 인구의 2.5퍼센트(1985년 추정)

지역: 몽골 동북부, 특히 러시아의 부랴트공화국 인접 지역

(중국 지역)

인구: 10만 명(2000년) 중 58,000여 명은 신(新)바르가 방언, 23,000여 명은 구(舊)바르가 방언 사용자로 추정되며, 15,000여 명은 부랴트 방언 사용자로 추정됨(2001년).

지역: 중국 네이멍구자치구 후룬베이얼 지역

(19) 몽골어 Mongolian, 蒙古

(몽골 지역)

인구: 2,594,800명(2006년)

지역: 몽골

(중국, 기타 지역)

인구: 5,813,947명(2000년, 부랴트어, 칼미크-오이라트어, 튀르크어파의 투바어 사용자 포함).

지역: 중국 네이멍구자치구, 신장웨이우얼자치구

(20) 칼미크-오이라트어 Kalmyk-Oirat

(러시아 지역)

인구: 칼미크공화국에 173,996명 거주(2002년, 그중 칼미크어를 안다고 대답한 사람은 88%)

지역: 러시아 칼미크공화국(중심지는 엘리스타), 돈 강과 볼가 강 하류 사이에 있는 스텝 지역, 카스피 해 동부와 코카서스 북쪽(Dörbet와 Torgut), 중국, 키르기스스탄, 몽골 등

(중국 지역)

인구: 264,000명이며 그중 161,000명이 신장 지역에 살고 있고, 모두 모어에 능통

지역: 중국 신장웨이우얼자치구의 바인궈릉멍구(巴音郭楞蒙古)자치주와 보얼타라멍구(博爾塔拉蒙古)자치주, 허부커싸이얼멍구(和布克賽爾蒙古)자치현

(몽골 지역)

인구: 205,500명(Oirat 139,000명, Dörbet 55,100명, Torgut 11,400명 포함)

(21) 모골어 Moghol

인구: 수천 명의 모골족 중 모어 사용자는 없음(에스놀로그).

지역: 아프가니스탄 헤라트(Herat)주의 쿤두르(Kundur) 마을과 카레즈-이-물라(Karez-i-Mulla) 마을

3) 튀르크어파

(22) 추바시어 Chuvash

인구:

-러시아 1,637,094명, 추바시어를 아는 사람은 1,325,382명(2002년,

1989년 소련에서는 1,843,300명)

-우크라이나 10,593명, 모어 사용자 2,268명(2001년)

지역: 러시아의 추바시(Chuvashia)공화국(추바시족 인구의 절반 정도)을 중심으로 하여 인근의 여러 주

(23) 할라지어 Khalaj

인구: 42,107명(2000년)(1968년 인구는 약 17,000명)(에스놀로그)

지역: 이란의 콤(Qom)주와 마르카지(Markazi)주

(24) 터키어 Turkish

인구:

-터키 인구의 80퍼센트 정도인 약 6,000만 명(제2언어 사용자 포함 약 7,500만 명)

-불가리아에 745,700명(2001년, 전체 인구의 9.4%)

-자칭 북키프로스 튀르크공화국 주민 264,172명(2006년)의 거의 대부분

-아제르바이잔 43,400명(1999년)

지역: 터키, 불가리아, 키프로스, 그리스〔서(西)트라키아〕, 마케도니아, 코소보, 루마니아, 아제르바이잔, 독일 등 30여 개 국가

(25) 가가우즈어 Gagauz

인구: 약 25만 명

-몰도바 147,500명(2004년)

-우크라이나 31,923명 중 모어 사용자 22,822명(2001년)

-터키 14,000명

-불가리아 약 12,000명(1990년)

-러시아 12,210명(2002년)

지역: 몰도바(특히 가가우즈자치공화국에 집중 분포), 우크라이나 등

(26) 아제르바이잔어 Azerbaijani

인구: 2,500만-3,200만 명

-이란 1,600만-2,300만 명,

-아제르바이잔공화국 7,205,500명(1999년)

-터키 약 80만 명

-러시아 621,840명(2002년)

-그루지야 284,761명(2002년)

-카자흐스탄 78,295명(1999년)

-우크라이나 45,176명(2001년)

지역: 이란 서북부, 아제르바이잔공화국, 러시아의 다게스탄(Dagestan) 공화국, 그루지야 동남부, 터키 동부, 이라크 북부 등지

(27) 투르크멘어 Turkmen

인구: 약 600만 명(호라산 튀르크어 및 관련 방언 사용자 포함)

-투르크메니스탄 인구 5,097,028명(2007년) 중 85퍼센트(추정)

-이란 200만여 명(1997년)

-아프가니스탄 50만여 명(1995년)

-러시아 33,053명(2002년)

-타지키스탄 20,300명(2000년)

지역: 투르크메니스탄, 이란〔골레스탄(Golestan)주, 북(北)호라산(Khorasan)주〕, 아프가니스탄, 우즈베키스탄, 러시아, 타지키스탄

(28) 호라산 튀르크어 Khorasan Turkish

인구: 40만 명(Boeschoten, 1998년)

지역: 이란 동북부의 북호라산주, 라자비 호라산(Razavi Khorasan)주

(29) 카시카이어 Qashqa'i

인구: 150만 명(1997년)

지역: 이란 서남부의 파르스(Fars)주, 후제스탄(Khuzestan)주

(30) 아프샤르어 Afshar

인구: 약 30만 명, 모어 사용자는 아프가니스탄 5,000명, 이란 29,000명

지역: 아프가니스탄(Kabul, Herat), 이란 동북부〔케르만(Kerman)주, 라자비 호라산주, 남호라산주〕

(31) 아이날루어 Aynallu

인구: 약 7,000명(2001년)

지역: 이란 서남부 파르스주의 자그로스 산맥 동부, 마르카지(Markazi)주, 아르다빌(Ardabil)주, 잔잔(Zanjan)주

(32) 살라르어 Salar, 撒拉語

인구: 104,503명(2000년), 모어 사용자 35,000여 명

지역: 중국 칭하이(青海)성의 쉰화싸라족(循化撒拉族)자치현과 화룽후이족(化隆回族)자치현, 간쑤성의 지스산바오안족둥샹족싸라족(積石山保安族東鄕族撒拉族)자치현, 신장웨이우얼자치구 이리하사커(伊犁哈薩克)자치주의 이닝(伊寧)

(33) 위구르어 Uyghur, 維吾爾語

인구: 약 1,000만 명

-중국 8,399,393명(2000년)

-카자흐스탄 210,339명(1999년)

-키르기스스탄 46,944명(1999년)

지역: 중국 신장웨이우얼자치구, 카자흐스탄, 키르기스스탄 등

(34) 우즈베크어 Uzbek

인구: 약 2,800만 명

-우즈베키스탄 약 27,340,000명(2008년)

-아프가니스탄 약 2,910,000명(2011년)

-타지키스탄 936,700명(2000년)

-키르기스스탄 664,950명(1999년)

-투르크메니스탄 약 45만 명

-카자흐스탄 370,663명(1999년)

-러시아 122,916명(2002년)

-파키스탄 약 8만 명

-중국 약 12,370명(2000년)

-우크라이나 12,353명(2001년)

지역: 우즈베키스탄, 키르기스스탄〔오시(Osh)주〕, 아프가니스탄〔파르얍(Faryab)주, 조우즈잔(Jowzjan)주, 발흐(Balkh)주〕, 타지키스탄〔페르가나(Fergana) 계곡〕, 투르크메니스탄, 카자흐스탄, 러시아, 중국(신장웨이우얼자치구)

(35) 크림 타타르어 Crimean Tatar

인구: 약 50만 명

-우크라이나 248,193명 중 모어 사용자는 228,373명(2001년)

-우즈베키스탄 약 20만 명

-루마니아 약 25,000명

지역: 우크라이나(크림 반도), 우즈베키스탄〔페르가나(Fergana) 계곡〕, 루마니아〔북도브루자(Dobruja)〕, 불가리아(남도브루자) 등

(36) 우룸어 Urum

인구: 약 45,000명(1989년)

지역: 우크라이나 동남부의 도네츠크(Donetsk)주 29개 마을, 자포리지아(Zaporizhia)주 1개 마을, 마리우폴(Mariupol')시, 도네츠크시

(37) 카라임어 Karaim

인구:

-우크라이나 1,196명 중 모어 사용자 72명(2001년)

-러시아 366명 중 모어를 아는 사람 88명(2002년)

-리투아니아 258명 중 모어를 아는 사람 약 60명(2001년)

-폴란드 45명(2002년), 터키 50명 등

지역: 리투아니아, 벨라루스, 우크라이나(주로 크림 반도), 러시아, 폴란드, 이스라엘, 터키(이스탄불)

(38) 카라차이-발카르어 Karachai-Balkar

인구:

-러시아 300,608명(카라차이족 192,182명, 발카르족 108,426명), 카라차이-발카르어를 아는 사람 302,748명(2002년)

-터키 약 1만 명

지역: 러시아 카라차이-체르케시아(Karachai-Cherkessia)와 카바르디노-발카리아(Kabardino-Balkaria), 터키 에스키셰히르(Eskişehir) 일대 등

(39) 쿠므크어 Kumyk

인구: 422,409명, 쿠므크어를 아는 사람은 458,121명(2002년)

지역: 러시아연방 다게스탄공화국, 카자흐스탄, 터키 토카트(Tokat)주의 위치괴젠/쿠쇼투라으(Üçgözen/Kuşoturağı), 시바스(Sivas)주의 야부(Yavu), 차낙칼레(Çanakkale)주의 비가(Biga) 등

(40) 타타르어 Tatar

인구:

-러시아연방 5,554,601명 중 타타르어를 아는 사람은 5,347,706명 (2002년, 1989년 당시 인구 6,645,588명 중 모어 사용자는 5,715,000명)

-바시키르족 중 타타르어 사용자 37만 명

-카자흐스탄 248,952명(1999년)

-키르기스스탄 45,438명(1999년)

-아제르바이잔 3만 명(1999년)

-타지키스탄 19,000명(2000년)

지역: 러시아연방 타타르스탄(Tatarstan)공화국, 바시코르토스탄공화국과 인근 지역, 카자흐스탄, 키르기스스탄

(41) 바시키르어 Bashkir

인구:

-러시아 1,673,389명, 바시키르어를 아는 사람은 1,379,727명(2002년)

-카자흐스탄 23,224명(1999년)

지역: 러시아연방 바시코르토스탄공화국, 타타르스탄공화국과 인근 지역, 카자흐스탄, 우즈베키스탄

(42) 카자흐어 Kazakh, 哈薩克語

인구:

-카자흐스탄 인구 15,284,929명 중 53.4퍼센트(2007년, 1999년에는 7,985,039명)

-중국 1,250,458명(2000년)

-러시아 거주 인구 653,962명 중 카자흐어를 아는 사람은 563,749명(2002년)

-키르기스스탄 42,657명(1999년)

지역: 카자흐스탄, 우즈베키스탄, 중국(신장웨이우얼자치구, 특히 북부의 이리하사커자치주), 러시아, 몽골[바얀울기(Bayan-Ölgii)아이막], 키르기스스탄 등

(43) 카라칼파크어 Karakalpak

인구: 424,000명 중 모어 사용자는 398,573명(94%)(1989년)

지역: 우즈베키스탄의 카라칼파크스탄(Karakalpakstan)자치공화국

(44) 노가이어 Nogai

인구: 러시아 90,666명, 노가이어를 아는 사람은 90,020명(2002년)

지역: 러시아 카라차이-체르케시아(Karachai-Cherkessia), 스타브로폴(Stavropol') 및 다게스탄공화국 등

(45) 키르기스어 Kirghiz

인구:

-키르기스스탄 3,128,147명(1999년)

-중국 160,823명(2000년)

-타지키스탄 65,500명(2000년)

-러시아 31,808명(2002년)
-카자흐스탄 10,896명(1999년)

지역: 키르기스스탄, 우즈베키스탄, 중국 신장웨이우얼자치구 커쯔러쑤커얼커쯔(克孜勒蘇柯爾克孜)자치주의 아커타오(阿克陶)현, 아허치(阿合奇)현, 우차(烏恰)현, 이리하사커자치주의 자오쑤(昭蘇)현, 터커쓰(特克斯)현, 아커쑤(阿克蘇) 지구의 바이청(拜城)현, 우스(烏什)현, 타지키스탄, 카자흐스탄, 러시아, 아프가니스탄 바다흐샨(Badakhshan)주의 와한(Wakhan) 지방

(46) 알타이어 Altai

인구: 77,822명, 알타이어를 아는 사람은 69,445명(2002년)

지역: 러시아연방 알타이공화국, 알타이주, 케메로보(Kemerovo)주의 벨로보(Belovo) 지구, 구리옙스크(Gur'evsk) 지구, 노보쿠즈네츠크(Novokuznetsk) 지구

(47) 하카스어 Khakas

인구: 75,622명, 하카스어를 아는 사람은 52,217명(2002년)

지역: 러시아연방 하카스공화국

(48) 쇼르어 Shor

인구: 13,975명, 쇼르어를 아는 사람은 6,210명(2002년)

지역: 러시아연방 케메로보주의 미스키(Myski), 메지두레첸스크(Mezhdurechensk), 타시타골(Tashtagol) 지구

(49) 출름 튀르크어 Chulym Turkish

인구: 656명, 출름 튀르크어를 아는 사람은 270명(2002년)

지역: 러시아연방 톰스크(Tomsk)주의 테굴데트(Tegul'det) 지구, 크라스노야르스크(Krasnojarsk)주의 튜흐테트(Tjukhtet) 지구

(50) 투바어 Tuvan

인구:

-러시아 243,442명, 투바어를 아는 사람은 242,754명(2002년)

-몽골 27,000명

-중국 2,600명

지역: 러시아연방 투바공화국, 부랴트공화국의 오카(Oka) 지구, 몽골의 흡스굴(Khövsgöl)아이막, 홉드(Khovd)아이막, 바얀울기(Bayan-Ölgii)아이막의 쳉겔솜(Tsengel sum), 중국 신장웨이우얼자치구 이리하사커자치주 아얼타이 지구 내의 부얼진(布爾津)현, 하바허(哈巴河)현, 푸윈(富蘊)현

(51) 토파어 Tofa

인구: 837명, 토파어를 아는 사람은 378명(2002년)

지역: 러시아 이르쿠츠크(Irkutsk)주 니즈네우딘스크(Nizhneudinsk) 지구의 알리그제르(Alygdzher) 마을, 베르흐냐야 구타라(Verkhnjaja Gutara) 마을 및 네르하(Nerkha) 마을

(52) 야쿠트어 Yakut

인구: 443,852명, 야쿠트어를 아는 사람은 456,288명(2002년)

지역: 러시아연방 사하(야쿠티야)공화국과 인근의 마가단(Magadan)주, 크라스노야르스크주의 어웡키자치구 및 타이미르자치구 등

(53) 돌간어 Dolgan

인구: 7,261명, 돌간어를 아는 사람은 4,865명(2002년)

지역: 러시아 크라스노야르스크주(특히 타이미르 반도)

(54) 서부 요구르어 West Yugur, 西部裕固語

인구: 13,719명(2000년)

지역: 중국 간쑤성 서북부의 쑤난위구족(肅南裕固族)자치현

(55) 푸위 키르기스어 Fuyu Kirghiz

인구: 875명, 모어 사용자 10명(1982년)

지역: 중국 헤이룽장성 치치하얼시 푸위현 우자쯔(五家子)촌과 치자쯔(七家子)촌

여기에서 한 가지 특별히 언급하고자 하는 것은 알타이어족의 알타이라는 개념과 혼동할 우려가 있는 알타이어(46)이다. 알타이어는 러시아 알타이공화국의 알타이 산맥 남록에서 사용되는 튀르크계 언어의 하나로서, 이전에 '오이라트어'로 불리다가 1946년 이후에는 '알타이어'로 고쳐 부르게 된 개별 언어이다. 흔히 '알타이어족'을 '알타이어'로도 지칭하므로 혼동할 가능성이 큰데, 둘은 엄격히 구별되어야 한다.

이렇게 보면 유라시아 대륙의 동쪽에 만주퉁구스어파의 언어, 몽골을 중심으로 한 지역에 몽골어파 언어, 그리고 유럽의 일부와 서부 시베리아 지역에 튀르크어파의 언어가 분포되어 있음을 알 수가 있다.

3. 알타이언어 연구의 역사[1]

먼저 이야기하고 싶은 것은 알타이어족이라는 용어와 우랄알타이어족이라는 용어에 대해서이다. 어족의 개념을 이해하기 위해서는 역사비교언어학적 바탕이 있어야 하지만, 간략히 말하자면 유사성을 보이는 여러 언어들이 이전 시기에 하나의 언어에서 분화된 것이 언어학적으로 증명되었다면 그 언어들은 인간 또는 생물의 가계도와 비유하여 그 언어들을 하나의 가족으로 볼 수 있으므로 언어의 가족(language family), 즉 어족(語族)으로 부를 수 있는 것이다. 아래의 알타이언어 연구사에서 볼 수 있듯이러한 연구가 이루어진 19세기와 20세기 초기까지는 유라시아 대륙에서 어순이 일치하고 모음조화를 하는 등 유형론적으로 유사한 언어들을 묶어서 분류하였는데, 크게 보아 우랄 산맥을 중심으로 하는 지역과 알타이 산맥을 중심으로 하는 지역의 언어가 이러한 점에서 유사성을 띠므로 이 언어군을 우랄알타이어족으로 분류하는 경향이 있었다. 한국어에도 이러한 공통 특징이 있으므로 우랄알타이어족의 한 구성원이라고 생각했던 것이다. 한편 일제 강점 시기 우리의 손으로 학문을 할 수 없었을 때 일본인 학자 시라토리 구라키치(白鳥庫吉, 1914-1916)의 일련의 연구에서 '우랄알타이어'라는 용어를 사용하였고 그 이후 일본인 교수들이 이 용어를 즐겨 사용하였으므로 일반화된 것으로 볼 수도 있다. 그러나 아래에서 볼 수 있듯이 언어학자 람스테트는 1910년대에 우랄알타이어족이라는 개념은 너무 넓은 지역의 너무 많은 언어를 포함하게 되어 비교언어학적 정밀성이 떨어지므로 우랄어족과 알타이어족은 분리해서 연구할 필요성이 있음을 역설하고 자신은 알타이어족을 연구 대상으로 국한

1 이 절은 졸고(2008)의 제1장을 수정하여 옮겨 온 것이다.

하였다. 다만 우리가 주의해야 하는 것은, '알타이어족'이라고 했을 때에는 '인도유럽어족'처럼 언어학적으로 증명된 것이 아니라 '알타이어족'이라는 것이 존재할 개연성이 있는 것이며 앞으로 증명해야 할 작업가설(working hypothesis)이라는 점이다. 이하에서는 '알타이어족'이라는 개념이 어떻게 탄생하였는지를 간략히 보이고자 한다.

알타이언어는 역사비교언어학의 초기 연구 단계에서부터 여러 학자의 관심을 끌어 왔다(Poppe, 1965, p. 125 이하 참고, 이하에서 언급된 저자들의 연구문헌명은 Poppe(1965) 참고).

(1) 스웨덴인 폰 스트랄렌베리(von Strahlenberg, 1730)는 이 언어들을 포함한 여러 언어를 "the Tatar Languages"라고 명명하면서 이 언어의 친족성에 대해 최초로 주목한 연구자이다.
(2) 덴마크인 라스크(Rask, 1834)는 여기에 더 많은 언어를 포괄하여 "the Scythian Languages"라고 명명한 바 있다.
(3) 뮐러(Müller, 1869)는 교착적 특성에 근거하여 위의 언어들을 "the Turanian Languages"라고 명명하였으며 이 언어들을 유목민 언어(nomadic Languages)라고 규정하였다.
(4) 스콧(Schott, 1849)은 아래의 카스트렌과 마찬가지로 우랄어족(그의 용어로는 "the Chudic Language")과 알타이언어(그의 용어로는 "the Tatar Languages")를 포괄하는 "the Altaic Group" 또는 "the Chudic-Tatar Group"이라고 명명하였다.
(5) 핀란드인 카스트렌(Castrén, 1862)은 교착적 특성에 대명사 등의 일치를 기준으로 삼아 오늘날의 우랄어족 언어와 알타이언어를 포괄하는 "the Altaic Languages" 개념을 주장하였다.
(6) 핀란드인 람스테트(Ramstedt, 1916 등)는 그 자신이 피노우그르어 학자(Finno-Ugricist)인데 우랄어족 언어와 알타이언어를 분리하여 연구

한 최초의 학자이며 그에 의해서 알타이어족의 개념이 정립되었다.

(7) 람스테트의 이러한 견해는 다음과 같은 많은 학자들에 의해 적극 수용되었으며 심화·발전되기에 이르렀다(알타이어족 가설 지지자들): 코트비츠(Kotwicz), 네메트(Németh), 곰보츠(Gombocz), 블라디미르초프(Vladimirtsov), 바스카코프(Baskakov), 알토(Aalto), 포페(Poppe) 등

(8) 반면에 알타이언어들의 유사성을 인정하면서도 이 유사성이 (상호) 차용에 유래한다는 가설도 활발하게 전개되었다(반알타이어족 가설 지지자들): 사이너(Sinor), 클로슨(Clauson), 되르퍼(Doerfer) 등

(9) (8)의 주장이 일면 타당성을 가지고 있다는 점은 람스테트(1903)의 초기 견해를 보면 이해가 될 것이다:
"만약 확실하게 경계가 있는 일정한 지역에 살지 않는 중앙아시아의 유목민들이 1,000년간 함께 살며 서로 싸우면서 지냈고 그동안에 다른 언어로부터, 예를 들어, 99퍼센트의 차용어를 받아들였다면 이들 언어의 공통적인 '조어(proto-language)'가 있을까?" (Poppe, 1965, p. 149에서 재인용)

이상에서 연구자들의 견해를 살펴보았다. (7)에서 보듯이 기존의 견해를 계승한 연구가 활발히 이루어졌으나 1950년대부터 인도유럽어족의 언어를 연구한 일련의 학자들로부터 알타이어족 가설은 크게 도전을 받게 된다. 이들 중 일부는 알타이언어들 간의 유사성은 원래 서로 다른 언어들이 후대의 접촉을 통해(위의 (9) 참고) 생겨난 것이라고 주장하게 되었고, 급기야 알타이어족은 원래 존재하지 않았다는 반알타이어족 가설을 주장하기에 이르렀다.

현재의 상황은 적극적인 지지자인 람스테트와 포페의 영향력이 감소하면서 반알타이어족 가설이 일반적으로 받아들여지는 것처럼 보인다. 사실 순수하게 역사언어학적 관점에서 보면 알타이언어 비교언어학은 인

도유럽어 비교언어학과 비교할 때 그 친연성의 증명력은 현저하게 떨어진다. 그 이유는 알타이언어 그 자체에서 찾아볼 수 있다:

(가) 알타이언어의 교착적 특성을 그 첫째 이유로 들 수 있다. 알타이언어는 형태론적으로 교착어 유형에 속하며 형태소는 기계적으로 어간에 들러붙으며 거의 예외가 없다. 이러한 단순성으로 인하여 유사성의 증명 가능성이 낮으며, 더불어 인도유럽어족에서 나타나는 바와 같은 높은 증명력을 갖는 예외의 일치를 기대할 수가 없다.

(나) 현존하는 어파의 개수와 언어의 개수가 인도유럽어와 비교할 때 현저히 적다. 즉 알타이언어는 크게 3개의 어파로 나누어지며 50여 개의 언어로 구성되어 있는데, 각 어파의 언어들은 방언 관계에 있다고 해도 좋을 정도로 가깝다. 이는 약 11개의 어파로 구성되어 있고 많은 수의 상당히 다른 언어 구조를 가진 인도유럽어족의 언어들과 차이가 난다.

(다) 현존하는 문헌의 역사적 깊이가 일천하다. 역사언어학에서 문헌 기록은 그 이전의 언어 상태를 파악하는 데 매우 중요하다. 인도유럽어의 경우 3,500년 전부터 기록이 존재하는 데 비해 알타이언어의 경우 1,200년 전인 8세기에 최초의 기록이 나타난다.

(10) 그럼에도 불구하고 람스테트, 포페 등이 주장한 알타이어족 가설은 여전히 중요한 가설로 남아 있다. 반알타이어족 가설 학자들이 제시한 주장에 대한 포페(1965, p. 153 이하)의 반론에 대해서는 아직 합리적인 답이 제시되지 않았으며, 이러한 사실은 알타이언어가 단순히 상호 차용에 의해 유사해진 것이 아니며 알타이 조어에서 유래했을 가능성이 있음을 말해 준다.

4. 한국어 계통 연구의 역사

한국어 계통 연구의 역사에 대해서는 여러 학자들이 여러 논문에서 논의한 바 있으므로 중복을 피하기 위하여 이 글에서는 생략하기로 한다. 다만 포페(1950; 1965)의 주장은 한국어 계통론 연구에 큰 영향을 끼쳤으므로 여기에서 언급하고 넘어가기로 한다.

포페(1950)의 다음 기술은 한국의 비교언어학자들에게 연구의 동인을 제공한 중요한 계기가 되었다:

> 한국어와 다른 알타이언어들의 친연성은 의심할 바 없다. (Poppe, 1950, p. 580)

그러나 포페(1965)는 반알타이어족 가설을 소개하였을 뿐만 아니라 한국어의 계통적 위치에 관해 새로운 견해를 소개함으로써 한국어의 알타이어족설을 회의론으로 방향을 바꾸게 하는 데 결정적인 역할을 하였다.

> 저자(포페-인용자 주)는 한국어의 위치에 대해 여러 가지 가능성이 있음을 받아들인다: 1. 만주퉁구스어파와 튀르크어파가 관련이 있듯이 한국어는 다른 알타이언어와 관련이 있을 수 있다; 2. 한국어 조어(Proto-Korean)는 알타이 공동체(Altaic unity)가 존재하기 전에 분기했을 수 있다; 3. 한국어는 알타이 기층(Altaic substratum)만 있을 수 있다. 즉 원래 비알타이언어인데 고대 알타이언어를 흡수하였거나 알타이언어를 말하는 층 위에 얹혔을 가능성이 있다. (Poppe, 1965, p. 148)

이러한 기술의 여파로 김방한(1966)의 신중론 내지는 회의론이 나타났으며 급기야 알타이어족설의 신봉자였던 이기문도 이기문(1990)에서

회의론을 짙게 나타내고 말았다. 이어서 졸고(1992)에서는 당시까지의 연구를 개관하고 한국어 계통론이 교착 상태에 빠진 것으로 판단하며 앞으로 연구 방향을 다음과 같이 제시한 바 있다:

> A. 비교를 계속하는 경우
> 1) 지금까지 이루어진 알타이 제어(諸語), 일본어와의 비교 연구를 깊이 검토하여 비판하고 보다 심화 확대된 비교 연구를 꾀한다.
> 2) 국어에 있을지도 모를 비알타이어적인 요소를 집중적으로 연구한다.
>
> B. 비교를 더 이상 계속하지 않는 경우
> 3) (잠정적으로) 고립어이기를 자처한다. (중략) 국어와 알타이 제어 등의 내적 연구가 이루어진 뒤에 이를 바탕으로 해서 비교 연구를 재개할 수도 있을 것이다.
> 4) 비교 연구를 대체할 수 있는 새로운 연구 방법을 개발한다. 일례로 국어에 관해 언어유형지리론(言語類型地理論)을 적용한 (…) 들 수 있을 것이다. (김주원, 1992, p. 549)

이상의 논의를 요약하자면 "한국어는 알타이어족(만약에 이런 것이 존재한다면)에 속할 개연성이 높은 언어이지만 아직까지 언어학적으로 증명되었다고는 볼 수 없다"고 할 수 있다. 그러나 증명되지 않았다고 해서 한국어는 알타이어족이 아니라고 성급한 결론을 내려서는 안 된다는 사실을 강조하고 싶다. 언어학적 방법론은 워낙 엄밀하게 적용되므로 한국어처럼 인근 언어들과 언어적 거리가 멀어진 언어에 대해서는 증명하기기 쉽지 않을 뿐이다. 바로 이러한 이유로 한국어 계통론 또는 한민족의 기원에 대한 연구는 다른 학문 분야와의 공동 작업을 필요로 하게 되는 것이다.

5. 알타이학에 대하여

앞에서 보았듯이 알타이학은 한국어 계통 연구를 위하여 시작되었으며 한국어 계통 연구의 주 목적은 한국어를 사용하는 한국인의 민족과 언어와 문화의 기원을 찾으려는 것이라고 할 수 있다. 이 가운데 주로 언어학적 연구에 대해서만 알타이학이라는 명칭이 쓰였지만 이것은 너무 좁은 의미를 지니고 있다고 할 수 있다. 이 글의 첫머리에서 보였듯이 개념을 다소 넓게 잡아 정의하자면 '언어학적 연구 대상으로 삼았던 알타이언어 사용 지역에 대한 종합적 연구를 하는 학문 분야'라고 할 수 있다. 이 정의는 통시적 연구뿐만 아니라 공시적 연구를 포함하며, 알타이 언어문화 공동체의 연구를 위하여 언어에 대한 연구뿐만 아니라 신화, 민속, 역사, 종교 등과 최근 급속하게 발전하는 유전체학 등의 연구를 포함할 수 있다. 지금까지는 이러한 연구가 다른 분야와 교류가 없이 각각 연구되는 것이 일반적 경향이었다. 그러나 언어학에 대한 연구 경험에서 보았듯이 이러한 분야의 단독 연구는 일정한 한계를 지니고 있다. 이제는 한국어의 조상 언어 또는 한국인의 기원을 찾는 다소 민족주의적인 연구 경향에서 벗어나서 이웃의 언어와 문화 등을 더 깊이 이해함으로써 한국인과 한국어를 더 잘 이해할 수 있는 기초를 마련하는 것이다. 앞으로 이러한 분야들의 학제적 연구를 통해 진정한 알타이학 연구가 이루어질 수 있을 것이다.

이 책에서는 이러한 의미에서 '알타이학의 어제와 오늘'이라는 주제로 몇몇 분야의 글을 모아 보았다.

[문학] 알타이어계 제 민족 시조신화 자료 검토

[언어학] 한국의 만주어 연구 현황과 과제

[언어학] 우디허어 연구사와 현지조사 노트

[역사학] 러시아 연해주의 발해사 연구

[역사학] 러시아 제국 지식인의 시베리아 토착민관

[인류학] 시베리아 샤머니즘의 특성과 그 연구사

[의학-유전체학] 유전체 서열 변이를 이용한 동아시아 민족 간 유전적 연관성 분석 연구 현황과 과제

이러한 연구를 통해 한국의 알타이학이 기초를 다지고 학문 상호 간에 정보를 주고받으며 발전하여, 오래되었으면서도 새로운 분야로 자리잡아 한국뿐 아니라 세계 학문 영역에서 알타이 민족을 이해하는 데 기여할 수 있기를 기대한다.

참고문헌

김방한 (1966),「국어의 계통연구에 있어서의 몇 가지 문제점」,『진단학보』 29·30.

김주원 (1992),『계통론, 국어학연구 백년사』, 일조각.

김주원 (2008),『알타이언어의 새로운 연구 방향에 대하여』, 한글 282.

김주원 외 (2008),『사라져 가는 알타이언어를 찾아서』, 태학사.

김주원 외 (2011),『언어다양성 보존을 위한 알타이언어 문서화』, 태학사.

이기문 (1990),「한국어와 몽고어의 관계-그 어휘 비교에 대하여」,『대동문화연구』 24.

白鳥庫吉 (1914-1916),「朝鮮語とUral-Altai語との比較研究」,『東洋學報』 4-2, 3, 5, 5-1, 2, 3, 6-2, 3(白鳥庫吉全集 3에 재수록).

Poppe, .(1950), "Review: G.J. Ramstedt, Studies in Korean Etymology, 1949", *Harvard Journal of Asiatic Studies* 13-3, 4, pp. 568-581.

Poppe, N. (1965), *An Introduction to Altaic Linguistics*, Wiesbaden: Otto Harrassowitz.

Ramstedt, G.J. (1903), *Über die Konjugation des Khalkha-Mongolischen*, MSFOu 19.

제2장

알타이어계 제 민족 시조신화 자료 검토

조현설

서울대학교 국어국문학과 교수

주요 논저: 동아시아 건국신화의 역사와 논리(2003), 우리 신화의 수수께끼(2006), 마고할미신화 연구(2013) 등

1. 들어가기: 알타이어족과 시조신화 연구의 관계

알타이계(통)라는 개념은 알타이어족이라는 언어학적 계통론에서 비롯되었다. 이 계통론은 일찍이 1920년대부터 폴리봐노프, 람스테트에 의해 주창되었으며, 이후 포페 등에 의해 계승된 바 있고[1] 국내에서는 김방한 등에 의해 수용되어 알타이어계 언어가 기층을 이루는 원시한반도어 위에 얹혀 있다[2]는 가설로 나아간 바 있다. 하지만 국내 학계에서는 알타이어족설에 대한 회의론 역시 적지 않은 것으로 보인다.[3] 그런데 근래 세르게이 스트로스틴 등은 광범위한 어휘 비교의 바탕 위에서 "원알타이어가 약 8,000년 전에 터키-몽골어, 퉁구스-만주어, 한국-일본어로 나뉘고, 한국어와 일본어는 최근 나뉘었다"[4]라는 좀 더 진전된 주장을 내놓은 바 있다. 현재 한국어의 알타이어 계통론 연구는 소강상태에 있지만 원알타이어에 대한 연구는 여전히 진행되고 있으며, 따라서 알타이어 계통설은 유

1 金芳漢, 『韓國語의 系統』, 민음사, 1982, pp. 36-40.

2 위의 책, p. 244.

3 이기문, 「韓國語와 蒙古語의 關係 - 그 語彙 比較에 대하여」, 『대동문화연구』 24, 성균관대학교 대동문화연구원, 1990.

4 이홍규, 『한국인의 기원』, 우리역사연구재단, 2010, p. 232.
Sergei Starostin, Anna Dybo, and Oleg Mudrak, *Etymological Dictionary of the Altaic Languages*, Leiden: Brill, 2003.

라시아 단위의 문화 연구에서 여전히 고려할 필요가 있는 가설적 단위라고 할 수 있다.

한국을 비롯한 중국, 일본 등지에서 이뤄지고 있는 알타이어계 신화 연구는 기본적으로 언어학적 계통론에 입각해 있다고 생각된다. 물론 알타이 산맥 주변의 민족신화에 대한 연구라는 제한적 의미로 사용되는 경우도 있지만 일반적으로는 알타이어계 제(諸) 민족신화라는 관점에서 연구가 이뤄지고 있다.

국내 학계의 경우 일찍이 박시인이 알타이 신화라는 관점에서 그 유사성을 연구한 사례[5]가 있기는 하지만 특별히 알타이어계를 내세운 연구는 거의 없었다고 할 수 있다. 최근 양민종이 알타이 신화에 관심을 보이고 있지만 이 경우 알타이는 원알타이, 즉 알타이 산맥 인근 민족들의 전승에 초점이 맞춰져 있다.[6] 국내 학계의 경우 오히려 언어계통론이 아니라 문화권이라는 관점에서 동아시아 혹은 동북아시아 지역 신화의 비교 연구가 주류적 흐름이라고 할 수 있다.[7] 알타이어계라는 시각에서 보면 주로 퉁구스계 민족 간의 비교 연구라고 할 만한 것이다.

그런 가운데 최원오에 의해 이뤄진 알타이계 민족의 민족기원신화에 대한 연구는 주목할 만하다. 이 연구는 알타이어계 민족을 돌궐어계, 몽골어계, 아이누를 포함한 퉁구스어계로 나눠 각 계통의 민족기원신화에 보이는 특징을 검토하고 있다.[8] 현상들의 관계를 분석하여 본질을 드러

---

5 박시인, 『알타이신화』, 청노루, 1993.

6 양민종, 『알타이이야기』, 정신세계사, 2003.
양민종, 「구소련 지역 알타이 신화 비교 연구」, 『슬라브연구』 21권 2호, 한국외국어대학교 러시아연구소, 2005.
양민종, 「신화내부 시간범주에 따른 알타이신화 모티프 분류」, 『단군학연구』 22, 단군학회, 2010.

7 조현설, 「설화연구의 새로운 흐름과 전망」, 『동악어문논집』 37, 동악어문학회, 2001, 2장 참조.

8 최원오, 「동아시아 알타이어계 민족의 民族起源神話에 나타난 특징 연구」, 『구비문학

내기보다는 현상 자체를 정리하는 데 목적이 있는 연구지만 이 글과 관련하여 시사하는 바가 큰 논문이라고 할 수 있겠다.[9]

일본 학계의 경우도 우리와 사정이 크게 다르지 않은 듯하다. 초기 시라토리 구라기치(白鳥庫吉)의 시대에 알타이계의 관점에서 연구가 이뤄졌으나 뒤에는 일본 내의 학문적 흐름에 따라 비교 신화 연구의 초점이 중국 남부(윈난) 지역이나 타이완 등 동남아 지역으로 이동한 듯하다. 기마민족설의 대두에 따라 다시 알타이계가 주목받은 경우가 있으나 주류적 경향이라고 보기는 어렵다.[10]

두 나라에 비하면 중국은 상대적으로 알타이어계 제 민족신화 비교 연구가 활발한 것으로 보인다. 만더우후(滿都呼)는 일찍이 알타이어계 민족들의 신화를 정리하여 낸 바 있고[11] 근년에도 여러 연구자들에 의해 알타이어족을 대상으로 한 신화 연구가 이뤄지고 있다.[12] 주로 신화 모티프를 통해 공통의 요소를 찾아내거나 차이를 해명하는 연구가 주류를 형성하고 있다.[13] 이는 아마도 중국의 특수성, 즉 자국 내에 일반적으로 알타이어계로 분류되는 튀르크계, 몽골계, 퉁구스계 민족이 두루 분포하고 있

연구』 11집, 한국구비문학회, 2000.

9 저자는 최원오의 상기 논문을 부주의하게도 이 글을 마무리하고서야 확인했다. 그러나 대상으로 삼은 자료는 상당 부분 동일하지만 다루는 방식, 각 계통별 시조신화들의 상관성에 대한 논의 등에서는 상당한 차이가 있다는 점을 밝혀 둔다.

10 佐口透, 「アルタイ語民族の神話と傳承」(江上波夫 編, 『騎馬民族とは何か』, 每日新聞社, 1975).
西脇隆夫, 「日本神話研究」, 『名古屋學院大學論集 言語文化篇』, 名古屋學院大學總合研究所, 2004.

11 滿都呼, 『中國阿爾泰語系諸民族神話故事』, 北京: 民族出版社, 1997.

12 대표적인 저작이 황런위안(黃任遠)의 『通古斯-滿語族神話研究』(哈爾濱: 黑龍江人民出版社, 2000)이다.

13 위에 인용한 황런위안의 연구서 외에 다음과 같은 논문을 참고할 수 있다.
那木吉拉, 「阿尒泰語系諸民族樹生人神話比較研究」, 『西北民族研究』, 2009. 3.
王其格, 「淺論阿尒泰語系諸族的熊狼圖騰」, 『赤峰學院學報』, 2010. 7.
王其格, 「淺論阿尒泰語系民族的鹿鳥圖騰」, 『赤峰學院學報』, 2010. 8.

고, 충분한 자료가 정리되어 있기 때문일 것이다. 다른 한편으로는 알타이어족설에 대한 중국 내의 언어학적 비판이 크게 이뤄지지 않았기 때문일 수도 있으나 이 점에 대해서는 더 검토가 필요하다.

신화는 인류의 가장 오래된, 그리고 여전히 살아 있는 이야기 형식이다. 따라서 신화를 연구하기 위해서는 다양한 접근의 경로(이론)가 필요하다. 그런 경로 가운데 하나가 신화를 언어권이나 그와 연계된 문화권 단위로 묶어 비교하는 방법이다. 비교는 단일 집단의 신화를 통해서는 풀리지 않는 매듭을 풀 수 있는 실마리가 될 수 있기 때문이다. 일찍이 유럽에서 촉발된 비교신화학이 인도유럽어라는 언어학적 가설을 바탕으로 하고 있었던 것도 이 때문이다. 따라서 비록 알타이어족이 그 실체가 객관적으로 입증되지 않은, 논란에 휩싸인 가설적 개념이라고 하더라도 이 지역의 신화를 하나의 단위로 묶어 그 연관성을 검토하는 작업은 의의가 없다고 할 수 없다. 신화를 통한 비교 연구의 결과가 이 단위 내의 신화소들이 특이하게 공통적 요소를 많이 가지고 있다고 말한다면, 역으로 언어학적 가설을 유의미하게 해 줄 수도 있을 것이기 때문이다. 더구나 최근에 진전되고 있는 유전학적 분석의 결과가 이 단위가 지닌 유전학적 상관성을 크게 인정하고 있는 점도 주목할 만하다.[14]

'언어-문화권' 단위로 신화를 비교할 때 일차적으로 주목해야 할 신화 유형이 시조신화라고 생각한다. 주지하듯이 시조신화는 한 집단의 기원에 관해 설명하는 신화이다. 물론 이때 기원이란 사실적 기원이 아니라 상징적 기원이다. 대개 해당 집단 고유의 상징적 의미를 부여받은 동식물과 같은 자연물과 혈통적으로 연결되어 있다고 말하는 것이 시조신화인데 이는 일상생활과 깊은 관계를 유지하고 있는 자연물을 자신들의 기원

14 이홍규, 앞의 책 참조.

으로 끌어들여 신성성을 부여하고, 그 신성성과의 관계망 속에서 개인과 집단의 안전을 확보하려고 했던 원시적 심리와 관계가 있을 것이다. 그런데 바로 이 '신성한 기원에 대한 집단적 인식' 때문에 시조신화는 쉽게 변하지 않는 경향이 있다. 한 혈족 집단 내부에서 분화가 일어나 다른 집단을 형성하더라도 분화된 집단은 기존의 시조신화를 사용하거나 기지의 시조신화의 구조나 모티프 내에서 변형을 도모하는 방식으로 새로운 기원을 설명하려고 한다. 따라서 시조신화의 비교 연구는 민족(종족)들 사이의 상관관계를 파악할 수 있는 유력한 표지 가운데 하나라고 할 수 있다. 알타이어족이 비록 하나의 가설에 지나지 않더라도 이 단위 내에서 시조신화 비교 연구가 가능할 뿐만 아니라 긴요한 까닭이 여기에 있다고 생각한다.

이런 시각에서 저자는 알타이어계 여러 민족의 시조신화 자료를 일차적으로 검토하고 비교하여 시조신화 비교 연구의 초석을 다지고자 한다. 먼저 알타이어 계통으로 통칭되는 튀르크계, 몽골계, 퉁구스계 관련 시조신화 자료들을 제시하고, 각 시조신화군의 특징들을 포착하여 이 하위 계열들 간의 상관관계에 대한 대체적인 약도를 제시하려고 한다. 이 약도를 바탕으로 향후 본격적인 비교 연구가 진행될 것이다.

2. 알타이어 제 민족 시조신화 자료들

1) 튀르크계 시조신화

〈튀1〉 신이 흉노 땅에 있을 때 들은 바로는 오손의 왕은 이름이 곤막입니다. 곤막의 아비는 난두미라 하며 본래는 대월지와 함께 기련, 돈황에 살았던 작은 나라의 왕이었습니다. 대월지가 습격하여 난두미를 죽이고 그 땅을 빼앗자 백성들이 흉노로 도망을 갔습니다. 그의 아들 곤막이 막 태어나자 스승 포취령후가 아이를 안고 도망가다가 풀 속에 누이고 식량을 구하러 갔습니다. 돌아와 보니 이리가 젖을 물리고 있었고 까마귀가 고기를 물고 와서 그 옆을 날고 있었습니다. 그는 이를 신령스럽게 여기고 흉노로 데려갔는데 흉노왕이 곤막을 애지중지 길렀습니다.[15]

〈튀2〉 오손왕은 곤막이라고 하는데 흉노가 그 아비를 공격해 죽이고 곤막을 들에 버렸더니 까마귀가 고기를 물고 와 먹였다. 선우는 그것이 이상하여 신성하게 여겨 거두어 길렀다. 커서는 병사들을 이끌고 여러 차례 공을 세우자 선우가 이에 다시 그 부친의 백성을 곤막에게 주어 서역을 오랫동안 지키게 명하였다.[16]

〈튀3〉 돌궐은 흉노의 별종으로 성은 아사나이고 따로 부락을 이루고 살았다. 훗날 이웃나라의 침략을 받아 나라가 멸망하고 족속이 모두 죽었다. 당시에 나이가 열 살 된 아이가 하나 있었다. 병사는 아이가 어려서 차마 죽이지 못하고 발을 자른 뒤에 풀이 무성한 늪에다 버렸는데 암컷 이리가 고기를 가져다가 먹였다. 아이는 자라서 이리와 교합했고 이로 인해 이리가 임신을 했다. 적국의 왕이 아이가 아직 살아 있다는 소문을 듣고 사람을 다시 보내 죽이게 했다. 사자가 보니 곁에 이리가 있는지라 죽이려고 하니 이리는 고창국의 북쪽 산으로 도망을 갔다. 산에는 동굴이 있었는데 그 안에는 평지가 있었고 풀이 우거졌으며 면적은 수백 리

15 臣居匈奴中, 聞烏孫王號昆莫, 昆莫父難兜靡本與大月氏俱在祁連, 敦煌間, 小國也. 大月氏攻殺難兜靡, 奪其地, 人民亡走匈奴. 子昆莫新生, 傅父布就翎侯抱亡置草中, 爲米食, 還見狼乳之, 又烏銜肉翔其旁, 以爲神, 遂持歸匈奴, 單于愛養之(『史記』 卷123 「大宛列傳」).

16 烏孫王號昆莫, 匈奴攻殺其父, 而昆莫生, 棄于野, 鳥銜肉往食之. 單于怪之, 以爲神而收長. 及長, 使兵數有功, 單于乃復以其父之民予昆莫, 命令長守于西域(『論衡』 卷2 「吉驗篇」).

에 사방이 다 산으로 둘러싸여 있었다. 이리가 그 안에 숨어서 열 명의 아들을 낳았고 그들이 자라서 아내를 맞이하여 임신을 하였다. 훗날 이들이 각자 성을 가지게 되니 아사나도 그중의 하나이다. 자손이 번성하여 수백 가구에 이르고 몇 대가 지나자 서로 동굴을 나와서 여여(茹茹)의 신하가 되었다. 금산의 남쪽에 살면서 여여를 위해 철을 다루었다. 금산은 모양이 투구처럼 생겼는데 투구를 속칭 돌궐이라 하여 그들의 이름으로 부르게 되었다.[17]

〈퉈4〉 속설에는 흉노의 선우에게 두 딸이 있는데 자태가 빼어나서 흉노 사람들이 신으로 여길 정도였다. 선우는 "내 두 딸을 어찌 사람에게 시집보내겠는가? 장차 천신에게 주리라"라고 했다. 그는 나라 북쪽의 무인지대에 높은 대를 쌓고 두 딸을 살게 하곤 "천신이 맞으러 올 것이다" 했다. 삼 년이 지나 딸들의 어머니가 데리러 가려고 하자 선우는 "아직 때가 아니다"라고 했다. 다시 일 년이 지나자 늙은 이리 한 마리가 나타나 누대 곁에서 주야로 짖어대고 누대 밑을 파헤쳐 굴을 만들고 떠나가지 않았다. 작은 딸이 "아버지께서 우리를 이곳에 머물게 하신 것은 천신에게 시집보내려고 하신 것인데 지금 이리가 왔으니 어쩌면 하늘이 보내신 천신인지도 몰라"라며 내려가려고 하자 언니가 크게 놀라서 "이것은 짐승이야, 부모님을 욕보이는 짓이야"라고 말렸지만 동생이 듣지 않고 내려가서 이리의 아내가 되어 아들을 낳았고 훗날 그들이 번성하

17 突厥者, 蓋匈奴之別種. 姓阿史那氏, 別爲部落. 後爲隣國所破, 盡滅其族. 有一兒, 年且十歲, 兵人見其小, 不忍殺之, 乃刖其足, 棄草澤中, 有牝狼以肉飼之. 及長, 與狼合, 遂有孕焉. 彼王聞此兒尙在, 重遣殺之. 使者見狼在側, 幷欲殺狼, 狼遂逃于高昌國之北山. 山有洞穴, 穴內有平壤茂草, 周回數百里, 四面俱山. 狼匿其中, 遂生十男. 十男長大, 外托妻孕, 其後, 各有一姓, 阿史那卽一也. 子孫蕃育漸至數百家. 經數世, 相與出穴, 臣於茹茹, 居金山之陽, 爲茹茹鐵工. 金山形似兜鍪, 其俗謂兜鍪爲突厥, 遂因以爲號焉(『周書』 卷50 「突厥傳」).

여 나라를 세웠다. 그러므로 그 나라 사람들은 소리를 길게 끌면서 노래하기를 즐겨하는데 마치 이리가 울부짖는 것과 흡사하다.[18]

〈퉈5〉 전하는 바에 따르면 옛날 한 용감하고 싸움을 잘하는 청년장수가 큰 무리의 기병을 이끌고 서쪽으로 고비사막을 넘고 있었다. 나중에 식량이 모자라고 물이 떨어지고 병이 나 대다수 장졸들이 누런 모래의 고비사막 가운데 쓰러져 죽었다. 이 청년장수는 나머지 장졸들에게 멈추지 말고 계속 전진하라고 명령하고 스스로도 마지막엔 지쳐서 고비 가운데서 생명이 위태로웠다. 그때 한 마리 흰 고니가 날아와 그를 맑은 샘물가로 인도했다. 청년장수는 갈증을 씻은 후 상처도 치유되었다. 그리고는 여러 날 동안 깊고 깊은 잠에 빠졌다. 잠에서 깬 후 아주 날씬하고 예쁜 미녀가 곁에 있는 것을 발견했다. 그 미녀는 곧 그를 구해 준 흰 고니의 화신이었다. 오래지 않아 청년장수와 고니여자[天鵝女]는 결혼을 해 아들을 하나 낳았는데 카자흐라고 이름을 지었다. 카자흐는 장성한 후 결혼을 하여 세 아들을 낳았다. 나중에 점점 번성하여 카자흐족의 삼대 부락을 이루었다.[19]

〈퉈6〉 위구르족이 싸움에 져서 적에게 포위를 당하여 매우 위험하였다. 그때 이리 한 마리가 다가와 그들을 깊은 산으로 이끌고 갔는데 동굴을

18 俗云匈奴單于生二女, 姿容甚美, 國人皆以爲神. 單于曰: "吾有此二女, 安可配人, 將以與天." 乃于國北無人之地築高臺, 置二女其上, 曰: "請天自迎之." 經三年, 其母欲迎之, 單于曰: "不可, 未彻之間耳." 復一年, 乃有一老狼晝夜守臺嘷呼, 因穿臺下爲空穴, 經時不去. 其小女曰: "吾父處我於此, 欲以與天. 而今狼來, 或是天物, 天使之然." 將下就之. 其姊大驚曰: "此是畜生, 無乃辱父母也!" 妹不從, 下爲狼妻而産子. 后遂滋繁成國. 故其人好引聲長歌, 又似狼嘷(『魏書』 卷103 「高車傳」).

19 谷德明, 『中國少數民族神話選』, 北京 : 中國民間文藝出版社, 1987; 雷茂奎 · 李竟成, 『絲綢之路民族民間文學硏究』, 新疆; 人民出版社, 1994.

지나 물과 풀이 풍부한 곳에 도착했다. 이렇게 해서 위구르 사람들은 재난을 피하게 되었다.[20]

〈퉈7〉 병든 아이를 들에 버렸는데 어미 이리가 데려다가 어른으로 키웠다. 나중에 사람들이 그를 찾아냈을 때 털이 길었기 때문에 그에게 '긴털 카빠'라는 이름을 지어 주었다. 그가 카빠 부락의 조상이 되었다.[21]

2) 몽골계 시조신화

〈몽1〉 (1) 칭기즈칸의 선조는 위에 계신 하늘이 점지하여 태어난 잿빛 푸른 이리였다. 그의 아내는 흰 암사슴이었다. (그들은) 텡기스를 건너왔다. 오난 강의 발원인 부르칸 칼둔에 터를 잡으면서 태어난 것이 바타치칸이다. (2) 도분 메르겐이 죽은 뒤에 알란 고아는 남편도 없이 세 아들을 낳았다. 부쿠 카타기·부카투 살지·보돈차르 몽칵이라는 이름을 가진 자들이었다. 먼저 도분 메르겐에게서 태어난 아들 벨구누테이와 부구누테이는 자기들의 어머니 알란 고아가 안 보는 데서 "우리 어머니는 형제도 친척도 없고 남편도 없이 이 세 아들을 낳았다. 집안에는 단지 마알릭 바야우드 사람이 있다. 이 세 아들은 그의 것이다"라며 수군댔다.

어머니 알란 고아가 알고는 어느 봄날 말려 두었던 양을 삶고 벨구누테이·부구누테이·부쿠 카타기·부카투 살지·보돈차르 몽칵, 이들 다섯 아들을 나란히 앉히고는 화살 한 대씩을 꺾어 보라고 주었다. 한 대씩은 지체 없이 꺾어 버렸다. 다음에는 다섯 대의 화살 묶음을 꺾어

20 耿金聲, 『西北民族文學史』; 滿都呼, 「몽고족 토템신화와 그 변화」(『중앙민속학』 10, 2004), p. 49에서 재인용.

21 張彦平 外, 『柯爾克孜民間文學概覽』; 滿都呼, 위의 논문, p. 49에서 재인용.

보라고 주었다. 다섯 모두가 다섯 대 묶음의 화살을 꺾으려고 차례차례 시도해 보았으나 아무도 꺾을 수 없었다. 그러자 어머니 알란 고아가 말했다. "너희들 벨구누테이와 부구누테이, 내 아들들아! 내가 이 세 아들을 낳았다. (너희는) 누구의 어떤 아들인가 하고 의심하여 숙덕댄다. 너희들이 의심하는 것도 옳다. 밤마다 노란색 사람이 천창(天窓)[22]이나 문의 위쪽 틈새로 빛을 따라 들어와 내 배를 문지르면 그의 빛이 내 배로 스며드는 것이었다. 달이 지고 해가 뜰 새벽 무렵에 나갈 때는 누렁개처럼 기어가는 것이었다.

"너희들은 왜 함부로 말하는가?
그렇게 알면
그 상징은
하늘의 아들들!
너희들은 왜 검은 머리의 인간들과
견주어 말하는가?
모든 자들의 임금들이 되면
평범한 인간들은 그제사 깨닫게 되리라!"라고 했다.[23]

〈몽2〉 태조 성무황제(聖武皇帝)의 이름은 테무친이고 성은 기악온씨(奇渥溫氏)인데 몽골부 사람이다. 그 십대조는 보돈차르였다. 보돈차르의 어머니 알란 고아는 도분 메르겐에게 시집가 두 아들을 낳았으니 장자는 부쿠 카타기, 차자는 부카투 살지였다. 남편이 죽어 알란은 과부로 지냈

22 연기의 배출, 공기의 순환, 광선의 흡수 등을 위해 몽고포(蒙古包)의 꼭대기 정중앙에 낸 큰 구멍.

23 유원수 역주, 『몽골비사』, 혜안, 1994, 1, 12-22장.

는데 밤에 장막에서 자다가 흰 빛이 천창을 통해 들어와 금색신인(金色神人)으로 변하더니 침상으로 다가오는 꿈을 꾸었다. 알란은 놀라서 잠을 깼는데 마침내 임신을 해서 한 아들을 낳았으니 바로 보돈차르였다. 보돈차르는 생김새가 기이하고 말수가 적었다. 집안사람들은 바보라고 했으나 알란만은 사람들에게 이 아이는 바보가 아니며 후대 자손 중에 반드시 크게 귀한 자가 있을 것이라고 말했다. 알란이 죽자 그 형들은 재산을 나눠 가졌는데 그에게는 주지 않았다. 보돈차르는 "빈부귀천은 운명이다. 재물이 어찌 도(道)를 채울 수 있겠느냐?"라고 말하고 홀로 청백마(靑白馬)를 타고 발준 아랄 땅으로 가 살았다. 음식을 얻을 수 없었는데 마침 푸른 매가 들짐승을 잡아먹고 있어 보돈차르는 끈으로 덫을 놓아 매를 잡았다. 매는 곧 길들여졌다. 이에 비응(臂鷹)[24]이 사냥해 오는 토끼나 짐승으로 먹을 것을 삼았는데 혹 먹을 것이 없어지면 곧 생겨났으니 마치 하늘이 그를 돕는 것 같았다. (…) 일찍이 열조가 타타르부를 정복할 때 그 부족의 족장 테무친을 사로잡았다. 선의태후(宣懿太后) 월륜(月倫)이 마침 제(帝)를 낳았는데 마치 붉은 돌 같은 응혈(凝血)을 손에 쥐고 있어 열조가 그것을 이상히 여겼다. 테무친을 잡았다고 해서 그것으로 이름을 삼았는데 무공에 뜻이 있었다.[25]

〈몽3〉 거란의 선조. 백마를 탄 한 사내와 잿빛 소를 탄 한 여자가 요하

---

24 길들여 팔뚝에 올려놓고 사냥을 하게 하는 매를 말한다.

25 太祖 (…) 其十世祖孛端叉兒, 母曰阿蘭果火, 嫁脫奔蔑哩犍, 生二子, 長曰博寒葛答黑, 次曰博合覩撒里直. 旣而夫亡, 雅蘭寡居, 夜寢帳中, 夢白光自天窗中入, 化爲金色神人, 來趨臥榻. 阿蘭驚覺, 遂有娠, 産一子, 卽孛端叉兒. 孛端叉兒狀貌奇異, 沈默寡言, 家人謂之癡. 獨雅蘭語人曰, 此兒非癡, 後世子孫必有大貴者. 雅蘭沒, 諸兄分家貲不及之. 孛端叉兒曰, 貧賤富貴, 命也, 貲財何足道. 獨乘靑白馬, 至八里屯阿懶之地居焉. 食飮無所得, 適有蒼鷹搏野獸而食, 孛端叉兒以緡設機取之, 鷹卽馴狎. 乃臂鷹獵兎禽以爲饍, 或闕卽繼, 似有天相之. (…) 初, 烈祖征塔塔兒部, 獲其部長鐵木眞. 宣懿太后月倫適生帝, 手握凝血如赤石. 烈祖異之, 因以所獲鐵木眞名之, 志武功也〔『元史』 卷1 本紀 第1 「太祖」(1370)〕.

상류에서 서로 만나 마침내 부부가 되어 여덟 아들을 낳았으니 곧 이전의 역사서가 말한바 번갈아 군장으로 삼은 시작이다. (중략) 거란은 지금까지 잿빛 소와 흰 말로 제사를 지낸다.[26]

전하기를 神人이 있었는데 白馬를 타고 다녔다. 白馬를 타고 孟山 浮土河로부터 동쪽으로 가고, 한 天女는 青牛를 타고 平地松林을 거쳐 黃河로 흘러 내려가 木葉山에 이르러 두 물이 합쳐지는 지점에서 서로 만나 부부가 되어 아들을 8명 낳았다. 그 후손이 점차 번성하여 8부로 나뉘었다. 매번 군사를 출전시키거나 春秋時祭 때에는 반드시 白馬와 青牛를 사용한다. 근본을 잊지 않기 위함이라고 한다.[27]

〈몽4〉 태조대성대명신열천황제의 성은 야율씨, 휘는 헤아리건대 아보기, 어려서 자는 철리지로 거란 질라부 하뢰익석렬향 야율미리 사람이다. 덕조황제의 맏아들이고 모친은 선간황후 숙씨로 당나라 함통 13년에 태어났다. 처음에 모친이 해가 품속으로 떨어지는 꿈을 꾸고서 임신을 했다. 그가 태어날 때 방에는 신이한 빛과 이채로운 향기가 있었고 몸은 세 살 아이와 같았는데 곧 기어 다녀 조모 간헌황후가 그것을 신이하게 여겨 자신의 아들로 삼아 길렀다. 항상 별막에 숨겨 두고 얼굴에 칠을 하여 다른 사람이 보지 못하게 하였다. 석 달 만에 능히 걸어 다녔으며 돌이 되자 말을 했고 앞일을 알았다. 스스로 말하길 좌우에 신인이

26 契丹之先, 有一男子乘白馬, 一女駕灰牛, 相遇于遼上, 遂爲夫婦, 生八男子, 卽前史所謂迭爲君長自也. (…) 契丹祀夫至今用灰牛白馬(『宋朝事實類苑』 卷78 安邊禦寇 「契丹條」 5: 宋, 江少虞編纂).

27 相傳有神人乘白馬 自馬孟山浮土河而東 有天女駕青牛由平地松林泛黃河而下 至木葉山 二水合流 相遇爲配偶 生八子 其後族屬漸盛 分爲八部 每行軍及春秋時祭 必用白馬青牛 云不忘本云(『遼史』, 「地理志」 上京道 · 永州永昌郡條).

호위를 하는 것 같다고 하였다. 이를 갈 나이가 되어서는 말을 하면 반드시 세상일에 대한 것이었다. 때로 백부가 나랏일을 하면서 의문에 있으면 번번이 자문을 구하였다. 자라자 키가 9척에 이마는 살이 찌고 뺨은 여위었는데 사람을 쏘아보는 눈빛을 가지고 있었고, 300근이나 되는 활을 당겼다.[28]

〈몽5〉 성무황제(聖武皇帝)가 사냥을 나가 산속 호숫가에 있을 때 하늘에서 천녀가 내려왔다. 천녀는 천제의 명으로 성무황제와 인연을 맺기 위해 왔다고 하고 하룻밤을 함께 지냈다. 다음 날 천녀는 하늘로 올라가면서 다음 해 같은 날 같은 곳에서 만나기로 약속했다. 약속한 날 천녀는 아들을 맡기면서 왕이 될 것이라고 말하고 올라갔다. 아이는 자라서 위나라 시조 신원황제(神元皇帝)가 되었는데 이름을 역미(力微)라 했다.[29]

〈몽6〉 한 청년이 바이칼 호반을 거닐 때 동북쪽에서 백조 아홉 마리가 날아와 깃옷을 벗고 아홉 선녀로 변하여 호수에서 목욕을 하였다. 그는 깃옷 중 하나를 훔쳐 감추었다. 목욕을 마치고 여덟 마리는 날아갔으나 한 마리는 남아 그의 처가 되었다. 열한 아들을 낳은 후에 백조는 고향에 돌아가고 싶어서 옷을 찾았으나 남편은 옷을 주지 않았다. 후에 간청

---

28 太祖大聖大明神烈天皇帝, 姓耶律氏, 諱億字阿保機, 小字啜里只, 契丹迭剌部霞瀨益石烈鄉耶律彌里人. 德祖皇帝長子, 母曰宣簡皇后蕭氏. 唐咸通十三年生. 初, 母夢日墮懷中, 有娠. 乃生, 室有神光異香, 體如三歲兒, 卽能匍匐, 祖母簡獻皇后異之, 鞠爲己子. 常匿於別幕, 塗其面, 不令他人見. 三月能行, 晬而能言, 知未然事. 自謂左右若有神人翼衛. 雖齠齔, 言必乃世務. 時伯父當國, 疑輒咨焉, 旣長, 身長九尺, 豊上銳下, 目光射人, 關弓三百斤(『遼史』 卷1 本紀 第1「太祖」上).

29 聖武皇帝諱詰汾, 嘗田于山澤, 欻見輜軿自天而下. 旣至, 見美婦人自稱天女, 受命相 偶. 旦日請還, 期年周時復會于此, 言終而別, 及期, 帝至先田處, 果見天女, 以所生男授帝, 曰: "此君之子也, 當世爲帝王." 語訖而去. 卽始祖神元皇帝也. 故時人諺曰: "詰汾皇帝無婦家, 力微皇帝無舅家." 帝崩, 神元皇帝立(『北史』 卷1「魏本紀」第1).

에 못 이겨 옷을 주자 입고는 곧 백조로 변하여 날아갔다. 남편은 황망히 백조의 다리를 잡고 아이들의 이름을 지어 주고 가라고 외쳤다. 그래서 백조는 이름을 짓고 축복을 해 주고는 동북쪽으로 날아갔다.[30]

〈몽7〉 한 사냥꾼이 산에서 사냥을 하다가 어떤 나무 아래서 한 남자 아이를 발견했다. 그 나무의 잎 모양이 주전자 주둥이를 닮았다 하여 이름을 추오루오쓰라고 지었다. 그 나무는 나뭇잎의 즙으로 아이를 길렀으며 그때 올빼미 한 마리가 하늘(주위)을 날고 있었다. 사람들은 그 아이가 하늘의 아들이라고 생각하여 추오루오쓰라고 부르면서 지도자로 삼았다. 추오루오쓰는 나무가 어머니, 올빼미가 아버지이고 천신의 외손자이다.[31]

〈몽8〉 한 사냥꾼이 산에서 사냥을 하다가 산에 있는 호수에 4명의 선녀가 놀고 있는 것을 보았다. 사냥꾼은 그 가운데 한 명을 잡아 결혼한다. 아이를 임신한 선녀는 얼마 후 하늘로 돌아갔고 아이를 낳을 때가 되었을 때 몰래 내려와 나무 아래서 아이를 낳았다. 그녀는 나뭇가지로 요람을 만든 뒤 아이를 눕히고 아이에게 노래를 불러 주었다. 모든 일을 마치고 선녀는 승천한다. 당시 되르베트인들은 지도자가 없었는데 점쟁이가 가르쳐 주는 방향으로 찾아가다가 황새가 우는 소리를 듣고 나무 위의 아이를 발견한다. 그들은 그 아이를 하늘이 보낸 지도자로 여겼다.[32]

〈몽9〉 먼 옛날 늙은 어머니와 두 아들이 푸른 송백(松柏)이 우거진 산기

30 蒙古族文學史編寫組, 『蒙古族文學史』, 沈陽: 遼寧民族出版社, 1994.
31 巴岱 · 金峰 等 整理, 『衛拉特歷史文獻』; 滿都呼, 앞의 논문, p. 46에서 재인용.
32 『蒙古族文學資料彙編』; 滿都呼, 위의 논문, p. 46에서 재인용.

슭에서 살고 있었다. 큰아들은 쿠루쿠르[庫如古熱], 작은아들은 카르쿠르[卡熱古熱]라고 했다. 그들은 각각 신마(神馬) 한 필이 있었는데, 매일 말을 타고 산에 가서 사냥을 했다. 그들에게는 또 쿠루워 개[神狗]와 쿠루신 매[神鷹]도 있었다. 아들들이 모두 훌륭한 사냥꾼이고, 또 매와 개가 사냥을 도왔기에 날마다 많은 사냥물을 가지고 돌아왔다. 그들은 먹고 입는 걱정 없이 편안하고 부유한 생활을 했다.

형제가 사냥을 나가면 늙은 어머니는 집을 보면서 밥을 했다. 어느 날부터인가 매일 아들들이 사냥을 나간 뒤 선녀가 방 꼭대기에 날아와

할머니, 할머니,
쿠르쿠르와 카르쿠르가 집에 있나요?
쿠르워 개는 뜰에 있나요?
쿠루신 매는 횃대에 있나요?

라고 노래를 불렀다.

선녀들은 할머니의 없다는 대답을 듣고는 안심하고 깃옷을 벗고 집 안으로 들어가 어머니의 일을 도와 방을 치우고 맛좋은 음식을 만들었다. 그리고는 일이 끝나면 급히 날아가 버렸다.

많은 시간이 흐른 뒤 늙은 어머니는 두 선녀가 왜 하늘에서 내려왔을까, 우리 아들들이 마음에 들어서인가, 저렇게 보기 좋은 여자들이니 며느리로 삼으면 좋겠다는 생각을 했다. 하루는 늙은 어머니가 선녀들의 사정을 아들들에게 말하고, 선녀들을 어떻게 세상에 머무르게 할 것인가를 상의했다.

어느 날 형제는 거짓으로 사냥을 나갔다. 두 선녀가 그전처럼 방 꼭대기에 내려와 노래를 불렀다. 늙은 어머니는 아들들이 없으니 빨리 오라고 말했다. 선녀들이 깃옷을 벗고 방에 들어오기를 기다려 형제들은

바로 방 꼭대기에 걸린 깃옷을 내려 태워 버렸다. 두 선녀는 하늘로 돌아갈 길이 없어 형제와 각각 결혼을 했다.

노인들의 말에 따르면 현재의 다우르 사람은 바로 저 두 선녀의 후손이다.[33]

3) 퉁구스계 시조신화

〈퉁1〉 우리 조상은 대대로 포고리산 아래 불후리(bulhuri)호에 살았습니다. 우리가 사는 곳에는 기록은 없습니다만 서로 전하길 엉굴런(enggulen) · 정굴런(jenggulen) · 퍼쿨런(fekulen)이라는 천녀(天女) 셋이 있어 불후리호에서 목욕을 하다가 막내 퍼쿨런이 신작(神鵲)이 보낸 주과(朱果)를 입에 물고 있던 중 뜻밖에 삼켜 뱃속에 들어가 잉태되어 포고리옹순을 낳았다고 합니다. 그 동족이 만주국 사람입니다.[34]

〈퉁2〉 만주는 원래 장백산 동북 포고리산 아래 포륵호리라고 하는 한 호수에서 일어났다. 일찍이 하늘에서 내려온 세 선녀가 이 호수에서 목욕을 했는데 첫째는 엉굴런, 둘째는 정굴런, 셋째는 퍼쿨런이라고 했다. 목욕을 마치고 기슭에 오르니 신작이 주과를 물어와 퍼쿨런의 옷 위에 두었는데 빛깔이 몹시 아름다웠다. 퍼쿨런은 그것을 아껴 차마 손에서 놓지 못했다. 드디어는 입에 물고 겨우 옷을 입다가 주과가 그만 뱃속으로 들어갔는데 곧 감응이 있어 잉태가 되었다. 두 언니에게 "나는 배가 무거워 함께 올라갈 수 없는데 어쩌지?"라고 말했다. 두 언니는 "우리들은

33 滿都呼,『中國阿爾泰語系諸民族神話故事』, 北京: 民族出版社, 1997, pp. 182-184.

34 我父祖世居布庫里山麓布勒和里湖. 我處無書籍檔冊, 有關古昔景況, 悉依世代相傳. 昔布勒和里湖有三天女俄古倫, 京古倫, 佛古倫來浴. 最末一天女將一由神鵲銜來的紅色果實含于口中, 落入喉內, 于是身重, 隨生布庫里雍順. 此族卽滿族(『滿文老檔』天聰 9年 5月 6日).

이미 단약(丹藥)을 먹어 참으로 죽음의 이치와는 무관하다. 이것은 하늘의 뜻이다. 네 몸이 가벼워지기를 기다려 올라와도 늦지 않다"라고 말하고는 드디어 작별하고 가버렸다. 퍼쿨런은 나중에 한 사내아이를 낳았는데, 나면서부터 말을 할 줄 알았고 아주 빨리 성장했다. 어머니는 아들에게 "하늘이 너를 낳은 것은 실로 난국을 안정시키려 함이다. 저 싸우는 곳으로 가서 장차 네가 태어난 까닭을 하나하나 상세히 설명해라!"라고 말했다. 배 한 척을 주며 "물을 따라가면 곧 그 땅이다"라며 말을 마치자 갑자기 보이지 않았다.

그 아들은 배를 타고 물을 따라 내려가다가 사람들이 사는 곳에 이르렀다. 물가에 올라가 버들을 꺾어 좌구(坐具)를 엮으니 마치 의자와 같았다. 혼자 그 위에 걸터앉아 있었다. 그때 장백산 동남쪽 악모휘(鄂謨輝, 땅이름)의 악다리(鄂多理, 성이름)에 세 성씨가 있었는데 족장이 되려고 다투어 종일 서로 살상을 하고 있었다. 마침 한 사람이 물을 길러 왔다가 그 아이의 행동거지가 기이하고 생김새가 보통이 아닌 것을 보고 싸우는 곳으로 돌아와 무리들에게 말했다. "당신들은 싸우지 말라. 내가 물 긷는 곳에서 한 이상한 남자를 만났는데 범인이 아니었다. 생각건대 하늘이 이 사람을 허투루 낳은 것이 아닌 것 같은데 어찌 가서 보지 않는가?" 삼성 사람들은 말을 듣자 싸움을 끝내고 함께 가 보았다. 가서 보니 과연 보통사람이 아니어서 이상히 여기며 그에게 물었다. "나는 천녀 퍼쿨런 소생이고 성은 애신(한어의 金이다) 각라(姓이다)이고 이름은 포고리옹순이다. 하늘이 너희들의 분란을 안정시키라고 나를 내려 보냈다"라고 대답하며 어머니가 당부한 말을 상세히 그들에게 고했다. 무리가 다 경이로워 하며 "이 사람을 걸어가게 할 수는 없다"라고 말하고 드디어 서로 손을 끼워 가마를 만들어 떠받들고 돌아왔다. 삼성 사람들은 분쟁을 끝내고 함께 포고리옹순을 받들어 군주로 모시고 백리녀(百里女)를 처로 삼게 했다. 국호를 만주로 정했으니 이가 그 시조이다〔남조(南

朝)에서 이름을 건주(建州)라 한 것은 잘못이다].[35]

〈퉁3〉 옛날 장백산 일대는 황무지였는데 오직 한 사람이 천지에서 물고기를 잡으며 살아가고 있었다. 하루는 고기를 잡고 있는데 오색구름 속에서 9명의 선녀가 내려와 천지에서 목욕을 했다. 선녀들은 사람이 있는 것을 보고 모두 달아났는데 막내만 달아나지 않았다. 제일 먼저 만나는 사람이 남자면 결혼해야 한다는 하늘의 법도에 따라 남자와 결혼을 하게 되었다. 천신이 천병을 보내 잡아 오려 했으나 천지의 흑룡이 구해주었다. 청년과 선녀가 결혼하여 자손이 많아졌는데 이들이 여진족이다. 여진의 후예가 만주족이다.[36]

〈퉁4〉 한 사냥꾼이 사냥하러 수림 속으로 들어갔다가 암곰한테 잡혔다. 암곰은 그를 굴속으로 끌고 들어가 함께 살자고 강요했다. 사냥꾼은 위협에 못 이겨 할 수 없이 굴속에서 암곰과 몇 해를 함께 살았다. 그 사이 암곰은 새끼 한 마리를 낳았다. 나중에 사냥꾼은 기회를 타 굴에서 도망

35 滿洲, 原起於長白山東北, 布庫哩山下一泊, 名布勒瑚里. 初天降三仙女浴於泊. 長名恩古倫, 次名正古倫, 三名佛庫倫. 浴畢上岸. 有神鵲銜一朱果, 置佛庫倫衣上, 色甚鮮妍. 佛庫倫愛之, 不忍釋手, 遂銜口中. 甫著衣, 其果入腹中, 卽感而成孕. 告二姉曰: “吾覺腹重, 不能同昇, 奈何?” 二姉曰: “吾等曾服丹藥, 諒無死理. 此乃天意, 俟爾身輕上昇未晩.” 遂別去. 佛庫倫後生一男, 生而能言, 倏爾長成. 母告子曰: “天生汝, 實令汝以定亂國, 可往彼處將所生緣由, 一一詳說.” 乃與一舟. “順水去, 卽其地也.” 言訖, 忽不見. 其子乘舟順流而下, 至于人居之處. 登岸折柳條爲坐具, 似椅形, 獨踞其上. 彼時長白山東南鄂謨輝地名鄂多理城名內有三姓爭爲雄長, 終日互相殺傷. 適一人來取水, 見其子擧止奇異, 相貌非常, 回至爭鬪之處, 告衆曰: “汝等無爭. 我於取水處遇一奇男子, 非凡人也. 想天不虛生此人, 盍往觀之.” 三姓人聞言罷戰, 同衆往觀. 及見, 果非常人, 異而詰之. 答曰: “我乃天女佛庫倫所生, 姓愛新漢語金也覺羅姓也, 名布庫哩雍順. 天降我定汝等之亂.” 因將母所 屬之言詳告之. 衆皆警異曰: “此人不可使之徒行.” 遂相插手爲輿, 擁捧而回. 三姓人息爭, 共奉布庫哩雍順爲主, 以百里女妻之. 其國定號滿洲, 乃其始祖也南朝誤名建州(『滿洲實錄』卷1「長白山」).

36 陶陽 · 鍾秀, 『中國創世神話』, 上海: 上海人民出版社, 1989, p. 257.

쳤다. 그걸 안 암곰은 바삐 새끼곰을 품에 안고 바싹 뒤쫓았다. 강가에 이르자 사냥꾼은 뗏목을 타고 달아났다. 성이 난 암곰은 그 자리에서 새끼를 두 쪽으로 찢어 한쪽은 사냥꾼에게 던져 주고 다른 한쪽은 자기가 가졌다. 암곰이 남겼던 쪽은 후일 곰으로 자라고 사냥꾼에게 던져 주었던 쪽은 나중에 어웡키 사람으로 자랐다.[37]

〈퉁5〉 한 부인에게 세 아들이 있었다. 두 아들이 숲속으로 들어가 돌아오지 않자 셋째가 찾으러 갔는데 그도 한번 가고는 돌아오지 않았다. 겨울이 가고 봄이 오자 부인은 강변에서 목 놓아 울었다. 홀연 곰 한 마리가 다가오자 놀란 부인은 급히 도망을 갔다. 곰은 따라오면서 왜 우느냐고 물었다. 여자는 사연을 이야기했다. "울지 마라. 내가 너에게 다시 아이 몇을 낳게 하겠다. 모두 나나이인과 같을 것이다. 집으로 돌아가 방을 좀 치워라. 내가 곧 가겠다." 여자가 집으로 돌아온 후 곰이 찾아왔다. 후에 여자는 과연 많은 아이를 낳았다. 아이들은 자란 후에 모두 나나이인과 같았다. 여자는 그들에게 이야기했다. "잘 지내거라, 나나이인. 이제 너희들은 이미 제 하라(허저어, 씨족의 뜻)가 있다. 나는 곰과 함께 떠나야겠다. 기억해라, 삼 년 내에 곰을 잡아서는 안 된다는 걸! 그렇지 않으면 내가 너희들에게 죽게 될 것이다." 자식들은 두 해를 참다가 삼 년째는 결국 그렇게 곰을 잡으러 나갔다. 그들은 물웅덩이 옆에서 곰 한 마리를 보았다. 잡아 죽인 후 가슴을 벗기려고 보니 가슴 한가운데 한 쌍의 큰 젖이 있었다.[38]

---

37 施騰伯格, 『著作與資料集』, p. 502; 徐昌翰 · 黃任遠, 『赫哲族文學』, 哈爾濱: 北方文藝出版社, 1991, p. 37.

38 施騰伯格, 위의 책, p. 37.

〈퉁6〉 사냥꾼이 자신의 아이들을 남겨 두고 강물에 뛰어들었다. 곰이 소녀를 아내로 삼아 함께 살았고, 호랑이가 소년을 남편으로 삼아 함께 살았다. 호랑이와 소년의 혼인에서는 자식이 태어나지 않았고, 곰과 소녀의 혼인에서는 자식이 태어났는데 그들이 우데게이족의 시조이다. 이 때문에 우데게이족은 곰을 자신들의 조상으로 생각한다. 어느 날 소년이 사냥에서 곰에게 상처를 입혔다. 곰은 죽으면서 자신은 그의 누이동생의 남편이라고 말하면서 다음과 같은 유언을 남긴다. "이후로는 오빠에 의해 살해된 곰 고기를 누이동생이 먹을 수 없고, 여성은 언제나 곰 가족에서 잘 수 없으며, 곰의 음경(陰莖) 뼈를 모계에 따라 후손에 상속하도록 하라." 이 금기는 지금도 준수되고 있다.[39]

〈퉁7〉 (1) 또 다른 사람이 말하길 옛날에 산속 사람들은 모두 동물과 같았는데 다만 두 다리로 걸었다. 당시의 사람들은 모두 남자였고 다만 비교적 나이가 많은 여자가 하나 있었다. 매일 동굴 속에 머무르면서 먹거리를 관리했는데 남자들은 모두 그녀를 아주 존경했고 그녀를 어머니라고 불렀다. 하루는 동굴에 수컷 원숭이 한 마리가 와서 어머니에게 호감을 표시했다. 어머니도 원숭이가 마음에 들어 동거했다. 오랜 세월이 흘러 어머니는 희고 포동포동한 사내아이와 계집아이를 낳았다. 오늘날의 오르존 사람은 바로 이 일남일녀가 번성해서 이뤄진 것이다.

(2) 전하는 바에 따르면 아주 오래전에 대지 위에는 사람이 없었다. 천신이 위에서 내려와 보니 지상에 사람이 없는 것이 보기에 안 좋았다. 그래서 곧 날짐승의 살과 뼈로 남녀 10명씩을 만들었다. 여자를 만들

---

39 곽진석, 「시베리아 우데게이족의 신화와 신앙에 대한 연구」, 『한국민속학』 36, 한국민속학회, 2002, pp. 32-33.

때 재료가 충분하지 않아 진흙으로 메웠기 때문에 여자는 힘이 없어 일을 할 수가 없었다. 그래서 천신은 여자에게 충분한 힘을 보충해 주었는데 그 결과 여자의 힘은 비할 데 없이 커져서 남자는 전혀 상대가 못 되었다. 천신이 생각해 보니 여자의 힘이 남자보다 큰 것이 좋지 않아 여자에게서 절반의 힘을 거두어 가자 비로소 알맞게 되었다. 당시 사람들은 야수와 마찬가지로 생육을 먹었다. 나중에 불을 이용하는 법을 배워 고기를 익혀 먹는 것이 생식보다 좋다는 것을 알게 되었다. 소금 때문에 몸 위의 털이 모두 빠져 버렸다. 그래서 짐승의 털로 옷을 만들어 입었다. 오르존 사람은 이렇게 생긴 것이다.[40]

〈퉁8〉 한국 자료[41]

3. 계통별 시조신화의 특징들

2절에 제시된 자료 가운데 〈퉁1〉-〈퉁4〉는 문헌, 〈퉁5〉-〈퉁7〉은 구전 자료이다. 문헌 자료는 기록된 시기 순, 다시 말해 『사기』·『논형』·『위서』·『주서』 순으로 정리되어 있지만 기록된 내용이 반드시 자료 형성 순서를 반영하는 것은 아니다. 구전 자료 역시 마찬가지이다. 20세기에 들어와 수집·정리된 자료이지만 구전의 적층을 염두에 둔다면 기록 자료들보다 현저히 후대적이라고 하기도 어렵다. 따라서 역사적 상황의 변화, 신화 구연과 기록의 논리 등을 고려하면서 상호관계를 살필 필요가

40 孟興全 구술, 『鄂倫春民間文學』, 黑龍江省民族硏究所 내부출판자료(1993년 6월).

41 삼국유사 등에 기록되어 있는 고조선, 고구려, 신라, 가야 등의 시조신화는 이미 잘 알려져 있는 자료이기 때문에 따로 정리하지 않고 논의 과정에서 언급하기로 한다.

있다.

제시된 자료들에 따르면 튀르크계 민족들의 경우 이리 시조[狼祖] 신화가 특징적인데, 까마귀나 고니와 같은 새 신화소도 공존하고 있는 것으로 정리할 수 있겠다.

자료에 거론된 민족 가운데 역사상 가장 먼저 보이는 것이 흉노이다. 흉노는 호(胡), 훈(Hun)이라고 칭하는데 전국시대에 이미 그 이름이 보이는 종족이다. 『사기』, 「흉노열전」에는 종족의 기원과 관련된 신화가 보이지 않는다. 그런데 6세기 중엽에 기록된 『위서』, 「고차전」에는 흥미로운 기원신화가 등장한다. 이 신화가 문제적인 것은 흉노의 선우(單于)[42]에게 두 딸이 있었는데 인간에게 시집보내지 않고 천신(天神)에게 시집을 보내려고 했다는 사실이다. 바로 천신 관념이 시조신화에 등장하기 때문이다. 그런데 흥미로운 바는 내려오라는 천신은 기다려도 오지 않고 대신 늙은 이리가 제단을 지키자 동생이 언니의 반대에도 불구하고 이리와 결혼을 했다는 것이다. 그 후손이 세운 나라가 고차국이다. 말하자면 고차족의 시조가 늙은 이리이고, 시조모는 흉노족 선우의 딸이라는 것이다.

고차족은 위진남북조 시기 활동했던 튀르크계 민족으로 흉노와 깊은 관계가 있다. 모돈선우 시기(B.C. 209-174)에 강력한 세력을 형성했던 흉노에 의해 정복된 정령(丁零)의 포로들이 흉노의 노예가 되었는데 1세기 중엽 흉노의 세력이 약해지자 이들이 반란을 일으켜 현재 깐수성 하서주랑(河西走廊) 일대로 도망했고, 흉노와 여러 차례에 걸친 전쟁을 통해 점차 강대한 세력을 형성해 간다.[43] 이 정령족이 남북조 시대에 고차 또는 철륵이라고 불린 종족이다. 이렇게 보면 『위서』, 「고차전」의 기록은 고차라고 불린 정령족이 고차국이라는 나라를 세운 과정을 신화적으로 표현

42 흉노족이 자신들의 족장(族長)을 높여 부르는 말.

43 林幹, 『突厥史』, 呼和浩特: 內蒙古人民出版社, 1988, pp. 8-18.

한 건국신화이기도 하고, 이리와의 결혼을 통해 집단을 형성했다고 하는 시조신화이기도 하다. 이 정령 또는 고차의 시조신화가 본래 이들의 것이었는지 흉노로부터 영향을 받은 것인지는 분명치 않다. 그러나 같은 튀르크계 언어 집단인 흉노와 정령이 이리라는 토템 동물을 공유하고 있었던 것은 분명하다. 그 점은 〈튀3〉을 통해 확인할 수 있다.

〈튀3〉은 『주서』, 「돌궐전」에 기록되어 있는 돌궐 아사나 씨족의 기원신화이다. 돌궐은 6세기 중엽에 흥기하기 시작하여 7세기 중엽 강력한 초원의 제국을 이룬다. 기원신화에 기록되어 있는 상황에 대해서는 일반적으로 평량(平凉)에 거주하던 돌궐족이 5세기 중엽 북위(北魏, 386-534)가 흉노 저거씨가 세운 북량(北凉, 397-439)을 멸망시킨 데 영향을 받아 고창(高昌)의 북산(北山)으로 이주하였다가, 다시 금산(알타이산) 남쪽 기슭으로 이동하여 유연(柔然)의 신하가 되어 대대로 유연의 단노(鍛奴)가 되었던[44] 사정과 관계가 있는 것으로 이해되고 있다. 그런데 이 시조신화에서는 암이리가 젖을 먹여 키울 뿐만 아니라 나중에는 그렇게 키운 아이와 도망쳐 결혼을 한다. 이리가 시조모가 되는 것이다. 실제로 돌궐 아사나씨는 낭두독(狼頭纛)을 추장의 거처 앞에 세운다고 하는데 이는 이리가 이들 집단의 표상이라는 사실을 명시한다. 이 아사나씨가 흉노의 별종이라고 했으므로 흉노 역시 이리를 토템 동물로 숭배하고 있었다는 것을 알 수 있다.

그런데 아사나씨 시조신화와 〈튀4〉에 묘사되어 있는 고차족의 시조신화 사이에는 상당한 차이가 있다. 먼저 〈튀4〉에서는 이리가 모계가 아닌 부계(父系)로 변형되어 있다는 점이다. 또 다른 차이는 이리가 이리 자체로 존재하는 것이 아니라 천신(天神)과 동일시되고 있다는 점이다. 이

44 知識出版社 編, 『中國民族博覽』, 上海: 知識出版社, 1994, p. 371.

런 차이와 관련하여 우선 엘리아데의 언급을 주목해 보자. 그는 "사실상 4,000년 전부터 고대 동양 문화와 카스피 해와 알타이의 문화 사이에 어떤 접촉이 있었음을 밝힐 수 있"는데 "천신이 가장 오래된 원시 터키층에 속"하는 것은 분명하다고 말한 바 있다.[45] 말하자면 튀르크계 민족에게 천신 관념은 대단히 오래된 문화적 지층에 속한다는 것이다. 그렇다면 이리를 천신과 동일시하는 것은 이들 집단이 공유하고 있던 천신 숭배와 수조(獸祖) 숭배가 결합된 형식이라고 봐야 할 것이다.

문제는 왜 그런 결합이 일어났는가 하는 것이다. 이때 다시 주목해야 할 점이 수조인 이리가 부계로 나타난다는 사실이다. 흉노 선우의 작은 딸은 누대를 떠나지 않는 이리를 천신으로 보고 그와 짝을 맺어 아들을 낳는다. 앞에서 고차족은 정령과 관계가 있고 정령족은 흉노의 노예였다가 독립하여 세력을 형성한 집단이었다고 했다. 물론 그 과정에서 흉노와 문화적 동화를 이루었을 것이고 이리를 시조로 공유하게 된 것도 이런 사정과 관계가 있을 것이다. 그런데 이 고차족의 기원신화는 부계를 이리로 모계를 흉노 선우의 공주로 설정하고 있다. 기원을 흉노에 대면서도 동시에 집단의 신성성을 이들이 공유하고 있던 이리 토템, 그리고 천신에 두면서 형성된 시조신화일 것으로 판단된다. 동시에 시조신화 형성의 일반적 원리에 비춰 보면 고차족의 남성중심적 문화가 수조의 부계화를 이룬 또 다른 힘일 것으로 추측된다. 고차의 후예로 알려진 위구르의 '오구즈칸 신화'에서도 역시 푸른 털과 푸른 갈기를 가진 수컷이리가 나타나서 오구즈칸의 군대를 인도하는데, 위구르인에게 이리는 하늘의 사자이자 수호신이다. 이를 통해서도 이미 이리가 시조모의 이미지를 벗어나 하늘의 사자, 민족의 권위를 드러내는 상징물로 전화되어 있음을 확인할 수

45 미르치아 엘리아데 저, 이재실 옮김, 『종교사개론』, 까치, 1993, p. 79.

있다.

〈튀1〉과 〈튀2〉는 기원전 2세기, 기원후 1세기에 기록된 고형의 자료이다. 가장 오래된 기록인 〈튀1〉(『사기(史記)』, 「대완전(大宛傳)」)에 따르면 오손(烏孫)의 왕인 곤막(昆莫)의 아버지 난두미가 월지의 공격을 받아 죽자 백성들이 흉노로 도망쳤고, 곤막 또한 스승이 안고 도망치다가 신이한 장면을 목격하고 흉노로 데려갔는데 기록된 문맥에 분명히 드러나지는 않지만 전후 사정을 짐작하고 〈튀2〉를 참조한다면 바로 그런 신이함 때문에 흉노의 왕이 곤막을 애지중지했다는 것이다. 『한서(漢書)』, 「장건전(張騫傳)」에는 2세기 초 오손과 대월지(大月氏)가 돈황(敦煌), 기련(祁連) 사이에서 유목을 하고 있었고, 그 북쪽에는 흉노가 있었는데 오손의 왕이 월지의 공격을 받아 살해되고 갓난 아들 엽교미(獵驕靡)를 흉노의 모돈(冒頓) 선우가 길렀더니 후에 다시 옛 나라를 되찾았다고 기록되어 있다. 〈튀1〉에 보이는 오손의 시조신화는 이런 역사적 사건과 깊은 관계가 있는 것으로 보인다.

그렇다면 오손의 정체는 무엇인가? 오손에 대해서는 1) 흉노족설, 2) 돌궐족설, 3) 동(東)이란족설 등이 제기되었는데 논란이 있고[46] 아직 문제가 정리된 것으로 보이지 않는다. 1), 2)에 속한다면 튀르크계이지만 3)에 속한다면 인도이란계이므로 사정이 달라진다. 샤르팡티에르는 이들을 아시아노이, 곧 알란으로 알려진 사르마트인의 친척이나 조상으로 이해[47]한 바 있지만 오손이 스키타이와 혈연관계를 지닌 사르마트와 관계가 있는지는 불분명하다. 사정이 이러하다면 종족적 정체를 확정한 뒤 시조신화와의 관계를 논하기는 어렵다. 오히려 시조신화가 종족의 정체에 대한 단서가 될 수 있다. 시조신화를 통해 종족의 정체를 확정하는 것은 가능

46 知識出版社 編, 앞의 책, p. 364.

47 르네 그루쎄 저, 강호동 외 옮김, 『유라시아 유목제국사』, 사계절, 1998, pp. 74-75.

한 일이 아니지만 실마리를 잡을 수 있다는 말이다.

『사기』, 『한서』 등의 기록을 종합해 보면 오손은 대월지와 이웃하면서 유목생활을 하고 있었고, 그 북쪽에 흉노가 있었으며, 유목생활이 그러하듯이 늘 싸움이 있었다. 이들은 같은 튀르크계로 다른 종족이었지만 유목이라는 생산양식의 토대 위에서 상호 영향을 주고받으면서 이리를 토템 동물로 숭배하는 문화를 공유하고 있었던 것으로 보인다. 흉노의 선우가 두 딸을 이리에게 시집보냈다는 기록, 흉노의 별종 아사나씨의 버려진 아이가 자신을 키워 준 이리와 결혼하여 돌궐족을 이뤘다는 기록, 나아가 흉노의 왕이 이리의 젖을 먹은 곤막을 귀하게 키웠다는 기록 등을 통해 그런 추정이 가능하다고 본다.

그런데 오손의 경우 특이점이 있다. 그것은 바로 '까마귀'이다. 오손의 왕 곤막의 경우만 이리와 더불어 까마귀가 양육자로 등장한다. 튀르크계 시조신화의 경우 이리가 양육자 혹은 시조모로 등장하는 경우가 일반적인데 왜 오손의 경우에는 이리가 젖을 물리고 있었을 뿐만 아니라 까마귀가 고기를 물고 와서 그 곁을 날아다니고 있었는가. 더구나 〈튀2〉(『논형』)에는 이리가 보이지 않는다. 〈튀2〉의 경우 『사기』·『한서』를 준신한다면 첫째 흉노가 곤막의 아버지를 죽였는데 왜 적국의 왕자를 양육했을까 하는 의문이 있고, 둘째 이리가 있어야 할 자리에 보이지 않으므로 자료의 신빙성이 상당히 의심되기는 하지만 까마귀의 존재는 이미 〈튀1〉에도 있었던 것이므로 무시하기 어렵다. 더구나 한자어 음차이기는 하지만 오손(烏孫)이란 이름 속에 까마귀가 들어 있으므로 무의미한 소리만 차용했다고 하기도 어렵다.

까마귀는 곰이나 이리 등과 더불어 알타이어계 여러 민족들에 의해 널리 숭배되는 동물 가운데 하나이다. 삼족오(三足烏)의 존재에서 알 수 있듯이 까마귀는 동이계인 상(商) 문화에서 태양을 상징하는 동물로 숭배된 바 있고, 만주족의 시조신화에 등장하는 현조(玄鳥) 역시 까마귀로 비정된다. 이들의 수조인 까마귀는 누르하치의 전설에도 등장하여 위기에 빠진 영웅 누르하치를 구원한다. 북유럽 신화에 등장하는 창세신 오딘의 두 까마귀 후긴(Huginn)과 무닌(Muninn)은 오딘의 메신저 역할을 수행한다.[48] 까마귀는 시베리아 야쿠트족이나 아메리카 인디언들이 두루 숭배하는 동물이기도 하다. 요컨대 까마귀는 유라시아 대륙에 걸쳐 널리 숭배되는 조류였던바 오손의 왕 곤막을 살린 까마귀는 이런 문화적 배경과 무관치 않을 것으로 판단되지만 이리와 마찬가지로 까마귀가 오손의 수조(獸祖)로 존재했는지에 대해서는 현재로서는 판단하기 힘들다.

〈튀6〉와 〈튀7〉은 각각 위구르족과 키르기스족의 구전신화인데 모두 이리가 등장한다. 전자의 이리는 위험에 빠진 위구르족을 구원하고, 후자의 이리는 오손이나 돌궐의 신화에서처럼 버려진 아이를 양육하는 역할을 한다. 오늘날의 위구르족은 튀르크어족에 속하는 민족으로 정령 또는 고차족의 후예이다.[49] 위구르족의 구원자 이리의 형상은 이와 관계가 있는 것으로 보인다. 오늘날의 키르기스족은 키르기스스탄의 주요 민족을 이루고 있고, 중국 내에 키르기스족[柯爾克孜]으로 존재하는데 역사서에는 격곤(鬲昆) · 계골(契骨) · 힐알사(黠戛斯) · 길리길사(吉利吉思) 등의 이름으로 등장하는 민족으로, 본래 예니세이 강 유역에서 유목을 하다가 후에 서남쪽으로 옮겨 천산(天山) 지역에서 거주하면서 그곳의 돌궐, 몽골 부락과 상호 융합되는 과정을 거쳤다고 한다.[50] 키르기스라는 말 자체가 40명의 처녀 또는 부락이라는 데서 알 수 있듯이 다양한 내원을 지닌 종족의 연합체라고 해도 좋지 않을까 생각한다. 〈튀7〉과 같은 이리에 의해 양육된 아이가 조상이 되었다는 시조신화는 이런 과정에서 유입된 것이

48 http://en.wikipedia.org/wiki/Huginn_and_Muninn.
49 知識出版社 編, 앞의 책, p. 96.
50 위의 책, pp. 111-112.

고, 〈튀7〉은 키르기스의 다양한 종족 가운데 하나인 카빠부의 시조신화인 것으로 판단된다.

그 외에 이리와는 전혀 다른 토템 동물이 있어 주목되는데 〈튀5〉의 카자흐족의 시조신화가 그것이다. 이 시조신화에는 고니(백조)가 시조모로 등장하고 있어서 상당히 이질적이다. 카자흐(Qazaq, Kazakh)는 '백조'를 뜻하는데 다른 견해에 따르면 '전사', '자유인', '피난자', '이탈자'의 뜻으로 해석되기도 한다. 이는 1520년대에 시르다리야(Syr Darya) 하류에 등장한 우즈베크한국(Uzbek, 烏孫別克汗國)에서 이탈한 일부 세력이 스스로를 카자흐라고 부르면서 1589년에 카자흐한국(Kazakh, 哈薩克汗國)을 세운 것과 관계가 있는 것으로 보인다. 다시 말하면 카자흐족이 역사상에 실체를 드러낸 것은 16세기의 일이고, 이들은 본래 우즈베크한국에 소속되어 있던 집단이었다는 것이다.

그런데 우즈베크한국은 원래 몽골제국의 큽차크한국(Kypchak, 金帳汗國)에 소속되어 있었는데 우즈베크〔더 정확히는 외즈베크(Özbek)〕 칸 시기에 국력이 가장 강성하여 이 나라를 우즈베크한국이라고 불렀고, 그 백성들을 우즈베크인이라고 불렀다. 이 우즈베크인은 서로 다른 종족적 내원을 지닌 튀르크계, 몽골계 유목민으로 구성되어 있었다는 것이다.[51] 이런 역사적 경과를 염두에 둔다면 우즈베크한국에서 분파된 카자흐족이 튀르크계의 특징인 낭조(狼祖)와는 다른 성격의 시조신화를 가진 점이 이해가 된다. 다음에 거론할 몽골계 부랴트인들이 백조를 시조모로 모시는 것과 통하는 부분이 있다고 판단되기 때문이다. 더 꼼꼼히 추적해 봐야 하겠지만 수조신(獸祖神)의 형상만으로 판단한다면 카자흐족은 우즈베크어를 쓰고, 이 언어가 튀르크어족 서흉노어지(西匈奴語支)에 속해 있지만 시

51 위의 책, p. 127.

조신화는 그 계통이 다르다는 것을 알 수 있다. 그러나 또 다른 카자흐족 구전 신화인 「이리처녀[狼姑娘]」나 「흰이리[白狼]」 등을 보면 암이리가 소녀로 변하여 인간 청년과 결혼을 하고 남자를 도와서 왕위에 오르게 하거나 부유하게 살도록 도와 주는 것을 볼 수 있는데[52] 여기서 우리는 시조모의 형상이 구전을 통해 견고하게 지속되고 있다는 것을 동시에 확인할 수 있다.

2절에 제시된 자료 가운데 〈몽1〉-〈몽5〉는 문헌, 〈몽6〉-〈몽9〉는 구전 자료이다. 몽골어계는 시조신화는 이리(혹은 개) 토템이 빛의 형상과 결합되어 있고, 백조(고니)와 같은 새 토템이 공존하고 있는 특징을 보인다.

먼저 〈몽1〉과 〈몽2〉 자료를 주목해 보자. 이 기록들은 모두 몽골의 역사를 담고 있는데 〈몽1〉은 구전서사시 형식으로 구전되던 이야기가 13세기 중엽에 몽골문으로 정착된 것이고, 〈몽2〉는 원제국이 망한 후 명나라 태종대인 1370년에 완성된 집필된 역사서이다. 두 기록 모두 몽골의 건국주인 칭기즈칸의 선대에 관한 다양하고 신이한 이야기들을 엮어 놓고 있는데 그 가운데 시조신화와 관련하여 주목되는 화소는 둘이다. 하나가 창랑백록(蒼狼白鹿)의 결연과 정착 화소라면, 다른 하나는 중시조라고 할 수 있는 보돈차르의 탄생 화소이다.

『몽골비사』 등에 따르면 몽골족은 푸른 이리와 흰 사슴의 후손이다. 이 동물들끼리의 결합 형식은 튀르크계의 시조신화의 일반 형식, 곧 '동물+인간' 형식과 다르다는 점을 우선 주목할 필요가 있다. 일반적으로 토템 동물끼리의 결합 형식은 성격이 다른 두 집단의 연합을 신화적으로 표현한 것으로 본다. 『몽골비사』나 『원사』 등은 몽골제국의 기원을 신화적으로 서술하는 데서 시작되어 국가로 수렴한다. 단지 한 씨족 집단의

52 畢桪, 『哈薩克民間文學概論』, 北京: 中央民族學院出版社, 1992, p. 24.

기원을 이야기하는 것이 아니라는 것이다. 몽골은 역사적으로 다수 종족이 통합된 모습으로 테무친에 의해 13세기 초에 부각된 집단이다. 이런 사정이 기원신화, 시조신화에 토템 동물의 결합 형식으로 표현된 것으로 판단된다.

그런데 이리는 몽골어계 민족 가운데 몽골의 시조신화에만 등장한다. 거란의 시조신화, 북위 탁발씨 시조신화, 구전되는 부랴트 · 오이라트 · 되르베트 몽골이나 다우르족 등의 시조신화에는 보이지 않는다. 더구나 이리는 튀르크계 시조신화의 특징적인 수조이다. 이 문제를 어떻게 해석할 것인가 하는 문제가 몽골어계 시조신화의 특징을 파악하는 데 관건이 될 것으로 생각된다. 이와 관련하여 두 가지 단서를 생각해 볼 수 있다. 하나는 창랑백록이 텡기스 해를 건너왔다는 진술이다. 텡기스 해는 오늘날의 바이칼 호를 말하는데 이 말은 흉노말로 알려져 있다. 야쿠트인들은 바아이퀴욀(Bāy küöl "풍부한 호수"), 퉁구스인들은 라무(바다), 아라비아인들은 바흘아하바카(먼 동북쪽 호수)라는 말을 쓴다고 한다.[53] 몽골의 근원과 관련하여 중요한 지점이 텡기스인데 그것이 흉노말이라면 몽골의 기원과 투르크족은 깊은 관계가 있다는 뜻이 된다. 또 한 가지 염두에 둘 점은 몽골인들은 본래 오늘날 내몽골 동북쪽에 있는 아르군 강(Ergune, Argun) 유역에 거주하던, 『구당서』에서 '몽올실위(蒙兀室韋)'라는 이름으로 나타나는 민족인데 840년 위구르제국이 무너진 후 집단의 대부분이 서쪽으로 이동하여 몽골고원에서 튀르크계 민족들과 함께 거주하며 상호 융합되었고, 그 결과 몽골어는 튀르크어의 영향을 상당히 받았을 뿐만 아니라 경제생활까지도 영향을 받게 되었다는[54] 사실이다. 이렇게 보면 몽골이 텡기스 해를 건넜다고 하는 것은 이미 튀르크어의 영향을 받았다는

53 배강열, 〈바이칼, 샤먼의 바다〉(http://www.dailian.co.kr/news/news_view.htm?id=42309).
54 知識出版社 編, 앞의 책, p. 32.

것이고, 그 과정에서 언어적 영향만이 아니라 문화적 영향을 받거나 민족적 결연이 이루어져 이리 토템을 수용했을 가능성이 농후하다.[55]

그렇다면 흰 사슴의 정체는 무엇인가? 사슴은 유라시아 대륙 다수 민족들의 숭배 대상이었다. 우랄계 민족 역시 사슴을 숭배하고 기원신화 속에 사슴이 등장한다. 예컨대 헝가리 기원신화로 전승되는 훈족과 머저르족 기원신화를 보면 쌍둥이 형제 호노르와 머저르가 사냥을 하던 중 암사슴을 만나 추적했는데 그 암사슴의 인도로 메오티스 습지를 발견하고 이주한다. 이 신화에서 암사슴은 훈족과 머저르족을 그들의 거주지로 인도한 신성한 동물로 묘사되고 있다. 그러나 암사슴이 사냥꾼과 결혼 혹은 혈연관계를 맺는 토템 신화의 일반적 형식은 보이지 않는다. 오히려 그런 형식은 우랄계가 아니라 퉁구스어계 민족에게서 만날 수 있다.

만주족은 「흰 사슴 엄마(白鹿額娘)」라는 신화를 전승하고 있다. 한 사냥꾼이 늙어 아들을 얻었는데 늙은 부인은 세상을 떠난다. 젖이 없어 고생을 하고 있을 때 어떤 백발노파가 나타난다. 노파가 가르쳐 준 대로 세 그루의 소나무가 있는 산꼭대기에서 사냥꾼은 흰 사슴을 구해 돌아온다. 그때부터 흰 사슴이 자기 젖을 먹여 아이를 키웠고 결혼을 하도록 도와 준다. 나중에 젊은 사냥꾼은 흰 사슴 엄마를 학대하는 며느리와 헤어져 흰 사슴과 함께 산속으로 돌아가 엄마가 늙어 죽을 때까지 즐겁게 살았다[56]는 것이다. 이 신화에서 사슴은 사냥꾼의 유모로 출현한다. 그러나 유모는 아내와 헤어진 사냥꾼과 더불어 해로한다. 모자관계로 설정되어 있지만 부부관계처럼 보인다. 그러나 어쨌든 사슴은 만주족 신화에서 모계로 설정되어 있다.

---

55 이 점은 저자가 이미 『동아시아 건국신화의 역사와 논리』(문학과지성사, 2003, p. 108)에서 지적한 바 있다.

56 車海鋒 · 公光哲, 「朝鮮民族與滿-通古斯諸民族鹿神話傳說之比較」, 『한국학연구』 32, 고려대학교 한국학연구소, 2010, p. 156.

평안도의 녹족부인(鹿足夫人) 관련 전설은 이 만주신화의 연장선상에 있는 것으로 보인다. 평안도 안주 지역 구전 가운데 〈열두 삼천 벌〉이라는 전설이 있는데 내용은 다음과 같다. 고구려 시대 녹족부인(鹿足夫人)이 아들 열둘을 낳았는데 모두 사슴발이었다. 발을 절대로 보이지 말하고 했지만 발을 숨기지 못하는 아들들에게 화가 나서 녹족부인은 아들들을 돌함에 넣어 대동강에 버린다. 그런데 이 아이들이 나중에 중국의 장수가 되어 고구려로 쳐들어온다. 녹족부인이 녹족으로 정체를 확인하자 장수들은 불효를 빌며 군사를 거둔다. 열두 장수가 삼천 명의 군사를 거느리고 진을 쳤다고 해서 열두 삼천 벌이라고 한다[57]는 지명 유래에 관한 전설이다. 정체가 사슴이라는 것이 더 이상 신성하지 않고 문제가 되는 상황을 전제하고 있는 전설이지만 전설의 배후에는 사슴 어머니라는 신화가 숨어 있다고 생각한다. 말하자면 평안도 녹족부인 설화의 더 고형에 해당하는 것이 만주족의 흰 사슴 엄마 설화일 수 있다는 것이다. 이들 신화와 전설은 사슴이 시조모로 존재했던 시조신화의 기억을 간직하고 있다고 생각한다.

몽골비사 등에 보이는 몽골족의 시조 '창랑백록'의 '백록'은 이 같은 사슴 시조모의 신화에 기반하고 있다. 앞에 언급했듯이 몽골족의 선조인 몽올실위 집단이 아르군 강 유역에서 서쪽으로 이동한 것이라면 본래 몽골의 선조는 퉁구스계 민족들과 이웃하고 있었고, 따라서 사슴 토템은 만주와 고구려 등에서 확인되듯이 퉁구스계의 신화적 요소일 가능성이 있다. 그러나 이들이 이동 후 영향을 주고받았던 튀르크계 민족들 역시 사슴 토템을 가지고 있었으므로 백록이라는 모티프가 몽골 시조 전승에 유입된 것이 언제인지, 그 근원이 어느 쪽인지 확정하기는 쉽지 않다. 다만

57 임석재, 『한국구전설화』(임석재전집3), 평민사, 1988, pp. 167-168.

창랑백록의 결합 형식에서 창랑이 강력한 튀르크계의 신화소임을 전제한다면 백록은 몽골 집단 고유의 신화소일 가능성이 있고, 그것은 몽올실위 집단이 이동 이전에 아르군 강 유역에서 이미 지니고 있던 토템일 가능성이 있다는 것을 지적해 두고 싶다.

중시조 보돈차르의 탄생담 역시 창랑백록 모티프처럼 신화소의 융합을 보여 준다. 이 탄생담에서 더 강조되는 것은 시조모인 알란 고아인데 그녀는 과부인 상태에서 세 아들을 낳는다. 그 뒤 죽은 남편 도분 메르겐 소생인 두 아들이 어머니의 일에 대해 시비를 걸자 보돈차르 삼형제의 신이한 탄생 내력을 이렇게 이야기한다.

> (너희는) 누구의 어떤 아들인가 하고 의심하여 숙덕댄다. 너희들이 의심하는 것도 옳다. 밤마다 노란색 사람이 천창(天窓)이나 문 위 틈새로 빛을 따라 들어와 내 배를 문지르면 그의 빛이 내 배로 스며드는 것이었다. 달이 지고 해가 뜰 새벽 무렵에 나갈 때는 누렁개처럼 기어가는 것이었다.

알란 고아는 천창으로 내려온 황인(黃人)이 배를 문질러 빛을 스며들게 하자 임신을 했다고 한다. 여기서 빛을 스며들게 한 황인은 천신의 현현으로 판단된다. 이는 무수한 천신(텡그리)를 숭배하는 몽골 샤머니즘과 관계가 있다. 그런데 여기서 흥미로운 점은 그 황인이 새벽에 나갈 때 누렁개처럼 기어 나갔다는 사실이다. 비록 비유적인 표현을 쓰고 있지만 개의 형상은 몽골족의 시조인 푸른 이리와 통한다. 몽골인들은 이리를 신성하게 여기기 때문에 이리를 이리라고 부르지 않고 개라고 부른다고 한다.[58] 따라서 알란 고아의 말 속에 등장하는 누렁개는 몽골의 시조신인

58 저자의 질문에 대한 몽골 신화학자인 센덴자빈 둘람의 답변(2011.11.10)이다.

잿빛 푸른 이리와 다른 존재라고 보기 어렵다.

그런데 개가 이리라고 하더라도 남는 문제가 있다. 그것은 이리가 천상에서 황인, 곧 누런 빛과 사람의 형상으로 내려왔다는 점이다. 누렁개처럼 기어 나갔다는 것은 황인에 부수된 변형이므로 황인이 초점이다. 황인은 수조신 문제와는 차원이 다른 문제로 수조신 관념과 천신 관념이 결합된 결과로 판단된다. 그렇다면 왜 천신 관념이 몽골의 시조 서사에 들어왔을까? 이는 『몽골비사』의 신화가 시조신화에 머물지 않고 건국신화로 발전하면서 일어난 변형으로 보인다. 몽골의 건국주인 칭기즈칸을 신성화하기 위해 선대를 신성화하는 과정에서 테무친의 직계인 보돈차르가 빛의 형상으로 현현하는 천신의 아들이라는 점을 강조하기 위해 인간의 형상을 지닌 누런 빛의 존재가 알란 고아를 찾아온 것이다. 이 황인은 『원사』에서 금색신인(金色神人)으로 변형되고, 수조신인 이리 모티프는 탈락된다. 이는 저자가 이미 언급한 대로 스스로를 순수한 몽골인으로 인식하고 있었던 니노온 몽골인들이 튀르크계 등의 잡종으로 인식하고 있었던 질이열근 몽골과 자신들을 차별화하는 과정에서 튀르크계 수조의 특징인 이리 화소를 탈락시킨 것이다.[59]

다음으로 또 다른 몽골계 시조신화의 특징인 새 토템의 문제를 검토해 보자. 이 계통으로 가장 잘 알려진 신화가 몽골 부랴트족 시조신화(몽6)이다. 이 신화에 따르면 부랴트인들은 백조의 후손이다. 깃옷을 매개로 어떤 청년에게 붙잡힌 막내 백조가 청년과 결혼하여 낳은 아이로부터 부랴트족이 시작되었기 때문이다. 〈몽6〉은 시조신화의 가장 일반적인 형식인 동물 시조모와 인간의 결합을 보여 주는 신화라고 할 수 있다. 그런데 〈몽5〉, 〈몽8〉, 〈몽9〉는 결합의 형식은 동일한데 시조모의 형상이 백조가

59 자세한 것은 조현설, 앞의 논문, pp. 118-119 참조.

아니라 선녀(혹은 천녀)라는 점에서 차이를 보인다. 이는 토템 동물의 인격화현상의 결과인데 이런 현상은 신화가 구전 혹은 기록 형식으로 전승되는 과정에서 자연스럽게 발생한다. 동물을 시조모로 이야기하는 원시적 사유를 더 이상 수용하기 어려운 문화적 환경, 또는 지고신인 천신의 딸(혹은 아들)이 시조라고 말하는 것이 더 신성성을 보장받는 인식론적 환경이 이런 변화를 초래한 것으로 보인다.

백조 또는 그 변형인 선녀(천녀)가 몽골어계 시조모의 특징이라고 하더라도 각 민족별 차이가 없는 것은 아니다. 몽골 되르베트[Dörbet, 杜爾伯特]족의 구전 시조신화인 〈몽8〉의 경우 사냥꾼이 선녀 하나를 잡아 결혼하기는 하지만 선녀는 거의 자율적으로 행동한다. 임신한 뒤 승천한 선녀는 지상에 다시 내려와 나무 아래서 출산을 하고는 다시 승천한다. 사냥꾼에게 사로잡힌 선녀가 임신한 뒤 지상에서 아이를 낳지 않고 자유롭게 승천했다가 다시 아이를 낳기 위해 내려온다는 이야기 형식은 부랴트족 시조신화에 비해 대단히 부자연스럽다. 이런 부자연스러운 이야기 전개 형식은 기록된 시조신화인 〈몽5〉와 무관한 것으로 보이지 않는다. 〈몽5〉는 북위를 건국한 탁발씨 역미의 탄생신화로 모계가 천상의 천녀이다. 다시 말하면 천제가 북위의 시조이자 건국주인 역미를 지상에 보내기 위해 천녀를 파견한 것이다. 따라서 행위의 주도권은 천상에 있고, 천녀는 천제의 명으로 지상에 내려왔다가 승천하고 1년 뒤에 다시 하강하여 아들을 준다. 말하자면 북위라는 국가가 천제의 명으로 건국되었다는 것을 이야기하기 위해 천제의 명을 받은 천녀를 등장시킨 것이다. 선비족 탁발씨와 몽골 되르베트족이 역사적으로 어떤 관계에 있는지는 분명하지 않지만 〈몽8〉은 부랴트 신화의 백조 토템 신화적 요소와 탁발씨 건국신화의 요소가 뒤섞인 형식인 것은 분명하다고 판단된다.

구전되는 다우르족 시조신화인 〈몽9〉는 두 사냥꾼 형제가 등장하는 것이 특징적이다. 두 사냥꾼을 두 선녀가 찾아오고, 두 사냥꾼은 어머니와의 상의하에 깃옷을 불태워 선녀들을 붙잡는다. 선녀들이 깃옷의 부재로 인해 지상에 고착된다는 점이 특징적이기는 하지만 그보다 특이한 것은 두 사냥꾼이고, 다우르 사람들이 두 선녀의 후예라고 노인들이 말했다는 사실이다. 이는 무의미한 변형이 아니라 민족의 어떤 기원을 시사하는 변형으로 보인다. 다우르족의 기원에 대해서는 현재 정설이 없는데 이들은 본래 외흥안령 남쪽 징키리(만주어 Jingkiri, 精奇里, Zeya) 강 하곡(河谷)과 동으로 우만강(牛萬江)에서 서로 실카(Shilka, 石勒喀河) 강에 이르는 아무르(Amur) 강 북쪽 하곡 지대에 살고 있던 집단이었다.[60] 두 사냥꾼과 두 선녀의 결합을 통해 두 갈래로 민족이 생성되었다는 기원신화는 인접한 서로 다른 지역에 거주했던 두 집단의 관계를 표현한 것이 아닐까 생각한다.

그런데 여기서 한 가지 짚고 넘어가야 할 문제가 있다. 그것은 새 토템 혹은 백조 모티프가 몽골어계 민족만이 아니라 퉁구스계, 튀르크계 민족의 시조신화에도 출현한다는 사실이다. 민담으로 전승되고 있는 한반도의 〈선녀와 나무꾼〉 이야기는 부랴트족 시조신화와 대단히 유사하다. 물론 백조가 선녀로 변형되어 있지만 깃옷을 숨겨 선녀와 결혼하는 모티프를 양자는 공유하고 있다. 같은 신화가 일본의 이카도미[伊香刀美] 가문의 시조신화[61]에서도 발견된다. 이 시조신화에 대해 김화경은 고구려에

60 知識出版社 編, 앞의 책, p. 50.

61 옛일을 하는 노인들이 전하여 말하기를, 오우미국(近江國)의 이카고군(伊香郡) 요고 마을(與胡鄕)에 이카고라고 하는 작은 강이 마을의 남쪽에 있었다. 천상의 여덟 천녀가 다 같이 백조가 되어 하늘에서 내려와 강의 남쪽 나룻가에서 목욕을 하였다. 이때에 이카도미(伊香刀美)가 서쪽 산에 있다가 멀리서 백조들을 보니 그 형상이 기이하였다. 이로 인해서 어쩌면 이들이 신인(神人)이 아닐까 하고 의심을 하여, 가서 보니 정말 이들은 신인이었다. 이에 이카도미는 곧 사랑스럽다는 생각을 하게 되어 돌려보낼 수가 없었다. (그리하여) 가만히 흰 개(白犬)를 보내서 하늘의 날개옷을 훔쳐 오게 하여 제일 어린 것의 옷을 얻어 감추었다. 천녀들은 곧 (이 사실을) 알게 되어 언니들 일곱 명은 하늘로 날아 올라갔다. (하지만) 그 제일 어린, 한 사람은 하늘로 올라가지 못한다. (게다가) 하늘로 올라가는 길도 막혀서 이내 지상의 백성이 되었다. 천녀가 목욕을 했던 물가를 지금 가미우라(神浦)라고 하는데, 바로 이것이다. 이카도미와 제

서 전해진 신화라고 보았고, 고구려의 그것은 손진태의 견해를 수용하여 부랴트족의 시조신화의 영향을 받았을 것이라고 추정한 바 있다.[62] 앞에서 튀르크계인 카자흐족의 백조 토템에 대해 몽골계와의 관련성을 거론한 바 있는데 이렇게 보면 몽골어계 백조 시조 전승이 상당히 광범위한 지역으로 확산되었다는 것을 알 수 있다. 그러나 한편으로 생각해 보면 이른바 〈백조처녀설화(swan-maiden tale)〉는 유라시아 대륙 전역이 널리 분포되어 있는 설화이기 때문에 백조 시조 전승이 몽골어계라는 특정한 언어문화권에서 발원했다고 규정하기 어려울 것으로 생각한다.

2절에 제시한 자료 가운데 〈퉁1〉, 〈퉁2〉, 그리고 제시하지는 않았지만 한국 자료인 〈퉁8〉은 문헌 자료이고 나머지는 구전 자료이다. 전체적으로 보면 퉁구스계는 곰, 호랑이 시조신화가 있고, 새와 관련해서는 난생(卵生) 화소가 특징적이며 일광감촉[感生] 모티프가 공존하고 있다. 천신(태양) 숭배, 천신의 아들이 직접 지상으로 내려오는 천자강림(天子降臨) 화소도 특징적이라고 할 수 있다.

먼저 〈퉁1〉-〈퉁3〉 자료를 바탕으로 만주 시조신화에 대해 검토해 보자. 〈퉁1〉은 구전 자료를 만주어로 기록한 최초의 자료이고, 〈퉁2〉는 그것을 바탕으로 재구성한 자료이고, 〈퉁3〉은 최근까지 구전된 자료이다. 그러니까 자료가 채록된 시기는 〈퉁3〉이 가장 최근이지만 여진족이 만주족보다 더 이른 시기에 역사서에 출현한 바 있고, 만주족은 여진의 후예

일 어린 천녀는 함께 부부가 되어 이곳에서 살았다. 마침내 아들딸들을 낳았는데 아들 둘 딸 둘이었다. 형의 이름은 오시미루(意美志留), 동생의 이름은 나시도미(那志登美)였고, 딸의 이름은 이세리히메(伊是理比咩), 다음의 이름은 나세리히메(奈是理比賣)였다. 이들이 이카고(伊香) 집안의 조상이 되었다. 뒤에 어머니는 곧 하늘의 날개옷을 찾아서 입고 하늘로 올라갔다. 이카도미 혼자서 쓸쓸하게 살면서 한탄하는 노래 부르기를 그치지 않았다(秋本吉郎 校注, 『風土記』, 東京: 岩波書店, 1958, pp. 457-459).

62 김화경, 「일본 날개옷 설화의 연구-한국의 〈나무꾼과 선녀 설화〉와의 관계를 중심으로 한 고찰」, 『어문학』 95, 한국어문학회, 2007.

라고 이야기하고 있으므로 여진족의 기원신화가 가장 오랜 기억을 신화의 저층에 간직한 자료라고 할 만하다. 그런데 〈퉁3〉과 〈퉁1〉을 비교해 보면 여진족의 후예가 만주족이라고 하는데도 시조신화는 다소 차이가 있다. 천녀의 수가 셋과 아홉으로 다르고, 여진족 시조신화가 지상의 청년과 천상 선녀의 직접 결합을 보여 주고 있다면 만주족 시조신화는 신작이 물고 온 주과를 통한 간접 결합을 보여 주고 있다. 그 외에도 호수의 위치가 다르고, 여진족 시조신화는 구전 과정에서 개입된 것으로 판단되는 흑룡 화소가 더 보인다.

이런 차이들 가운데 핵심은 이른바 신성혼(神聖婚) 형식의 차이이다. 그런데 여진·만주족 시조신화의 신성혼 형식과 유사한 자료들이 있는데 하나는 앞서 논의했던 몽골어계 부랴트 시조신화이고, 다른 하나는 『사기』, 「은본기」에 기록되어 있는 상족의 시조신화, 혹은 은의 건국신화이다.[63] 이 네 가지 신성혼 형식을 정리하면 다음 표와 같다.

정리된 바에 따르면 여진족의 후예가 만주족이라고 신화는 언급하고 있지만 정작 여진족의 신성혼 형식은 부랴트족에 가깝다. 사냥꾼과 어부의 차이는 생활환경의 차이를 반영한 것이고, 백조와 천녀의 차이는 토템동물이 인격화된 것이라고 판단된다. 후자의 경우 이미 설명한 바 있듯이 몽골어계 탁발씨 시조신화, 되르베트족 시조신화에서 확인할 수 있는 현상이다. 신화 형식으로 보면 여진족의 시조신화는 몽골계 백조처녀형 설

63 은나라 설의 어머니 간적은 유융씨의 딸로 제곡의 둘째 왕비가 되었다. 세 사람이 목욕을 하러 갔다가 현조를 보았는데 알을 떨어뜨리자 간적이 집어삼킨 뒤 잉태하여 설을 낳았다. 설은 커서 우의 치수를 도와 공이 있었는데 순 임금이 설에게 명하여 "백성이 친하지 않으며 오품을 따르지 않으므로 너를 사도로 삼으니 너는 오교를 공경히 펴되 너그럽게 하도록 하여라"라고 하였다. 설을 상나라 임금에 봉하고 성을 하사하여 자씨라고 하였다(殷契, 母曰簡狄, 有娀氏之女, 爲帝嚳次妃. 三人行浴見玄鳥, 墮其卵簡狄取呑之因孕生契. 契長而佐禹治水有功, 帝舜乃命契曰, 百姓不親, 五品不訓, 汝爲司徒, 以敬敷五敎, 五敎在寬. 封于商, 賜姓子氏(『史記』 卷3 「殷本紀」)).

민족 \ 성별	여성(모계)	남성(부계)
㉠ 부랴트족	백조	사냥꾼
㉡ 여진족	천녀	어부
㉢ 상족(은)	간적	알(현조)
㉣ 만주족	퍼쿨런	주과(신작)

화에 가깝다.

만주족의 경우는 어떤가? 만주족의 신작이 떨어뜨린 붉은 과일을 퍼쿨런이 먹고 시조를 낳았다는 전승은 상족의 시조신화와 유사하다. 간적은 퍼쿨런처럼 목욕하러 갔다가 현조가 떨어뜨린 알을 먹고 임신을 한다. ㉢과 ㉣은 ㉠, ㉡과 달리 부계가 구체적인 지상의 인간으로 제시되어 있지 않고 알, 주과와 같은 상징적인 사물로 변형되어 있다. 하지만 신성한 새가 하늘에서 물고 온 생명의 씨라는 상징성을 염두에 둔다면 ㉢과 ㉣의 부계는 천상(천신)이라고 보지 않을 수 없다.

이와 관련하여 ㉢과 ㉣이 각각 상족, 만주족의 시조신화이면서 동시에 건국신화적 요소를 지니고 있다는 점을 주목할 필요가 있다. 상족과 만주족은 고대 종족 명칭으로 보면 모두 동이(東夷)에 속하고, 동이족은 새 토템을 공유하고 있었다. 그런 사실이 현조와 신작으로 표현되어 있다. 동시에 새는 천신의 중개자 기능을 지니고 있다. 〈퉁2〉에 따르면 퍼쿨런은 아들이 성장한 후 지상을 안정시키라는 하늘의 명령을 전한다. 시조, 나아가 건국주의 신성성을 지고한 천상에 두려는 신화적 의식의 소산이라고 할 수 있다.

이런 의도는 퍼쿨런의 형상에서 더 분명하게 표현된다. 상족의 간적과 만주족의 퍼쿨런의 차이는, 간적이 지상에 속한 세 여자 중의 하나라면 퍼쿨런은 천상에 속한 세 천녀 가운데 막내라는 데 있다. ㉢과 ㉣이 같은 계통의 시조신화라면 왜 이런 차이가 발생했는지 의문이 아닐 수 없다. 이 점과 관련하여 저자는 이전에 몽골계와 만주계의 활발한 문화적 교류와 영향의 결과라는 언급을 한 바 있다.[64] 천상에서 하강한 퍼쿨런의 형상에는 분명 몽골 부랴트족이나 되르베트족 시조신화에 보이는 백조나 천녀의 형상이 겹쳐져 있다.

여기서 새 문제에 대해 좀 더 논의해 보자. 퉁구스어계 민족들의 시조신화에서 특징적인 부분이 새이고, 새는 만주신화에서 알 수 있듯이 하늘과 깊은 관계가 있다. 만주족 시조신화에서 천신의 매개자 역할을 수행하는 현조는 까마귀(혹은 까치)이고, 이 까마귀는 누르하치 전설에도 생명의 구원자로 등장한다. 명군에게 쫓기던 누르하치를 까마귀떼가 덮어 주어 목숨을 구했다는 것이다. 그래서 만주족은 지금까지도 간제(干祭)를 통해 까마귀를 숭배한다.

그런데 새가 물고 온 알이나 열매를 먹는 형식이 아니라 알 속에서 시조가 출현하는 형식의 신화도 있다. 한반도 지역의 고주몽, 박혁거세, 김수로 등이 그런 존재들이다. 주몽은 유화가 낳은 알을 깨고 탄생했고, 혁거세는 백마가 운반해 온 금빛 알에서 출현했고, 수로는 하늘에서 드리워진 보랏빛 줄에 달린 함 속의 알에서 태어났다. 이를 난생 화소라고 하는데 난생 화소는 분명 천신에 대한 관념과 관계가 있고, 새를 숭배하는 문화가 관계가 깊다. 고구려 고분벽화에 삼족오(三足烏)라는 태양의 상징물이 등장하고, 조우관(鳥羽冠)이라고 하여 새 깃털이 달린 관을 썼던 고구려 무사와 관인의 복식을 통해 새와의 관계를 재삼 확인할 수 있다. 새 토템은 퉁구스어계 시조신화의 주요한 특징이라고 할 수 있다.

다음으로 검토해야 할 자료가 〈퉁4〉-〈퉁6〉이다. 〈퉁4〉는 '삼림 속에 사는 사람들'이라는 종족명처럼 내몽골과 헤이룽장성에 걸친 흥안령 일

64 조현설, 앞의 논문, p. 182.

대에 거주하는 어웡키(에벤키)족 시조신화이고, 〈퉁5〉는 흑룡(아무르)강 일대에 거주하는 허저(나나이)족 시조신화이고, 〈퉁6〉은 '숲의 사람'이라는 뜻을 지닌 종족명을 가지고 러시아의 연해주와 아무르 강 유역에 거주하는 우데게이족 시조신화이다. 이들의 공통점은 주지하듯이 곰 시조(모)이다. 어웡키족은 모계가 곰이고, 허저족은 부계가 곰이었는데 곰과 함께 떠난 어머니가 자식들이 금기를 깨는 바람에 곰의 형상을 지닌 채 살해되었는데 확인된 정체는 모친이었기 때문에 부모가 모두 곰이라고 할 수 있고, 우데게이족은 부계가 곰으로 설정되어 있다. 곰 토템의 성별이라는 관점에서 세 민족을 살피면 모계(어웡키족)와 부계(우데게이족)가 뚜렷한 가운데 허저족은 양쪽의 요소를 공유한 중간항의 성격을 지니고 있다고 할 수 있다.

그런데 세 자료 가운데 〈퉁6〉에는 곰과 호랑이가 동시에 등장하여 주목을 끈다. 어떤 이유로 버려진 오누이 가운데 누이는 곰, 남동생(혹은 오빠)은 호랑이와 짝을 맺는다. 그러나 누이는 아이를 낳고, 호랑이는 아이를 낳지 못했다고 진술하고 있으므로 이 신화는 우데게이족의 조상인 곰에 초점을 맞추고 있다는 것을 알 수 있다. 이 성공한 곰, 실패한 호랑이의 서사 형식이 인간으로 변신하여 환웅과 짝을 맺어 아이를 낳은 곰과 짝을 맺어 아이를 낳는 데 실패한 호랑이가 등장하는 단군신화와 대단히 유사하다는 점이 이목을 끈다. 이와 관련하여 『세종실록』에 대단히 흥미로운 기사가 실려 있다.

> 함길도 도절제사가 회령 절제사(會寧節制使)의 정문(呈文)에 의거해서 병조(兵曹)에 이첩(移牒)하기를, "오도리(吾都里) 지휘(指揮) 마가탕(馬加湯)이 와서 말하기를, 구주(具州)의 우지개(亐知介) 등이 떠들어대어 전(傳)하기를, (…) 우지개(亐知介)의 풍속이 여자는 모두 방울을 차는데, 무오

년 5월에 여자 세 사람이 자작나무[65] 껍질을 벗기기 위하여 산에 들어갔다가 한 여자는 집으로 돌아오고 두 여자는 돌아오지 않았는데, 그해 11월에 사냥하는 사람이 산에 들어가서 곰 사냥을 하다가 나무의 빈 구멍 속에서 방울 소리가 나는 것을 듣고 나무를 베어 내고 보니 두 여자가 모두 아이를 데리고 있었으므로 그 연유를 물으니 대답하기를, 간 5월에 자작나무 껍질을 벗기려고 산속에 들어왔다가 길을 잃어 집에 돌아가지 못하였는데, 수곰의 협박을 당하여 함께 자서 각각 아이를 낳았다고 하였는데, 그 아이의 얼굴이 반은 곰의 모양과 같았다. 그 사람이 그 아이를 죽이고 두 여자를 거느리고 돌아왔다고 하였습니다" 하였다.[66]

1439년 7월 2일자 기사인데 함길도(함경도) 절제사가 우지개의 풍속과 한 사건에 대해 보고하고 있다. 사건의 내용은 자작나무 껍질을 벗기러 갔다가 실종된 두 여자가 수곰의 협박으로 동침하여 절반이 곰을 닮은 아이를 각각 낳았다는 것이다. 실제 사건으로 전해진 이 이야기의 여자와 곰의 결연 형식은 소녀가 곰과 짝을 맺어 아이를 낳았다는 우데게이족 시조신화와 동일하다. 그런데 『조선왕조실록』에 종종 등장하는 우지개가 바로 우데게이족이다. 우지개는 조선시대에도 함경도 내에 거주하기도 하고 출몰하기도 한, 한반도 거민들과 깊은 교호 관계를 가졌던 민족이다. 그렇다면 이 세종 21년의 기사는 실제 사건이 아니라 곰을 시조모로 모시는 우데게이족 남자에게 사로잡혀 동거했던 두 여자의 이야

---

65 실록 원문의 "樺"는 자작나무이다. 봇나무라고도 한다.

66 咸吉道都節制使據會寧節制使呈, 移牒兵曹曰: "吾都里指揮馬加湯來言: '具州亏知介等喧傳云: (…) 亏知介之俗, 女皆佩鈴. 歲戊午五月, 有女三人因採樺入山, 一女還家, 二女不還. 是年十一月, 獵者入山捕熊, 聞木空中有鈴聲, 斫木視之, 二女皆携兒. 問其由, 答云: 去五月, 因採樺到山間, 迷路不得還家, 仍被雄熊脅與交, 各生兒子. 其兒面半似熊形. 其人殺其兒, 率二女而還'"〔世宗實錄 二十一年(1439年) 秋七月 戊申〕.

기가 신화, 좀 더 정확히 말하면 전설의 형식으로 유전되던 것을 포착한 것이라고 볼 수 있을 것이다.

15세기 우지개 사건과 우데게이족 시조신화를 경유하면 단군신화의 곰과 호랑이의 동서를 이해할 수 있는 실마리를 잡을 수 있다. 주지하듯이 단군신화는 고조선 건국신화이지 시조신화는 아니다.[67] 그러나 건국신화에 묻혀 있는 시조신화의 관점에서 단군신화를 보면 곰과 호랑이의 시조신화가 되살아난다. 곰과 호랑이는 각각 우데게이족처럼 곰을 조상으로 숭배하는 종족과 아무르 강 유역의 아크스크라족처럼 호랑이를 조상으로 숭배하는 종족의 토템 동물인 것이다. 저자는 이전에 단군신화의 웅녀를 〈퉁4〉에 제시된 어웡키족 시조신화와의 관련성 속에서 논의한 바 있다.[68] 어웡키족의 시조신화 형식이 곰나루 전설과 혹사했던 점도 그렇게 추론할 수 있는 유력한 근거가 되었다. 기존의 논의에 우지개 전설을 추가하면 곰과 호랑이를 특정 종족의 토템으로 확정할 수 없지만 적어도 한반도 내외에 거주했던, 그리고 고조선 사회의 구성원으로 존재했던 집단의 토템이었다는 것은 확정할 수 있겠다.

어웡키족이나 허저족, 또는 우데게이족의 곰 시조신화에 비하면 〈퉁7〉에 제시한 오로촌족의 기원신화는 특이하다. 오로촌족은 어웡키족과 같은 계통으로 역시 곰 숭배 습속을 가지고 있고, 곰을 할머니, 할아버지로 부르는 언어관습을 지닌 민족이다. 따라서 아직 확인하지는 못했지만 곰 시조신화가 전승되고 있었을 것이다. 그런데 확인된 두 편의 구전신화는 상당히 이질적이다. 두 신화 가운데 후자는 천신이 짐승의 살과 뼈로 인류를 창조했고 그래서 오로촌인이 생겼다는 형식이어서 오히려 인류기원

67 시조신화와 건국신화의 상관관계와 차이에 대해서는 조현설, 앞의 책을 참고할 것.

68 자세한 것은 조현설, 「웅녀 · 유화 신화의 행방과 사회적 차별의 체계」, 『구비문학연구』 9집, 한국구비문학회, 1999 참조.

신화에 가깝기 때문에 논외로 한다고 하더라도 전자는 여자와 원숭이의 결합에 의해 오로촌족이 생성되었다는 신화이므로 문제가 된다. 오로촌족 거주 지역에 원숭이는 없기 때문이다. 따라서 이 시조신화 형식은 외부에서 유입된 것으로 보는 것이 적절하리라고 판단된다. 그렇다면 원류는 어디인가? 원숭이 기원신화는 티베트(짱족) 시조신화의 하나이다. 중국 윈난 지역의 와족이나 리수족도 관련 신화를 전승하고 있다. 따라서 현재로서는 라마불교를 통해 이 유형의 시조신화가 오로촌족 내로 들어온 것이 아닌가 추측해 볼 수 있겠다.

4. 맺음말

지금까지 알타이어계 여러 민족들의 시조신화를 튀르크어계, 몽골어계, 퉁구스어계로 나누어 자료를 제시하고 검토했다. 그 결과 튀르크어계 민족들의 경우 이리 시조[狼祖]신화가 특징적인데, 까마귀나 고니와 같은 새 신화소도 공존하고 있고, 몽골어계 민족들의 경우에도 이리(혹은 개) 시조신화가 보이는데 낭조가 빛의 형상과 결합되어 있는 점이 특징적이며 백조와 같은 새 토템이 공존하고 있다. 퉁구스어계 민족들의 경우 곰, 호랑이 시조신화가 있으며, 새와 관련해서는 까마귀(까치)가 천신의 중개자로 등장하고 난생(卵生) 화소가 특징적이며 일광감촉[感生] 모티프가 공존하고 있고 천자강림(天子降臨) 화소도 특징적이라는 사실이 드러났다.

그런데 이 같은 계통별 특징들과 관련하여 몇 가지 주목할 부분이 있다. 첫째는 몽골어계 시조신화에서 알 수 있듯이 동물 토템과 하늘 혹은 빛이 결합하는 현상이다. 퉁구스어계 시조신화에 보이는 일광 감촉 모티프나 천신의 중개자로 까마귀가 등장하는 사례도 이와 같은 맥락에서 해석될 수 있는 부분이다. 이 서로 다른 신화소의 결합은 그것이 지상의 신성 동물이라고 하더라도 시조의 출처를 천상에 두려고 하는 의식의 소산이다. 이는 시조의 성스러움을 고양하려는 의지의 결과로, 이런 자료들이 단순한 시조신화가 아니라 건국신화의 일부로 존재하는 자료에 보인다는 점을 주목할 필요가 있겠다. 건국신화 만들기가 두 신화소를 결합시킨 동인으로 보인다.

둘째는 몽골어계 신화들이 지닌 매개적 성격이다. 다음 신화를 잠시 검토해 보자.

> 고대에 한 국왕이 있었는데 그는 오구즈칸의 후예로 요우르떠우스칸이라고 했다. 그가 살아 있을 때 그의 아들들이 모두 죽었다. 그가 세상을 떠나자 왕위를 이를 사람이 없어 왕후 알란 고아가 나라를 다스렸다. 어느 날 밤 알란 고아 여왕은 자신의 침실에서 잠에 들었는데 갑자기 천창으로부터 한 줄기 해처럼 밝은 빛이 비쳐 들어왔다. 이어 빛 속에서 한 영준한 젊은이가 나와 알란 고아를 향해 구애를 하였다. 알란 고아는 흥분한 가운데 임신을 하였다. 신하들이 그 말을 듣고 논란이 분분했는데 알란 고아 여왕은 그들에게 자초지종을 설명했다. 아홉 달이 지나 여왕은 사내아이 하나를 낳았는데 이름을 투커누쿠 패무얼칸이라고 했다. 이 아이가 성장하여 왕위를 계승했다.[69]

이 구전신화는 튀르크계 위구르족 사이에서 전승된 신화이다. 그런데 이 신화는 본래 『몽골비사』 등에 보이는 몽골의 시조모로 추숭되는 알란 고아 신화이다. 알란 고아가 여왕이라는 점, 신성혼을 통해 낳은 아이가 왕위를 계승했다는 부분은 구전 과정에서 변이되었지만 알란 고아가 빛

69 滿都呼, 앞의 책, p. 38.

에서 나온 존재와 결연을 맺는 부분은 동일하다. 물론 『몽골비사』에는 빛이 들어왔다가 개의 형상으로 나갔다고 서술되어 있지만 후대에 만들어진 문헌들 속에서 금색신인 등 인격화된 존재가 나타나므로 이 신화의 빛 속에서 나온 젊은이는 몽골 문헌신화의 형상과 다르지 않다. 이런 사실은 몽골제국 이후 몽골신화의 전파와 영향의 결과라고 볼 수밖에 없다. 이렇게 본다면 원제국의 성립에 따라 튀르크어계, 퉁구스어계 민족들의 신화가 몽골신화의 영향을 일정 부분 받았으리라는 것을 부정하기 어렵다.

동시에 지역적으로 몽골어계 민족들은 튀르크어계와 퉁구스어계 민족들의 중간에 자리 잡고 있었다. 따라서 몽골어계 민족들이 일종의 가교적 역할을 수행했을 터이고 그 결과 몽골어계 시조신화는 튀르크어계 시조신화의 특징인 이리 토템을 공유하게 되고, 퉁구스어계 시조신화의 특징이 새 토템의 요소도 공유하게 된 것이 아닌가 판단된다.

이 글은 애초에 알타이어계 여러 민족들의 시조신화를 가능한 한 많이 수집하여 자료를 검토해 보고, 자료들이 보여 주는 대체적인 특징들을 개괄하여 향후 본격적인 연구의 발판을 마련할 의도로 집필된 것이다. 따라서 아직 상당 부분 추론과 가설에 머물러 있다. 향후 더 많은 자료의 확보와 연구를 통해 논의가 진전되기를 기대한다.

참고문헌

곽진석 (2002), 「시베리아 우데게이족의 신화와 신앙에 대한 연구」, 『한국민속학』 36, 한국민속학회.

그루쎄, 르네, 강호동 외 옮김 (1998), 『유라시아 유목제국사』, 사계절.

김방한 (1982), 『韓國語의 系統』, 민음사.

김화경 (2007), 「일본 날개옷 설화의 연구 – 한국의 〈나무꾼과 선녀 설화〉와의 관계를 중심으로 한 고찰」, 『어문학』 95, 한국어문학회.

라이츠, 만프레츠, 장혜경 옮김 (2007), 『기이한 동물 추적기』, 프로네시스.

滿都呼 (2004), 「몽고족 토템신화와 그 변화」, 『중앙민속학』 10.

박시인, 『알타이신화』, 청노루, 1993.

양민종 (2003), 『알타이이야기』, 정신세계사.

양민종 (2005), 「구소련 지역 알타이 신화 비교 연구」, 『슬라브연구』 21권 2호, 한국외국어대학교 러시아연구소.

양민종 (2010), 「신화내부 시간범주에 따른 알타이신화 모티프 분류」, 『단군학연구』 22, 단군학회.

엘리아데, 미르치아, 이재실 옮김 (1993), 『종교사개론』, 까치.

유원수 역주 (1994), 『몽골비사』, 혜안.

이기문 (1990), 「韓國語와 蒙古語의 關係 – 그 語彙 比較에 대하여」, 『대동문화연구』 24, 성균관대학교 대동문화연구원.

이홍규 (2010), 『한국인의 기원』, 우리역사연구재단.

임석재 (1988), 『한국구전설화』(임석재전집3), 평민사.

조현설 (1999), 「웅녀 · 유화 신화의 행방과 사회적 차별의 체계」, 『구비문학연구』 9, 한국구비문학회.

조현설 (2001), 「설화연구의 새로운 흐름과 전망」, 『동악어문논집』 37, 동악어문학회.

조현설 (2003), 『동아시아 건국신화의 역사와 논리』, 문학과지성사.

車海鋒 · 公光哲 (2010), 「朝鮮民族與滿 – 通古斯諸民族鹿神話傳說之比較」, 『한국학연구』 32, 고려대학교 한국학연구소.

최원오 (2000), 「동아시아 알타이어계 민족의 民族起源神話에 나타난 특징 연구」, 『구비문학연구』 11, 한국구비문학회.

谷德明 (1987), 『中國少數民族神話選』, 北京 : 中國民間文藝出版社, 1987.

那木吉拉 (2009. 3), 「阿尒泰語系諸民族樹生人神話比較研究」, 『西北民族研究』.

陶陽 · 鍾秀 (1989), 『中國創世神話』, 上海: 上海人民出版社.

雷茂奎 · 李竟成 (1994), 『絲綢之路民族民間文學研究』, 新疆: 人民出版社.

滿都呼 主編 (1997), 『中國阿爾泰語系諸民族神話故事』, 北京: 民族出版社.

孟興全 口陳, 『鄂倫春民間文學』, 黑龍江省民族研究所 내부출판자료.

蒙古族文學史編寫組 (1994), 『蒙古族文學史』, 沈陽: 遼寧民族出版社.

徐昌翰·黃任遠 (1991), 『赫哲族文學』, 哈爾濱: 北方文藝出版社.

西脇 隆夫 (2004), 「日本神話研究」, 『名古屋學院大學論集 言語文化篇』, 名古屋學院大學總合研究所.

王其格 (2010), 「淺論阿尒泰語系民族的鹿鳥圖騰」, 『赤峰學院學報』.

林幹 (1988), 『突厥史』, 呼和浩特: 內蒙古人民出版社.

佐口透 (1975), 「アルタイ語民族の神話と傳承」, 江上波夫 編, 『騎馬民族とは何か』, 每日新聞社.

知識出版社 編 (1994), 『中國民族博覽』, 上海: 知識出版社.

秋本吉郎 校注 (1958), 『風土記』, 東京: 岩波書店.

畢檮 (1992), 『哈薩克民間文學槪論』, 北京: 中央民族學院出版社.

黃任遠 (2000), 『通古斯－滿語族神話研究』, 哈爾濱: 黑龍江人民出版社.

Starostin, Sergei, Anna Dybo, and Oleg Mudrak (2003), *Etymological Dictionary of the Altaic Languages*, Brill.

제3장

한국의 만주어 연구 현황과 과제

고동호

전북대학교 국어국문학과 교수

주요 논저: 사라져 가는 알타이언어를 찾아서(2008, 공저),
Materials of Written Manchu(2008, 공저),
A Description of Najkhin Nanai(2011, 공저)

1. 들어가기

이 글의 목적은 한국에서 이루어진 만주어 연구 현황을 개괄하고 문제점을 살펴봄으로써 앞으로의 연구 방향을 모색하는 데 있다. 한국에서 한국인에 의해 이루어진 만주어 연구를 대상으로 삼지만 꼭 필요할 때는 그렇지 않은 연구도 언급될 것이다.[1] 한국에서 만주어 연구가 시작된 것은 통문관의 설립(1276)보다 훨씬 이전으로 거슬러 올라갈 수 있으며, 현대적 의미의 연구가 시작된 것도 이미 50년이 지났다.[2] 따라서 지금까지 축적된 만주어 연구의 성과를 이해하고 앞으로의 연구 발판을 마련한다는 데에서 이 글의 의의를 찾을 수 있을 것이다. 1980년대까지 한국에서 이루어진 만주어 연구는 전반적으로 성백인 · 고동호(1992)에서 이미 검토된 바 있다. 따라서 이 글은 성백인 · 고동호(1992)를 요약하고 보충하는 방식으로 서술하게 될 것이다. 이러한 이유로 두 글의 내용이 부분적으로 겹칠 수밖에 없는 점에 대해 미리 양해를 구한다.

1 본문에서 모두 언급할 수 없는 점을 감안하여 이 글의 끝에 있는 참고문헌에는 한국에서 발표되었거나 한국인에 의해 이루어진 만주어 연구 논저는 물론 청학서에 관한 외국인의 연구까지 모두 포괄하여 제시했다. 또한 참고문헌에는 만주어 연구를 이해하는 데 필요한 역사 분야 연구 결과도 일부 포함되어 있다.

2 『고려사』에 따르면, 정종 3년(948)부터 고려가 여진족과 접촉하기 시작했고(세가 3), 금나라에 통사를 보냈다(세가 15)는 기록이 나타난다. 한편 20세기 이후 한국인에 의해 이루어진 최초의 만주어 연구는 김민수(1956)와 민영규(1956a; 1956b)이다.

만주어 연구사를 검토하기 위해서는 만주어의 개념을 먼저 정립할 필요가 있다. 만주인은 요대부터 명대까지 여진이라고 불렸던 민족의 직접적인 후손으로서, 요나라를 멸망시키고 금나라(1115-1234)를 세운 아구다(阿骨打)가 바로 이 여진족이다. 건주 여진 출신의 누르하치(Nurhachi)가 1616년에 후금을 세운 후에도 여진이라는 명칭은 계속 사용되었다. 그러나 누르하치의 뒤를 이은 태종 홍타이지(皇太極)가 1635년에 여진(Jušen)은 원래 만주(Manju)였다고 선언하면서부터 만주라는 명칭이 사용되기 시작했다. 이러한 사실들을 고려하면 만주어라는 개념은 요나라 때부터 사서에 등장하기 시작한 여진족의 언어부터 현대까지 그 명맥이 남아 있는 만주어 구어까지 포괄할 수도 있고, 만주라는 명칭이 사용되기 시작한 이후의 언어에만 적용할 수도 있다. 이 글에서는 김주원(2010b)의 제안을 따라서 만주 문자가 제정된 1599년을 기준으로 그 이전은 여진어로, 그 이후는 만주어로 간주하기로 한다.[3]

한국에서 이루어진 만주어 연구는 시기적으로 크게 조선조 사역원에서 이루어진 연구와 1950년대 이후에 이루어진 연구로 나눌 수 있고, 후자는 다시 취급하는 자료에 따라 사역원 청학서에 대한 연구와 청나라에서 간행된 만주어 문헌, 그리고 기타 자료에 대한 연구로 나눌 수 있다. 이 글에서도 이러한 기준에 따라 연구사를 서술하고, 맺음말로서 향후 만주어 연구의 방향과 과제를 제시한다.

3 이렇게 한정하는 이유는 만주어 구어에 대한 연구가 김주원 외(2008)를 제외하면 전무하다시피 하기 때문이다. 그러나 앞으로 만주어의 구어에 대해서도 지속적인 연구가 계속되어야 할 것이다. 한편 여진어 및 여진 문자에 대한 연구로는 이기문(1958b; 1958c), 신태현(1965; 1967), 민영규(1967), 김동소(1977b; 1977c; 1983; 1988), 송기중(1988; 1992), 김주원 · 이동은(2004) 등이 있다.

2. 조선조 사역원

우리 민족은 삼국시대부터 외교 문서를 담당하는 기관을 설치하거나 외국어의 교육과 학습, 번역 및 통역을 담당하는 기관을 설치하여 이민족과의 접촉에 대응해 왔다(강신항, 2000, p. 3). 사역원은 조선의 건국 직후에 설치되었던 기관인데, 초기에 여진어에 능숙한 사람을 통사로 채용하기는 했지만 공식적으로 여진어를 교육하고 통사를 양성하는 일은 1434년(세종 16)에 와서야 이루어졌고,[4] 뒤이어 15종의 여진학서가 편찬되었다.[5]

1) 청학

누르하치의 뒤를 이은 청 태종 홍타이지는 1636년에는 황제 자리에 오르면서 국호를 대청(大淸)으로 고쳤다. 그는 1627년의 정묘호란과 1636년의 병자호란을 통해 조선을 굴복시킨 후 주변을 정복하기 시작하였다. 홍타이지가 급사한 후 뒤를 이은 순치제는 1644년에 명나라가 멸망한 후

4 『세종실록』의 다음 기사 참조. "예조에서 아뢰기를, '여진 문자를 이해하는 자가 불과 1, 2인이어서 장차 없어지게 되겠사오니, 벼슬아치 및 함길도의 여진인 자제 중에서 여진 문자를 이해하는 자 4, 5인을 추려 뽑아서 사역원에 소속시켜 훈도로 삼으시고, 겸하여 통사로 임명하도록 하옵소서' 하니, 그대로 따랐다(解女眞文字者 不過一二人 將爲廢絶 侍朝人及 咸吉道女眞子弟中 解女眞文字者 選揀四五人 屬於司譯院 定爲訓導 兼差通事之任 從之)"(『세종실록』, 세종 16년 6월 25일 경오).
이 글에서 제시하는 『조선왕조실록』의 기사는 국사편찬위원회의 홈페이지의 '조선왕조실록'에서 검색한 결과에 바탕을 두고 있다.

5 『경국대전』에는 여진학서로 『천자(千字)』, 『천병서(天兵書)』, 『소아론(小兒論)』, 『삼세아(三歲兒)』, 『자시위(自侍衛)』, 『팔세아(八歲兒)』, 『거화(去化)』, 『칠세아(七歲兒)』, 『구난(仇難)』, 『십이제국(十二諸國)』, 『귀수(貴愁)』, 『오자(吳子)』, 『손자(孫子)』, 『태공(太公)』(또는 『대공(大公)』), 『상서(尙書)』가 나열되어 있다. 이들 여진학서에 대해서는 오구라 신페이(1964: 610-612), 송기중(2001, pp. 156-169) 참조. 이 여진학서들은 여진 문자로 이루어져 있었을 것이고 일반적으로 추정되었지만(송기중, 1987; 성백인, 1994), 위구르 문자로 기록되었을 것이라고 추정되기(정광, 2002, pp. 526-531)도 하였다.

베이징을 점령하였고, 이어 1661년에 순치제의 3남인 강희제가 즉위하여 중국 대륙을 통일하였다.

청의 이러한 변화에 따라 오랫동안 지속되어 왔던 여진학이라는 명칭은 청학으로 그 명칭이 바뀌게 되었다.[6] 이에 대해서 『통문관지(通文館志)』에는 다음과 같이 언급되어 있다. 즉 1667년에 여진학을 청학이라고 고쳤고, 1765년에는 사역원 안의 서열을 맨 앞에서 두 번째, 즉 한학 다음으로 높였다는 것이다.

> 고려 충렬왕 2년(1276)에 처음으로 통문관을 설치하고 한어를 익히게 하였는데, (…) 조선 초기에 사역원을 설치하여 여러 나라의 언어를 번역하는 일을 맡아보게 하였다. (…) 사역원이 소속된 관청에는 몽학·왜학·여진학이 있어서 통틀어 사학(四學)이라고 하였고, 강희 정미년(1667, 현종 8)에 여진학을 고쳐서 청학이라고 일컬었다. 예조에 소속시켰다. (…) 건륭 을유년(1765, 영조 41)에 청학의 서열을 몽학의 위에 두었다. (『통문관지』 1 연혁 관제)[7]

홍타이지가 국호를 청이라고 바꾼 후에 일으킨 병자호란에서 패배하여 군신의 예를 지키기로 하고 항복한 조선이 청학이라는 명칭을 바로

---

6 사역원의 청학에 대한 역사는 민영규(1956a; 1956b), 오구라 신페이(小倉進平, 1964), 이근수(1979; 1987), 임동석(1983), 정광 · 한상권(1985), 정광(1987; 1988; 2002), 성백인(1994), 강신항(2000), 송기중(2000; 2001)에서 자세하게 다루어졌다. 한편 조선 후기의 만주어에 대한 인식에 대해서는 배우성(2007)을, 청나라 시기 만주어의 정책과 위상에 대해서는 각각 이영옥(2008)과 김은희(2012)를 참고할 수 있다.

7 高麗忠烈王二年 始置通文館習漢語 (…) 國初置司譯院 掌譯諸方言語 (…) 其屬官有蒙倭女眞學通爲四學(康熙丁未女眞學改稱淸學) 屬禮曹 (…) 乾隆乙酉 淸學序於蒙學之上 出啓辭謄錄.
이 글에서 제시하는 『통문관지』 기사들은 동방미디어의 '통문관지'에서 제공하는 DB에서 검색한 결과이거나 그것을 수정한 것이다.

쓰지 않고 여진학이라는 명칭을 30년 이상 계속해서 쓴 이유는 분명하지 않다. 아래에서 보는 것처럼, 여진학이라는 명칭을 청학으로 바꾸게 된 과정을 기술한 『승정원일기』에서도 여진학이라는 용어와 청학이라는 용어가 섞여 있다. 그런데 이 기술에 따르면, 여진학이라는 명칭이 청학으로 바뀌게 된 계기는 청나라의 조선어 통역인 일선(一善)의 여진학에 대한 언급 때문이었다. 그가 조선 관리들에게 청학을 업신여기는 것은 청나라를 업신여기는 것과 같다고 했기 때문에, 김수항이 여진학을 청학으로 바꾸자고 건의하고 임금이 그것을 허락한 것이다.

> 1667년(현종 8): 역관 조동립이 일찍이 북경에 오갈 때, 일선이 말하기를, "너희 나라가 여진학을 업신여기는 것은 무슨 까닭인가? 무릇 청학을 업신여기는 것은 청나라를 업신여기는 것이다"라고 하였습니다. 대개 사역원에서 한학을 으뜸으로 여기고, 여진학을 최하로 여기기 때문일 것입니다. 이번에 또 말하기를, "지금 여진학이라고 불러서는 안 되고, 청학이라고 고쳐야 한다"라고 말하니, 그가 원하는 대로 청학으로 이름을 바꾸더라도 거리낌과 해가 없을 듯합니다. 임금이 말하기를 "무슨 거리낌이 있으리오". 김수항이 말하기를 "그러면 앞으로 모든 문서에 다 그렇게 고쳐 부르면 어떻습니까?"라고 하니, 임금이 말씀하시기를 "그리 하시오". (『승정원일기』 204)[8]

8 譯官趙東立 曾前往來北京時 一善曰 汝國之慢待女眞學者何也 夫侮淸學 乃所以侮淸國也云云 蓋譯廳 以漢學爲首 以女眞學爲最下故也 今番又曰 今以女眞學爲號者 不可改以淸學爲可云云 依渠所願 改名以淸學 似無所妨害矣 上曰 何妨也 壽恒曰 今後則文書間皆以此改稱 何如 上曰 依爲之.
『승정원일기』의 원문은 국사편찬위원회 홈페이지의 '승정원일기'에서 검색한 결과이다. 한편 여기에 나타나는 일선은 인조실록 45권(1644년 10월 10일)에 나오는 기사 "함종현 사람 오대인(吳大仁) · 이일선(李一善)이 청나라에서 도망쳐 돌아왔기에 신이 그 내막을 물으니 (…)" 중의 이일선과 동일 인물일 가능성이 있다.

이렇게 하여 설치된 사역원의 청학은 1894년의 갑오개혁 때 의정부에 설치한 학무 아문으로 업무가 이관되면서 사역원이 공식적으로 폐지됨으로써 자연스럽게 폐지되었다.

2) 판본 청학서

(1) 편찬 경위

현재 전해지고 있는 청학서는 모두 6종이다. 이 청학서들은 한 번에 만들어진 것이 아니라 여러 단계의 개편 작업을 거쳐서 편찬되었다. 『팔세아』와 『소아론』은 여진학서에 들어 있던 것을 중간한 것이고, 『청어노걸대(淸語老乞大)』와 『삼역총해(三譯總解)』는 청학서의 사본으로 만들어졌다가 판본으로 중간한 것이며, 『동문유해(同文類解)』와 『한청문감(漢淸文鑑)』은 처음부터 청학서 판본으로 편찬한 것이다. 여진학서와 청학서의 편찬 연대와 주요 역할을 한 인물을 요약하면 다음 표와 같다.

이하에서는 표의 내용을 조금 더 자세하게 살펴보기로 한다.[9] 여진학서의 개편 작업은 여진학이 청학으로 바뀌기 이전에 이미 시작되어 있었다. 임진왜란과 정묘호란을 거치면서 15책이었던 여진학서는 불과 5책만 남아 있었는데, 이 책들을 만주어로 바꾸는 작업을 해낸 사람이 신계암(1600-1644)[10]이다. 신계암은 1620년대 말부터 10여 년 동안 사신들을 따라다니면서 만주어와 만주 문자를 익힌 후에 여진학서 개편 작업을 하였다. 이 작업이 시작된 이유는 청나라와 본격적으로 문서와 인물의 접촉이 시작되었지만 의사소통이 안 되었기 때문이다. 또한 1632년 이후 공식

9 청학서들은 같은 이름으로 여러 번 편찬되었다. 따라서 이들을 구별하기 위해 필요에 따라 괄호 안에 '초간(初刊)', '중간(重刊)', '신석(新釋)' 등을 첨가하기로 한다.

10 한국역대인물 종합정보시스템의 '과거 및 취재'에 따르면, 신계암은 1619년에 실시된 증광시에 8위로 합격했다고 한다.

종류	연대	여진학서		청학서					
		천자, 병서, 십이제국, 삼세아, 자시위, 칠세아, 귀수, 오자, 손자, 태공	구난, 거화, 상서	팔세아, 소아론	청어 노걸대	삼역총해	동문유집	동문유해	한청문감
사본?	1639	(전란으로 소실)	신계암	신계암					
사본	1684		(폐기)		최후택 등	최후택 등			
판본	1691						이해 등		
	1703			박창유 등	박창유 등	박창유 등			
	1748							현문항 등	
	1765				김진하				
	1774					김진하			
	1777			김진하					
	1779?								김진하 등

적인 만주어 표기법이 급속도로 정비되고 있었던 것도 이 작업을 계속할 수밖에 없었던 원인이 되었다(성백인, 1994). 이와 같은 여진학서 개편 작업에 관해서는 『통문관지』, 『삼역총해(초간)』 서문, 『역관상언등록(譯官上言謄錄)』의 기사 등으로 알 수 있다.

> 신계암: 본관은 평산이다. 여진학은 예전에 우리나라 법전에 실려 있는 강서(講書)가 있었으나, 청나라 사람이 쓰는 말과 많이 달라서 청나라 사람이 들으면 알아듣지 못하므로, 상국인 추탄 오윤겸이 '공이 청나라 말을 잘한다'고 아뢰어 청해서 봄 · 가을 통신사가 갈 때에 보냈다. 10년 동안 왕래하며 연구에 전념하여 그 말과 글자를 다 알아서, 본서 중에 『구난』 · 『거화』 · 『팔세아』 · 『소아론』 · 『상서』 등 다섯 책에서 잘못된 것을 바로잡았는데, 지금까지 과시(課試)에서 쓴다. 『계사등록(啓辭謄錄)』에

나와 있다. 벼슬은 첨지중추부사에 이르렀다. (『통문관지』 7 인물)[11]

(…) 여진학에 대해서는 호칭을 바꾸어 지금은 청학이라고 하고 있는데, 그 말이 전해지고 이어진 것이 이미 오래되어 그릇되고 잘못된 것이 참으로 많았다. 병자년 이후는 무릇 오가는 문서와 주고받는 언어에 모두 이 말을 사용했지만 전혀 알지 못했다. 그때 도제조인 추탄 오상국이 사유를 갖추어 임금께 글을 올려, 본학의 재주 있는 신계암을 뽑아 사신의 행차 때마다 연속적으로 보내어서, 『팔세아』 등 다섯 가지의 책을 취하여 고증하고 쓸데없는 글자나 구절을 깎고 다듬어서, 청학을 공부하는 사람들로 하여금 그 책들을 익히게 했다. (『삼역총해(초간)』 서)[12]

(…) 전부터 유래한 책들은 어느 시대로부터 나왔는지 알 수 없고 청나라 사람들이 봐도 그것을 이상하게 여길 뿐 전혀 이해하지 못합니다. 지금 그들이 사용하는 글은 그들의 이전 임금이 지은 것인데, 소리는 청나라의 소리이고 글자는 몽고 글과 대체로 비슷합니다. 그러나 실제로는 점과 획이 달라 이해하는 사람이 전혀 없어서 서로 접촉할 때 뜻을 전혀 통하지 못합니다. 오윤겸이 도제조일 때에 이유를 갖추어 임금께 아뢰었고 여진학에 재주가 있는 신계암을 다방면으로 권장하여 춘추 사신이 갈 때마다 연속으로 보내어 청나라 사람들과 내왕하면서 묻는 어려움이 없도록 하였습니다. 말소리에 정통하고 능숙해진 후에 그 글자

11 申繼黯平山人 女眞學舊有國典所載講書 而與淸人行話大不同 淸人聽之者莫解 楸灘吳相國允謙以公善淸語 啓送于春秋信使之行 十年往來 專意硏究盡 得其語音字畫就 本書中仇難巨化八歲兒小兒論尙書等五冊 釐正訛誤至 今用之於科試(出啓辭謄錄) 官至僉樞.

12 於女眞學 改號今爲淸學 其語傳襲旣久 訛繆寔多逮 自丙子以後 凡於文書之往復者 言語之酬酢者 皆用此語 而全不曉得 伊時都提調楸灘吳相國 具由入 啓遴本學中 有才者申繼黯 每行連續差遣 取八歲兒等五種書 考證刪定俾業 是學者習之.

를 배우면서 신계암이 오로지 한곳으로만 뜻을 기울여 연구한 지 이제 10년이 되었습니다. 비로소 실마리를 잡아서 전래하는 책들 중에 이른바 『거화』, 『구난』, 『팔세아』, 『소아론』, 『상서』 등 다섯 책을 청나라 글로 쓰고 옆에 주를 달아 이를 이루었습니다. 지난해에 칙사가 왔을 때 따라온 청나라 사람들이 환하게 깨달아서 알지 못하는 곳이 없었으니, 이로써 고친 것이 잘못되지 않았음을 알 수 있었습니다. 〔『역관상언등록』 을묘(1634) 여진학전습사〕[13]

신계암의 개편 작업이 끝난 후 40여 년이 경과하자 다시 청학서를 수정하기 시작하였다. 이 작업은 『삼역총해(초간)』 서문에 나와 있는 것처럼, 1680년(숙종 7)에 민정중의 주도로 최후택, 이즙[14]과 이의백이 『삼역총해』 10권과 『청어노걸대』 8권을 필사함으로써 시작되었다.

(…) 지금의 주상이 즉위한 지 7년 경신년에 노봉 민상국이 사역원의 제거로서, 신계암이 산정한 책은 글자가 적고 말이 넓지 않아 그 통함이 불가능하고 그 변화를 다할 수 없다고 생각하여, 최후택, 이즙, 이의백 등으로 하여금 다시 추가로 『거화』, 『구난』, 『상서』의 세 책을 정리 · 수정 · 산정하게 하고, 만주어로 된 삼국지를 취하여 서로 옳고 그름을 따져서 『삼역총해』 열 권을 만들고 『한어노걸대』를 해석하여 『청어노걸

13 自前流來番書 未知出自何代 而淸人見 而怪之全未曉得 彼中方今行用之書 卽前汗所著 而音則淸音字 則與蒙書大略相似 而點畫實異 曉解者絶無 彼此相接之時 無以通情 都提調吳允謙時具由入 啓多方勸奬本學中 有才申繼黯 春秋信使之行 連續差送 俾無與淸人來往問難 語音精熟然後 乃學其書 繼黯專意硏究 于今十載方 始就緖傳來冊本中 所謂 巨化仇難八歲兒小兒論尙書 等五冊 以淸書寫出 而淸旁註質之 上年勅使時 從行淸人 無不通曉 以此可知 其不誤也.

14 최후택과 이즙은 병자호란 때 포로로 잡혀 갔다가 되돌아 온 사람들로 추정된다〔기시다 후미타카(岸田文隆), 1997, pp. 17-18〕.

대』 여덟 권을 만드니 예전의 『팔세아』와 『소아론』 각 한 권과 모두 합쳐 스무 권이다. 이를 역과의 교재로 삼아 그 시험을 결정하게 하고 그 품계의 차등을 두게 하였다. (『삼역총해(초간)』 서)[15]

그리하여 신계암이 만주 문자로 바꿔 쓴 다섯 책 중에서 『구난』, 『거화』, 『상서』는 당시의 언어와 맞지 않아 모두 폐기하고, 1684년부터 새롭게 편찬된 『신번노걸대(新飜老乞大)』와 『삼역총해』를 과시용 교재로 사용하게 되었다(『통문관지』 2 과거).[16] 20여 년이 지난 1703-1704년에는 잘못 전해지는 것을 방지하고 광범위하게 보급하기 위하여 『삼역총해』와 『청어노걸대』, 그리고 예전부터 있었던 『팔세아』와 『소아론』을 판본으로 만들었다.

(…) 그러나 그 필사한 본은 잘못 전해지기는 쉽지만 전파되어 가는 것은 어렵다는 것을 고려하고 이를 걱정하여, 계미년 9월에 박창유 등 6인이 함께, 도제조인 죽서 신상국에게, 자신들의 재물을 내어 이 책을 인쇄에 붙여서 그것이 널리 전파되게 하자고 말했다. 공께서 옳다고 하고, 이에 오정현, 이의백 등이 토의 끝에 그 일을 맡고, 일이 끝난 후에 그 이름을 청어총해라고 지었다. (『삼역총해(초간)』 서)[17]

---

15 今上 卽位之七年庚申 老峯閔相國提擧譯院 以繼黯所刪書 字少語不廣 無以會其通 而盡其變 令崔厚澤李濈李宜白等 更加釐正刪 去化仇難尙書三冊 而取淸書三國志 相與辨難作爲三譯總解十卷 又解漢語老乞大 爲淸語老乞大八卷 與舊八歲兒小兒論各一卷 通共二十卷 用此爲程式 使决其科等其食.

16 康熙甲子始用 新飜老乞大三譯總解 而前冊中 仇難去化尙書 訛於時語故 並去之 見啓辭謄錄.

17 顧其寫本 易致傳訛 而艱於布行 以此病之 癸未九月 有朴昌裕等六人齊辭 于都提調竹西申相國 願出捐己財 剞劂是書 以廣其傳布 則公可之於是 吳廷顯李宜白等 以訓上主其事事訖名之曰 淸語總解.
한편 『삼역총해(초간)』의 서문에 나오는 '청어총해'에 대해, 오구라 신페이(1964, p. 626)는 『삼역총해』와 같은 명칭으로 보았으나 민영규(1956a)는 『삼역총해』, 『팔세아』, 『소아론』의 총칭으로 보았다.

〈노걸대판〉, 〈삼역총해판〉, 〈소아론판〉, 〈팔세아판〉 모두 청관 이세만 등이 썼다. 강희 계미년(1703, 숙종 29)에 청학관 박창유 등 6인을 시켜 재화를 출연하여 활자로 처음 간행하고 해학(該學)에 간직하였다. (『통문관지』 8 집물)[18]

이 중에서 청학과 관련된 『노걸대』는 명칭이 『통문관지』에 다양하게 나타난다. 즉 『신번노걸대』가 권장/과거 조에, 『번해노걸대(飜解老乞大)』가 권장/서도고강 조에, 『청어노걸대』가 권장/녹취재 조와 서적 조에,[19] 『신석청어노걸대』가 서적 조에 첨가된 속록(續錄)에 나타난다. 그리고 집물 조에는 '노걸대판'이라는 기록도 있다. 이 중에서 『신번노걸대』와 『청어노걸대』는 최초로 만주어로 번역된 필사본의 서명이고, 『노걸대』는 처음으로 출판된 책의 제목이며, 『신석청어노걸대』는 현재 전해지고 있는 중간본의 서명으로 판단된다. 이렇게 판단하는 근거는 다음과 같다. 첫째, 『통문관지』 권장 조에 "강희 갑자년(1684, 숙종 10)에 처음으로 『신번노걸대』·『삼역총해』를 사용하였는데, (…)"라는 기록이 있고, 『삼역총해(초간)』의 서문에 최후택 등으로 하여금 『청어노걸대』 여덟 권을 만들었다는 기록이 있다. 둘째, 『통문관지』 집물 조의 속록에 '신석청어노걸대판'이라는 기록이 있다. 셋째, 현전 『신석청어노걸대』의 서문 서명이 『신석청어노걸대』이다. 『번해노걸대』가 나오는 기사에 "『번해노걸대』 8권, 『삼역총해』 10권, 『소아론』·『팔세아』 각각 1권씩 합친 20권 중에서 (…)"처럼 다른 책의 이름과 함께 나타나는 것으로 미루어, 『번해노걸대』 역시 필사본을 가리키는 명칭이었던 것으로 보인다.

18 老乞大板 三譯總解板 小兒論板 八歲兒板 并廳官李世萬等書 康熙癸未令 淸學官朴昌裕等六人 捐財以活字開刊 藏於該學.

19 한편 서적 조에는 역관들이 북경에서 구입해 온 『만한사서』(10본), 『만한동문』(5본), 『만한유집』(7본), 『만한절요』(6본)도 함께 기록되어 있다.

그리고 『삼역총해(초간)』의 간기는 '강희 42년 계미(康熙四十二年癸未)'라고 되어 있고, 『통문관지』 8 집물 조에도 '강희 계미 (…) 개간(康熙癸未 … 開刊)'이라고 되어 있으나, 『삼역총해(초간)』의 서문 말미에 '갑신년 여름에 끝내다(甲申仲夏上完)'라는 기록이 있는 것으로 보아 이 책이 실제로 간행된 것은 갑신년, 즉 1704년으로 보인다.

한편 이 시기에 『동문유집(同文類集)』도 판본으로 간행되었는데, 이것은 청나라에서 간행된 『만한동문유집(滿漢同文類集)』과 관련이 있다(성백인, 1994). 『동문유집』의 판에 대해서는 『통문관지』 8 집물 조에 "동문유집 판은 강희 신미년(辛未年 1691, 숙종 17)에 청학관 이해 · 오상채 · 정만제가 재화를 연출하여 판을 간행하고 해학에 간직하였다"고 기록되어 있다.[20]

현재 남아 있는 청학서들은 모두 18세기 중엽부터 다시 시작된 개편 작업의 결과물들이다. 이 작업은 먼저 부류 사전의 편찬부터 시작되었다. 즉, 예전부터 청학에는 『물명(物名)』이라는 책이 있었지만 잘못이 있었기 때문에 현문항이 6년 동안의 작업 끝에 1748년에 『동문유해』를 펴냈다. 이 『동문유해』의 편찬에 수정관(讐整官)으로 참여했던 김진하[21]는 그 뒤에 이어진 『청어노걸대(신석)』(1765), 『삼역총해(중간)』(1774), 『팔세아(신석)』(1777)와 『소아론(신석)』(1777), 『한청문감』(1779?)의 편찬 작업을 검찰관으로서 주도했다. 각 책의 서문, 지(識)에 나타나 있는 것처럼, "『청어노걸대(신석)』는 병자호란 때 포로로 잡혔다가 되돌아온 우리나라 사람들의 말로 풀이한 것이어서 처음부터 어긋나고 껄끄러움이 있었기 때문에, 『삼역총해(중간)』는 책의 권질이 흩어져 없어지고, 글자와 어구, 발음, 해석 또한 옛날과 지금이 다름이 있었기 때문에, 『팔세아(신석)』와 『소아

20 同文類集板 康熙辛未 淸學官 李海吳相采鄭萬濟 捐財刊板 藏於該學.

21 한국역대인물 종합정보시스템에 따르면, 김진하의 본관은 김해이고, 1711년에 태어나서 22세 때인 1732년 식년시에 8위로 합격했다고 한다. 또한 『영조실록』의 1757년 6월 28일자 기사에는 김진하가 만주어를 잘 해독한다는 기록이 있다.

론(신석)』은 병란을 겪고서도 남아서 아직까지도 유통되어 전해지는 것이 우연한 일이 아니며 책이 있는데 활용하지 않는 것은 좋은 일이 아니었기 때문에" 개편 작업이 진행되었다. 한편 『한청문감』의 간행 목적은 두 가지였다(성백인, 1983). 첫째는 청나라에서 『어제증정청문감(御製增訂淸文鑑)』(1771, 서)이 간행되어 공식적인 문건은 이 사전에서 정한 규범대로 써야 할 필요성 때문이었고, 둘째는 당시 한어의 음을 정확히 기술하고 어구의 뜻을 정확하게 파악할 수 있도록 하기 위해서였다.

(2) 내용과 특징

현전 청학서에 대한 정보는 오구라 신페이(1964), 최학근(1969), 정광(1978; 2002), 추이짜이위(崔宰宇, 1990), 성백인(1994), 송기중(2001)에서 매우 상세하게 다루어졌다. 따라서 구체적인 내용은 선행 연구로 돌리고, 여기에서는 개별 청학서에 대한 간단한 소개에 그치기로 한다.

① 『동문유해』: 한(漢) · 한(韓) · 만 부류 사전, 목판본, 2권 2책, 1(목록)+63, 1(목록)+61+14(어록해)+1(발[안명열])+1(좌목)장. 청학훈장 현문항 수정, 청학수정관 김진하, 신한상 교정, 1748년(조선 영조 24), 운각 개간

이 책에는 4,797개의 어휘 항목이 55개 부류로 나뉘어서 3단 구성으로 제시되어 있다. 상단에는 한어 표제어구가, 중단에는 한국어 대응 어구가, ○부호로 시작되는 하단에는 만주어 대응 어구가 있다. 이 책의 가장 큰 특징은 만주어 어구가 만주 문자로 표기되지 않고 한글로 전자(轉字)되어 있다는 점인데, 이 한글 전자법은 아주 정밀해서 만주 문자로 손쉽게 변환할 수 있다(고동호, 2013). 그리고 『동문유해』의 끝에는 만주어의 허자(虛字)를 설명한 「어록해」 14장이 붙어 있다.

이 책은 서울대학교 규장각에 두 질이 소장되어 있다. 또한 일본 도쿄

대 오구라(小倉) 문고에 권 상이 소장되어 있으며, 고마자와(駒澤) 대학 아라아시(濯足) 문고에도 사본이 한 질 소장되어 있는 것으로 알려져 있다(연규동, 2001). 이 중에서 규장각본이 연희대학교 동방학연구소(1956)와 홍문각(1995)에서 영인본으로 간행되었다. 동방학연구소의 영인본에는 민영규 교수의 해제가 붙어 있고, 홍문각 영인본에는 홍윤표 교수의 해제가 붙어 있다. 그런데 동방학연구소 영인본은 초성의 'r'과 'l'을 구별하기 위하여 덧붙인 식별 부호가 지워져 있는 곳이 있고,[22] 홍문각 영인본은 권 하의 장차의 일부가 뒤바뀐 곳이 있을 수도 있기 때문에 주의해서 사용할 필요가 있다.

② 『청어노걸대(신석)』: 조선 사역원 청학 교재, 목판본, 8권 8책, 26+2〔청어노걸대신석서(홍계희)〕, 26, 23, 25, 23, 23, 24, 22+1(좌목),[23] 검찰관 김진하, 교정관 변한기, 1765년(조선 영조 41), 기영 개간

『청어노걸대(신석)』는 고려의 상인이 고려 왕경과 베이징을 왕래하면서 겪는 일을 대화체로 엮은 한어 교재인 『노걸대』를 만주어 교재로 개편한 책이다. 전체적으로 구절을 단위로 하는 2단 구성으로 되어 있고, 상단과 하단에 만주어와 한국어가 각각 배치되어 있다. 상단은 좌측과 우측이 각각 만주 문자와 한글로 표기되어 있고, 하단은 한글로만 표기되어 있다. 이러한 배열 방식은 현전 독본류 청학서가 모두 동일하다. 이 『청어노걸대(신석)』의 만주어는 청나라 사람들로부터 '지금 쓰이는 말과 하

22 성백인(1970b)에 원본과의 대조표가 실려 있다.

23 영국박물관 소장본은 권2의 끝에 홍계희의 서가 있는 것으로 보아 4책으로 제책되었을 가능성도 있다. 그리고 영국박물관 소장본에는 좌목이 권6의 끝에 있으며, 아라아시 문고 소장본에는 권8의 끝에 있다. 또한 영국 국립도서관 소장본은 서문을 쓴 홍계희의 이름이 먹으로 지워져 있고, 좌목에서 현계백과 변상진이 없다.

나하나 꼭 맞는다'(청어노걸대신석서)[24]는 말을 들을 정도로 김진하가 편찬 과정에서 철저하게 수정한 것이다.

그러나 이 책에는 간혹 표준적인 만주어와 다른 만주어가 나타날 때도 있는데,[25] 그 원인으로는 구어적 특색의 반영, 1703년 초판의 잔재, 한국어적 특징이 스며들어 있을 가능성 등을 생각할 수 있다. 『청어노걸대(신석)』는 프랑스 국립동양언어문화학원(Institut National des Langues et Civilisations Orientales) 소속 언어문화대학도서관(La Bibliothèque universitaire des langues et civilisations), 영국의 영국도서관(The British Library), 일본 고마자와 대학 도서관 아라아시 문고에 소장되어 있다. 이 중에서 프랑스 국립동양언어문화학원 도서관본은 연세대학교 인문과학연구소(1964)에서, 영국도서관본은 홍문각(1998)에서, 아라아시 문고본은 정광(1998)에서 각각 영인되었고, 각각 민영규(1964a; b) 및 송기중 교수, 정광 교수의 해제가 붙어 있다. 그런데 연세대학교 인문과학연구소 영인본에는 좌목이 없고, 홍문각 영인본은 서와 좌목의 순서가 바뀌어 있다. 이 책은 좡치파(莊吉發, 1976)의 한어 번역본과 쓰마가리 도시로(津曲敏郎, 1977, p. 1978)의 일본어 번역본이 나와 있다. 지융하이(季永海, 2007)에서도 전반적인 소개와 함께 일부가 한어로 번역되었다.

③ 『삼역총해(중간)』: 조선 사역원 청학 교재, 목판본, 10권 10책, 22+1(개간 간기 및 좌목)+1(개간 간기)+2(서문)+2(중간삼역총해서[이담]), 26, 26, 25, 25, 25, 23, 22, 22, 26장, 검찰관 김진하 고사언, 1774년(조선 영조 50)

24 復質焉則皆以爲與今行話一一脗合.

25 이러한 요소들은 쓰마가리 도시로(1977; 1978)의 각주에 일일이 제시되어 있다.

『삼역총해(초간)』 서문에 "최후택, 이즙, 이의백 등으로 하여금 (…) 만주어로 된 삼국지를 취하여 서로 옳고 그름을 따져서 삼역총해 열 권을 만들고 (…)"[26]라는 구절이 있는 것으로 보아 『삼역총해』는 저본이 있었음을 알 수 있다. 민영규(1956a)는 『삼역총해』 만주문의 원전이 『만문삼국지 (*Ilan gurun i bithe*)』(24권 24책, 1650년[순치 7] 각본, 키충거[祁充格 Kicungge] 봉칙 역)일 것으로 추정했는데, 이 추정은 판본들의 정밀한 검토를 행한 기시다 후미타카(1990)에 의해 더욱 정밀하게 가다듬어졌다.[27] 이 책은 서울대학교 규장각, 일본 고마자와 대학 도서관 아라아시 문고, 영국의 영국도서관(권4는 사본), 프랑스 국립동양언어문화학원 언어문화대학도서관에 소장되어 있는데, 이들 가운데 규장각본이 민영규 교수의 해제와 함께 연희대학교 동방학연구소(1956)에서, 홍윤표 교수의 해제와 함께 홍문각(1995)에서, 그리고 박상규(2007a)에서 영인되었다.

④ 『소아론(신석)』: 조선 사역원 청학교재, 목판본, 1권 1책, 13+1장〔서문(이담)〕, 1777년(조선 정조 1)

⑤ 『팔세아(신석)』: 조선 사역원 청학교재, 목판본, 1권 1책, 12+1장(개간 간기 및 좌목), 검찰관 김진하

이 두 책은 앞에서 언급한 것처럼 여진학서에 포함되어 있다가 개편된 것이다. 두 책 모두 아동과 관계 있는 내용이 들어 있는데, 하나의 책처럼 취급되었던 듯, 이담의 지는 『소아론(신석)』에만 있고,[28] 간기와 좌

26 令崔厚澤李溵李宜白等 (…) 取清書三國志相與辨難作爲三譯總解十卷 (…).

27 기시다 후미타카(1997)는 『삼역총해』에는 나타나지만 『청문감』류에는 나타나지 않은 어형들의 존재 이유를 밝혔고, 그 부록으로 『삼역총해(중간)』, 『만문삼국지』, 『만한합벽삼국지』의 정밀한 대교표를 제시하고 있다.

28 여기에서 『소아론』과 『팔세아』가 동시에 언급되어 있다.

목은 『팔세아(신석)』에만 있다. 『소아론(신석)』과 『팔세아(신석)』는 같은 기관에 같은 수의 책이 소장되어 있다. 즉 서울대학교 규장각과 프랑스 국립동양언어문화학원 언어문화대학도서관에 각각 2책, 영국의 영국도서관과 일본 고마자와 대학 도서관 아라아시 문고에 각각 1책이 소장되어 있다. 『소아론(신석)』과 『팔세아(신석)』는 규장각 소장본이 연희대학교 동방학연구소(1956)와 홍문각(1995), 박상규(2007a)에서 함께 영인되었고, 『팔세아(신석)』는 안암어문학회(1956)에서 영인되었는데, 동방학연구소 영인본에는 민영규 교수, 홍문각 영인본에는 홍윤표 교수, 안암어문학회 영인본에는 김민수 교수의 해제가 붙어 있다. 그런데 이 영인본 중에서 홍문각 영인본은 이담의 지, 간기, 좌목의 앞면과 뒷면이 바뀌어 있고, 박상규(2007a)에는 『소아론(신석)』 끝에 있는 간기와 『팔세아(신석)』 끝에 있는 이담의 지가 없다.

⑥ 『한청문감』: 한(漢) · 한(韓) · 만 부류 사전, 목판본, 15권(정편: 권1-14, 보편: 권15) 15책, 4(범례)+10(한청문감 목록)+51, 63, 57, 57, 60, 67, 59, 75, 79, 70, 62, 66, 65, 55, 38+3(좌목)장. 한학검찰관 이담 등, 청학검찰관 김진하 등 편찬

『한청문감』에는 13,800여 개의 어구가 36부 292류로 나뉘어 원칙적으로 어구마다 4단으로 제시되어 있다. 그리고 각 어구의 제1단에는 한자로 표기된 한어 표제어와 한글로 표기된 한어음, 제2단에는 한어 표제어에 대응되는 한국어 어구, 제3단에는 한어 표제어에 대응되는 만주어 어구(좌측에는 만주 문자 표기, 우측에는 한글 표기), 제4단에는 한글로 표기된 만주어 어구의 풀이(청어주해)가 제시되어 있다. 『한청문감』의 좌목에 열거된 인원이 한학 25명, 청학 14명, 기타 1명 등 40명이나 될 정도

로 이 책의 편찬은 커다란 사업이었지만 이 책에는 간기가 없다.[29] 이 책의 저본은 『어제증정청문감』(1771, 서)인데, 두 사전은 표제어의 수도 다르고 체제도 다르다. 즉 『한청문감』을 편찬하면서, 저본에서 흔히 쓰지 않는 것으로 판단한 어구와 생략해도 전체의 의미를 아는 데 별 지장이 없다고 생각되는 어구 등 5,000여 개의 어구를 삭제했다. 그리고 2단으로 되어 있는 저본의 체제를 4단으로 나누면서 저본의 1단을 1단과 3단으로 나누었고 저본의 2단은 4단에 배치했다. 1단의 한글로 표기된 한어음은 저본의 만주 문자를 한글로 옮긴 것이고, 3단의 한글 표기는 추가된 것이며, 4단의 한글은 저본의 만주 문자를 한글로 바꾼 것이다. 이 책은 일본 도쿄 대학 도서관, 프랑스의 국립동양언어문화학원 언어문화대학도서관에 완질본이 소장되어 있으며, 도쿄 대학 법학부 연구실 도서실에는 권1, 2, 10, 12, 13, 15가 교정쇄본으로 채워진 것이 소장되어 있다. 그 밖에 고려대학교 도서관 만송문고에 낙질본으로 권9, 10, 11, 12, 13, 15가 남아 있고 이기문 교수도 권14를 소장하고 있는 것으로 알려져 있다. 이 중에서 도쿄 대학 도서관본이 연희대학교 동방학연구소(1956)[30]와 연세대학교 국학연구원(1998)에서 영인되었는데, 각각 민영규 교수와 성백인 교수의 해제가 있다.

(3) 기타 자료

지금까지 살펴봤던 판본 청학서들 이외에 다음의 필사본 다언어 어휘집에도 만주어 항목들이 있다.

---

29 실제로 간행된 것은 1779년경이었을 것으로 추정되고 있다(민영규, 1956b).

30 이 영인본에는 "韓漢淸文鑑"이라는 서명이 붙어 있어서 원본 서명을 오해할 소지도 있다.

① 『방언집석(方言集釋)』: 한(漢) · 한(韓) · 청 · 몽 · 왜 대역어휘집, 4권 2책, 필사본, 2〔보만재잉간(保晩齋剩簡) 목록)+2(방언집석 서)+2(방언집석 목록)+36, 32, 30, 36장, 홍명복 찬, 1778년

『방언유석(方言類釋)』이라고도 하는 이 책은, 한학 역관 홍명복을 비롯하여 청어 · 몽어 · 왜어의 역관들이 관여하여 편집하고 1778년(정조 2)에 진헌되었으나 4년이 지나도록 간행되지 못하고, 서명응이 편찬하여 25책 중 13책만 전하는 『보만재잉간』의 권24, 25에 들어가 있다. 원칙적으로 한자와 한글로 표기된 5,000여 개의 표제어구 밑에, 대응되는 한어의 한자 표기 및 한어음 한글 표기, 만주어 어구, 몽골어 어구, 일본어 어구가 제시되어 있는데, 만주어와 몽골어와 일본어 어구는 모두 한글로 표기되어 있다. 서울대학교 규장각에 소장되어 있고 홍윤표 교수의 해제와 함께 홍문각(1985)에서 영인되었다.

② 『삼학역어(三學譯語)』와 『청어록해(淸語錄解)』: 한(漢) · 한(韓) · 몽 · 청 · 왜 대역 어휘집 및 문법 해설서, 6권, 필사본, 1789년, 이의봉 찬

한어와 중국 주변 여러 민족 언어의 어구를 모아서 해설한 어휘집인 『고금석림(古今釋林)』의 권29-33이 『삼학역어』이고, 『고금석림』 권34에 기본적인 만주어 문법을 해설한 『청어록해』가 들어 있다. 『삼학역어』와 『청어록해』는 모두 『동문유해』를 참고하여 만든 것이다. 『삼학역어』에는 2,600여 개의 한어 표제어구 밑에 한국어 어구가 제시되어 있고, 그 뒤에 그에 대응되는 몽골어, 만주어, 일본어 어구가 제시되어 있는데, 표제어구는 한자로 표기되어 있지만 나머지는 모두 한글로 표기되어 있다. 『고금석림』은 규장각에 두 질이 소장되어 있고, 연세대학교 용재문고에도 한 질 있다고 알려져 있다. 규장각 소장본 중에서 한 질이 이기문 교수의

해제와 함께 아세아문화사(1977)에서 영인되었다.

③ 『한어초(漢語抄)』: 한(漢) · 한(韓) 분류 대역 어휘집, 필사본, 3책.

서울대학교 규장각에 소장되어 있는 이 책은 필사자와 연대가 미상이다. 천 · 지 · 인 3책으로 구성되어 있는데, 지책의 권말에 합철된 『청어초』에 한글로 표기된 만주어가 있다. 이 책의 만주어는 『한청문감』의 일부 내용을 필사자가 적당히 취사선택해서 그대로 옮겨 쓴 것이다(기시다, 1994). 다만 옮겨 적을 때 부주의로 잘못 쓴 것도 있다. 홍윤표 교수의 해제와 함께 홍문각(1995)에서 영인되었다.

3. 20세기 이후

사역원이 폐지된 후 한국에서 만주어 연구가 다시 시작된 것은 1950년대 후반기에 이르러서였다. 1950년대에 한국어의 계통 문제에 대한 관심이 촉발되면서, 한국어와 알타이언어들의 비교 연구와 함께 개별 알타이언어에 대한 연구가 시작되었다. 이와 함께 현대적인 의미의 만주어에 대한 연구가 다시 시작된 것이다.[31] 1950년대 이후의 만주어 연구는 자료의 성격과 연구 목적에 따라서 크게 청학서 자체와 청학서의 만주어에 대한 연구, 청나라 때 간행된 만주 문자 자료에 대한 연구, 기타 형태의 자료

31 김구경은 예외적으로 1930년대에 두 편의 연구를 남겼는데, 그의 생애와 선구자적 업적은 김주원(2012, pp. 25-26)에 소개되어 있다. 그 후 국내에서 만주어 연구를 개척한 학자로는 최학근 교수, 박은용 교수, 성백인 교수, 김동소 교수를 꼽을 수 있는데, 성백인 교수의 업적은 성백인(1999a)에 집약되어 있다. 나머지 학자들의 연구 업적은 참고문헌에 제시해 두었다. 그 외에 이기문(1958a), 전재호(1964), 김득황(1995) 등의 소개서, 김득황(1997)의 사전 등도 초창기 만주어 연구를 수행한 학자들의 업적이다.

및 비교언어학적인 연구로 나눌 수 있다.

1) 청학서

한국에서 이루어진 만주어 연구의 대부분은 청학서에 집중되었다. 그것은 청학서가 영인되어 접근하기 쉬워진 덕택이었다. 청학서의 영인 작업은 민영규 교수의 노력으로 진작 이루어졌지만, 그 후 세월이 많이 경과하여 영인본들을 구하기가 어려워졌기 때문에 혹은 소장 기관이 다른 판본을 영인할 수 있었기 때문에, 몇 차례 더 이루어지기도 했다. 그러나 앞 절에서 언급한 것처럼 원본 그대로 옮겨진 것이 아닌 영인본들도 있기 때문에 영인본들을 이용할 때는 신중을 기해야 할 것이다.

문헌에 기록된 언어를 연구할 때에는 문헌들의 성격을 이해하는 기초 작업이 선결되어야 한다. 즉 청학서의 저본이 있으면, 그 저본과 청학서의 내용을 꼼꼼하게 대조하는 일이 먼저 이루어져야 청학서들의 진정한 가치를 파악할 수 있고, 청학서들을 만주어 연구 자료로 신뢰할 수 있을 것이다. 청학서의 성격은 2장에서 살펴본 간행 경위, 그리고 판본 대조와 저본 문제로 요약할 수 있다. 여기에서는 판본 대조와 저본 문제를 살펴보고, 이어 청학서를 이용한 연구 업적을 소개하기로 한다.

일반적으로 현전 청학서들은 판본이 모두 같은 것으로 인정되고 있다. 그러나 『한청문감』과 『청어노걸대(신석)』에 대해서는 다른 의견이 제기되기도 하였다. 즉 일본 도쿄 대학 법학부 도서관에 소장된 미야자키 미치사부로(宮崎道三郎) 교수 구장본 『한청문감』이 초간본이고, 일반적으로 이용되는 영인본의 원본인 오구라 문고본은 수정중간본이라는 주장이 박은용(1971)에서 제기되었다. 그러나 성백인(1983)은 미야자키본의 일부가 교정쇄본이라고 보았다. 한편 정광(1998, pp. 10-20)은 선명도뿐만 아니라 편철, 좌목이라는 측면에서도 아라아시 문고본 『청어노걸대(신석)』가 가장 선본이라는 결론을 내렸다. 이에 대해 오민석(2013b)은 영국도서관본이 탈각이 비교적 적은 선본일 가능성이 있다고 보았다.

청학서 중에서 『삼역총해(중간)』와 『동문유해』, 『한청문감』, 『소아론(신석)』에 대해서는 저본 관계에 대한 연구가 이루어졌다. 앞 절에서 말한 것처럼 『삼역총해(중간)』의 저본은 민영규(1956a)와 기시다 후미타카(1990)에 의해 밝혀진 바 있다. 『동문유해』의 저본에 대해서는 성백인(1988)에서 기본적으로 『어제청문감』이 주된 저본이었지만 다른 책들도 참고했다는 결론이 내려졌고, 그 안에 포함된 「어록해」는 심계량(沈啓亮)의 『청서지남(淸書指南)』(1682) 권3 『번청허자강약(飜淸虛字講約)』을 주된 저본으로 하여 만든 것임이 밝혀졌다(박은용 1970; 성백인 1988).

『어제증정청문감』에서 『한청문감』으로 개편된 기본적인 과정이나 방법은 성백인(1983)에서 다루어졌다.[32] 한편 정광(2002, p. 592)은 『신전탁오선생통고지장잡자(新鐫卓吾先生通考指掌雜字)』 속의 『소아론』과 푹스(W. Fuchs) 박사 구장본 속의 『소아론』, 그리고 민영규(1964c)에서 소개한 돈황의 항탁변문(項託變文)을 대조하여, 『소아론(신석)』의 저본이 명대 이전의 『공자항탁문서(孔子項託相問書)』였을 것이라고 추정하고 있다.[33]

청학서가 영인된 후에 많은 색인 작업이 이루어졌다. 우선 박은용(1987; 1989; 1990)은 『한청문감』의 어구들을 만한 및 한만의 순서로 제시하여 편리하게 이용할 수 있다. 성백인 외(1998)는 『한청문감』의 만주어와 한어 색인인데, 만주어 표제어는 물론 일운 뒤의 어구나 한어소표제어 뒤의 만주어까지도 모두 표제어로 삼았다는 특징이 있다. 박창해 · 유창돈(1960) 역시 『한청문감』 색인이며 추이짜이위(1993)는 이를 바탕으

32 『한청문감』의 체제에 대해서는 이마니시 슌주(1958), 성백인(1983), 고동호(2014)를 참고할 수 있다.

33 이와 다른 견해에 대해서는 문영준(2014) 참조.

로 삼은 한국어, 한어, 종합 색인이다. 한편 김동소(1977a; 1982)는 『동문유해』의 색인이고, 김동소(1987b)는 청학서의 만주문 표기 한자어 색인이다. 전재호(1977)는 『삼역총해』의 한국어 어휘 색인이지만, 한국어에 만주어 어형도 부기되어 있다. 최동권 외(2008; 2012a)는 『삼역총해』, 『청어노걸대』에 대한 로마자 전자와 만주어 및 한국어 색인이다. 그러나 이러한 청학서 색인들 중에는 만주어 어구가 누락되어 있는 것들도 있고, 로마자 전자가 잘못된 것들도 있어서 이용할 때 조심할 필요가 있다.

청학서의 만주 문자에 병기된 한글은 만주어 연구에 매우 중요하다. 그러나 만주어의 한글 전자법에 대한 연구가 간단한 문제는 아니다. 만주어와 한어, 그리고 한국어의 음운사에 대한 이해가 선행되어야 하기 때문이다. 청학서의 만주어 한글 전자에 관한 연구로는 김정수(1973), 성백인(1984), 고동호(2012; 2013), 김유범 · 김미미(2013) 등이 있고,[34] 일본인 학자들에 의한 연구도 있는데, 전체적인 틀은 잡혀 있지만 세부적인 사항으로 들어가면 앞으로 해결해야 할 문제가 많은 것으로 판단된다.

청학서의 만주어를 대상으로 언어학적 기술을 한 연구도 있다.[35] 성백인(1959; 1968a), 김동소(1972b; 1974; 1975)는 음운론에 대한 기술이고, 연규동(1994)은 『한청문감』에 수록된 만주어 어구를 대상으로 음운의 기능 부담량과 음운 연쇄의 빈도를 계량한 연구이며, 고동호(2000)는 『한청

34 간노 히로오미(菅野裕臣, 2005)는 일부 독본류 청학서에 있는 원형의 주색 도장이 유해류 청학서에서 전자(transliteration)를 위해 사용된 식별 부호와 관계가 있다는 점을 밝혔다는 점에서 주목된다. 청학서가 대상은 아니지만, 『대청전서(大淸全書)』에 가필된 만주어 어휘 항목들을 검토하여 그 가치를 논의한 연규동(2013a) 역시 이와 비슷한 성격의 연구라고 할 수 있다.

35 이케가미 지로(池上二良, 1950-1951; 1954; 1963; 1990)는 청학서의 한글 표기를 정밀하게 고찰하여 언어학적으로 해석했다는 점에서 주목할 필요가 있다. 백응진(2005)은 청학서가 만주어 구어를 반영했다는 관점에서 청학서의 만주어를 다루고 있다. 한편 여기에서는 편의상 청학서와 청나라 간행 만주문 자료를 함께 자료로 이용한 연구들도 함께 언급하기로 한다.

문감』에서 유의어로 처리된 어휘들 중에서 음운변화의 흔적을 탐구한 연구이다. 강희조(2013)는 『한청문감』에 수록된 만주어의 음절 구조를 다루었다. 문법에 대한 기술로는 성백인(1958; 1968b; 1969), 박은용(1967; 1968a; 1969a; 1969b; 1969c; 1972; 1973a; 1973b), 최학근(1973; 1975; 1976; 1977), 김영희(1976), 김영일(1981a; 1981b), 신석환(1982; 1983), 조규태(1982a), 최동권(1993; 2002), 연규동(2012a), 황국정(2012), 문현수(2013)가 있다. 그 외에 김병의(1982), 김형주(1984), 최동권(1988; 1990; 1992; 1999; 2006; 2009; 2013), 홍영희(1993), 이주행(2002), 황국정(2011), 오민석(2013a) 역시 문법에 대한 기술인데, 만주어만을 대상으로 한 것이 아니라 만주어를 중심으로 하여 하나 이상의 언어를 대조했다는 공통점이 있다.[36] 한편 최동권(1986)은 『청어노걸대』를 소개하면서 차용어도 함께 다루었다.

청학서를 대상으로 한 만주어 연구는 근본적인 한계를 안고 있다. 청학서에 기록된 만주어가 모어 화자가 기록한 언어도 아니고, 간노 히로오미(2001)가 지적하고 있는 것처럼, 두 언어의 구조적 차이 때문에 원문과 대역이 일치하지 않는 경우가 있기 때문이다. 저본이 있는 청학서도 편찬 과정에서 굴절이 있었기 때문에, 청나라 간행 자료와 구별하지 않고 연구 대상으로 삼는 것은 문제가 있다고 해야 할 것이다. 청학서의 성격상 『한청문감』을 제외한 청학서들은 만주어 학습서이지 만주어 연구의 1차적인 자료라고는 할 수 없다. 한국의 만주어 연구가 청학서에 집중된 것은 청학서에 쉽게 접근할 수 있어서 만주어 연구 자료로서의 청학서의 본질에 대한 반성이 적었기 때문이었던 것으로 판단된다.

---

36 언어학의 하위 분야인 비교언어학과 대조언어학은 목적과 방법이 전혀 다르다. 그러나 일부 연구들 중에서는 대조 연구를 비교 연구로 지칭하고 있는 경우도 있다. 이런 경향과 다른 연구 방법을 택한 연구로는 김태우(2014)를 들 수 있다.

2) 청나라 간행 만주문 자료

한국에서 이루어진 청나라에서 간행된 만주 문자 자료에 대한 연구도 여느 문헌 자료에 대한 연구와 마찬가지로 서지, 판본, 해제, 색인, 역주 등의 기본적인 연구와 언어학적인 연구로 나눌 수 있다.

청나라 간행 만주문 자료를 대상으로 삼은 최초의 연구는 1966년 일본 도요 문고에 소장된 『대요국사(大遼國史)』의 번역 작업을 시작한 최학근 교수의 업적으로 보이는데, 최학근(1971a)은 이 부류에 속하는 결과물들을 묶은 것이다. 최학근(1968; 1971b; 1971c; 1972a; 1972b)과 김동소(1995; 1996; 1999; 2011a)도 청나라 간행 만주문 자료에 대한 일련의 번역과 역주 작업이다. 주접(奏摺)과 황지(皇旨)의 당안을 대상으로 한 성백인(1973; 1977b), 사서(四書)를 대상으로 한 김형수 · 정경자 · 최재숙(1977), 『구만주당(舊滿洲檔)』을 대상으로 한 최동권(2007), 『만한합벽 삼국지(滿漢合璧三國志)』를 대상으로 한 송강호(2010a), 일기문을 대상으로 한 최동권 외(2012b), 고려대학교 민족문화연구소 만주학센터 만주실록 역주회(2014), 김양진 외(2014), 최동권 외(2014) 등도 이와 같은 번역 혹은 역주 유형의 연구에 속한다. 영인본 『어제청문감』(1982) 안에 들어 있는 박은용 · 김형수(1982)는 색인이다. 김두현(2010)에서는 『만문노당(滿文老檔)』과 『구만주당』에 대한 해설과 함께 『만문노당』의 내용을 『구만주당』에서 손쉽게 확인할 수 있게 만든 대조표를 제시하였는데, 최동권 외(2007)도 이러한 대조 연구의 범주에 속하는 연구이다. 그리고 김선민(2012a)은 『구만주당』에서 『만주실록(滿洲實錄)』까지의 편찬 과정을 다루었다. 한편 안대옥(2010)은 수학사적 관점에서 만주문 자료를 검토한 연구이다. 마지막으로 성백인(2004; 2008b)은 청나라 간행 만주문 자료의 목록을 작성한 연구이다. 성백인(1982; 1986)은 『어제청문감』과 그 이전에 간행된 초기 만주어 사전들을 해제하였고, 김주원(2012)은 서울대학교 중앙도서관에 소장되어 있는 37종의 만주어 문헌의 서지를 개괄하며 특징을 소개했고,[37] 김주원 · 유현조(2014)는 서울대에 소장된 희관본인 『어제청문감』, 『신각만한자시경(新刻滿漢字時經)』, 『성유광훈(聖諭廣訓)』을 소개하면서 이 책들의 가치를 논하였다. 이러한 작업들은 한국의 만주어학이라는 관점에서 보면 진작 이루어졌어야 할 작업이었다.

새로운 만주어 자료를 발굴하려는 노력도 이루어졌다. 최학근(1968; 1971a; 1971b; 1971c; 1972b)의 초기 연구 및 김양진(2010)과 최동권(2014) 등이 그 예들이다. 앞으로도 이러한 연구가 꾸준히 이어져야 할 것이다.

각종 판본들의 대조 연구와 특징에 대한 연구도 이루어졌다. 이 범주에 속하는 연구로는 『소학』을 다룬 김주원(2002), 『어제증정청문감』을 다룬 성백인(2003)과 성백인 외(2004), 『어제청문감』을 다룬 성백인 외(2008a; 2008b), 『성유광훈』의 여러 이본에 나타난 만주어의 변개 양상과 원인을 밝힌 김주원(2013) 등이 있다. 그 외에 청나라 간행 만주문 자료를 로마자로 전자한 연구(박은용, 1968b), 청나라 간행 만주문 자료의 번역 방법을 다룬 연구(김동소, 2005)와 고유명사의 수용 방법에 대한 연구(김동소, 1987a), 그리고 만주어 성서 번역자의 생애와 유저를 다룬 연구(김동소, 2003) 등이 있다. 그리고 김주원 · 고동호 · 정제문(2009)은 『시경』의 번역 양식을 다루었고, 마지막으로 연규동(2013b)은 영국 런던에 있는 세 가지 『대청전서』의 서지적 특징을 밝혔다.

청나라 간행 만주문 자료에 대한 언어학적인 연구는 한 문헌을 중심으로 한 것들과 여러 문헌들을 종합한 것으로 나뉜다. 성백인(1975; 1976; 1978a)은 『청문계몽(淸文啓蒙)』과 『만문 무권점 십이자두(滿文無圈點十二字頭, *Tongki fuka akū hergen i bithe*)』를 음운론적 관점에서 분석한 것이고, 박

37 8종의 몽골어 문헌 및 5종의 영인본과 사진본도 함께 다루었다.

은용 · 이연자(1969)는 기초적인 문법서인 『청문허자지남(淸文虛字指南)』에 나오는 용어를 다룬 것이다. 성백인(2000)에서는 『어제청문감』의 표제어 중에서 『어제증정청문감』에 수록되지 않았거나 수정하여 수록된 것들을 다루었고, 정제문 · 김주원(2008)은 『어제청문감』의 의미 풀이 방식을 다루었다. 그리고 고동호(2002)는 『어제증정청문감』에 수록된 어휘 중의 일부를 형태론적 관점에서 분석했다. 한편 다양한 청나라 간행 만주문 자료를 종합적으로 다룬 연구는 초기 만주어 사전들의 표제어에 나타나는 언어 현상을 다룬 성백인(1990a)이 대표적이다. 김양진 · 신상현 · 오민석(2004), 연규동(2006; 2011; 2012b; 2014), 김양진 · 이효윤(2012) 역시 어휘 의미론에 대한 공시적 연구이거나 어휘 항목의 번역 양상에 대한 연구이다.

한국의 만주어 연구가 앞으로 청나라 간행 만주문 자료를 대상으로 하는 연구를 지향해야 한다는 것은 당연하다. 또한 점차 연구 대상이 되는 청나라 간행 만주문 자료가 확대되어야 할 것으로 보인다. 이러한 연구의 수준이 높아지려면 약 1,000종 이상인 것으로 추정되는 만주문 문헌 자체에 대한 이해를 높이고 문헌 자료를 확보하는 것이 시급하고도 필수적인 과제이다.

3) 기타

만주어 자료가 만주 문자로 적힌 것만 있는 것도 아니고, 판본의 형태로만 있는 것은 아니다. 이기문(1973)은 18세기 만주어 방언을 한글로 적은 자료를 다루었고, 김주원 · 이동은(2004), 김주원(2006; 2008; 2010a; 2010b)은 조선시대에 한문으로 기록된 문헌에 나오는 만주어를 다루었다.[38] 성백인(1970a)과 최학근(1970)은 삼전도비 만주문에 대한 로마자 전

38 여진족의 족명과 인명 중에서는 만주어가 아니라 여진어로 다루어야 할 것들도 있는

자, 역주 등의 연구이고, 성백인(1974; 2008a)은 필사 자료인 〈샤먼 신가(Nišan Saman i bithe)〉를 역주했으며, 최형원(1998; 2002; 2008)은 조약문에 나타나는 만주어를 역주했다. 박상규(1985)는 만주문으로 된 제문에 대한 연구이다. 그 밖에 성백인(1978d; 1981a; 1981b; 1985a; 1989)과 김주원(1990; 1996)은 만주어 문헌 자료를 포함한 다양한 자료를 대상으로 만주어 음운사를 다루었다.

만주어의 어휘사에 대한 연구는 많지 않다. 만주어 몇몇 어휘 항목의 어원에 대한 연구인 김방한(1990), 한국어에 들어온 만주어 차용어에 대한 연구인 이기문(1991), 만주문 사료에 나타나는 'jisami'와 'kijimi'의 관계를 논하고, 'jisami'는 일본어의 'gizami'가 한국어의 '기사미'로 차용되고, '지사미'로 바뀐 후에 만주어로 차용되었을 가능성을 제시한 성백인(1996) 정도를 들 수 있다.

만주어의 문법사에 대한 연구는 다른 알타이언어들과 비교한 최동권(2000)이 유일한 것으로 보인다.

한국에서 이루어진 만주어 연구의 또 다른 경향은 한국어와의 비교 연구였다.[39] 이기문(1957; 1958d), 박은용(1973c; 1974; 1975; 1981)은 한국어와 만주어를 비교한 연구이고, 김동소(1972a; 1981)는 한국어와 만주퉁구스언어들을 비교한 연구이며, 성백인(1978b)은 유성:무성의 대립으로 설정되어 온 알타이 조어의 어두 파열음 자음 체계의 문제점을 한국어와 만주퉁구스언어의 파열음 체계를 통해 지적한 연구이다. 김형수(1989; 1991)는 청나라 때 간행된 『삼합편람(三合便覽)』에 수록된 만주어와 몽골어를 음소별, 환경별로 비교한 연구이고, 김형수(1994; 1995)는 만주어와

것으로 보이지만, 편의상 여기에서 언급한다.

39 한국어와 만주어의 어휘 비교에 관한 선행 연구의 문제점은 성백인(1990b)에서 지적된 바 있다.

몽골어의 어휘 비교를 위한 기초 자료로 편찬된 것이며, 박은용(1977), 서정범(1989a; 1989b)은 어휘의 비교 연구이다. 한편 최기호(1999)는 몽골어까지 포함해서 한국어와 만주어의 어휘를 비교하였다.

이러한 연구들 중에는 언어의 비교 연구 방법이나 목적을 분명하게 이해하지 못하고 이루어진 것들도 있다. 최근에는 한국어 계통론에 관한 기존 논의의 문제점이 지적되면서 비교 연구가 예전만큼 활발하게 이루어지지 않고 있다. 즉 예전의 지나친 낙관론이나 비관론이 모두 바람직스럽지 않다는 반성과 함께, 계통이 같을 가능성이 높은 개별 언어에 대한 착실한 기술과 연구가 쌓여야만 진정한 의미의 한국어 계통론을 연구할 수 있다는 인식이 비교적 확고하게 자리를 잡은 것이다.

정보 처리 기술이 발달하면서 컴퓨터를 이용한 만주어 자료 처리 방법에 대한 연구도 이루어졌다. 먼저 정제문(2008)에서는 청나라 때 간행된 대표적인 만주어 사전인 『어제청문감』과 『어제증정청문감』을 데이터베이스로 처리하는 과정에서 나타난 문제점을 언급했다. 이 연구는 어휘 자료의 데이터베이스 구축이 단순하게 입력만으로 끝나는 문제가 아니라는 것을 보여 주는 사례이다. 그리고 전반적인 만주어 자료의 데이터베이스 구축 방법에 대한 시안은 고동호 · 유현조(2012)에서 제시되었다. 그 외에 유현조(2014)는 만주어 텍스트 파일의 철자를 검사하는 기능에 대한 연구이고, 최민석(2014)은 만주 문자의 자동 인식에 대한 연구이다.

이상의 범주로 묶을 수 없는 것으로는 연규동(2013c)의 만주어와 만주 문자에 대한 전반적인 소개, 성백인(1985b), 조규태(1987) 등의 문자와 표기법에 대한 연구, 김방한(1969), 김동소(1979)의 서평 등이 있다. 그리고 김국(2010)은 독특하게도 사역원 청학서의 한글 표기 방법을 참고하지 않은 상태에서 만주 문자의 한글 표기 시안을 제시한 연구이다. 한편 성백인(1978c; 1985c; 1999b)은 각각 만주어사, 중국의 만주어 연구 현황, 청나라의 청문감 편찬 상황에 대한 소개이다. 마지막으로 조규태(1981;

1982b)는 『팔세아(신석)』, 『소아론(신석)』에 대한 대역, 문법 설명을 하고, 한국어와 비교할 수 있는 어휘 항목을 제시하였으며, 색인까지 첨부된 종합적인 연구이다.

4. 맺음말

사역원 청학서는 만주어를 공부할 수 있는 좋은 자료이다. 또한 서울대학교 도서관과 국립중앙도서관에는 만주어를 연구할 수 있는 자료가 어느 정도 소장되어 있다. 그러나 이러한 자료들이 질적인 면과 양적인 면 모두 훌륭하다고는 할 수 없다. 또한 인적으로도 한국의 만주어 연구자가 많은 편은 아니었다. 그러나 최근에 만주어에 대한 인식이 높아지고 만주어 연구 업적들이 많아지고 있다. 특히 2000년대 후반부터 만주어에 관한 논문이 쏟아지기 시작했는데, 이것은 연구 인력과 연구 주제의 확대라는 측면에서 바람직스러운 경향이다. 이것을 상징적으로 보여 주는 것이 2014년 한국알타이학회 전국학술대회이다. 이 학술대회의 논문집에는 만주어를 전공하고 있는 학문 후속 세대들의 논문 3편이 발표되었다.[40]

지금까지 이루어진 만주어 연구의 문제점과 과제에 대해서는 본론의 해당되는 부분에서 그때그때 언급했다. 향후에 이루어져야 할 만주어 연구의 방향은, 앞으로 한국의 만주어 연구는 외국의 만주어 학자들 앞에도 떳떳하게 내놓을 수 있어야 하고 세계의 만주어 연구에 기여할 수 있는 것이어야 한다고 요약할 수 있다. 지금까지 이루어진 만주어 연구 업적들 중에는 외국에서 이루어진 것은 물론 한국에서 이루어진 선행 연구와 중

40 최계영(2014), 도정업(2014), 박상철(2014) 등 참고. 그 외에 김혜(2014)도 같은 맥락의 연구이다.

복되거나 연구 결과에 대한 충분한 이해 없이 이루어졌거나, 언어학적 개념과 방법론이 충실하지 않은 것들도 상당수 있다. 앞으로 이런 문제가 거듭되지 않아야 한국의 만주어 학계가 발전할 수 있을 것이다.

참고문헌

간노 히로오미[菅野裕臣] (2001),「사역원 청학서의 원문과 대역의 대응 관계에 대하여」,『알타이학보』 11, 한국알타이학회.

강신항 (2000),『한국의 역학』, 서울대학교출판부.

고동호[高東昊] (2000),「漢淸文鑑 '一云' 만주어 語句의 통시 음운론적 특징」,『알타이학보』 10, 한국알타이학회.

고동호 (2002),「만주어 음성상징 성분의 구성 특징－『御製增訂淸文鑑』 수록 표제어를 중심으로」,『알타이학보』 12, 한국알타이학회.

고동호 (2013),「同文類解 만주어의 한글 표기」,『알타이학보』 23, 한국알타이학회.

고동호 (2014),「漢淸文鑑의 構成에 대한 分析的 考察－變改 樣相을 中心으로」,『朝鮮學報』 231, 朝鮮學會.

고동호 · 유현조 (2012),「만주어 문어 자료의 데이터베이스 구축을 위하여」,『건지인문학』 8, 전북대학교 인문학연구소.

고려대학교 민족문화연구원 만주학센터 만주실록 역주회 (2014),『滿洲實錄 譯註』, 소명.

기시다 후미타카[岸田文隆] (1990),「『三譯總解』底本考」,『알타이학보』 2, 한국알타이학회.

기시다 후미타카 (1994),「『漢語抄』의 出處」,『알타이학보』 4, 한국알타이학회.

김국 (2010),「만주어의 한글 문자 차용에 대하여」,『한국어정보학』 12, 한국어정보학회.

김동소[金東昭] (1972a),「國語와 滿洲語의 基礎語彙比較硏究」,『常山 李在秀博士 還曆紀念論文集』, 螢雪出版社.

김동소 (1972b),「淸語老乞大의 滿洲文語 形態音素記述(一)」,『語文學』 27, 韓國語文學會.

김동소 (1974),「淸語老乞大의 滿洲文語 形態音素 記述(二)」,『語文學』 30, 韓國語文學會.

김동소 (1975),「滿洲文語 音素排列論－韓國語와의 比較」,『국어교육연구』 7, 국어교육학회.

김동소 (1977a),『同文類解 滿洲文語 語彙』, 분도出版社.

김동소 (1977b),「龍飛御天歌의 女眞語彙 硏究」,『국어교육연구』 9, 국어교육학회.

김동소 (1977c),「北靑 女眞字石刻의 女眞文 硏究」,『국어국문학』 76, 국어국문학회.

김동소 (1979),「여진의 언어와 문자의 연구－기사부로 N, 키요세 지은」,『한글』 165, 한글학회.

김동소 (1981), 『韓國語와 Tungus語의 音韻比較硏究』, 曉星女子大學校 出版部.

김동소 (1982), 『同文類解 滿洲文語 語彙(改訂版)』, 曉星女子大學校 出版部.

김동소 (1983), 「女性 指稱의 女眞語詞 硏究」, 『女性問題硏究』 12, 曉星女子大學校 韓國女性問題硏究所.

김동소 (1987a), 「滿文 聖瑪竇福音書의 滿字 女性 姓名 表記 – 滿文 聖書 硏究 · 其一」, 『女性問題硏究』 15, 曉星女子大學校 韓國女性問題硏究所.

김동소 (1987b), 「資料: Sino-Mantschurica」, 『于亭 朴恩用 博士 回甲紀念論叢 韓國語學과 알타이語學』, 曉星女子大學校 出版部.

김동소 (1988), 「慶源 女眞字碑의 女眞文 硏究」, 『연구논문집』 36, 曉星女子大學校.

김동소 (1995), 「3種의 滿文 主祈禱文」, 『알타이학보』 5, 한국알타이학회.

김동소 (1996), 「滿文 『聖 MATTHAEUS 福音書』 硏究」, 『韓國傳統文化硏究』 11, 대구효성가톨릭대학교 한국전통문화연구소.

김동소 (1999), 「滿文 Esther書 硏究」, 『韓國傳統文化硏究』 13, 대구효성가톨릭대학교 한국전통문화연구소.

김동소 (2003), 「最初 中國語 · 滿洲語 聖書 譯成者 賀淸泰 神父」, 『알타이학보』 13, 한국알타이학회.

김동소 (2005), 「만주어 주기도문에서의 "yaya hacin i jemengge ci colgororo.……"의 來源」, 『번역학연구』 6, 한국번역학회.

김동소 (2011a), 『만주어 마태오 복음 연구: 루이 드 푸와로 신부의 만주어 성경 연구(1)』, 지식과교양.

김동소 (2011b), 『만주어 마태오 복음 연구: 루이 드 푸와로 신부의 만주어 성경 연구(1) 자료편』, 지식과교양.

김동소 (2013), 『만주어 에스델기』, 지식과교양.

김두현[金斗鉉] (2008), 「『滿文原檔』과 入關前 淸史硏究」, 『명청사연구』 30, 명청사학회.

김두현 (2010), 『滿文老檔과 舊滿洲檔 對照表 – 太祖朝』, 울산: UUP.

김득황[金得榥] (1995), 『滿洲族의 言語』, 大地文化社.

김득황 (1997), 『기초 滿韓辭典』, 大地文化社.

김민수 (1956), 「팔세아(八歲兒) 해제」, 『한글』 118, 한글학회.

김방한[金芳漢] (1969), 「書評」(朴恩用, 『滿洲語文語硏究』 第一輯, 螢雪出版社 1969), 『語文學』 21, 한국어문학회.

김방한 (1990), 「만주어와 몽골어의 동물명칭에 관하여」, 『大東文化硏究』 24, 成均館大學校 大東文化硏究院.

김병의[金秉義] (1982), 『韓國語와 滿洲語의 格機能에 對한 比較硏究』, 曉星女子大學校 석사학위 논문.

김선민 (2012a), 「『舊滿洲黨』에서 『滿洲實錄』까지 – 청 태조실록의 편찬과 수정」, 『사총』 77, 고려대학교 역사연구소.

김선민[金宣旼] (2012b), 「滿鮮史, 滿學, 그리고 滿洲學」, 『명청사연구』 38, 명청사학회.

김수경[金洙景] (2012), 「滿文 『尸語故事』 譯註 – 滿文 『尸語故事』의 소개와 번역」, 『中國學論叢』 37, 고려대학교 중국학연구소.

김양진 (2010), 「滿文史料 『琿春副都統衙門檔』에 대하여: 朝鮮 關聯 記事를 中心으로」, 『民族文化研究』 53, 고려대학교 민족문화연구원.

김양진 · 김수경[金亮鎭 · 金洙景] (2013), 「滿文本 『언두리[神]가 들려주는 끝나지 않는 이야기』의 文化史的 意義」, 『동아시아고대학』 32, 동아시아고대학회.

김양진 · 신상현 · 오민석 (2014), 「『御製淸文鑑』 「天部」 校勘 및 譯註 硏究」, 『人文學研究』 25, 경희대학교 인문학연구원.

김양진 · 이효윤 (2012), 「역학서(譯學書)에 나타난 색채어 계열 말[馬] 명칭 연구 – 『어제증정청문감(御製增訂淸文鑑)』의 만주어 뜻풀이를 중심으로」, 『民族文化研究』 57, 고려대학교 민족문화연구원.

김영일[金榮一] (1981a), 「만주문어(滿洲文語) be의 연구 – 청어총해(淸語總解)를 중심으로」, 『論文集』 17, 釜山教育大學.

김영일 (1981b), 「滿洲文語 i에 對하여」, 『(죽헌 이주호 교수) 화갑 기념 논문집』, 태화.

김영희 (1976), 「만주어 문어의 부정법」, 『연세어문학』 7-8, 연세대학교 국어국문학과.

김유범 · 김미미 (2013), 「『同文類解』의 滿洲語 한글 표기 체계에 대하여」, 『民族文化研究』 58, 고려대학교 민족문화연구원.

김유범 · 김미미 (2014), 「만주어 사전 구축을 위한 『同文類解』의 활용 가능성 모색」, 『民族文化研究』 62, 고려대학교 민족문화연구원.

김은희[金恩希] (2012), 「清朝 滿洲語의 위상에 관한 一考察 – 八旗 官學 語文 政策과 예수회 관련 자료를 중심으로」, 『中國人文科學』 52, 중국인문학회.

김정수 (1973), 「청어노걸대의 한글 전사법과 그 혼란에 대해서」, 서울대학교 석사 학위 논문.

김주원 (1990), 「만주어 모음체계의 변천에 대하여」, 『알타이학보』 2, 한국알타이학회.

김주원 (1996), 「만주퉁구스제어의 전설모음의 발달에 대하여」, 『알타이학보』 6, 한국알타이학회.

김주원 (2002), 「小學集註(滿文)와 飜譯小學(滿文) 硏究」, 『알타이학보』 12, 한국알타이학회.

김주원 (2006), 「조선왕조실록의 번역에 나타난 오류 – 야인(여진족)에 관한 기록을 중심으로」, 『알타이학보』 16, 한국알타이학회.

김주원 (2008), 『조선왕조실록의 여진족 족명과 인명』, 서울대학교출판부.

김주원 (2010a), 「여진족 추장 하질이(何叱耳)의 실록상 이표기에 대하여」, 『人文論叢』 64, 서울대학교 인문학연구원.
김주원 (2010b), 「심양일기와 심양장계에 나타난 만주어」, 『2010년도 전국학술대회 발표논문집』, 한국알타이학회.
김주원 (2012), 「서울대학교 소장 만주어 몽골어 문헌에 대하여」, 『알타이학보』 22, 한국알타이학회.
김주원 (2013), 「聖諭廣訓의 만주어 연구」, 『알타이학보』 23, 한국알타이학회.
김주원 · 고동호 · 정제문 (2009), 「滿文 詩經의 飜譯 樣相 硏究」, 『알타이학보』 19, 한국알타이학회.
김주원 · 신용권 · 이성규 (2009), 「노걸대, 노걸대언해, 청어노걸대, 몽어노걸대 해제」 (http://cces.snu.ac.kr/com/03lqd. pdf), 중앙유라시아 연구소.
김주원 · 유현조 (2014), 『희관본 만주 문헌에 대한 연구 – 御製淸文鑑을 중심으로』, 서울대학교 중앙도서관 학술연구 결과물.
김주원 · 이동은 (2004), 「朝鮮王朝實錄에 나타난 女眞語 滿洲퉁구스語」, 『알타이학보』 14, 한국알타이학회.
김태우 (2014), 「만주-퉁구스어의 사동접미사와 피동접미사의 공용 현상에 대하여 – 문법화와 타동성을 중심으로」, 『언어와 정보 사회』 21, 서강대학교 언어정보연구소.
김형수[金炯秀] (1989), 「蒙古語와 滿洲語와의 比較硏究 – 주로 語幹을 中心으로」, 『東國語文論集』 3, 동국대학교 인문과학대학 국어국문학과.
김형수 (1991), 「蒙古語와 滿洲語와의 比較硏究(2)」, 『東國語文論集』 4, 동국대학교 인문과학대학 국어국문학과.
김형수 編 (1994), 『蒙古語 · 滿洲語 比較語彙辭典』, 형설출판사.
김형수 編 (1995), 『滿洲語 · 蒙古語 比較語彙辭典』, 형설출판사.
김형수 · 정경자 · 최재숙[金炯秀 · 鄭京子 · 崔在淑] 譯 (1977), 『(對譯)滿文資料: 大學 · 中庸 · 論語 · 書經』, 大邱: 曉星女子大學 阿爾泰語硏究室.
김형주[金亨柱] (1984), 「韓國語와 滿洲語와의 接尾辭比較硏究」, 『東亞論叢』 21, 東亞大學校.
김혜 (2014), 「청대 만주어 사전의 한자 주음 변화: 『滿漢同文類集』을 중심으로」, 『한국언어학회 2014년 겨울학술대회 발표논문집』, 한국언어학회.
도정업 (2014), 「『滿文老檔』-『滿洲實錄』』 만주문 대조 연구」, 『2014년 한국알타이학회 전국학술대회 발표논문집』, 한국알타이학회.
문영준 (2014), 「淸學書 小兒論의 出處에 관한 연구」, 서울대학교 대학원 석사 학위 논문.
문현수 (2013), 「한국어 부정사 "못"에 대응하는 만주어 부정표현에 관하여」, 『民族文化硏究』 58, 고려대학교 민족문화연구원.
민영규[閔泳珪] (1956a), 「解題: 八歲兒 · 小兒論 · 三譯總解 · 同文類解」, 『影印本 八歲兒 · 小兒論 · 三譯總解 · 同文類解』, 延禧大學校 東方學硏究所.

민영규 (1956b), 「解題: 漢清文鑑」, 『韓漢清文鑑』, 延禧大學校 東方學研究所.

민영규 (1964a), 「引言」, 『人文科學』 11, 延世大學校 人文科學研究所.

민영규 (1964b), 「老乞大 辯疑」, 『人文科學』 12, 延世大學校 人文科學研究所.

민영규 (1964c), 「滿洲字 小兒論과 敦煌의 項託變文」, 『李相佰博士 回甲紀念論叢』, 乙酉文化社.

민영규 (1967), 「慶源女眞字碑考釋(上)」, 『東方學誌』 8, 延世大學校 國學研究院.

박상규[朴相圭] (1985), 「滿洲祭文의 一考」, 『韓國 民俗學』 18, 民俗學會.

박상규 編 (1986), 『清文虛字指南編(外)』, 亞細亞文化社.

박상규 (1989), 「北海祭文에 對한 一考」, 『韓國民俗學』 22(1), 한국민속학회.

박상규 (1993a), 『韓國語 · 滿洲口語 · 滿洲文獻語 比較語彙集(索引)(알타이 言語民俗學叢書 4)』, 韓國人文科學院.

박상규 譯 (1993b), 『滿洲語文法(알타이 言語民俗學叢書 5)』, 韓國人文科學院.

박상규 (1993c), 『朝鮮時代 清學書研究(I)(알타이 言語民俗學叢書 6)』, 韓國人文科學院.

박상규 解說 (1993d), 『新刻滿漢字詩經(알타이 言語民俗學叢書 10)』, 韓國人文科學院.

박상규 編譯 (1993e), 『蒙古語-滿洲語-漢字比較語彙集(上)(알타이 言語民俗學叢書 13)』, 韓國人文科學院.

박상규 編譯 (1993f), 『蒙古語-滿洲語-漢字比較語彙集(下)(알타이 言語民俗學叢書 14)』, 韓國人文科學院.

박상규 解說 (1993g), 『滿洲記錄文學 및 알타이語 關係文法과 蒙古文獻(알타이 言語民俗學叢書 15)』, 韓國人文科學院.

박상규 (1998), 「대청황제공덕비문의 만주어에 대한 연구」, 『비교한국학』 4, 국제비교한국학회.

박상규 (2002), 「滿文 『北海祭文』의 音譯과 『吃螃蟹』의 解析에 대한 小考」, 『동아시아고대학』 6, 동아시아고대학회.

박상규 (2006), 「朝鮮時代 清學書 三譯總解의 音譯과 語學的인 側面 考」, 『아시아문화연구』 10, 경원대학교 아시아문화연구소.

박상규 (2007a), 『朝鮮時代의 清學書에 대한 新研究－特히 八歲兒 · 三譯總解를 중심으로』(한국학과 우랄 · 알타이학 관련자료 연구총서 1)』, 역락.

박상규 (2007b), 『만주어 관계 문헌의 『百排』에 관한 고찰(한국학과 우랄 · 알타이학 관련자료 연구총서 2)』, 역락.

박상규 (2008a), 『滿 · 漢 西廂記: 만주어문 · 한문본 서상기 및(부록) 臺灣 出刊(한국학과 우랄 · 알타이학 관련자료 연구총서 3)』, 역락.

박상규 (2008b), 『蒙 · 漢 · 滿文 三合(상)(한국학과 우랄 · 알타이학 관련자료 연구총서 5)』, 역락.

박상규 (2008c), 『蒙 · 漢 · 滿文 三合(하)(한국학과 우랄 · 알타이학 관련자료 연구총서 6)』,

역락.
박상규 (2008d), 『大淸 皇帝 功德 碑文의 硏究(한국학과 우랄 · 알타이학 관련자료 연구총서 7)』, 역락.
박상규 編譯 (2009a), 『順治年間檔의 語學的 한 觀点: 文獻 音譯의 問題點과 더불어(한국학과 우랄 · 알타이학 관련자료 연구총서 12)』, 역락.
박상규 編譯 (2009b), 『北方 民謠 選集: 資料 解釋 및 原文, 滿洲 · 蒙古 편(한국학과 우랄 · 알타이학 관련자료 연구총서 11)』, 역락.
박상규 (2012), 『(新) 滿洲語 大辭典: 만주어-한국어-영어-漢字(中國語)사전』, 集文堂.
박상철 (2014), 「『御製淸文鑑』, 『淸文彙書』, 『御製增訂淸文鑑』, 『淸文補彙』의 어휘구성 비교」, 『2014년 한국알타이학회 전국학술대회 발표논문집』, 한국알타이학회.
박은용[朴恩用] (1967), 「滿洲語의 形態素 硏究(資料篇)」, 『硏究論文集』, 曉星女子大學.
박은용 (1968a), 「同文類解 語錄解 硏究(上) - 李朝時代의 滿洲語 文法書에 對하여」, 『硏究論文集』, 曉星女子大學.
박은용 (1968b), 「音譯 淸文虛字指南」, 『國文學硏究』 1, 曉星女子大學 國語國文學 硏究室.
박은용 (1969a), 『滿洲語文語硏究(一)』, 螢雪出版社.
박은용 (1969b), 「滿洲語文語 形態素 硏究 - 接尾辭篇」, 『硏究論文集』 4, 曉星女子大學.
박은용 (1969c), 「同文類解 語錄解 硏究(下) - 李朝時代의 滿洲語 文法書에 對하여」, 『硏究論文集』 5, 曉星女子大學.
박은용 (1970), 「同文類解語錄解의 出典에 對하여」, 『國文學硏究』 3, 曉星女子大學 國語國文學 硏究室.
박은용 (1971), 「初刊 漢淸文鑑에 對하여」, 『硏究論文集』 8-9, 曉星女子大學.
박은용 (1972), 「滿洲語法의 特質에 對하여(上)」, 『硏究論文集』 10-11, 曉星女子大學.
박은용 (1973a), 『滿洲語文語硏究(二)』, 螢雪出版社.
박은용 (1973b), 「滿洲語法의 特質에 對하여(下)」, 『硏究論文集』 12-13, 曉星女子大學.
박은용 (1973c), 「韓國語와 滿洲語와의 比較硏究: 特히 接尾辭와 代名詞 · 數詞를 中心으로」, 嶺南大學校 박사 학위 논문.
박은용 (1974), 「韓國語와 滿洲語와의 比較硏究(上)」, 『硏究論文集』 14-15, 曉星女子大學.
박은용 (1975), 「韓國語와 滿洲語와의 比較硏究(中)」, 『硏究論文集』 16-17, 曉星女子大學.
박은용 (1977), 「覓과 疥癬의 名稱을 通해 본 韓國語와 滿洲語의 比較硏究」, 『硏究論文集』 19, 曉星女子大學.
박은용 (1981), 「韓國語와 滿洲語와의 形容詞의 比較硏究」, 『韓國古代文化와 隣接文化와의 關係』, 韓國精神文化硏究院.
박은용 (1987), 『滿洲語辭典資料箋』, 曉星女子大學校 國語學硏究室.
박은용 (1989), 「資料 韓漢淸文鑑 語彙索引 滿韓篇」, 『韓國傳統文化硏究』 5, 대구효성가톨릭대

학교 한국전통문화연구소.

박은용 (1990), 「資料 前篇에 繼續 韓漢清文鑑 語彙索引 滿韓篇」, 『韓國傳統文化硏究』 6, 대구 효성가톨릭대학교 한국전통문화연구소.

박은용 · 김형수[朴恩用 · 金炯秀] (1982), 「御製淸文鑑索引」, 『御製淸文鑑(下)(影印本)』, 大邱: 曉星女子大學校 出版部.

박은용 · 이연자[朴恩用 · 李娟子] (1969), 「清文虛字指南 用語 硏究」, 『國文學硏究』 2, 曉星女子大學 國語國文學 硏究室.

박창해 · 유창돈[朴昌海 · 劉昌惇] 編 (1960), 『韓漢淸文鑑 索引』, 延世大學校 東方學硏究所.

배우성 (2007), 「조선후기 지식인의 漢語 인식과 滿洲語」, 『朝鮮時代史學報』 43, 朝鮮時代史學會.

배우성 (2010), 「서울에 온 청의 칙사 馬夫大와 삼전도비」, 『서울학연구』 38, 서울시립대학교 부설 서울학연구소.

서정범[徐廷範] (1989a), 「國語의 祖語再構와 滿洲語」, 『말』 14, 연세대학교 한국어학당.

서정범 (1989b), 「祖語再構와 滿洲語」, 『慶熙語文學』 10, 慶熙大學校 文理科大學 國語國文學會.

성백인[成百仁] (1958), 「滿洲語動詞活用語尾 -ci, -cibe, -me에 對하여」, 『文理大學報』 7(1), 서울大學校 文理科大學 學藝部.

성백인 (1959), 「滿洲語 母音調和 小考」, 『文理大學報』 7(2), 서울大學校 文理科大學 學藝部.

성백인 (1968a), 「만주어 모음조화 – 그 계열의 유별과 유별의 변별적 특성에 대하여」, 『한글』 141, 한글학회.

성백인 (1968b), 「만주어 문어의 부동사 어미 -me에 대하여」, 『한글』 142, 한글학회.

성백인 (1969), 「滿洲語의 疑問法에 대하여」, 『明大論文集』 3, 明知大學.

성백인 (1970a), 「三田渡碑滿洲文」, 『東亞文化』 9, 서울大學校 東亞文化硏究所.

성백인 (1970b), 「景印本 「同文類解」에 대하여」, 『明知語文學』 4, 明知大學 國語國文學會.

성백인 (1973), 「滿文檔案 – 康熙 · 雍正朝의 奏摺 · 皇旨(其一)」, 『東方學志』 14, 延世大學校 東方學硏究所.

성백인 譯註 (1974), 『滿洲 샤만 神歌 *Nišan saman i bithe*』, 明知大學 出版部.

성백인 (1975), 「滿洲語 音韻史硏究를 爲하여 – 淸文啓蒙 異施淸字 硏究(其二)」, 『明大論文集』 8, 明知大學.

성백인 (1976), 「滿洲語 音韻史硏究를 위하여 – 淸文啓蒙 異施淸字 硏究(其一)」, 『언어학』 1, 한국언어학회.

성백인 (1977a), 「만문 특수문자의 로마자 표기법」, 『언어학』 2, 한국언어학회.

성백인 (1977b), 「滿文檔案 – 康熙 · 雍正朝의 奏摺 · 皇旨(其二)」, 『명지어문학』 9, 명지대학 국어국문학과.

성백인 (1978a), 「만문 무권점 십이자두 연구 – Tongki Fuka Akū Hergen i Bithe」, 『말』 3, 연세대학교 한국어학당.

성백인 (1978b), 「한국어와 만주어의 비교 연구 – 알타이 조어의 어두 파열음 체계 재구에 관한 문제점」, 『언어학』 3, 한국언어학회.

성백인 (1978c), 「만주어 문어의 형성과정」, 『국어순화의 길』, 수도여자사범대학 출판부.

성백인 (1978d), 「만주어 음운론의 몇 가지 문제(1) – 모음 ū에 대하여」, 『震檀學報』 45, 震檀學會.

성백인 (1981a), 『만주어 음운론 연구』, 명지대학 출판부.

성백인 (1981b), 「만주어 음운론 연구」, 『말소리』 3, 대한음성학회.

성백인 (1982), 「御製清文鑑解題」, 『御製清文鑑(下)(影印本)』, 曉星女子大學校 出版部.

성백인 (1983), 「『漢清文鑑』에 대하여」, 『金哲埈博士華甲紀念 史學論叢』, 知識産業社.

성백인 (1984), 「譯學書에 나타난 訓民正音 使用 – 司譯院 淸學書의 만주어 한글 표기에 대하여」, 『韓國文化』 5, 서울大學校 韓國文化研究所.

성백인 (1985a), 「만주어 모음의 길이」, 『歷史言語學』, 전예원.

성백인 (1985b), 「몽고 문자와 만주 문자」, 『국어생활』 3, 국어연구소.

성백인 (1985c), 「中國에 있어서의 滿洲語 研究 現況」, 『中國文化』 3, 淑明女子大學校 中國文化研究所.

성백인 (1986), 「初期 滿洲語 辭典들에 대하여」, 『東方學志』 52, 延世大學校 國學研究院.

성백인 (1988), 「〈同文類解〉와 〈漢清文鑑〉」, 『한국학의 과제와 전망』 1, 한국정신문화연구원.

성백인 (1990a), 「初期 滿洲語 辭典들에 대한 언어학적 연구」, 『알타이학보』 2, 한국알타이학회.

성백인 (1990b), 「한국어와 만주 · 퉁구스제어의 비교 연구」, 『大東文化研究』 24, 成均館大學校 大東文化研究院.

성백인 (1994), 「現存 司譯院 淸學書와 그 研究」, 『알타이학보』 4, 한국알타이학회.

성백인 (1996), 「『舊滿洲檔』의 jisami와 『滿文老檔』의 kijimi」, 『알타이학보』 6, 한국알타이학회.

성백인 (1999a), 『만주어와 알타이어학 연구』, 태학사.

성백인 (1999b), 「청조의 청문감 편찬」, 『새국어생활』 9, 국립국어연구원.

성백인 (2000), 「『御製清文鑑』의 滿洲語」, 『알타이학보』 10, 한국알타이학회.

성백인 (2003), 「『御製增訂清文鑑』의 異版本 識別을 위한 特徵 調査」, 『韓國語研究』 1, 韓國語研究會.

성백인 (2004), 「몽골 國家中央圖書館滿文圖書目錄」, 『韓國語研究』 2, 韓國語研究會.

성백인 譯註 (2008a), 『滿文 니샨 巫人傳』, 제이앤씨.

성백인 (2008b), 「(1) 서울대학교 도서관 만주어 문헌 목록 (2) 판본 연구의 실제 – 『御製清文鑑』의 版本 研究」, 『서울대학교 도서관 소장 만주어 문헌 연구 제1차 집담회』, 유인물.

성백인 · 고동호 · 최동주 · 연규동 · 신용권[成百仁 · 高東昊 · 崔東柱 · 延圭東 · 愼鏞權] 編

(1998),『漢淸文鑑 漢語淸語索引』, 延世大學校 國學硏究院.

성백인 · 정제문 · 김주원 · 고동호[成百仁 · 鄭堤文 · 金周源 · 高東昊] (2004),「『御製增訂淸文鑑』의 異版本 識別을 위한 特徵 調査: 補遺」,『韓國語硏究』 2, 韓國語硏究會.

성백인 · 정제문 · 김주원 · 고동호 (2008a),「御製淸文鑑의 版本 硏究」,『알타이학보』 18, 한국알타이학회.

성백인 · 정제문 · 김주원 · 고동호 (2008b),「『御製淸文鑑』의 版本 硏究(보충)」,『서울대학교 도서관 소장 만주어 문헌 연구 제2차 집담회』, 유인물.

송강호[宋康鎬] (2009),「『祭祀全書巫人誦念全錄』圖說 譯註」,『만주연구』 9, 만주학회.

송강호 역주 (2010a),『만한합벽삼국지』, 박문사.

송강호 (2010b),「manju "滿洲" 명칭 어원 분석」,『만주연구』 10, 만주학회.

송강호 (2011a),「三田渡 大淸皇帝功德碑의 硏究」,『만주연구』 11, 만주학회.

송강호 (2011b),「滿文『般若心經』譯註」,『만주연구』 12, 만주학회.

송강호 (2012),「『삼역총해』의 한글 번역과 판본학적 고찰－'사름을 인졍ᄒᆞ미 되ᄂᆞ냐' 어구를 중심으로」,『奎章閣』 40, 서울大學校 奎章閣韓國硏究院.

송기중[宋基中] (1985),「『經國大典』에 보이는 譯學書 書名에 대하여(一)」,『國語學』 14, 國語學會.

송기중 (1987),「『經國大典』에 보이는 譯學書 書名에 대하여(二)」,『國語學』 16, 國語學會.

송기중 (1988),「『太祖實錄』에 등장하는 蒙古語名과 女眞語名(I)」,『震檀學報』 65-66, 震檀學會.

송기중 (1992),「『太祖實錄』에 등장하는 蒙古語名과 女眞語名(II)」,『震檀學報』 73, 震檀學會.

송기중 (2000),「朝鮮時代 女眞學/淸學」,『알타이학보』 10, 한국알타이학회.

신상현[申相賢] (2014),「滿文資料『만주팔기 증수(曾壽)의 일기』硏究」,『中國學論叢』 44, 고려대학교 중국학연구소.

신석환[申碩煥] (1982),「{-de}形 語辭의 韓 · 滿語 比較 硏究—意味變遷 및 統辭機能을 중심으로」,『論文集 人文科學藝體能篇』 4, 馬山大學.

신석환 (1983),「韓 · 滿語 {de}의 意味와 機能의 變遷 硏究」,『蘭臺 李應百博士回甲紀念論文集』, 寶晉齋.

신태현[申兌鉉] (1965),『女眞文字와 言語의 硏究』, 語文閣.

신태현 (1967),「女眞文字의 構造에 對하여」,『論文集』 5, 慶熙大學.

안대옥[安大玉] (2010),「滿文『算法原本』과 유클리드 初等整數論의 東傳」,『中國史硏究』 69, 중국사학회.

연규동 (1994),「만주어의 계량언어학적 연구」,『알타이학보』 4, 한국알타이학회.

연규동 (2001),「同文類解」,『奎章閣所藏語文學資料－語學篇 解說』, 서울大學校奎章閣.

연규동 (2006),「만주어의 친족 명칭 연구」,『알타이학보』 16, 한국알타이학회.

연규동 (2011), 「만주어 색채 관련 부가어 연구」, 『언어학』 61, 한국언어학회.

연규동 (2012a), 「만주어의 원망법」, 『언어학』 62, 한국언어학회.

연규동 (2012b), 「만주어의 색채어」, 『알타이학보』 22, 한국알타이학회.

연규동 (2013a), 「『대청전서』 런던대 SOAS도서관 소장본에 보이는 붉은 색 가필의 가치」, 『民族文化硏究』 58, 고려대학교 민족문화연구원.

연규동 (2013b), 「런던에 있는 大淸全書의 이본들」, 『大東文化硏究』 81, 성균관대학교 대동문화연구원.

연규동 (2013c), 「만주어와 만주문자」, 『만주이야기』, 동북아역사재단.

연규동 (2014), "A translation of the Bible in Manchu – With focus on Christian terms", 『人文科學』 100, 연세대학교 인문학연구원.

오민석 (2013a), 「18세기 국어의 시제체계에 관한 쟁점 연구: 「淸語老乞大新釋」에 나타난 한국어와 만주어의 대역관계를 중심으로」, 고려대학교 석사 학위 논문.

오민석 (2013b), 「『淸語老乞大新釋』 諸異本 간의 판본 비교 연구: 선본 확정을 위한 기초 작업」, 『국어사연구』 17, 국어사학회.

오트곤톨, T.[Otgontuul, T.] (2003), 「한국어와 만주어 격어미 비교 연구: 청어노걸대를 중심으로」, 상지대학교 석사 학위 논문.

오트곤톨, T. (2009), 「한국어, 몽골어, 만주어 격어미 비교 연구」, 상지대학교 박사 학위 논문.

이근수[李覲洙] (1979), 『朝鮮朝의 語文政策 硏究』, 開文社.

이근수 (1987), 『朝鮮朝의 語文政策 硏究(改訂版)』, 弘益大學校 出版部.

이기문[李基文] (1958a), 「만주어 문법」, 『한글』 123, 한글학회.

이기문 (1958b), 「女眞語地名攷」, 『文理大學報』 6(1), 서울大學校 文理科大學 學藝部.

이기문 (1958c), 「中世 女眞語 音韻論硏究」, 『論文集 人文社會科學』 7, 서울大學校.

이기문 (1973), 「十八世紀의 滿洲語 方言 資料」, 『震檀學報』 36, 震檀學會.

이기문 (1991), 「한국어 속의 만주퉁구스제어 차용어에 대하여」, 『알타이학보』 3, 한국알타이학회.

이영옥 (2008), 「만주족의 그늘 – 만주 구룬(manju gurun)의 언어정책, 1599-1796」, 『中國學報』 57, 韓國中國學會.

이용성 · 연규동 (2014), 「만문 『金甁梅』의 한자 표기」, 『2014년 한국알타이학회 전국학술대회 발표논문집』, 한국알타이학회.

이주행 (2002), 「한국어와 만주-퉁구스 제어의 격 표지어에 대한 비교 연구」, 『국어교육』 109, 한국어교육학회.

임동석[林東錫] (1983), 『朝鮮譯學考』, 亞細亞文化社.

전재호[全在昊] (1964), 『滿洲語 첫걸음』, 慶北大學校 文理科大學.

전재호 (1977), 「三譯總解 語彙 索引(1 · 2권)」, 『어문논총』 11, 경북대학교 문리과대학 국어국문학과.

정광[鄭光] (1978),「類解類 譯學書에 대하여」,『國語學』7, 國語學會.

정광 (1987),「朝鮮朝譯科 淸學初試 答案紙에 대하여」,『于亭 朴恩用 博士 回甲紀念論叢 韓國語學과 알타이語學』, 慶北 河陽: 曉星女子大學校出版部.

정광 (1988),「朝鮮朝 後期의 譯科試券攷 – 譯科漢學 · 淸學試券을 中心으로」,『제5회 국제학술회의 세계 한국학대회 논문집 한국학의 과제와 전망』, 한국정신문화연구원.

정광 (1998),『淸語老乞大新釋』, 태학사.

정광 (2002),『譯學書 硏究』, J&C.

정광 · 한상권[鄭光 · 韓相權] (1985),「司譯院과 司譯院 譯學書의 變遷 硏究」,『論文集』14, 德成女子大學校.

정제문 (2008),「『御淸』,『增淸』 어휘자료의 데이터 베이스 처리」,『서울대학교 도서관 소장 만주어 문헌 연구 제3차 집담회』, 유인물.

정제문 · 김주원 (2008),「만주어 사전『御製淸文鑑(1708년 序)』의 연구 – 그 뜻풀이에 주목하며」,『언어학』52, 한국언어학회.

조규태 (1981),「八歲兒 滿洲語 文語 硏究」,『국어교육연구』13, 경북대학교 사범대학 국어교육연구회.

조규태 (1982a),「만주 문어 -fi의 의미와 통사적 기능」,『國語學論叢』, 螢雪出版社.

조규태 (1982b),「小兒論 滿洲語 文語 硏究」,『國文學硏究』6, 曉星女子大學校 國語國文學科.

조규태 (1984),「三譯總解 滿洲語文語硏究(I)」,『牧泉兪昌均博士 還甲紀念論文集』, 啓明大學校出版部.

조규태 (1987),「有圈點滿洲文字에 對하여」,『于亭 朴恩用 博士 回甲紀念論叢 韓國語學과 알타이語學』, 慶北 河陽: 曉星女子大學校出版部.

최계영 (2014),「만주어 umesi류 부사의 실현 양상」,『2014년 한국알타이학회 전국학술대회 발표논문집』, 한국알타이학회.

최기호 (1999),「한국어와 몽골어, 만주어의 계통 연구: 의성어, 의태어를 중심으로」,『몽골학』8, 한국몽골학회.

최동권[崔東權] (1986),「淸語老乞大硏究」,『首善論集』11, 成均館大學校 大學院.

최동권 (1988),『國語와 滿洲語 名詞句 內包文 比較硏究』, 成均館大學校 박사 학위 논문.

최동권 (1990),「國語 · 滿洲語 · 蒙古語 名詞句 內包文의 統辭 · 意味 특성」,『泮矯語文硏究』2, 반교어문학회.

최동권 (1992),「만주어 의존명사의 범주 설정 – 국어와의 비교를 중심으로」,『泮矯語文硏究』4, 반교어문학회.

최동권 (1993),「만주어 의존명사의 목록설정」,『成均語文硏究』29, 成均館大學校 國語國文學會.

최동권 (1999), 「한국어 몽골어 만주어의 의도구문 비교 연구」, 『알타이학보』 9, 한국알타이학회.

최동권 (2000), 「알타이제어의 어말어미 -m에 대하여 – 만주어 종결어미 -mbi 를 중심으로」, 『알타이학보』 10, 한국알타이학회.

최동권 (2002), 「만주어 내포문주어의 표현 양상」, 『東洋學』 32, 檀國大學校 東洋學硏究所.

최동권 (2006), 「국어, 몽골어, 만주어 인용문 비교 연구」, 『알타이학보』 16, 한국알타이학회.

최동권 (2007), 『舊滿洲檔1: 荒字檔』, 보고사.

최동권 (2009), 「대용어 비교 연구 – 한국어 "것", 몽골어 yum, 만주어 -ngge」, 『몽골학』 27, 한국몽골학회.

최동권 (2013), 「만주어 접속문 연구」, 『民族文化硏究』 58, 고려대학교 민족문화연구원.

최동권 (2014), 「몽골의 만주어 자료 연구」, 『人文學硏究』 25, 경희대학교 인문학연구원.

최동권 · 강성춘 · Otgontuul, T. (2008), 『만문 삼국지: 三譯總解』, 한국학술정보.

최동권 외 (2012a), 『(譯註)淸語老乞大新釋』, 박문사.

최동권 외 (2012b), 『만주 팔기 증수의 일기』, 박문사.

최동권 · 이효윤 · 문현수 (2014), 『〈御製淸文鑑〉「時令部」 校勘 및 譯註 硏究(1)』, 『人文學硏究』 26, 경희대학교 인문학연구원.

최동권 · 치머도르지 · 바야르사이항 · 바야르사이한[崔東權 · 齊木德道爾吉 · M, Bayarsaikhan · 敖拉 巴雅爾賽漢] (2007), 「『淸太祖武皇帝實錄』與 『舊滿洲檔』 史料比較硏究(1)」, 『몽골학』 23, 한국몽골학회.

최민석 (2014), 「만주문자 인식을 위한 특징추출에 관한 연구」, 한밭대학교 정보통신전문대학원 석사 학위 논문.

최학근[崔鶴根] (1968), 「滿文으로 쓰여진 乾隆帝의 「御製盛京賦」에 對해서」, 『國文學論集』 2, 檀國大學校 國語國文學科.

최학근 (1969), 「延世大學校 東方學硏究所 刊行 影印本 「韓漢淸文鑑」에 對해서」, 『文湖』 5, 建國大學校 國語國文學會.

최학근 (1970), 「所謂 「三田渡碑」의 滿文碑文 註譯」, 『국어국문학』 49-50, 국어국문학회.

최학근 對譯 (1971a), 『滿文 『大遼國史』』, 서울大學校出版部.

최학근 譯註 (1971b), 「淸太宗朝 頒行 滿文 『金史』 硏究」, 『論文集 人文社會科學』 3, 서울大學校敎養課程部.

최학근 (1971c), 「滿文文獻 「百二十老人話」에 對해서」, 『論文集 人文社會科學』 17, 서울大學校.

최학근 對譯註 (1972a), 「淸太宗朝 頒行 滿文 『金史』 硏究」, 『論文集 人文社會科學』 4, 서울大學校 敎養課程部.

최학근 (1972b), 「滿文 文獻 Ci ben deo(七本頭)에 對해서」, 『국어국문학』 58-60, 국어국문학회.

최학근 (1973), 「滿洲語 造語法 硏究」, 『論文集 人文社會科學篇』 5, 서울大學校 敎養課程部.

최학근 (1975), 「滿洲語에 있어서의 未完結 過去語尾 -fi(-mpi, -pi)에 對해서」, 『語學硏究』 11(2), 서울大學校 語學硏究所.

최학근 (1976), 「滿洲語의 格 · 姓 · 數에 對해서」, 『語學硏究』 12(1), 서울大學校 語學硏究所.

최학근 (1977), 「滿洲語 動詞活用語尾 -mbi, -me, -ha(-he, -ho, -ka, -ke, -ko, -ngka, -ngko, -ngke)에 對해서」, 『성봉 김성배 박사 회갑기념논문집』, 螢雪出版社.

최형원 (1998), 「Burinsk 條約의 만주文과 몽골文」, 『알타이학보』 8, 한국알타이학회.

최형원 (2002), 「네르친스크조약의 만주문 고찰」, 『알타이학보』 12, 한국알타이학회.

최형원 (2008), 「愛琿條約의 滿洲文과 蒙古文」, 『몽골학』 25, 한국몽골학회.

추이짜이위[崔宰宇] (1990), 「『韓淸文鑑』의 文獻的 價値에 對하여」, 『語文硏究』 18(3), 韓國語文敎育硏究會.

추이짜이위 (1993), 『漢淸文鑑 分類辭典』, 리을.

홍영희 (1993), 「韓國語와 滿洲語의 첩용부사 對照 硏究: 특히 類音疊語를 중심으로」, 曉星女子大學校 석사 학위 논문.

황국정 (2011), 「『淸學四書』에 나타난 만주어의 격 체계 연구 – 근대 한국어와의 비교를 중심으로」, 『이중언어학』 45, 二重言語學會.

황국정 (2012), 「『淸學四書』에서 실현된 만주어의 시상법 연구(1) – 특이한 "-ha", "-habi" 구문을 중심으로」, 『人文學硏究』 22, 경희대학교 인문학연구원.

季永海 (2007), 「『清語老乞大』 研究」, 『滿語研究』 45(2007. 2), 黑龍江省滿語研究所.

菅野裕臣 (2005), 「朝鮮司譯院の淸學書のハングル對音の性格について」, 『韓國語學年報』 1, 神田外語大學韓國語學會.

今西春秋 (1958), 「漢淸文鑑解說」, 『朝鮮學報』 12, 朝鮮學會.

白應鎭 (2005), 「18世紀滿州語の特徵」, 『東アジア硏究』 40, 大阪: 大阪經濟法科大學アジア硏究所.

小倉進平 (1964), 『增訂補註 朝鮮語學史(河野六郎 補註)』, 東京: 刀江書院.

岸田文隆 (1989), 「淸學書に現れた滿洲語ハングル表記について: 特に滿洲字eに對する2通りのハングル表記をめぐって」, 『言語學硏究』 8, 京都: 京都大學言語學硏究會.

岸田文隆 (1997), 『三譯總解の滿文にあらわれた特殊語形の來源』, 東京: 東京外國語大學アジア · アフリカ言語文化硏究所.

莊吉發 譯 (1976), 『淸語老乞大』, 臺北: 文史哲出版社.

池上二良 (1950-1951), 「滿洲語の諺文文獻に關する一報告」, 『東洋學報』 33(2), 東京: 東洋協會調査部.

池上二良 (1954), 「滿洲語の諺文文獻に關する一報告(承前)」, 『東洋學報』 36(4), 東京: 東洋協會調査部.

池上二良 (1963),「ふたたび滿洲語の諺文文獻について」,『朝鮮學報』26, 朝鮮學會.

津曲敏郎 (1977),「清語老乞大の研究－滿洲語研究のための一資料」,『論集』21, 札幌: 札幌商科大學.

津曲敏郎 (1978),「清語老乞大の研究－滿洲語研究のための一資料」,『論集』22, 札幌: 札幌商科大學.

Baek, Eung-Jin (2011), *A Colloquial Manchu Grammar*, Chuncheon: Hallym University Press.

Courant, Maurice (1894-1896), *Bibliographie coréenne tome 1-3*. Paris: Leroux.

Ikegami, Jiro (1990), "Significance of Korean materials in the study of Manchu", *Altai Hakpo* 2, Altaic Society of Korea.

Kang, Hi Jo (2013), "Segmetal OCP in Manchu syllables", *Altai Hakpo* 23, Altaic Society of Korea.

Kim, Juwon et al. (2008), *Materials of Spoken Manchu*, Seoul: SNU Press.

Ko, Dongho (2012), "Aspects of writing Manchu in Hangeul in Joseon dynasty", *SCRIPTA* 4, The Hunmin Jeongeum Society.

Lee, Ki-moon (1957), "A Study on the Affinity of Manchu and Korean", M.A. Thesis, Seoul: Seoul National University.

Lee, Ki-moon (1958d), "A comparative study of Manchu and Korean", *Ural-Altaische Jahrbücher* 30(1-2), Wiesbaden: Otto Harrassowitz.

Seong, Baeg-in (1980), "A note on intervocalic consonant clusters in Manchu", *Proceedings of the Fifth East Asian Altaistic Conference*, December 26, 1979-January 2, 1980, Republic of China, National Taiwan University.

Seong, Baeg-in and Dongho Ko (1992), "Manchu Studies in Korea",『民國以來國史研究的回顧與展望』, 臺北: 國立臺灣大學.

Song, Ki-Joong (1989), "Vowel length in Manchu", *Proceedings of the XXVIII Permanent International Altaistic Conference*, Venice, 8-14 July 1985, Wiesbaden: Otto Harrassowitz.

Song, Ki-Joong (2001), *The Study of Foreign Languages in the Chosŏn Dynasty*, Seoul: Jimundang.

You, Hyun Jo (2014), "A Manchu speller: With a practical introduction to the natural language processing of minority languages", *Altai Hakpo* 24, Altaic Society of Korea.

제4장

우디허어 연구사와 현지조사 노트

김주원

서울대학교 언어학과 교수

주요 논저: 사라져 가는 알타이언어를 찾아서(2008, 공저), Materials of Written Manchu(2008, 공저), 조선왕조실록의 여진족 족명과 인명(2008), A Grammar of Ewen(2011)

1. 들어가기

이 글에서는 우디허, 우디거 또는 우데 등으로 불리는 우디허 민족과 그들 언어의 연구사를 고찰하고자 한다.[1]

우디허는 언어적으로 만주퉁구스어파에 속하며 그중에서 남부어군(즉 만주어군)에 속하는데 오로치어와 가장 가까우며 나나이어 등과도 가깝다. 학계에서는 다음과 같이 분류한다(Ikegami, 1974, p. 271 참조).

I군: 어웡키어, 솔론어, 네기달어, 어원어

II군: 우디허어, 오로치어

III군: 나나이어, 울치어, 윌타어

IV군: 만주어

여기에서 눈여겨보아야 할 점은 지리적으로 우디허어 사용 지역은 최남단이라고 할 수 있는데 언어적 특징으로는 오히려 어원어 등의 북퉁구스어군과 나나이어 등의 남퉁구스어군 사이에 위치한다는 점이다. 이러한 사실은 우디허인들이 현재 위치로 이동하기 전 거주지의 위치와 관

1 우디허(Udihe)의 영문 표기는 Udehe, Udegej, Udege, Udeghe, Udige, Udighe, Udekhe, Ude 등 다양하다. Nikolaeva and Tolskaja, 2001, p. 1 참조.

련이 깊은 것으로 보인다.

1) 우디허인의 인구

현재까지 알려진 우디허인의 통계 자료를 제시하면 다음과 같다.[2]

연도	인구수(명)	모어 사용자 비율(%)
1897	2,407(오로치족 포함)	
1926	1,357	
1959	1,444	73.7
1970	1,469	55.1
1979	1,551	31.0
1989	2,011	?

기르파노바(Girfanova, 2002b, p. 3)에 의하면 우디허어 사용 상황은 다음과 같다.

65세 이상은 모어 화자이다. 그들의 대부분은 러시아어를 병용한다.

55세부터 65세까지는 우디허어를 말하고 이해할 수 있지만 러시아어를 사용하는 것이 더 편하다.

45세부터 55세까지는 우디허어를 이해는 하지만 말하지 못한다. 중요한 사실은, 이 세대는 그들이 학교에 취학하기 전(즉 7세까지)에는 러시아어를 몰랐으나 수렵과 어로를 생업으로 하는 부모들이 사는 곳으로부터 멀리 떨어진 기숙학교〔인테르나트(internat)라고 한다〕에 다니기 시작하면

2 The Udeghes(http://www.eki.ee/books/redbook/udeghes.shtml).

서 그들의 모어를 사용할 기회가 없어지고 따라서 결국에는 자신의 언어를 말할 수 없게 되었다는 점이다. 그 이하 연령의 사람들은 우디허어를 말할 수도 이해할 수도 없다.

이 상황은 10년 전의 상황이므로 지금은 75세 이상의 사람들만이 자신의 언어를 말할 수 있다고 보면 될 것이다.

현재 우디허어는 크라스니 야르에 있는 초등학교에서 가르치고 있다. 1학년부터 4학년까지 선택 과목으로 개설되어 있는데 실제로는 모든 아동이 수업을 듣는다고 한다. 수년 전에는 알렉산드르 씨가 교사를 하였으나 지금은 30대의 젊은 분이 교사를 하는데 언어를 제대로 구사할 수 없어서 가르치는 데 어려움이 많다고 한다. 그리고 아동들도 학교에서는 배우지만 그 수업 외에는 심지어 가정에서조차 러시아어로 일상생활을 하므로 자신의 모어인 우디허어를 배워서 구사할 수가 없다. 한편 페테르부르크에 있는 헤르첸 사범대학에서는 외국어로서 우디허어를 가르치고 있다고 한다(Girfanova, 2002b, p. 3).

2) 우디허인의 과거와 현재의 거주지

우디허인들은 19세기 후반에 우수리 강 동쪽 지역이 러시아의 영토로 되면서 러시아인과 접촉하기 시작하였다. 1920년대에 우디허 사람들은 각 씨족 단위로 4개의 주요 지역에 거주하였다. 그러나 이들에게 토지 소유권과 같은 개념은 없었다. 1930년대 중반에 비킨 강 유역에 사는 우디허인들에 대해서 집단 농장화가 시작되었으며 13개 지점에 흩어져 있던 이들은 올론(Olon) 마을과 크라스니 야르(Krasnyj Jar) 마을에 집결하였고 오호트니크(Okhotnik)라고 하는 아르텔(협동조합, 콜호즈의 전신)이 형성되었다. 이 협동조합의 주요 취급 품목은 비킨 강 중류와 상류에서 사냥한 수렵물과 숲속 야생 열매 채집물이었다. 1962년에 오호트니크 아르텔 대신에 포자르스키(Pozharsky)라는 국영산업체를 결성하였다. 여기에서는 수렵생산물, 즉 털과 야생동물 고기, 숲속 열매, 약재 식물 등으로 다변화되었고 땔감, 황백나무 껍질, 양조용 통 등도 생산한다. 1994년에는 이 조직이 사유화되었으며 최근에는 토착민들의 공공 조직인 "Tiger"라는 기관에서 2008년부터 앞으로 10년간 산림 자원 및 수자원을 관리하게 되었다. 이들의 전통적인 생활 방식, 즉 필요한 만큼 사냥하고, 물고기를 잡고, 숲속 열매를 모으는 한 그들의 자연은 지켜질 수 있을 것이다. 특히 이들은 호랑이를 신성시하므로 잘 보호될 수 있을 것이다. 하지만 오늘날의 산업 환경은 이 숲과 자연을 빠른 속도로 파괴하고 있다. 이러한 환경에서 러시아와 유네스코에서는 자연을 보호하기 위하여 여러 가지 조치를 취했는데 그중 몇몇을 소개하면, 1997년에 러시아연방법으로 '호랑이 보존 프로그램'이 채택되었으며 2001년에 '중부 시호테 알린(Central Sikhote-Alin)'이 유네스코 세계유산으로 등재되었다. 2004년에 '우디허인의 지속가능한 발전의 요소로서 비킨 지역 보존: 현실과 전망'이라는 주제의 원탁회의가 열렸다.

기르파노바(1997b)는 우디허인들의 거주지의 변화를 다음과 같이 설명하고 있다.

> 1935년 이전에는 우디허족의 거주 지역이 8개의 그룹으로 나뉘었다: 하바로프스크주에 있는 쿠르(Kur)-우르미(Urmi) 지역, 아뉴이(Anjuj) 지역, 훈가리(Khungari) 지역,[3] 호르(Khor) 지역, 그리고 연해주 지방에 있는 사마르가(Samarga) 지역, 연해주(Primor'e) 지역, 이만(Iman)[4] 지역, 비

3 훈가리 강은 구르(Gur) 강으로 이름이 바뀌었다.

4 이만 강 유역에서 사용하던 방언이다. 이만 강은 발샤야 우수르스크 강으로, 주요 도

킨(Bikin) 지역이 이에 해당한다. 현재 쿠르-우르미 지역과 훈가리 지역, 그리고 연해주 지역에는 우디허족의 마을이 전부 사라지고 없다. 이만 지역과 아뉴이 지역의 경우도 상황은 거의 비슷하여 우디허인들이 거의 살고 있지 않다. 우디허인들이 현재 그나마 집단을 이루어 살고 있는 지역은 4개 정도의 마을에 불과하다. 이들은 하바로프스크주(Khabarovskij krai)의 라조 지구(Raion named by Lazo)[5]에 있는 과슈기(Gvasjugi) 마을[6](호르 방언 사용 지역)과 나나이 지구(Nanaiskij raion)에 있는 라스벳(Rassvet) 마을(아르세니예보, 아뉴이 방언 사용 지역), 그리고 연해주(Primorskij krai)의 포자르 지구(Pozharskij raion)에 있는 크라스니 야르 마을(비킨 방언 사용 지역이지만 이만 방언도 사용됨)과 토착민 지구(Ternejskij raion)에 있는 아그주(Agzu) 마을(사마르가 방언 사용 지역)로 그 이름을 열거할 수 있다.[7]

현재 연해주에서 우디허인들이 가장 많이 모여 사는 곳은 포자르 지구(비킨 강에 위치)의 크라스니 야르 마을이다. 크라스니 야르 마을은 1957년 인근의 샤인(Sjain) 마을과 올론 마을이 물에 잠겨 그곳 주민들이 이주해 오면서 형성된 마을로, 샤인 마을과 올론 마을은 한때 크라스

시이던 이만은 달네레첸스크로 이름이 바뀌었다. 1969년 이른바 다마스키 섬[(중국명 진보도(珍寶島)] 분쟁이 있은 후 반중국 정서가 생김에 따라 1972년에 다른 여러 중국식 지명과 마찬가지로 러시아식으로 이름이 바뀌었다.

5 이 지역이 1935년에 독립된 행정 단위로 되면서 러시아의 혁명 기간 중인 1920년에 일본군에 체포당한 후 코사크 백군에게 죽임을 당한 세르게이 라조(Sergei Lazo)를 기리기 위해 이름을 붙였다. 라조는 "극동에서의 무장 유격대 운동의 뛰어난 조직자로 전설적인 세르게이 라조"(정태수, 1989, p. 98)라고 소개되어 있을 정도로 이름난 인물이다. 라조라는 명칭은 현재 여러 지역에 붙여져 있다.

6 동아일보에서 1993년 4월 2일부터 4월 16일까지 세 번에 걸쳐 과슈기 마을의 우디허인의 언어와 문화를 소개한 기사를 냈는데, 거기에 캴룬주가 씨(뒤에 나옴)의 인터뷰 내용이 있다.

7 이들 거주 지역은 시호테 알린(만주어로 '산'을 의미) 산맥에서 발원하는 여러 강가라고 할 수 있다.

〈그림 4–1〉 우디허인의 주요 거주지(◈로 표시)

니 페레발(Krasnyj Pereval), 베르흐니 페레발(Verkhnyj Pereval), 메타헤자(Metakheza), 울룽가(Ulunga), 수둔차(Suduncha), 강고투(Gangotu), 울리마(Ulyma), 로우헤(Loukhe) 등의 씨족 공동체 마을에서 온 비킨 우디허인들이 모여 살던 곳이었다. 샤인 마을은 1972년에 니즈네예(Nizhneje) 마을로 명칭이 바뀌었고 울룽가 마을 역시 오호트니치(Okhotnichij)로 이름이 바뀌었다. (Girfanova, 1997b 참고)

1989년 인구 조사에 따르면 우디허인은 총 2,011명이었으며 그중 연해주에 766명, 하바로프스크주에 697명이 살았다. 2002년도의 통계로는[8] 러시아에 거주하는 우디허인의 총인구는 1,657명이며 그중에서 우디허어를 자신의 모어로 사용한다고 응답한 사람은 71명으로 전체의 4.3퍼센트에 해당한다.

한 사이트에 의하면[9] 순수한 우디허인은 800명을 넘지 못할 것이라고 한다. 즉, 통계상 인구의 3분의 2는 인근의 민족과 혼합된 인구라고 한다. 이들 중에서 우디허어를 사용하는 사람은 40명 이하로 추정되고 있다. 최근 저자의 현장 조사(2012년 7월)에 의하면 크라스니 야르의 경우 우디허어를 구사하는 사람은 네 사람에 불과했다(이 장 2. 3) 참고).

한편 우디허족에 대해서 언급할 때 타즈(Taz)족의 이름이 가끔 운위된다. 'Taz'라는 용어는 중국어의 '달자(韃子)',[10] 즉 '오랑캐'를 뜻하는 말에서 온 것으로 이민족을 지칭한다.[11]

---

8 RAIPON(Russian Association of Indigenous Peoples of the North)(http://www.raipon.org/)참고.

9 Endangered Languages of Indigenous People of Siberia(http://lingsib.iea.ras.ru/en/languages/udeghe.shtml) 참고.

10 1937년에 편찬된『滿洲國境事情』에는 우디허족과 구별하여 타즈족에 대해 다음과 같이 기술하고 있으나 '타즈'의 어원을 잘못 파악하고 있을 뿐 아니라 나나이족(또는 허저족)과도 혼동하고 있다.
"이들은 만주 영내에 있어서 오로지 어로(漁撈)에 종사하여, 여름에는 물고기의 가죽옷을 입기 때문에 어피투자(魚皮套子, ユーピーターズ)로 불리지만 산지에 있는 일부는 오로지 수렵에 종사하므로 적림투자(赤林套子, チーリンターズ)로 불리고 있다. 이들 중에 중국인과 상업을 하는 사람을 만주인이라고 부르지만 러시아 영내에 있는 자를 특히 고리도라고 칭하는데 이전의 흑철객라(黑哲喀喇, ヘキチエーカラ)이다. 이들은 만주국 내 길림성 송화강의 삼성(三姓) 부근부터 아무르 · 우수리 양 강의 합류점에 이르는 연안에 살며 주로 만주 영내에 분포하고 있다"(p. 33).

11 타즈에 관한 아르세니예프의 기술을 인용하면 다음과 같다. "이오헤즈 강 유역의 주민은 대부분 중국인과 타즈(우데헤인)였다. 중국인들의 오두막은 주로 강 왼편 기슭에 터를 잡고 있었고, 토착민인 타즈는 골짜기의 위쪽에 살았다. 이곳에 정착한 만즈(滿子: 중국인)는 무척 음흉한 편이었다. 가끔 길을 물어봐도 어쩐지 시큰둥하고, 심지어는 엉뚱한 길을 알려줘 애를 먹은 적이 여러 번 있었다. 원래 이 땅의 주인은 타즈였

이들의 현재 거주지는 연해주 올가(Olgin) 지역의 미하일로프카(Mikhailovka)이다. 이들은 소수의 사람들이 1930년대 중반까지 연해주의 여러 지역에 흩어져 살고 있었으므로 특별한 일이 없었다면 아마도 흔적도 없이 사라졌을 것이다. 이들에게는 다행히도, 1937년 10월에 그 지역 일대에 살던 조선 사람들이 중앙아시아로 강제 이주되면서 수십 개의 마을이 텅 비게 되었을 때 연해주의 올가 지구에 있는 미하일로프카(Mikhailovka)는 그중의 한 마을이었는데 각지에 흩어져 살던 타즈족을 그 지역으로 이주시키는 조치가 이루어졌다. 이전에 서로 떨어져 지내며 왕래가 없었던 타즈족이 한 지역에 모여 사는 환경이 조성되자 자연적으로 민족적 단합을 이루게 되었고 민족적 차원의 독자적인 번영을 이룰 수 있게 되었다. 즉 이들은 자신의 민족 문화의 틀 속에 만주, 중국, 나나이, 우디허를 비롯한 주변 민족들이 지닌 다양한 문화적 요소들을 긴밀하게 융합하여 새로운 민족 고유문화를 만드는 데 성공할 수 있었다. 2002년의 인구 조사에서는 276명으로 조사되었다. 그들의 언어는 중국어의 한 방언의 변종이다. 이 지역이 러시아 땅이 된 이후로는 이들의 언어가 거의 러시아어에 동화되었다〔The Udeghes(http://www.eki.ee/books/redbook/udeghes.shtml) 참고〕.

3) 우디허 민족의 명칭

우디허족은 『고려사』와 『조선왕조실록』에 기록이 남아 있다. 그러나 이들 우디허족이 현재의 우디허족과 같은 민족인지에 대해서는 확신할

다. 그러나 중국인들이 들어온 후로 타즈의 삶은 말 그대로 만신창이가 되었다. 대부분의 타즈들이 교활한 중국인들에게 속아 넘어가 엄청난 빚을 지고 있었고, 이를 핑계로 중국인들은 타즈를 노예처럼 부려 먹었다. 중국인들은 원주민 여성들을 납치해 가재도구처럼 나눠 가졌다"(아르세니예프, 2005, p. 48).

수 없다. 이러한 의심을 하는 이유는 우디허라는 명칭이 20세기 초에 비로소 독립된 족칭으로 사용되었다는 점이다. 러시아인들 또는 러시아 측에서 연구하는 사람들이 극동 지역에 들어온 것은 1860년 이후의 일이다. 즉 1858년 아이훈조약을 맺어서 청으로부터 아무르 강 이북(좌안) 지역을 할양받고, 1860년 북경조약을 맺음으로써 우수리 강 이동 지역을 할양받은 이후이다.

현재 알려진 바에 의하면 19세기 말까지 우디허인을 별도의 민족으로 보지 않고 오로치인과 함께 같은 민족으로 분류했다. 즉 19세기 중반과 후반에 아무르 강과 우수리 강 유역에서 연구를 진행한 러시아 학자들〔바실리예프(V.P. Vasil'ev), 쉬렌크(L.I. Shrenk), 마아크(R. Maak), 베뉴코프 (M.I. Venjukov), 프르줴발스키(N.M. Przhevalskij)〕이 쓴 여러 민족지학 서적에는 우디허인들이 오로촌(Orochon), 오로첸(Orochen), 오로치(Oroch) 등으로 불리는 다른 민족 집단들 가운데 등장하고 있다.

우디허인에게 독립된 민족의 지위를 부여해야 한다고 주장한 사람은 브라일로프스키(Brailovski)이다. 그는 처음으로 1897년 인구 조사를 하면서 '우디허'('우데에', '우데헤', '우디허')라는 자칭을 이들의 명칭으로 써야 한다고 주장하였고[12] 이 명칭을 1930년도부터 널리 사용하게 되었다.[13] 지역별로 상이한 자칭이 있었는데 훈가커(hungakə), 비킨카(bikinka), 우니카(unika) 등이었다. 역사·민족학적인 자료에서는 우디허 사람들이 캬카(kjaka), 커칼(kəkal), 우다하(udaha), 오로첸(orochen) 등의 이름으로 언급된다.

---

12 1901년에 브라일로프스키는 「타지 또는 우디허」라는 자신의 연구에서 이전의 연구 결과를 분석하며 "연해주에 사는 타민족들의 지칭과 관련하여 (…) 우디허(우데어, 우더)라는 명칭을 인정해야 한다(Brailovski, 1901, p. 149)"는 결론을 내리고 있다. 로파틴(Lopatin, 1925, p. 26)은 이와 관련하여 브라일로프스키 이전에는 우디허라는 명칭조차 러시아 학자들이 몰랐다고 보고 있다.

13 '우디허'라는 민족의 명칭이 대중에게 알려지기 시작한 시기는 파데예프(A. Fadeev)의 미완성 소설 『마지막 우디허인』이 출판된 1930년대이다.

이웃한 민족들이 우디허족을 부르는 명칭은 서로 달랐다. 어웡키족은 우디허족을 람카(Lamka), 라문카(Lamunka)로, 나나이족과 울치족은 나문카(칸)〔Namunka(n)〕, 라문카(Lamunka)로 부르며 이들을 "바다에 사는, 연해주 사람들"로 지칭하였고 네기달족은 올찬(Olchan), 니브흐족은 토중(Tozung), 고려인들은 우치카(Uchika),[14] 만주족과 오로치족은 캬칼라(Kjakala), 커카리(Keokari), 중국인들은 유이-피히-따쯔이(Yuj-p'khi-dtatszy, 즉 魚皮韃子), 따쯔이(Dtatszy)〔타지(Tazy), 즉 韃子)〕, 러시아인들은 오로치(Orochi), 오로초니(Orochony), 오로체니(Orocheny)의 명칭을 사용하여 우디허족을 불렀다(스타르체프, 1984, p. 62. Girfanova, 2002b, p. 3에서 재인용)

이러한 사실에서 볼 때 우디허란 명칭은 특정 지역의 주민에 의해서만 사용되었던 명칭일 수 있으며 이후에 점차 이 지역의 퉁구스계 사람들을 지칭하는 말로 바뀌었을 가능성이 있다. 요는 각 지역별로 명칭이 따로 있었으며(물론 여기에는 자칭과 타칭이 있다), '우디허'라는 명칭이 민족 명칭으로 채택된 것은 20세기 이후의 일이라는 것이다.

4) 『조선왕조실록』에 나타난 우디허인

그러나 이들이 거주하는 지역으로 보거나 명칭으로 볼 때 이들은 조선 시기에 우리 민족과 빈번한 접촉을 가졌던 우디거족과 동일한 민족일 가능성이 매우 높다. 이하에서는 조선조의 역사 기록에 나타난 우디거족에 대해서 살펴보고자 한다.[15]

『조선왕조실록』의 기록에 의하면 '우디거'로 불리는 종족은 사는 지

14 고려인들이 '우치카'라고 불렀다는 증거는 없다. 아래에서 보듯이 「용비어천가」에 '우디거'라는 표기가 있다.

15 이 절에서 다루는 내용은 졸저(2008, pp. 33-55)의 내용을 요약한 것이다.

역에 따라서 여러 가지로 분류되어 있음을 알 수 있다.

> 我國之俗 通稱斡東等處兀良哈오랑·캐 兀狄哈우디·거 及女眞諸種 爲野人(「龍飛御天歌」卷一 7a)[16]

그런데 '우디거'는 다음의 여러 한자로 기록되어 있으며 실록에 약 1,000회 나타난다. 이하에서는 이들을 한자에 관계없이 일괄적으로 '우디거'로 언급하기로 한다.

> 兀狄哈 878건, 亐知介(于知介) 76건, 亐狄哈(于狄哈) 27건, 亐知哈 13건, 兀狄介 2건, 亐狄介 2건, 亐直介 1건

그런데 이들은 거주 지역에 따라서 다양한 명칭을 가진 채 나타난다. 그중 주요한 것을 들어 보면 다음과 같다.

> 화라온(火剌溫) 즉 홀라온(忽剌溫) 우디거, 수빈강(愁濱江) 우디거, 구주(具州) 우디거, 남돌(南突) 우디거, 혐진(嫌眞) 우디거, 골간(骨看), 즉 활아간(闊兒看) 우디거, 니마차(林阿車) 우디거

이들 명칭을 통해 그들의 거주지를 짐작할 수 있는데 수빈강 우디거는 수이푼 강(绥芬河, 지금의 라즈돌리노예 강) 유역에 거주한 것을 알 수 있으며,[17] 남돌 우디거는 역시 수이푼 강 유역에 거주하던 우디거이다.[18] 한

---

16 여기에서 '오랑·캐', '우디·거' 등의 가운뎃점은 거성(去聲) 성조를 나타낸다.

17 이는 발해의 솔빈부가 있던 곳이다.

18 '남돌(南突)'은 '남두을(南豆乙)', '남눌(南訥)'로도 표기되어 있다. 그리고 '남돌'에 대해 「용비어천가」에 다음과 같이 주석이 나온다.

편 골간(骨看)의 위치는 다음과 같은 기록을 통해 두만강 하류의 북단이라는 것을 알 수 있다.

> 골간(骨幹)은 남눌(南訥) 부락까지 연하여 있고 종족도 번성하여 가장 강대합니다. (명종 9/1/24, 1554년)

> 골간올적합(骨看兀狄哈)을 초안(招安)하게 하였다. 두칭개(豆稱介) 등이 경원(慶源) 북쪽 바닷가에 살면서, 농사(農事)는 일삼지 않고 고기잡이와 사냥질로 업(業)을 삼기 때문에 (…)[19] (태종 10/5/10, 1410년)

> 경흥(慶興) 근처와 강 건너에 사는 골간올적합(骨看兀狄哈) 등이 지금 실농으로 인하여 반드시 처자를 데리고 와서 식량을 빌 것이니, 경성(鏡城)의 전미(田米) 30석으로 존절히 나누어 주라. (세종 29/12/25, 1447년)

이 외에도 다음과 같은 우디거 종족도 있다.

> 육청(陸靑), 사하음(沙河飮), 우미차(亐未車), 대소거절(大小居節), 고열(高說), 고칠(高漆), 올자을(兀者乙), 우을미(亐乙未), 도골(都骨) 우디거

이상의 『조선왕조실록』의 기록을 볼 때 우디거족은 그 당시에는 지금보다 훨씬 넓게 더 남쪽까지 분포되어 살고 있었음을 알 수 있으며 조선과의 접촉도 매우 빈번하였음도 알 수 있다. 우디거에 관한 기록은 1392

"南突남돌兀狄哈 則速平江南突阿剌哈伯顔남돌아라카바얀○南突 姓也 南突兀狄哈 部種名 因人姓以名焉"(「龍飛御天歌」七 24a).

19 이러한 이유로 이들을 '수(水)우디거'라고 부르기도 한다.

년부터 나타나기 시작하여 1665년에 마지막으로 나타난다.[20]

한편 실록에는 우디거에 관한 흥미 있는 사실을 기록하고 있는데 현재에도 이와 관련된 이야기를 종종 들을 수 있다.

> 또 말하기를, "우지개(亏知介)의 풍속이 여자는 모두 방울을 차는데, 무오년 5월에 여자 세 사람이 벚나무[21] 껍질을 벗기기 위하여 산에 들어갔다가 한 여자는 집으로 돌아오고 두 여자는 돌아오지 않았는데, 그해 11월에 사냥하는 사람이 산에 들어가서 곰 사냥을 하다가 나무의 빈 구멍 속에서 방울 소리가 나는 것을 듣고 나무를 베어 내고 보니 두 여자가 모두 아이를 데리고 있었으므로, 그 연유를 물으니 대답하기를, '지난 5월에 벚나무 껍질을 벗기려고 산속에 들어왔다가 길을 잃어 집에 돌아가지 못하였는데, 수곰의 협박을 당하여 함께 자서 각각 아이를 낳았다'고 하였는데, 그 아이의 얼굴이 반은 곰의 모양과 같았다. 그 사람이 그 아이를 죽이고 두 여자를 거느리고 돌아왔다"고 하였습니다. (세종 21/07/02, 1439년)

20 1392년 기사는 고려사에 "兀的改"로 나타나는 것이다. 그러나 우디거가 이때 비로소 조선 국경에 나타났다는 의미는 아니다.

21 실록 원문의 "樺"는 자작나무이다. 봇나무라고도 한다.

2. 우디허어 연구사

1) 주요 연구 논저

아래에서는 우디허어를 연구한 내용 중에서 중요하다고 판단되는 것만 언급하기로 하며 여기에서 언급되지 않은 논저는 참고문헌에 수록해 놓았다.

19세기에 우디허어에 관한 정보는 매우 빈약하고 그 내용도 우디허어에 관한 언어학적 설명이라기보다 우디허어를 듣고 난 후에 느낌이나 인상을 적은 것에 가깝다. 예를 들어 벨리코비치(A.A. Bel'kovich)가 쓴 보고서를 보면 "이들의 언어에는(저자가 "오로촌"으로 부르고 있는 민족은 우디허족을 의미함-아카데미 문법) 때로는 전혀 알아들을 수 없는 후두음과 비음이 섞여 있어 이를 따라 발음하는 것이 매우 힘들고 러시아어의 알파벳을 사용하여 제대로 옮겨 적는 것은 더더욱 어렵다(Bel'kovich, 1896, p. 30)"라고 되어 있다.

우디허어에 대한 최초의 언어학적 기록은 나다로프(I.P. Nadarov)가 쓴 『우수리 북부 지방』이라는 책에 나와 있으며 부록에는 238개의 어휘가 실려 있으나 발음의 전사가 그리 정확하지는 않다(Nadarov, 1887). 한편 앞에서 언급된 브라일로프스키(S.N. Brailovskij)는 1,000개의 어휘를 소개하고 있다.

우디허어에 대한 연구는 1930년대에 이르러 수준이 높아지기 시작하였다. 1936년에는 3,000개 이상의 어휘가 수록된 슈네이데르(E.R. Shnejder)의 『우디허-러시아어 소사전』이 출판되었다. 책의 후반부에 음성학과 형태론을 포함하는 문법이 기술되어 있다. 이 사전은 2001년에 우디허어 사전이 나오기까지 60여 년 동안 유일한 우디허어 사전이었다. 이 사전이 출판된 지 70년이 넘었지만 우디허어를 연구하는 사람들은 현대 언어학의 관점에서 우디허어 문법에 관한 몇 가지 수정만 가할 뿐 여전히 이를 기본서로 참고하고 있다. 슈네이데르는 또한 이 시기에 로마자를 바탕으로 한 문자를 사용하여 우디허 민족학교의 초등학교 교재들을 편찬하고 번역하였다.[22] 1937년에 출판된 슈네이데르의 『아뉴이 우더족 언어에 관한 자료』는 보기 드문 가치를 지닌 자료로 평가된다. 이 책에는 저자가 아뉴이(Anjuj) 강 유역에 사는 우디허족을 대상으로 기록한 20개의 민속에 관한 글이 번역과 해설과 함께 실려 있고, 수수께끼도 수록되어 있다. 또한 이 책의 부록에는 우디허어의 아뉴이 하위방언에 관한 특성을 살펴볼 수 있는 「우디허-러시아어 소사전」이 실려 있다. 이러한 자료들은 우디허어를 비롯한 다른 만주퉁구스어 연구자들에게 오늘날 더할 수 없는 가치를 제공하고 있다.

우디허어의 음성학적 설명은 친치우스(V.I. Tsintsius)의 『만주-퉁구스어 비교음성학』에 나와 있다(Tsintsius, 1949). 1968년에 수니크(O.P. Sunik)는 「우디허어」 논문을 발표하여 새로운 관점에서 언어의 음성학적 구조와 몇 가지 형태론적 사항을 조명하였고(Sunik, 1968), 『만주-퉁구스어 동사』라는 제목의 단행본에서는 우디허어 동사의 형태적 특성을 설명하였다(Sunik, 1962).

1990년대 후반부터 우디허어에 대한 관심이 높아졌으며 연구 논저들이 증가하기 시작하였다. 코르무신(Kormushin, 1998)은 오랫동안 우디허인 거주 지역에서 우디허어를 연구하여 출판된 책으로 문법과 민담 자료 및 어휘집이 실려 있다. 얀후넨(Janhunen, 1999)의 연구는 아래에서 소

22 다른 언어의 경우에 러시아에서는 민족주의 영향으로 1937년경부터 라틴 철자를 버리고 키릴 문자로 표기하는 것으로 바뀌었는데, 우디허어의 경우 키릴 문자 표기로 전환하지 못하였다. 그 결과 한동안 표기 문자가 없는 언어로 되었다가 칼륜주가(1999)에 의해서 키릴 문자 표기법이 제안되었으나 우디허어 사용자가 거의 없어지는 바람에 일반화되지 못하고 있는 실정이다.

개하기로 한다. 캴룬주가[23](Kjalundzjuga, 1999)는 아동들을 위한 교재로 만든 것이다. 기르파노바(2001)는 우디허어 사전으로서 약 8,000개의 어휘를 포함하고 있다. 이어서 기르파노바(2002a)는 우디허어 교육용으로 집필한 문법 활용표이다. 기르파노바(2002b)는 우디허어 문법 전반에 관하여 영어로 간명하게 기술하고 있다. 캴룬주가와 시모노프(Kyalundzjuga & Simonov, 1998)는 호르 방언을 기반으로 하여 작성된 세 권짜리 사전이다. 이들은 또한 민담집을 발간하였다(Simonov et al., 1998). 니콜라예바와 톨스카야(Nikolaeva & Tolskaya, 2001)는 저자들이 1989년부터 1997년까지 크라스니 야르에서 직접 채록한 자료와 그 이전에 채록된 자료를 종합하여 쓴 문법서로 968쪽에 달한다. 주석(annotation)이 달린 풍부한 예문이 주어져 있으며 뒷부분에는 텍스트 자료도 주어져 있다. 트로피모바(Trofimova, 2005; 2007)는 우디허어의 후치사에 관한 연구이다.

얀 후넨(Janhunen, 1999)은 주목할 만한 논문이다. 그는 우디허어와 오로치어가 하나의 그룹을 형성하며 그중에서 우디허어는 개신이 크게 진행된 언어로 파악한다. 역사음운론적으로 볼 때 모음 사이 *r의 체계적 소실이 가장 두드러진 특징이다(예. *goro 〉 goo 'far'). 더욱더 흥미로운 것은 음절 말에서 *r과 *l이 중화하여 'g'로 변화한 것이다(예. *dolbo 〉 dogbo 'night', *gerbi 〉 gegbi 'name'). 그리고 중자음은 단자음으로 되는 경향이 강하다(예. *xürgü 〉 igi 'tail').

이러한 변화와 더불어서 성조(tone) 발생과 관련이 있는 변화로 모음 사이의 *s 〉 h, 그리고 모음 사이의 *k 〉 q 변화를 들 수 있다. 그 결과 우디허어의 음절핵은 중립(V), 장음화(VV), 성문음화(VqV), 인두음화(VhV)

23 이 사람은 과슈기 출신으로 호르 방언 구사자이다. 알타이언어 조사팀은 REAL 프로젝트의 하나로서 2006년 2월에 하바로프스크에서 이 사람의 언어를 조사한 적이 있다(김주원 외, 2006, pp. 251-252 참고). 이 분은 또한 아래에서 보겠지만 우디허어 전자 교재를 만들고 직접 녹음까지 하였다.

음절로 분류할 수 있으며 이 범주가 각각 다른 성조를 가질 가능성이 있다고 보았다. 이러한 변화는 지역언어학적 관점에서 중국어와 깊은 관련이 있을 것이라고 보았다. 이러한 논의와 함께 우디허어는 이미 절멸 위기에 처해 있으므로 이들 모음을 구별하지 않는 경향이 있음을 언급하면서 어쩌면 이러한 주장은 검증이 가능하지 않은 이론에 그치고 말지 모른다고 지적하고 있다.[24]

특기할 만한 점은 우디허어 전자 음성 교과서가 출판되었다는 점이다. 즉 캴룬주가와 베렐투예바(Kjalunzjuga & Bereltueva, 2008)가 그것인데 이른바 CALL(Computer Assisted Language Learning) 방식의 언어 교육을 시도한 것이라고 볼 수 있다. 이하에서는 이 책의 구성과 의의에 대해서 간략히 서술하기로 한다.

이 교재는 우디허인의 문화유산을 우디허어를 통해 유지 · 발전시키려는 목표로 만들어졌다. 사냥, 고기잡이, 시호테 알린의 자연물 채취를 소재로 하여 우디허어를 미래에도 사용할 수 있도록 하려는 것이다. 이 교재는 우디허인이 사는 지역의 교육 기관에서 유치원 아동들, 초등학생들에게 민족 문화와 언어를 가르치는 데 사용될 수 있을 뿐 아니라 이미 모어를 잃어버린 우디허인들이 자신의 언어를 스스로 배우기 위한 용도로도 사용될 수 있다.

DVD는 다음과 같이 구성되어 있다.[25]

---

24 이 논문을 비교적 자세하게 소개하고 있는 이유는 저자가 2012년 여름조사에서 성조 실현에 관해 분명하게 인식하고 있는 자료제공인을 만났으며 음성 실현을 주의 깊게 관찰하고 녹음을 하였기 때문이다. 후속 논문에서 이 문제가 좀 더 밝혀지기를 기대한다.

25 DVD의 실제 목차와 페이지 구성 방법은 이와는 다르며 여기에서는 소개를 위해 재구성하였다.

[언어 자료]

알파벳

회화

옛날이야기, 설화, 전설

문법

사전

읽기 텍스트

애니메이션

[문화 자료]

음악(전통 악기와 오디오 파일)

캴룬주가 족보

수수께끼

크로스워드와 해답

우디허에 대한 연구 문헌

우디허인의 성과 이름

우디허어 길이 단위

[사진 자료]

〈우디허 유산〉 민족센터

〈우디허어〉 학교박물관

우디허어 역사

과슈기 마을

사람들

사진 자료집

가재도구

공예작품

북

〈수 각파이〉 공연단

수확

[기타 자료](이하의 내용에는 각 그림에 우디허어 명칭이 붙어 있음)

자연

식물 세계

집

사람, 가족

학교

그릇

전통 음식

전통 의류

전통 게임

도서관

먼저 언어 자료부터 살펴보면, 알파벳 부분은 사물의 우디허어 명칭을 키릴문자로 적는 방법을 보여 주고 있으며, 회화는 20개의 상황에 맞추어서 우디허어와 러시아어로 적혀 있는데 우디허어 부분을 마우스로 클릭하면 우디허어 녹음 자료가 소리 나게 되어 있어(녹음은 저자 칼룬주가의 목소리이다) 상황을 이해하면서 말을 배우도록 하고 있다. 옛날이야기, 설화, 전설 등은 위와 마찬가지로 우디허어를 들으면서 해당 표현을 러시아어로 읽을 수 있어서 말을 자연스럽게 배울 수 있도록 유도하고 있다. 그 내용은 칼룬주가(1999, pp. 102-135)의 내용과 동일하다. 사전은 우디허어-러시아어 사전과 러시아어-우디허어 사전인데 약 3,500개의 단어가 들어 있다. 애니메이션은 우디허어로 더빙하여 아동들이 만화를 즐기면서 우디허어에 접하도록 고안한 것으로 20분 길이이다. 문화 자료는 위의 제목에서 알 수 있듯이 우디허인의 전통 문화를 골고루 담으려고 노력하였다.

이렇게 우디허어의 알파벳부터 기초 회화, 민담, 음악, 관련 사진 등을 한 장의 DVD에 담아 우디허어를 모르는 사람들이 배울 수 있도록 고안된 매우 훌륭한 전자 교재이다. 이 교재는 크라스니 야르의 초등학교에서 수업에서 실제로 이용되고 있다고 한다.[26]

다음으로는 일본인 학자들의 우디허어 연구에 대해서 소개하기로 한다. 쓰마가리 도시로(津曲敏郎)는 1996년에 이 지역에서 언어 조사를 한 이래로 여러 차례 크라스니 야르를 방문하였다. 주로 칸추가 선생과 만나서 공동 작업을 수행하였으며 그 결과 쓰마가리(Tsumagari, 2002) 같은 책들을 출판하였다(CD 포함). 이 외에도 이와 관련된 것으로 쓰마가리(津曲敏郎, 1997; 1998) 등의 논문을 발표하였다. 한편 쓰마가리(2003a)는 아르세니예프의 자전적 소설 『데르수 우잘라』의 언어에 대해 고찰하고 있다. 이 논문에서 쓰마가리는 데르수 우잘라가 골디, 즉 나나이 출신으로서 우디허어를 잘 이해하고 있는 사람으로 결론을 내리고 있다.[27] 그리고 쓰마가리 교수가 서문을 붙여 출판한 니콜라예바 외(Nikolaeva et al. eds., 2003)도

---

26 이 교재를 만든 기관에서는 우디허어 교재 외에도 하바로프스크주에서 사용되는 위기에 처한 언어인 나나이어, 네기달어, 울치어, 니브흐어 교재도 제작하였다.

27 데르수 우잘라가 호랑이를 "amba"라고 지칭하는 장면이 나온다. 현재의 우디허어나 방언에서 amba는 '숲의 정령'으로 이해되는 것으로, 호랑이라는 뜻은 없는 것으로 알려져 있다. 저자도 이에 관심을 가지고 물어본 적이 있는데 호랑이를 "/kuti/"라고 하며 amba라고는 하지 않는다고 했다. 그러나 저자가 조사한 이만 방언 구사자인 솔로브요바 할머니는 호랑이를 amba라고 한다고 대답하였다. 다만 이 단어는 저자가 질문 중에 말한 것을 수긍한 것이며 자발적으로 말한 것이 아니어서 사실이 아닐 수 있다. 한편 "Ujala"라는 성은 만주인이나 시버인들에게 꽤 있는 성이다. 한 예로 오(吳)씨 중에는 Ujala의 첫 음을 따서 "Wu" 씨가 된 경우가 있다.

있다(CD 포함).

우디허어를 연구한 또 한 명의 일본인 학자는 가자마 신지로(風間伸次郎)이다. 그는 1990년대에 크라스니 야르를 최초로 방문한 후에 2005년부터 매년 두 차례씩 방문하면서 우디허어 구전 자료를 수집하였다. 그 결과는 가자마(Kazama, 2004a; 2004b; 2006; 2007; 2008; 2009; 2010)로 출판되기에 이르렀다. 이 중에서 가자마(2010, pp. 191-252)에는 우디허어 문법 개관이 실려 있다.

2) 우디허어의 방언

아르세니예프(V.K. Arsen'ev), 슈네이데르, 수니크 등의 견해를 종합하면 우디허어는 크게 호르-아뉴이 방언(Khorsko-Anyuiski dialect)과 비킨-이만 방언(Bikinsko-Imanski dialect), 그리고 사마르가-훈가리 방언(Samarga-Khungari dialect)으로 나눌 수 있다. 이들 중에서 훈가리 방언 사용자는 이미 없어졌으며 사마르가 강 유역에 사는 우디허인들은 이전에 호르 강이나 비킨 강에서 살다가 이주해 온 사람들이다.[28] 따라서 사마르가 훈가리 방언은 이미 절멸한 방언인데 바스카코바(Baskakova, 1936)의 기록을 참고해 보면 어휘 분야에서만 차이를 보인다고 할 수 있다.

따라서 현존하는 우디허어는 두 방언권으로 나눌 수 있는데 이들의 언어 차이는 크지 않다. 이들 방언의 차이는 주로 음성적 · 어휘적 차원

---

28 이번 언어 조사 때 우리를 도와 준 나데즈다 씨의 설명에 의하면 아그주(Agzu) 마을에는 육상 교통편이 없고 헬리콥터로 접근할 수 있다고 한다. 이러한 사실은 기르파노바(1997a)에서도 확인되는데 아그주 마을에 육상으로 접근이 가능한 때는 사마르강이 어는 겨울철뿐이며, 이때 생활용품을 공급한다고 한다. 1990년 당시에 주민은 총 192명이며 그중 우디허인은 114명이었다고 한다. 이들 중 60세 이상의 우디허인은 없었다고 한다.

에서 발견된다. 예를 들어 호르-아뉴이 방언의 구개 파찰음 /tš/와 /dž/는 비킨-이만 방언에서 치조 파찰음 /ts/와 /dz/로 발음된다(예: чанала-/цанала-'노래하다', вакча-/вакца-'사냥하다', чалиги/цалиги '하얗다' 등). 하나의 중요한 차이는 비킨 방언 사용자는 모음 사이의 목젖 자음 [ʔ]을 생략하여 장모음으로 발음하는 경우가 있다〔예: (호르 방언) чиндаʔа-(비킨 방언) циндā〕. 그리고 비킨-이만 방언은 중국어와의 접촉이 빈번하여 중국어 차용어가 많이 있다.

3) 크라스니 야르 우디허인의 언어 사용 상황(구체적 사례)

이하에서는 저자를 포함한 한국알타이학회 언어조사팀이 2012년 7월 6일부터 7월 15일까지 10일간 크라스니 야르를 방문하여 언어 조사한 내용을 밝히고자 한다.

사전 준비: 우리는 '아무르 강 유역 토착민의 언어와 문화'라는 프로젝트 수행의 일환으로 나나이어를 조사하려고 하였으나 우리가 방문하고 싶은 지역의 사정이 여의치 않아서 우디허어를 조사하기로 하였다. 그리하여 우리를 도와 주던 샤벨니코바 선생으로부터 셀륙 나데즈다 알렉산드로브나(SELJUK Nadezhda Aleksandrovna) 선생을 소개받았다. 이후에 크라스니 야르 방문은 전적으로 나데즈다 선생의 도움을 받았는데 결과적으로 매우 효과적으로 작업을 수행할 수 있었다. 나데즈다 선생으로부터 초청장을 받을 수 있었고 그것으로 비자를 발급받았으며 현지로 가는 교통편은 물론 묵을 숙소까지도 모두 준비되었다는 연락을 받고 한국을 떠날 수 있었다.

교통편: 인천공항에서 블라디보스토크까지는 약 2시간이 걸린다. 공항에 나데즈다 선생이 마중 나와 있었는데 나중에 알고 봤더니 봉고차를

운전하는 러시아인이 나데즈다 선생의 남편 되는 분이셨다. 중간 기착지인 루체고르스크까지 가는 기차를 탈 때까지 시간을 보내기 위하여 나데즈다 선생 사무실을 방문하였고 기차역으로 가는 도중에 블라디보스토크 야경도 보았다. 그해 10월에 블라디보스토크에서 APEC 회의를 개최할 예정이라 주요 도로나 건물 교량 등을 수리하고 건설하고 있었는데 특히 루스키 섬을 연결하는 교량을 이번에 만들어서 개통한다고 하였다. 새벽 1시 36분에 출발한 기차는 침대차였는데 8시간여를 달려 정시에 루체고르스크 역에 도착하였다.

거기에는 봉고차로 마중을 나온 캴룬주가 나탈랴 알렉산드로브나(KJALUNZUGA Natal'ja Aleksandrovna) 씨가 역시 운전자인 남편과 함께 나와 있었다. 알고 봤더니 나탈랴씨는 나데즈다 씨의 친동생이었다. 간단히 아침 식사를 하고 봉고차에 올랐다. 얼마 달리지 않아 비킨 강을 건너게 되었다. 강폭이 100여 미터쯤 되고 맑은 물이 흐르고 있었다. 비킨 강은 우디허인들에게 매우 소중한 강이다. 비킨 강을 건넌 후에 차는 약 4시간 타이가 숲을 달려서 다시 비킨 강을 건너게 되었다. 이 강을 건너기 직전에 오른쪽으로 가면 올론이라는 마을이고, 이 강을 건너면 왼쪽 편으로 크라스니 야르 마을에 이르게 된다. 크라스니 야르(Красный Яр)라는 지명은 현지의 우디허어 "후탈리기 컥티머(xutaligi kəktimə)"를 번역한 말인데 "빨간(아름다운) 벼랑"이라는 뜻이다. 비킨 강 유역에 홍수가 자주 나므로 강이 범람해도 안전한 고지대인 이 지역에 새로운 마을을 건설한 것이라고 한다. 1930년대의 일이다. 1957년에 정식으로 행정 구역으로 승인을 받았으며 올해인 2012년 8월 17일에 그 55주년 기념행사를 한다고 하였다.

숙박: 이곳에는 호텔과 같은 숙박 시설이 따로 없다. 우리가 숙박을 할 곳은 개인 집인데 그러므로 민박을 하게 되는 셈이다. 민박집의 여주인은 페온카 라이사 레오니도브나(PEONKA Raisa Leonidovna)라는 분인데 약 50세 된 우디허인이며 우디허말을 못한다고 하였다. 비슷한 나이의 우디허

인 남편도 우디허어는 모른다고 한다. 우리를 위하여 집을 수리하였으며 커튼도 달고 에어컨까지 설치했다고 하였다. 작년 아무르 강 하류에 있는 칼마 마을이나 불라와 마을에서 언어조사를 할 때 세수할 물이 부족하여 쩔쩔매었던 사실을 생각해 보면 에어컨이 나오고 수도꼭지를 돌리면 물이 나온다는 사실에 너무 감격하고 행복하였다. 이후부터 식사시간, 차 마시는 시간은 정성을 다한 음식과 간식거리로 즐거운 시간을 보낼 수 있었다. 게다가 뜨끈뜨끈한 사우나 시설인 바냐도 갖추어져 있었다.

이제 중요한 것은 우디허말을 잘 구사하는 우디허인을 만나는 것이다. 민박집 안주인 라야(라이사의 애칭) 씨가 촌청(сельсовет)에서 경리 일을 본다고 하기에 이 마을의 인구 정보를 알아봐 달라고 부탁을 했더니 다음과 같이 알려 주었다.

총인구: 691명(2012년)

이 중에서 소수민족은 총 557명(19개 소수민족)이며

우디허인 439

나나이인 106

어웡키인 3

오로치인 9명(1가구)

우디허인이 압도적인 비율을 차지하고 있었다. 나나이인 중에서 나나이어를 구사하는 사람은 없으며, 오로치인은 현재 주민의 부모 대에 이주해 왔다고 하는데 부모는 이미 죽었고 자식 세대가 살고 있는데 당연히 오로치어는 말하지 못한다고 하였다. 우디허어를 말할 수 있는 사람이 몇 명이나 되느냐고 물었더니 대략 서너 명을 꼽았다. 전체 우디허인의 1퍼센트에도 못 미치는 숫자였다. 이하에서는 우리가 만나 본 우디허어 구사자를

간략히 소개하고자 한다. 이러한 기술은 현재의 우디허어 사용 상황을 보여 줌과 동시에 기르파노바(1997b)가 1996년경 현장을 방문하면서 언어 사용 상황을 밝힌 것과 비교하면 의미가 있을 것으로 생각된다.

위에서 보았듯이 일본 학자들이 오래전부터 이 지역에 와서 우디허어를 조사하였으므로 가능하다면 기존의 자료제공인이 아닌 사람을 만날 수 있기를 희망했지만 우디허어를 말할 수 있는 사람이 넷밖에 없어 같은 사람을 만나게 될 가능성이 매우 컸다.

처음에 만난 사람은 순 폴리나 일리니치나(SUN Polina Il'inichna, 여, 1938년생) 할머니였다. 이 사람은 부모가 모두 우디허인이었고, 부친의 성이 캴룬주가였으며, 18세 때 크라스니 야르로 시집을 오기 전에는 과슈기(Gvasjugi)에서 살았다고 한다. 다음 날 첫 조사에서 들어 본 바로는 시력을 제외하고는 건강도 좋았으며 언어 감각도 뛰어나고 우디허어도 유창하게 구사하였다. 우디허어 노래를 잘 부르는데 합창단의 일원으로 일본에 공연을 간 적도 있다고 하였다. 공연 이야기를 하는 가운데 우디허인 무용단이 한국에 가서 공연한 적이 있다고 하는 놀라운 사실을 알려 주었다.[29] 문제는 이 분이 조사 현지, 즉 크라스니 야르에 사는 우디허인들이 구사하는 비킨 방언 화자가 아니라 과슈기 지역 호르 방언 구사자라는 점이었다. 현지조사의 가장 큰 의의는 현지 방언 구사자를 찾아서 조사하는 것임은 말할 필요도 없다. 그런데 더 좋은 자료제공인이 없다면 비킨 방언 지역에서 호르 방언 사용자를 조사해야 한다는 선택할 수 없는 상황에 처하게 되었다. 최종 결정은 다른 분들을 만나 본 후에 하기로 했다.

---

29 한국에 돌아와서 인터넷을 검색해 보니 '아그데이미(악드미)'('기쁨'이라는 우디허어)라는 명칭의 우디허인 무용단이 2006년 9월에 서울, 원주, 포항 등 7개 도시를 돌아다니며 공연한 사실이 있었다. 그런데 여기에서 우디허를 말갈족의 후손이라고 한 것이 눈에 띈다(http://peace7050.cafe24.com/bbs/board.php?bo_table=03_01&wr_id=276, 2012. 9. 16).

다음으로 만난 사람은 솔로브요바 나데즈다 이바노브나(SOLOV'JOVA Nadezhda Ivanovna, 여, 1939년생) 할머니였다. 이 사람의 아버지는 중국인, 어머니는 우디허인이며 남편은 러시아인이라고 하였다. 그리고 이 사람은 이만(Iman) 방언 구사자였다. 즉 태어난 곳은 달네레첸스크〔Dal'nerechensk(과거의 이만Iman)〕 산치헤자〔Sanchikheza(현재는 오스트로브노예Ostrovnoje)〕[30] 출신이며 20세까지 고향에 있으면서 어머니와 집에서 우디허어를 사용하였다. 1965년에 올론(Olon)으로 이사를 하였으며 1995년에 크라스니 야르로 옮겨 왔다고 하였다. 이 사람은 문장 수준의 언어는 구사하지 못했고 어휘도 거의 잊어버린 상태였다. 그러나 몇몇 어휘는 이만 방언의 특징을 잘 보여 주는 듯했으며 중국어 차용어도 자주 들을 수 있었다. 이 분은 2시간 이상을 조사하기가 힘들었다.

다음으로는 칸추가 알렉산드르 알렉산드로비치(KANCHUGA Aleksandr Aleksandrovich) 선생이 있었다.[31] 이 사람은 일본인 연구자들과의 공동 연구를 통해 우디허어에 관한 여러 종류의 책을 출판한 바 있는 자료제공인이자 연구자이다. 이 사람은 마을에 있는 초등학교에서 우디허어를 가르치기도 하였는데 교장직에서 정년퇴임한 후에는 집필 작업에 여념이 없다고 하였다. 우리에게 시간을 내어 주기 위해서는 자신의 집필 작업을 포기해야 하며 거기에 대한 댓가를 지불해야 한다고 강조하였다. 이 분이 집필한 자전적 자료는 일본 학자들이 텍스트로 바꾸어 출판한 바 있다는 점을 감안하여 굳이 이 분을 우리의 자료제공인으로 할 필요성을 느끼지 못하였다.

마지막으로 콜렌추가 클라브디야 손쿠예브나(KOLENCHUGA Klavdija

---

30 이 마을에는 50가구 정도가 살고 있었는데 그중 러시아인 구교도(Old-believer) 5가구를 제외하면 모두 우디허인이었다고 한다.

31 이 사람은 저자가 직접 만나지는 못하였으며 언어 조사팀의 일원인 최문정 박사가 만나고 와서 알려준 내용이다.

Sonkujevna, 여, 1930년생) 할머니를 만났다. 비킨시에서 가까운 메타헤자(Metakheza) 마을에서 태어났으며 어릴 때 샤인(Sjain) 마을, 올론(Olon) 마을로 이사를 다니다가 1946년에 울룬가(Ulunga) 마을 출신의 남편과 결혼하여 그곳에서 살다가 1950년에 크라스니 야르 마을로 왔다. 고령이어서 댁으로 방문해 조사를 하였다. 지금까지 살아온 내용을 우디허어와 러시아어로 말씀해 달라는 부탁을 드렸는데 우디허어로 말하다가 종종 단어가 생각나지 않아서 막혔으며 거기에 해당하는 러시아어 단어를 생각하고는 그때부터는 러시아어로만 말하는 등 언어 전환이 원활하게 되지 않았다. 그러나 이야기를 할 때에는 유창한 우디허어로 말하였으며 그것을 러시아어로 다시 말해 주는 데 큰 문제가 없었다. 뱀 이야기와 까마귀 이야기를 하였는데, 동일한 이야기를 일본인 학자들에게 이미 말해 주었다고 알려 주셨다.[32] 이 분에 대한 녹음 조사는 2시간으로 끝났다.

이상의 네 사람이 이 마을에서 우디허어를 말할 수 있는 사람의 전부였다. 이러한 상황을 종합하면 우리가 조사를 할 수 있는 자료제공인은 순 할머니뿐이었다. 다행히도 순 할머니는 언어 감각과 유머 감각이 뛰어났으며 건강에도 문제가 없어서 5일에 걸쳐서 28시간을 팔걸이도 없는 의자에 앉아 우디허어를 말씀해 주셨다. 이러한 집중 조사를 통해 우리는 미리 준비된 질문지 전체와 자유 발화와 약간의 노래를 성공적으로 조사할 수 있었다. 후반에는 고혈압 때문에 목 근육이 화끈거리는 어려움을 무릅쓰고 조사에 응해 주신 순 할머님께 다시 한 번 감사드린다.

다행인 것은 일본인 학자들이 과슈기 출신의 할머니를 아직까지 조사하지 않았다는 점이다. 당연한 생각이지만 그들도 비킨 방언 사용 지역

32 클라바 할머니의 이야기 중에서 "뱀"이라는 제목의 민담은 내용이 완전히 같지는 않지만 Kazama(2010, pp. 154-161)에 실려 있다.

에서 호르 방언 사용자를 조사한다는 점이 내키지 않았을 것이다.[33] 그러나 이 시점에 과슈기에 가더라도 호르 방언 구사자가 한둘(순 할머니의 말에 의함)에 불과하므로 이 정도의 호르 방언 구사자를 만났다는 것은 더없는 행운이었다.

할머니는 과슈기 방언에 대한 자부심이 대단하였다. 우디허어의 중심 방언이라는 것이다. 게다가 비킨 방언에는 중국어가 많이 들어 있어서 순수한 언어가 아니라는 점도 강조하였다. 언어를 조사하는 중에 어머니〔캴룬주가 예브도키야 바타우나(Jevdokija Batauna)〕와 어머니의 언어를 10년여 조사한 기르파노바에 대한 이야기를 자주하였다. 어머니의 언어가 기르파노바의 사전에 그대로 담겨 있으며 그것이 가장 정확한 것이라고 하였다.

할머니의 언어 감각은 실로 뛰어났다. 조사자인 저자가 어두 유성음을 무성음처럼 발음하면(예를 들어 bi '나'의 어두음) 바로 고쳐 주었다. 그렇게 수차례 수정을 받았다. 이 말은 어두 유성음 자질에 매우 민감함을 보여 주는 것이다. 한편 위에서 언급된 바 있는 악센트의 문제인데 특정 어휘를 발음하면서 이것을 약하게 발음하면 다른 뜻이 되니 세게 즉 강세를 넣어서 발음해야 한다는 사실을 관련 단어가 나올 때마다 알려 주었다.

유머 감각도 뛰어났는데 조사자가 한 언어를 10시간 정도 들으면 어느 정도 그 언어에 대한 감이 잡힌다. 만일 자료제공인이 조사자가 예상하고 있는 것과 다르게 대답하면 곧바로 되물어서 확인을 하게 된다. 이러한 조사 태도는 자료제공인을 다소 긴장하게 하여 올바른 대답을 하도록 하는 효과가 있다. 이번의 조사 중에도 예외 없이 할머니에게 여러 차례 질문하여 수정을 하기도 하고 그렇게 대답한 이유를 듣기도 하였다.

---

33 순 할머니의 노래를 채록한 바 있는데 Kazama(2010, pp. 180-186)에 5곡이 실려 있다.

그런데 한번은 할머니가 웃음을 띤 채 조사자를 빤히 쳐다보면서 "이번에 틀리게 대답했는데 왜 되묻지 않느냐"면서 장난기 있는 말씀을 하셨다. 한바탕 웃음이 터졌다. 똑같은 작업이 반복되는 가운데 서로를 독려해 가면서 긴장을 풀어 가며 작업을 할 수가 있었다. 또한 말을 듣고 그 자리에서 받아 적기도 하는데 할머니는 어떻게 적었는지 궁금해 하면서 읽어 보라고도 하셨다. 제대로 적은 것보다는 틀리게 적은 것이 더 많았을 것이다. 할머니는 걱정이 된다는 듯이 그것을 다 정리한 다음에 당신을 다시 찾아와서 확인 작업을 하라고 하셨다. 피곤하실 텐데 고마운 말씀이었다. 이렇게 오랜 시간 지친 가운데에도 집중적으로 작업을 계속할 수 있었던 것은 아마도 당신의 어머니가 기르파노바 선생과 오랜 기간 작업을 하는 것을 보아 온 때문일 것이다. 순 할머니와 함께 조사한 내용은 다음과 같다. 이 내용은 디지털 녹음은 물론 캠코더로 전량 녹화되어 서울대학교 언어학과 역사비교언어학연구실 알타이언어 아카이브에 보관되어 있다.

어휘 약 2,000개, 14시간
기초 회화 약 300문장, 2시간 30분
문법 약 350문장, 6시간
자유 발화, 노래 등, 3시간

자연스러운 우디허어를 듣기 위하여 살아온 이야기 등으로 자유 발화를 유도하였는데 우디허어로 먼저 이야기한 뒤 그것을 러시아어로 번역해 주기도 하고 또 그 반대의 순서로 이야기 해 주기도 하였다. 약간의 어려움이 있기는 하였지만 유창한 우디허어로 이야기해 주었으며, 아래

의 것은 그 내용의 일부이다.[34]

나는 과슈기에서 1938년에 태어났다. 아버지는 군대에 가 있었고 집에는 어머니, 할아버지, 할머니 등 대식구가 살았다. 당시 과슈기에는 우디허인밖에 없었으며 외국인이라고는 학교 선생님인 러시아인 여선생님들이 있었다. 겨울에는 남자들은 타이가에 사냥을 가고 없고 여자들만 집에 있었다. 학교에 입학하였는데 인테르나트, 즉 기숙학교였다. 9월 1일에 기숙학교를 가면 다음 여름까지 1년 내내 인테르나트에서 지냈다. 남학생, 여학생이 따로 지냈고 한 방에는 침대가 줄줄이 놓여 있어서 15명 정도가 잘 수 있으며 책상도 함께 있어서 교실이 따로 없고 방에서 수업을 하였다. 수업은 러시아어로 하였으며 아이들은 러시아어를 몰라서 힘이 들었다. 집이 가까워서 마음대로 왔다갔다 할 수 있었다. 일요일에는 밥이 나오지 않으므로 학생들끼리 지어 먹었다(참고로 인테르나트는 페레스트로이카 때 폐지되었다고 한다).

겨울이 되면 아버지와 할아버지가 산으로 사냥을 갔다. 한번 가면 2-3개월 동안 사냥을 하는데 개가 끄는 썰매에 필요한 물자를 싣고 산으로 갔다. 담비, 족제비, 곰, 사슴 등을 잡으며 잡은 것은 아르텔이라는 조합에 가지고 가서 돈으로 바꾸어 왔다. 사냥이 끝날 때쯤 되면 마을에 남아 있던 온 가족이 아버지, 할아버지가 사냥하는 산으로 갔는데 강가의 모래톱 같은 것으로 형성된 좁고 기다란 지역(이런 지형을 우디허어로 코사(kosa)라고 한다)에 텐트를 치고 있으면 얼마 지나지 않아서 만나게 된다. 호르 강가에는 이러한 지형이 몇 군데 있지만 약속을 정하면 어렵지 않게 만날 수 있다. 텐트 안에는 난로가 있는데 추워서 땔감이 많이

---

34 이 내용은 당시에 질문 및 통역 담당으로 같이 조사하였던 최문정 박사가 정리해 놓은 것 가운데 일부를 발췌한 것이다.

필요해 개썰매로 매일 장작을 날랐다. 여자들은 바느질을 하거나, 잡은 짐승의 가죽을 가공하며, 고기를 장기간 먹을 수 있게 갈무리하는 일을 한다. 바늘은 뼈로 만들었으며 동물의 힘줄로 실을 만들어 사용하였다. 고기는 대개 말리거나 훈제를 하는데 말리는 동안 파리가 달라붙지 않게 연기를 계속 피웠다. 가죽을 가공하기 위해서는 털을 제거하고 무두질을 하는데 시간이 많이 걸리는 힘든 일이었다. 이렇게 해서 가죽이 부드러워지면 용도에 맞게 재단하고 바느질을 하여 사용하였다.

여름이면 숲으로 가서 열매류를 따먹었다. 열매류는 수렵민들에게 결핍되기 쉬운 비타민류의 주요 공급원이다. 남자들은 밤이면 호르 강 또는 그 지류에서 배에 횃불을 밝혀 놓고 작살로 물고기를 잡았다. 그리고 사냥을 가지 않는 동안에는 통나무를 베어 속을 파내어 배〔우디허어로 아나(ana)라고 하는 것과 우퉁기예(utunggiye) 또는 우그다(ugda)라고 하는 두 종류가 있다〕를 만들었다. 이렇게 만든 배는 10년 정도는 쓸 수 있었다. 강에 언 얼음이 녹으면 통나무배에 가족들이 타고 수확물을 실어 마을로 돌아왔다. 배가 전복되지 않도록 우리가 탄 배 위에 작은 배를 뒤집어엎은 채 싣고 왔다.

고향에서 졸업을 한 후 18살에 시집을 가서 남편의 고향인 이곳 크라스니 야르로 왔다. 남편은 아버지는 중국인, 어머니는 우디허인인 사람이며 집에서 대화는 러시아어로 했다. 1957년에 장남을, 1959년에 차남을, 1961년에 삼남을, 1963년에 장녀를 각각 1년 반 터울로 낳았다. 이 중 둘째는 이르쿠츠크에서 털가죽전문대학을 통신교습으로 마치고 여기에서 형과 함께 사냥을 전업으로 한다.

아들을 다 키워 놓고 우수리스크의 문화계몽 전문대학에서 통신교습으로 공부를 하여 사서가 되어 10년간 일했으며 그 이후에 인테르나트의 보모가 되어 일하다가 인테르나트가 문을 닫으면서 자동으로 퇴직하여 오늘에 이르렀다.

유명한 작가 키몬코(Kimonko, 1905-1949)[35]는 나의 친삼촌이다. 이 분은 우디허어로 쓰고 러시아어를 비롯한 여러 언어로 번역된 『숙파이 강이 흐르는 그곳(*Там, где бежит Сукпай, Where the Sukpai flows*)』이라는 자전적 소설을 썼다. 과슈기에서는 매 5년마다 키몬코를 추모하는 축제가 열린다.

조사 일정으로 바쁜 가운데에도 초등학교 방문 계획을 잡을 수 있었다. 우리를 크라스니 야르로 데리고 와 주었던 나탈랴 씨가 계획을 잡아 준 것이다. 마을의 남쪽에 있는 초등학교는 디귿자 모양의 2층 건물이며 교실 수가 꽤 많아 보였다. 학교는 1955년에 처음 건립되었으며 현재의 건물은 5년 전에 새로 지은 것이라고 한다. 방학 중이라 학생은 없었으며 마침 교장 선생님도 출장 중이어서 도서관 사서에 해당하는 분이 우리를 맞아 주었으며 학교 내부를 복도를 따라 구경하면서 교내 도서관으로 들어갔다. 사서가 본인 소개를 하였다. 이름은 옐레나 알렉산드로브나(Jelena Aleksandrovna)이고, 같이 갔던 나탈랴 씨의 큰 언니였다. 그러면 둘째 언니는? 이미 말했지만 블라디보스토크의 나데즈다 씨가 바로 그 분이었다. 아! 우리는 이 우연, 아니 필연에 감탄했다. 이번의 언어 조사의 성공

35 작가 주안치(잔시) 키몬코는 우디허인의 존재를 외부로 알린 작가이며, 우디허인들에게 가장 존경받는 인물이다. 수니크(Sunik, 1968, p. 231)에는 1964년에 과슈기에서 채록한 키몬코에 관한 우디허어 창작 가요를 수록하고 있다. "숙파이 강이 흐르는 깊은 타이가 숲속에 한 아이가 태어났다. 풀로 엮은 움막(아기를 낳는 장소)에서 추위에 몸을 떨며 새들이 날아갈 무렵 아이가 태어났다. 산모는 아기를 자신의 옷으로 둘러싸고 집 안으로 들어갔다. 그리고 아이에게 '주안치'라는 이름을 지어 주었다. 아이는 여름에는 물고기를 먹고 겨울에는 짐승 고기를 먹으며 다른 주위 사람들과 마찬가지로 슬픔과 고통을 겪으며 자랐다. 새로운 법(소비에트 정권)이 들어서자 대도시로 유학을 떠났다. 공부를 마치고 고향에 돌아와서 태어나 고생을 하며 자랐던 마을 사람들을 교육하는 데 힘썼다. 고향 마을 사람들이 앞으로 나아갈 수 있도록 가르치기 위해 그는 돌아왔다. 우리들은 주안치가 가르친 바대로 앞으로 나아갈 것이다."

은 바로 이 삼총사 덕분이었던 것이다. 이 분은 학교의 교육 현황에 그리 밝지는 않았지만 7학년까지의 학생 수는 80여 명이고 1학년부터 4학년까지는 우디허어를 선택적으로 수업받을 수 있는데 대부분 아동은 이 과목을 선택한다고 알려 주었다. 우디허어는 이전에는 칸추가 선생이 가르쳤으나 지금은 칸추가 선생에게 배운 젊은 여 선생님이 가르치고 있는데, 단어 수준밖에 몰라서 이렇게 배운 아동들이 앞으로 우디허어를 말하게 될 가능성은 낮다고 절망적으로 말하였다. 요즈음에는 전자 교과서를 이용해서 가르치기도 한다고 덧붙였다. 그러면서 옐레나 선생은 우리에게 줄 선물이라며 우디허어 관련 책을 보여 주었다. 그중에는 기르파노바의 사전도 들어 있었다. 기르파노바의 사전과 어형활용표가 우디허어 교육에 이용되고 있는 것을 알 수가 있다. 그리고 『우디허어 민요집』(1991)이라는 조그만 책이 있었는데 셰이킨(Shejkin)이라는 달네레첸스크 출신의 우디허인이 열정적으로 가사를 수집하는 동시에 채보하여 책으로 만든 것이라고 한다. 그는 이후에 모스크바에서 공연단을 조직한 적이 있으며 노보시비르스크 대학에서도 근무하였다고 한다. 한편 호랑이 그림만으로 이루어진 달력을 보여 주었는데 여러 기관의 후원을 받아 매년 블라디보스토크에서 열리는 "아무르 호랑이의 하루"라는, 호랑이를 보호해야 할 의무에 대해 일깨우는 그림 그리기 대회에 제출된 그림이라고 하였다.

숙소로 돌아오는 길에 옐레나 선생의 딸인 올랴 씨를 만났는데 이 분은 위에서 언급한 우디허인 무용단 "악드미"의 일원이었으며 2006년에 한국에서 공연할 때 참가하였던 분이었다.

이번의 조사에서는 우디허인 사냥꾼을 만나기로 하였다. 우리 팀의 연구 테마 중 문화 부분도 있었는데, 사냥꾼을 통해 우디허인들의 자연관, 문화의식 등을 알 수 있기 때문이다. 라이사 씨를 통해 알아보았으나 당연히 우디허어를 말할 수 있는 사냥꾼은 없어서 러시아어로 말해도 된다고 하여 사람을 찾았는데 결국 우리에게 온 분은 순 할머니의 차남인 순 빅토르 블라디미로비치(SUN Viktor Vladimirovich, 남, 1959년생) 씨였다. 우리에게 충격을 준 것은 그는 신식 총을 가지고 효율적으로 사냥하는 노련한 사냥꾼일 뿐 우디허의 언어는 물론 전통 문화나 전통 사냥 방식에 대해 알고 있지도 않았고 관심도 없었다는 점이다. 그렇기는 했지만 그는 역시 우디허인이었다. 아래에서는 그에게 들은 내용 중에서 몇몇을 소개하고자 한다.

> 일곱 살 때부터 사냥을 시작했다. 호랑이는 신성한 동물이며 신이 보내 준 동물로 타이가의 질서를 관장하고 통제, 조절하는 존재이므로 절대 죽여서는 안 되며 혹시 실수로 죽였다면 잘못을 빌어야 한다. 이 지역은 곰에 대해서는 특별히 신성시한다든가 하는 의식이 없다. 호랑이 외에는 모든 동물을 사냥하지만 이때 지켜야 할 원칙은 동물의 고통을 최소화해야 한다는 점이다. 그리고 야생동물은 야생으로 살아야 하기 때문에 어린 새끼를 잡아서 데리고 오지 않는다. 사냥꾼의 또 하나의 중요한 원칙은 필요한 만큼만 잡아야 한다는 것이다. 욕심을 부려서 계속 잡으면 타이가가 황폐해질 것이다.[36]

마지막으로 그의 자존심을 건드리는 질문이지만 그에게 왜 당신 어머니는 우디허어를 잘하시는데 당신은 못하느냐고 물었다. 그의 대답은 이러했다. “어머니는 말을 하면서 자랐지만 나는 자라면서 말을 하지 않았다. 집에서 어머니가 말하는 음식, 칼 등의 몇 단어는 알아듣지만, 그 외에는 관심도 없고, 알더라도 우디허 말을 주고받을 상대도 없다. 게다

36 그가 말해 준 다음의 민담은 음미해 볼 만한 내용이다. “옛날에 어떤 기술 좋은 사냥꾼이 온갖 짐승을 닥치는 대로 다 잡았다. 이를 알게 된 신은 크게 노하여 그 사냥꾼을 달로 쫓아 버렸다. 그리하여 맑은 날 달을 보면 사람 모습과 그 옆의 작은 개 모습을 볼 수 있다.”

가 대개는 혼합혼, 즉 이민족과 결혼을 하고 그중 반 정도가 러시아인과의 결혼인데 그러면 그 가정은 저절로 러시아인 가정이 되고 우디허를 배울 필요가 없는 상황이 된다. 무엇보다 인구가 너무 적다. 인근의 나나이인은 12,000명 정도 아니냐? 이 정도의 인구면 무엇이든 해 볼 수가 있을 것이다. 그러나 우리 우디허인은 1,500여 명이다. 이 인구로 무엇을 할 수 있겠는가?" 그의 말은 '인테르나트'를 다니면서 자신의 언어를 잃어버린 부모 세대의 후속 세대로서 어쩌면 지극히 당연한 언어 소실의 상태를 담담히 보여 주는 것이라는 생각이 들었다.

3. 맺음말

지금까지 우디허어의 연구사를 살펴보았다.

우디허인은 통계상 2,000명을 넘지 못했으며 1930년대 이래 그들의 언어의 사용은 점차 줄었음을 알 수 있는데, 현재에는 서너 지역의 집거지에서 살고 있지만 자신의 언어를 사용하는 사람은 70대 이상의 극소수 사람에 국한되며 그 수를 아무리 높여 잡아도 50명 이하일 것이다. 즉, 절멸 임박 언어(nearly extinct language)이다. 이 글에서는 우디허어를 연구한 논저를 중심으로 살펴보았으며 1930년대의 슈네이데르의 우수한 연구가 나온 적이 있으나 그 이후에는 무관심 속에 버려져 있었으며 1970, 80년대의 간헐적인 연구가 겨우 명맥을 이었고 1990년대 후반부터 활발하게 연구가 이루어졌음을 보였다. 특히 2000년대에 언어학의 주요한 과제로 부각된 절멸 위기의 언어 기록(Documentation of endangered languages) 동향에 초점을 맞추어 한국알타이학회의 언어조사팀이 2012년 여름에 크라스니 야르로 가서 현지조사한 경험을 비교적 자세히 기술하였다.

참고문헌

김승화 (1965),「소련 한족사 연구(Ocherki po istorii Sovetskikh Koreitsev, Alma Ata)」〔정태수 편역 (1989),『소련 韓族史』, 대한교과서주식회사〕.

김주원 (2008),『조선왕조실록의 여진족 족명과 인명』, 서울대학교출판부.

김주원 · 권재일 · 고동호 · 김윤신 · 전순환 (2006),『사라져 가는 알타이언어를 찾아서』, 태학사.

쓰마가리 도시로[津曲敏郎] (2003a),「デルス・ウザーラの言語をめぐって」,『알타이학보』13, pp. 61-76.

아르세니예프, V.K., 김욱 역 (2005),『데르수 우잘라』, 갈라파고스.

정태수 편역 (1989),『소련 韓族史』, 대한교과서주식회사.

滿洲事情案內所 編 (1939),「滿洲國境事情」,『滿洲事情案內所報告』(61) 改訂版, 株式會社 滿洲事情案內所.

敖特根其其格 (2005),「ウデヘ語の漢語借用語について」,『環太平洋の言語』12, 北海道大學大學院文學研究科, pp. 165-174.

津曲敏郎 (1997),「ウデヘ語文例」, *Language Studies* (小樽商科大学言語センター) 5, pp. 83-91.

津曲敏郎 (1998),「ウデヘ語文例補遺」, *Language Studies* (小樽商科大学言語センター) 6, pp. 107-110.

Bajchura, U.Sh. (1978-1979), "Word intonation in Udehe according to instrumental-phonetic data, *Orientalia Suecana* 27-28, pp. 108-117.

Bajchura, U.Sh. (1989-1991), "The length of vowels and the tone movement in Udehe words according to some instrumental-phonetic data", *Orientalia Suecana* 38-39, pp. 1-13.

Girfanova, A.Kh. (1993), "Shamanism among the Udeghe", *Shamanism and Performing Arts*, Papers and abstracts for the 2nd Conference of the International Society for Shamanistic Research, July 11-17, Budapest, pp. 31-36.

Girfanova, A.Kh. (2002b), *Udeghe, Languages of the World*, München, Newcastle: Lincom Europa.

Ikegami, Jiro (1974), "Sprache, Gesichte und Kultur der Altaischen Völker", Protokollband der XII, Tagung der Permanent International Altaistic Conference 1969 in Berlin, Akademie Verlag.

Ikegami, Jiro (1974), "Versuch einer Klassifikation der tunguisischen Sprachen", *Sprache, Geschichte und Kultur der altaischen Völker*, Berlin: Akademie Verlag, pp. 271-272.

Ivanov, S.V., A.V. Smolyak, and M.G. Levin (1964), "The Udegeys", M.G. Levin and L.P. Potapov (eds.), *The Peoples of Siberia*, Chicago and London: The University of Chicago Press.

Janhunen, Juha (1999), "Tonogenesis in Northeast Asia: Udeghe as a tone language", *Journal de la Société Finno-Ougrienne* 88, pp. 31-38.

Janhunen, Juha and Tapani Salminen (1993-2000), UNESCO red book on endangered languages: Northeast Asia (http://www.helsinki.fi/~tasalmin/nasia_index.html).

Kazama, S. (2004a), *Udihe Texts A* (Publications on Tungus Languages and Cultures 24/A), translated and annotated by S. Kazama, Research Institute for Languages and Cultures of Asia and Africa (ILCAA), Tokyo: Tokyo University of Foreign Studies.

Kazama, S. (2004b), *Udihe Texts B* (Publications on Tungus Languages and Cultures 24/B). With a CD, translated and annotated by S. Kazama, Sapporo: Graduate School of Hokkaido University.

Kazama, S. (2006), *Udihe Texts 2* (Publications on Tungus Languages and Cultures 31), translated and annotated by S. Kazama, Research Institute for Languages and Cultures of Asia and Africa (ILCAA), Tokyo: Tokyo University of Foreign Studies.

Kazama, S. (2007), *Udihe Texts 3* (Publications on Tungus Languages and Cultures 35), translated and annotated by S. Kazama, Graduate School of Letters, Hokkaido University, Sapporo.

Kazama, S. (2008), *Udihe Texts 4* (Publications on Tungus Languages and Cultures 42), translated and annotated by S. Kazama, Tokyo: Tokyo University of Foreign Studies.

Kazama, S. (2009), *Udihe Texts 5* (Publications on Tungus Languages and Cultures 44), translated and annotated by S. Kazama, Tokyo: Tokyo University of Foreign Studies.

Kazama, S. (2010), *Udihe Texts 6* (Publications on Tungus Languages and Cultures 47), translated and annotated by S. Kazama, Tokyo: Tokyo University of Foreign Studies.

Kjalundzjuga, V.T. and M.D. Simonov (1998), *An Udeghe Language Dictionary – Khor River Region Dialect*, Vol. 1-3, Steszew: International Institute of Ethnolinguistic and Oriental Studies.

Lie, H. (1978), "Über die Benennungen der Udihe", *Tungusica, Bd. 1, Beiträge zur Nordasiatischen*

Kulturgeschichte, Wiesbaden.

Menges, K.H. (1968), "Die Sprache der Udihe", *Handbuch der Orientalistik, Bd. 5, Altaistik*, Leiden, Köln, pp. 129-171.

Nikolaeva, Irina (2012), "Nominal modification in Udihe and beyond", Andrej L. Malchukov and Lindsay J. Whaley (eds.), *Recent Advances in Tungusic Studies*, *Turcologica* 89, Wiesbaden: Harrassowitz Verlag, pp. 183-212.

Nikolaeva, Irina, Elena Perekhvalskaya, and Maria Tolskaya (eds.) (2003), *Udeghe Texts* (with Preface by Toshiro Tsumagari), ELPR Publications Series A2-025, Kyoto.

Nikolaeva, I. and M. Tolskaja (2001), *A Grammar of Udihe*, Berlin, New York: Mouton de Gruyter.

Radchenko, G.L. (1987), "On pharyngalization in the Tungus-manchu languages", *Proceedings of the XIth International Congress of Phonetic Sciences*, Aug. 1-7, Tallin.

Tolskaya, Maria (2012), "The morphology of Udihe ideophones", *Recent Advances in Tungusic Studies*, Andrej L. Malchukov and Lindsay J. Whaley (eds.), *Turcologica* 89, Wiesbaden: Harrassowitz Verlag, pp. 89-122.

Trofimova, Anna (2005), "To the Problem of Postpositions in Udihe", *Altai Hakpo* 15, pp. 27-39.

Trofimova, Anna (2007), Special group of Denominative Postpositions in Udihe", *Altai Hakpo* 17, pp. 57-72.

Tsumagari, T.[津曲敏郎] (ed.) (2002), *A Udehe Autobiographical Text: With a Russian Translation* (by Alexander A. Kanchuga) (Publications on Tungus Languages and Cultures 17), ELPR Publications Series A2-019, Kyoto.

Tsumagari, T. (ed.) (2003b), *Autobiographical Story: Boyhood*-An Udehe reader In the Udehe language with Russian translation (Publications on Tungus Languages and Cultures 22), by Alexander A. Kanchuga/Edited by T. Tsumagari, Sapporo: Graduate School of Hokkaido University.

Tsumagari, T. (ed.) (2004), *Dve ydėgejskie skazki (Two Udehe Folktales: The Bark Man and the Iron Man: The Poor Man Who Was Searching for Ginseng)* (Publications on Tungus Languages and Cultures 26), by Alexander A. Kanchuga/Edited by T. Tsumagari, Sapporo: Graduate School of Letters, Hokkaido University.

Tsumagari, T. (ed.) (2005), *Autobiographical Story 2: Youth* [an Udehe reader in the Udehe language with Russian translation] (Publications on Tungus Languages and Cultures 28), by Alexander A. Kanchuga/Edited by T. Tsumagari, Sapporo: Graduate School of Letters, Hokkaido University.

Tsumagari, T. (ed.) (2006a), *Autobiographical Story 3: Student Years* [an Udehe reader in the

Udehe language with Russian translation] (Publications on Tungus Languages and Cultures 29), by Alexander A. Kanchuga/Edited by T. Tsumagari, Sapporo: Graduate School of Letters, Hokkaido University.

Tsumagari, T. (ed.) (2006b), *Autobiographical Story 4: Faya* [an Udehe reader in the Udehe language with Russian translation] (Publications on Tungus Languages and Cultures 33), by Alexander A. Kanchuga/Edited by T. Tsumagari, Sapporo: Graduate School of Letters, Hokkaido University.

Tsumagari, T. (ed.) (2007), *Autobiographical Story 5: Hunting* [an Udehe reader in the Udehe language with Russian translation] (Publications on Tungus Languages and Cultures 34), by Alexander A. Kanchuga/Edited by T. Tsumagari, Sapporo: Graduate School of Letters, Hokkaido University.

Tsumagari, T. (ed.) (2009), *The Little Prince* (in the Udehe language)(Publications on Tungus Languages and Cultures 46), Antoine de Saint-Exupéry, Russian translation by Nora Gal', Udehe translation by Alexander A. Kanchuga/Edited by T. Tsumagari, Sapporo: Graduate School of Letters, Hokkaido University.

Tsumagari, T. (2012), "A note on Udihe phonology from an areal-typological perspective", *Recent Advances in Tungusic Studies*, Andrej L. Malchukov and Lindsay J. Whaley (eds.), *Turcologica* 89, Wiesbaden: Harrassowitz Verlag, pp. 81-88.

Atknin, V.D. and A.H Girfanova (1985), "Otricatel'nyje formy glagola v udegejskomjazyke v sravnenii s drugimi tunguso-manchzhurskimi jazykami" (The negative verbal forms in Udeghe compared to other Tungus-Manchu languages), *Linguisticheskije issledovanija. Grammaticheskije kategorii v raznosistemnykh jazykah*, Moskva, pp. 11-19.

Baskakova, E.N. (1936), "Materialy po jazyku i folkloru Ude na reke Samarga. Rukopis'" (Materials on the Ude language and folklore on the Samarga river. Manuscript), *Arkhiv Muzeja Antropologii i etnografii RAN, Sankt-Peterburg: Fondy K-P*, op. l.

Brailovskij, S.N. (1901), "Tazy ili Udihe. Opyt etnograficheskogo issledovanija" (Tazy or Udihe, Ethnographic study), *Zhivaja starina*, Vyp, 3-4: otdel 1, pp. 323-433.

Girfanova, A.Kh. (1988), "Indikativnyje formy glagola v Udegejskomjazyke" (Indicative verbal forms in Udeghe), Kand. diss. Leningrad: Academia nauk, LWIM 255 54 UDEGHE.

Girfanova, A.Kh. (1990), "K voprosu ob oppozicii ochevidnostilneochevidnosti v udegejskom jazyke" (On the opposition evidentiality/non-evidentiality in Udeghe), *Vos'maja konferencija moiodykh uchenykh 17-19 aprel'a 1990 g*, Tezisy dokladov, Leningrad, pp. 21-22.

Girfanova, A.Kh. (1991), "Udegejsko-russkije jazykovyje sv'azi" (Udeghe-Russian linguistic contacts), *Russkij jazyk i jazyki narodov Krajnego Severa*, Problemy opisanija kontaktnykh javlenij, Tezisy dokladov Vsesojuznoj nauchno-prakricheskoj konferencii, Leningrad, pp. 152-158.

Girfanova, A.Kh. (1994), "Udegejskij jazyk" (The Udeghe language), *Krasnaja kniga jazykov narodov Rossii, Enciklopedicheskij slovar'-spravocnik*, Moskva, pp. 57-58.

Girfanova, A.Kh. (1996), "Slovar' udegejskogo jazyka (obshchije svedenija)" (An Udeghe language dictionary, Common data), *Gumanitarnyje nauki v Rossii, Sorosovskije laureaty, Materialy vserossijskogo konkursa nauchno-issledovatel'skikh projektov v oblasti gumanitarnykh nauk*, Moskva, 1994, pp. 284-287.

Girfanova, A.Kh. (1997a), "Linguogeograficheskije i istoricheskije svedenija ob udegejcakh" (Linguogeographic and historic data on Udeghe), V*oprosy issledovanija tunguso-manchzhurskikhjazykov v nacinal'noj shkole*, Moskva, pp. 111-119.

Girfanova, A.Kh. (1997b), "Udegejskij jazyk, Problemy opisanija sovremennogo statusa" (The Udeghe Language, Problems of the description of its modern status), *Malochislennyje narody Severa, Sibiri i Dal'nego Vostoka. Problemy sokhranenija i razvitaja jazykov*, Sankt-Peterburg, pp. 88-100.

Girfanova, A.Kh. (1998), "K istoricheskoj leksikologii udegejskogo jazyka" (On historical lexicology of the Udeghe), *Jazyki narodov Severa, Sibiri i Dal'nego Vostoka*, Sbomik nauhnykh trudov, Jakutsk, pp, 75-90.

Girfanova, A.Kh. (2000), "Udegejskije terminy rodstva" (The Udeghe terms of kinship), *Algebra rodstva*, Vyp. 5. Sankt-Peterburg, pp. 271-278.

Girfanova, A.Kh. (2001), "Sovremennajajazykovaja situacija u udegejcev" (The modern language situation by the Udeghe), *Jazyk i obshchestvo na poroge novogo tys'acheletija: itogi i perspektivy*, Tezisy dokladov mezhdunarodnoj konferencii, Moskva, 23-25 Okt. 2001, pp. 221-223 (Language and Society on the Threshold of the New Millenium, Results and Prospects, Abstracts of Papers of the International Conference, Moscow, October 23-25, 2001).

Girfanova, A.Kh. (2001), *Slovar' Udegejskogo jazyka*, Sankt-Peterburg: Nauka.

Girfanova, A.Kh. (2002a), *Udegejskij jazyk v tablicakh*, Sankt-Peterburg: Izdatel'stvo "drofa".

Girfanova, A.Kh. (2005), *Kartinnyj slovar' udegejskogo jazyka*, Sankt-Peterburg: Izdatel'stvo "drofa".

Kjalundzjuga, V.T. (1999), *Udie kejeveni on'oiti*, Khavarovsk: Khavarovsk knizhnoe izdatel'stvo.

Kjalundzjuga, V.T. and D.M. Bereltueva (2008), *Elektronnoe foneticeskoe sprabocnoe posobie po Udegejskomu jazyku* (Electronic phonetic reference for Udihe language), Khabarovsk: OOO Portal Khabarovsk.

Kormushin, I.V. (1998), *Udykhejskij jazyk*, Moskva: Nauka.

Krushanova, A.I. (1989), *Istorija i kul'tura udegejtsev*, Leningrad: Akademija Nauk SSSR.

Lopatin, J.A. (1925), *Orochi–Sorodichi Man'chzhur (The Orochee Tribe–Congeners of the Manchus)*, Kharbin.

Nadarov, I. (1887), "Severo-Ussurijskij kraj" (The Northern Ussuri area), *Zapiski imperatorskogo Russkogo geograficeskogo obscestva* 17.

Podmaskin, V.V. (1991), *Dukhovnaja kul'tura Udegejtsev XIX-XX vv*. Vladivostok: Izdatel'stvo Dal'nevostochnogo Universiteta.

Podmaskin, V.V. (1998), *Narodnye znanija Udegejtsev istonko–etnographicheskoe issledovanie po materialam XIX-XX vv*, Vladivostok: Rossijskaja Akademija Nauk Dal'nevostochnoe Otdelenie.

Radchenko, G.L. (1987), "Parallelism foneticheskikh javlenij v tunguso-manchzhurskikh jazykakh", Tezisy konferencii aspirantov i mo l odykh nauchnykh sotrudnikov, Moskva, pp. 121-124.

Shnejder, E.R. (1934), "Kniga dl'a chtenija", Chast' II. Perevod s udegejskogo jazyka (Reading book, Part two, Trans. from Udeghe), Moskva, Leningrad: Uchpedgiz.

Shnejder, E.R. (1934), "Taŋiuji kniga. Deluji sko l a tatusiŋkuni", Gagda obo (Reading book for primary school, Part two), Moskva, Leningrad: Uchpedgiz.

Shnejder, E.R. (1935), "Selemege, Udihe nimaŋkuni" (Selemege, The Udeghe fairytales), Leningrad: Detgiz .

Shnejder, E.R. (1936), *Kratkij udejsko-russkij slovar' (s prilozhenijem grammaticheskogo ocherka)* 〔A coincise Ude–Russian dictionary (with the grammatical sketch)〕, Moskva, Leningrad.

Shnejder, E.R. (1937), *Materialy po jazyku an'ujskikh ude* (Materials on the language of the Anjuy Udeghe), Moskva, Leningrad: Uchpedgiz.

Simonov, M.D. (2003), "Udegejskij Jazyk", *Pis'mennye jazyki mira, Jazyki Possijskoj Federacii* Kniga 2, Moskva: izdatel'stvo "Academia", pp. 502-516.

Simonov, M.D., V.T. Kyalundzyuga, and M.M. Xasanova (eds.) (1998), *Fol'klor udegejtsev: nimanku, telungu, ekhe* (The folklore of the Udeghe: tales, legends, songs), Novosibirsk: Nauka sibirskoe predprijatie RAN.

Startsev, A.F. (1984), "V.K. Arsenyev–issledovatel' udegejtsev (k voprosu o nazvanii i samonazvanii narodnosti)" 〔V.K. Arsenyev–researcher of the Udeghe (on the name and self-name of population)〕, *Arsenyevskije chtenija. tezisy dokladov i soobshchenija*, Khabarovsk, pp. 55-57.

Startsev, A.F. (1996), *Material'naja kul'tura Udegejtsev (vtoraja polovina XIX-XX v.)*, Vladivostok: Rossijskaja Akademija Nauk Dal'nevostochnoe Otdelenie.

Startsev, A.F. (2005), *Kul'tura i byt udegejtsev (vtoraja polovina XIX-XX v.)* (Culture and Mode of Life of the Udeghe, The second part of the 19th–20th cc.), Vladivostok: Dalnauka.

Sunik, O.P. (1968), "Udegejskij Jazyk", *Jazyki Narodov SSSR tom* 5, pp. 201-233.

Sunik, O.P. (1997), "Udegejskij Jazyk", *Jazyki Mira*, Institut Jazykoznanija, RAN, Moskva: izdatel'stvo "Indrik", pp. 236-248.

Tsintsius, V.I. (1949), *Sravnitel'naja fonetika tunguso-manchzhurskikh jazykov* (The comparative phonetics of the Tungus-manchu languages), Leningrad: Uchpedgiz.

Turaev, V.A., R.V. Suljandziga, P.V. Suljandziga, and V.N. Bocharhikov (2005), *Ehnciklopedija korennykh malochislennykh narodov severa, sibiri i dal'nego vostoka Rossiyskoj Federacii*, Moskva.

제5장

러시아 연해주의 발해사 연구

송기호

서울대학교 국사학과 교수

주요 논저: 발해를 찾아서(1993), 발해정치사연구(1995), 발해를 다시 본다(1999, 2008), 한국 고대의 온돌(2006), 동아시아의 역사분쟁(2007, 2010, 영문), 이 땅에 태어나서(2009), 시집가고 장가가고(2009), 말 타고 종 부리고(2009), 발해 사회문화사 연구(2011), 농사짓고 장사하고(2014), 과거보고 벼슬하고(2014), 임금되고 신하되고(2014)

1. 들어가기[1]

발해는 만주 동부에 웅거하면서 서쪽으로 요동까지, 남쪽으로 평안도와 함경도까지, 그리고 동쪽으로 연해주[2]까지 세력을 확장하였으므로 발해 유적은 대체로 이 범위에 분포해 있다. 따라서 발해사의 전모를 파악하기 위해서는 중국과 북한뿐 아니라 연해주의 유적과 유물에 대해서도 체계적으로 접근해야 한다. 그럼에도 불구하고 1980년대까지는 이 지역을 답사하기는 커녕 현지의 연구 동향도 제대로 파악하지 못했다. 한국과 러시아 연해주는 두만강을 사이에 두고 접경해 있지만 과거에는 멀고 먼 곳이었다.

그러나 지금에 와서 연해주는 불가분의 관계를 맺게 되었으니, 대체로 세 단계를 거치며 발전해 왔다. 첫 번째 계기는 1990년 9월 한국과 러시아(소련) 사이에 맺은 국가 수교이다. 이를 통해 양국 간에 서로 왕래할

---

1 이 글은 2008년 7월에 동북아역사재단 국제학술회의에서 발표한 글을 토대로 하여 그 후의 연구 동향을 보충한 것이다. 아울러 1996년 9월에 게재한 「沿海州의 渤海 遺蹟 연구동향」(『아시아문화』 12)에서 일부 필요한 부분을 추가하였다.

2 흔히 沿海州라 하는 곳은 현재의 행정구역으로 '프리모르스키 邊區(Приморский край)', 즉 沿海邊區를 가리킨다. 남북 길이가 900킬로미터로 길쭉한 형태를 띠고 있는데, 면적은 165,900제곱킬로미터이다. 인구는 약 210만 명으로서 점점 줄어드는 고민을 안고 있는데, 고려인은 2만 명에 미치지 못한다. 발해 유적들은 연해주에서도 특히 남부 일대에 집중되어 있다.

수 있는 길이 열리게 되었으니, 상호 적대시하던 1980년대까지의 상황에 비추어 볼 때 획기적인 전환점이 된 사건이었다.

두 번째 계기는 군사도시였던 블라디보스토크가 1992년 1월에 비로소 외국인에게 개방된 일이다. 이를 계기로 블라디보스토크를 거점으로 삼아서 연해주 일대를 답사할 수 있게 되었다. 세 번째 계기는 1994년 서울과 블라디보스토크 사이에 직항로가 개설된 것이다. 종전에 하바로프스크나 일본 니가타를 경유해야 하는 번거로움이 사라짐에 따라, 실제 시간뿐 아니라 마음의 거리 또한 크게 단축되었다. 그 뒤로 부산과도 직항로가 개설되고, 속초와 자루비노를 잇는 항로도 개설되었다. 러시아 연해주는 이렇게 점점 우리에게 다가왔으니, 앞으로 북한이 개방된다면 그 거리는 더욱더 단축될 것이다.

러시아 연해주는 한반도와 크기가 비슷할 정도로 광대한 땅인데, 서로 인접해 있는 만큼 우리 역사와 밀접한 관련을 맺어 왔다. 고대에 북옥저의 근거지였고 발해의 영역이었다. 또 근대에 와서 독립운동의 기지였고, 현재 고려인의 생활 터전이기도 하다. 물론 두 지역에서 이루어지는 경제적 교류는 굳이 언급하지 않아도 될 정도로 활발하다.

이러한 교류에 힘입어 저자도 1992년부터 2011년 가을 현재까지 연해주를 20차례 방문할 수 있었다. 1990년대에는 고려학술문화재단의 전적인 지원으로 유적 답사나 발굴에 직접 참여하였고, 근래에는 한러 공동으로 이루어지는 발굴 현장을 참관할 수 있는 기회를 얻었다. 그리고 때때로 발해에 관한 학술회의에도 참석하여 상호 이해의 폭을 넓혀 나갔다. 이제는 연해주 고대사를 연구하는 전문 인력이 늘어나고 연구 범위도 다양해지고 있어 이 방면의 연구가 장차 더욱 발전될 것으로 기대된다.

이 글에서는 장차의 연구를 위해 그간의 조사 및 연구 성과를 총정리하는 데 목적을 두었다. 먼저 19세기 이래 러시아 연해주 현지에서 이루어진 연구 성과를 정리한 후, 남북한 및 중국과 일본에서의 연구 동향도 덧붙여 설명하겠다. 그런 다음에 한러 수교 이후 발해사 연구를 중심으로 양국 공동으로 이루어진 조사 및 교류의 경과와 결과를 정리해 보겠다. 마지막으로는 앞으로의 더 나은 학술적 교류와 발해사 이해를 위해 러시아 측 연구를 비평하는 장을 마련하고자 한다. 양국의 역사와 문화가 다른 만큼 발해사에 대한 견해도 다를 수밖에 없다. 그러므로 그 다음 작업은 러시아의 발해사 이해를 우리 시각에서 비판적으로 살펴보는 데 할애하려는 것이다. 그럼으로써 양국 간의 인식 차이를 좁혀 발해사 본질에 더욱 다가설 수 있는 기회를 마련하고자 한다.

2. 연해주 발해 연구의 여정

연해주에서 발해사 연구가 한러 수교를 즈음한 1990년대 초반까지 어떻게 진행되어 왔는가를 이해하는 데에는 몇 편의 글이 참고가 된다.[3] 이들

3 小島武男, 「ロシヤに於ける渤海研究者及び文獻について」, 『史學』 10-1, 三田史學會, 東京, 1930(블라디보스토크의 극동대학 교수였던 마트베예프 제.엔.(Матвеев З.Н.)이 1929년에 발표한 글을 발췌하여 번역한 것); 에.붸. 샤프쿠노프, 『발해국과 연해주의 발해 문화 유적』, 레닌그라드, 1968, pp. 6-14(Э.В. Шавкунов, *Государство Бохай и памятники его культуры в Приморье*, Л: Наука, 1968); ア・ペ・オクラドニコフ 저, 加藤九祚·加藤晋平 역, 『シベリアの古代文化－アジア文化の一源流』, 講談社, 1974, pp. 21-46; 林樹山・姚鳳, 「蘇聯對渤海國的硏究」, 『中國史硏究動態』, 1981-12; 테.아. 바실리예바, 「조국의 문헌을 통해서 본 연해주 발해 유적 연구사」, 『소련 극동의 중세 고고학에 관한 새로운 자료』, 소련과학원 극동지부 극동민족 역사학·고고학·민족학 연구소, 블라디보스토크, 1989(Т.А. Васильева, "История изучения бохайских памятников Приморья в отечественной литературе", *Новые материалы по средневековой археологии Дальнего Востока СССР*, Ин-т истории, археологии и этнографии народов Дальнего Востока ДВО АН СССР, Владивосток, 1989); 에.붸. 샤프쿠노프, 「러시아에서의 발해사 연구」, 『발해의 민족 형성과 연구사』, 발해사 국제학술회의 발표요지, 고려대학교 민족문화연구소, 1993. 3. 26; 『渤海史의 綜合的 考察』 민족문화연구총서 68, 고려대학교 민족문화연구원, 2000 재수록; 에.붸. 샤프쿠노프 엮음, 송기호 · 정석배 옮김, 『러시아 연해주와 발해 역사』 대우학술총서 번역97, 민음사, 1996; 정석배, 「러시아의 발해 연구 동향과 쟁점」, 『동

을 바탕으로 발해 연구사를 정리해 보겠다.

러시아인들이 극동지방에 대해 최초로 정보를 얻게 된 것은 카자흐(Казах, Cossack)인들로부터였다. 1655-1656년쯤에 청나라 군대와 싸웠던 카자흐인들이 아무르 강 하구 부근의 트이르(Тыр)에서 사원[4]을 발견하였고, 그로부터 20년 뒤에 외교관이요 여행가였던 스파화리 엔.게.(Спафарий Н.Г.)가 이들로부터 소식을 듣고 러시아에 처음으로 알리게 되었다.[5] 여기서 말하는 카자흐인들이란 그 시기로 보아 코사크인 대장이었던 스테파노프 오.(Степанов О.) 휘하의 사람들로 여겨진다. 청나라의 요청으로 1654년, 1658년 두 차례에 걸쳐 조선군이 흑룡강에 출병하여 전투를 벌인 상대가 바로 이들이었다는 점이 흥미롭다.[6] 그러나 17세기 말-18세기 초의 학자였던 레메조프 에스.우.(Ремезов С.У.)가 이 사원을 두고 알렉산더 대왕이 남긴 것이라고 엉뚱한 해석을 하였을 정도로 아직은 극동지방을 제대로 이해하지 못하고 있었다.

러시아인들이 극동지방의 역사에 대해 개괄적으로나마 이해하게 된 것은 19세기 중엽에 활동한 비추린 엔.야.(Бичурин Н.Я. 또는 Бичурин Иакинф, 1777-1853), 고르스키 붸.(Горский В.), 바실리예프 붸.페.(Васильев В.П., 1818-1900)와 같은 저명한 중국학 연구자들 때문이었다. 발해국의

아시아의 발해사 쟁점 비교 연구』, 동북아역사재단, 2009.

4 이 사원은 명나라 때 특림(特林) 지방에 세워진 영녕사(永寧寺)를 의미한다. 이에 대해서는 다음을 참고할 것.
鳥居龍藏, 『人類學及人種學上より見たる北東亞細亞』, 東京: 岡書院, 1924, pp. 286-292; 李健才, 『東北史地考略』, 吉林文史出版社, 1986, pp. 198-203; 和田清, 「明初の滿洲經略」下, 『東亞史硏究』滿洲篇, 東洋文庫, 1955.

5 이 사람은 원래 루마니아인으로서, 1675년 청나라에 러시아 대사로 파견되었다. 그의 저서 『시베리아와 중국』 제57장에는 조선에 관한 기사가 실려 있는데, 이것은 러시아인이 쓴 최초의 조선관계 기사라고 한다. 朴泰根, 「러시아의 동방경략과 수교이전의 한러교섭」, 『韓露關係100年史』, 韓國史硏究協議會, 1984, pp. 9-10.

6 朴泰根 역주, 『國譯 北征日記』, 한국정신문화연구원, 1980.

존재도 이때 알려지게 되었다. 특히 러시아 정교회 선교단장이었던 비추린은 러시아 동양학의 선구자로서, 그가 소개한 자료를 통해 연해주에 거주하였던 숙신, 읍루, 옥저, 말갈 등의 고대 종족명과 그들의 역사가 소개되었다.[7] 19세기 중엽에는 처음으로 아무르 강 유역에 대한 조사 활동이 전개되기는 하였으나, 발해 영역이었던 연해주까지 미치지 못했다.

1860년 북경조약으로 우수리 강 동쪽의 연해주 지역이 완전하게 러시아 영토로 편입되면서 이곳의 역사에 대한 러시아인들의 관심은 한층 고조되었다. 아노소프 엔.(Аносов Н.), 로파틴 이.아.(Лопатин И.А.), 팔라디 카파로프(Палладий Кафаров, 1817-1878) 등은 바로 이런 시기에 활동한 인물들이다. 아노소프 엔.과 로파틴 이.아.는 광산기사로서 연해주 남부 지역에 대해 지질조사를 벌이는 과정에서 고성에 관한 많은 기록을 남겼는데, 이 중에는 현재 남아 있지 않은 성터에 대한 기록도 많다고 한다.

러시아 정교회 선교단의 일원으로 중국에 와 있던 팔라디 카파로프는 연해주 역사에서도 중세사를 집중적으로 연구한 인물이다. 그의 연구에는 고고학 자료뿐만 아니라 중국, 한국과 일본의 문헌 자료도 활용되었다. 그는 1870-1872년 러시아 지리학회의 의뢰를 받아 우수리스크를 답사하여 그곳에 남아 있는 유적들이 대부분 발해시대의 것이라고 확신하였다. 특히 사료를 토대로 크라스키노에 발해시대의 항구 유적이 있을 것으로 추정했고, 이후 실제로 발해의 항구 도시였던 크라스키노 성터가 부근에서 발견되었다. 따라서 그는 실제 사료를 근거로 하여 연해주에 발해 유적이 존재한다는 것을 증명한 최초의 인물이었다. 그러나 발해의 국도였던 홀한성(忽汗城)이 우수리스크 부근에 존재한다고 오판할 정도로 아직은 초보적인 단계에 머물렀다.

7 이 사람은 조선에 관한 글도 써서 러시아 한국학의 선구자라고도 할 수 있는 인물이다. 박태근, 앞의 논문, pp. 27-28.

이 무렵에 쉐벨례프 엠.게.(Шевелев М.Г.)가 『당서(唐書)』를 검토하여 발해와 관련된 귀중한 자료들을 수집했지만 간행되지는 못했다. 그는 특히 연해주와 일본 열도 사이에 서로 상대방의 어부들이 표착하는 예가 많은 점에 유의하여 두 지역 사이의 해류에 관심을 가졌다. 그 결과 발해에서 일본으로 출발하던 곳이 연해주였고, 따라서 발해 영토가 연해주에까지 미쳤다는 결론에 도달하였다.

1884년에는 블라디보스토크에 '아무르邊區 연구회(ОИАК)'가 창립되어 연해주 유적에 대한 체계적인 조사가 가능하게 되었다. 이때 회장을 맡은 부세 에프.에프.(Буссе Ф.Ф.)가 처음으로 연해주 역사를 몇 개의 시대로 구분했고, 여기서 발해를 중세의 첫 시기로 설정했다. 이 연구회의 일원이었던 크로포트킨 엘.아.(Кропоткин Л.А.)는 발해 유적을 포함한 연해주의 96개 유적에 대한 조사 자료를 저서로 간행하였다. 한편 신문기자였던 파노프 붸.(Панов В.)는 1892년에 『극동』 신문에 발해와 일본의 외교관계에 관한 일본 측 문헌 기록을 소개했다.

20세기에서의 연구는 군사측량가이기도 하였던 아르세니예프 붸.카.(Арсеньев В.К., 1872-1930)로부터 비롯되었으니, 그는 연해주 남부에서 발견된 중세의 성지와 보루들을 기록하였다. 그리고 1916년에는 표도로프 아.제.(Фёдоров А.З.)가 우수리스크 시와 그 부근의 중세 유적들을 조사하고 분포도도 작성함으로써, 지금은 사라진 유적들의 소재지를 확인할 수 있게 해 주었다.

그러나 이때까지도 극동지방의 역사에 대해 개괄적으로 이해하는 수준에 머물러 있었기 때문에, 샤프쿠노프 에.붸.(Шавкунов Э.В., 1930-2001)의 지적에 의하면 발해에 대해 제대로 언급한 사람은 비추린 엔.야., 고르스키 붸., 파노프 붸. 등 불과 몇 명에 불과하다고 한다. 이러한 사정은 1917년 혁명 이후에도 크게 변하지 않았다.

1929년에 극동대학 교수였던 마트베예프 제.엔.(Матвеев З.Н.)이 당시에 가능한 한 모든 고대문헌들을 수집하여 『발해』라는 책을 출간하였으니, 이것은 지금까지도 발해사에 대한 훌륭한 자료집이 되고 있다. 그리고 1939년에는 하얼빈에서 활동한 러시아학자[8] 포노소프 붸.붸.(Поносов B.B.)가 상경성(東京城)에 대해 초보적인 조사 결과를 발표하였다.[9]

1953년에 이르러 극동고고학조사단이 소련과학원 고고학연구소의 주관으로 조직되었고, 이듬해에는 블라디보스토크에 '소련과학원 극동역사학 · 고고학 · 민족학 분과'가 설치됨으로써, 발해사 연구에 획기적인 진전을 가져오게 되었다. 조사단의 단장을 맡은 인물은 유명한 고고학자인 오클라드니코프 아.페.(Окладников А.П., 1908-1981)였다. 그의 제자인 샤프쿠노프 에.붸.도 여기에 참가함으로써 극동으로 자리를 옮겨 발해사 연구에 투신하게 되었다. 1957년에는 오클라드니코프 아.페.가 동경성 발굴보고서를 바탕으로 일본인들의 왜곡된 시각에 대한 비판적인 글을 발표했다.

발해 유적에 대한 본격적인 발굴은 1958년에 시작되었다. 그보다 2년 전에 우수리스크 시의 지지학자인 브이스트렌코 이.에프.(Быстренко И.Ф.)의 제보로 알려진 코프이토(Копыто) 산 위의 절터를 샤프쿠노프 에.붸.가 1958년과 1959년에 발굴하였다. 1959년에는 코프이토 절터 부근에 있는 산과 강 건너의 아브리코스(Абрикос) 산에서 각각 발해 무덤을 발굴하였다. 이때 아브리코스 산기슭에서도 절터를 확인하여 1960년에 발굴하였다. 그리고 같은 해에 샤프쿠노프 에.붸.가 크라스키노 성터를 답사하여 발해 시기의 유물들을 수집함으로써 발해 시대의 성터임을 확인했다. 이

---

8 이들에 대해서는 다음 책에 소개되어 있다. 鳥居龍藏, 『滿蒙の探査』, 東京: 萬里閣書房, 1928, pp. 87-89.

9 붸.붸. 포노소프, 「동경성 유적에 대한 초보 보고」, 『東京城』 부록, 東方考古學叢刊 甲種 第五冊, 東京 · 京都, 1939(B.B. Поносов, "Предварительное сообщение о разведке развалин Дунцзин-Чэна", *Tung-Ching-Ch'êng*, Tokyo & Kyoto, 1939).

해에 『극동고고학조사단 총간』 제1집이 간행되었다. 또 1959년에는 우수리스크 일대의 발해 유적을 포함하면서 연해주 통사의 일부로서 발해사가 처음 정리된 책이 출간되었고,[10] 나중에 캐나다에서 영어로 번역되어 국내에도 알려지게 되었다.[11]

이러한 일련의 조사 과정에서 샤프쿠노프 에.뷔.가 발해사 연구의 핵심을 이루게 되었다. 그는 1968년에 『발해국과 연해주의 발해 문화 유적』이라는 책을 출간했는데, 발해사에 관한 최초의 체계적인 연구서로 손꼽힌다. 이 가운데 연해주 발해 유적을 다룬 제4장은 1980년대 들어서 중국과 한국에서 각각 번역되어 소개되었고,[12] 곧이어 중국어로 완역되었다.[13] 1960년대와 70년대에는 그의 주도 아래 노보고르데예프카〔Новогордеевка, 과거의 크루글라야 소프카(Круглая Сопка) 성터〕 성터와 취락지, 마리야노프카(Марьяновка) 성터, 니콜라예프카(Николаевка) I 및 II 성터들이 조사되었다. 그리고 1980년대 이후에는 크라스키노 성터, 아브리코스 절터, 코프이토 절터에 대한 후속 발굴이 이루어졌고, 새로운 유적으로서 콘스탄티노프카(Константиновка) 취락지, 스타로레첸스코예(Старореченское) 성터 등이 발굴되었다. 이렇게 하여 조사 및 발굴 대상 유적이 더욱 확대되고 연구 내용도 크게 심화되었다.

---

10 아.페. 오클라드니코프, 『연해주의 먼 과거-연해주의 고대사 및 중세사 개관』, 블라디보스토크: 연해주 서적출판사, 1959(А.П. Окладников, *Далёкое прошлое Приморья -Очерки по древней и средневековой истории Приморского края*, Примор. кн. Владивосток: изд-во, 1959).

11 A.P. Okladnikov, *The Soviet Far East in Antiquity: An Archaeological and Historical Study of the Maritime Region of the U.S.S.R*, Translations From Russian Sources No. 6, Arctic Institute of North America, University of Toronto, 1965.

12 林樹山, 「蘇聯濱海邊區的渤海文化遺存」, 『東北考古與歷史』 1, 1982; 宋基豪, 「沿海州의 발해 문화 유적」, 『白山學報』 30 · 31합, 1985.

13 林樹山 역, 蔡曼華·姚鳳 校, 「渤海國及其在濱海邊區的渤海文化遺存」, 『民族史譯文集』, 1985-13, 中國社會科學院民族研究所歷史研究室資料組編.

1990년대에 들어서는 후술하는 바와 같이 한러 공동 발굴이 주를 이루었으니, 이런 과정에서 발굴된 유적들은 뒤에 소개하겠다. 이 밖에 겔만 예.이.를 중심으로 2000년부터 고르바트카(Горбатка) 성터를 지속적으로 발굴해 오고 있는데,[14] 주거지, 우물, 수혈 등이 발굴된 가운데 우물이나 쪽구들에서 고구려문화의 영향이 많이 발견되어 주목된다.

연해주에서의 발해사 연구는 1971년 7월 1일에 크루샤노프 아.이.(Крушанов А.И.)가 조직한 연구소인 '러시아과학원 극동지부 극동민족 역사학 · 고고학 · 민족학 연구소'가 주도하고 있다. 여기에는 샤프쿠노프 에.뷔.를 주축으로 하여 다수의 연구자들이 소속되어 있었으며, 대부분의 발해 관련 서적들이 이 연구소 이름으로 간행되고 있다. 발해 유물들은 이 연구소에 보관되어 있고, 일부가 전시되어 있다.

블라디보스토크 소재의 국립극동대학교에서도 1994년에 이곳으로 자리를 옮긴 샤프쿠노프 에.뷔. 교수를 중심으로 발해사 연구가 활성화되었으나 2001년 타계하였고, 2005년에 발해연구소가 설립되어 크루퍈코 아.아.(Крупянко А.А.)를 중심으로 다시 발해 유적 조사에 나서고 있다. 이 대학도 고려학술문화재단의 지원으로 1995년에 소규모로 유물전시실을 운영하다가 1999년에 정식으로 박물관을 세워서 발해 유물을 포함하여 구석기시대부터 여진시대까지의 고고 유물을 전시하고 있다. 이 밖에 '아르세니예프 뷔.카. 기념 국립연해주연합지역학박물관'도 발해 유물들을 보관하고 있고, 역시 일부가 전시되어 있다. 러시아에서는 연구소나 대학에서 연구를 전담하고 있고, 박물관은 유물의 보관과 전시 기능을 주로 담당하고 있다.

---

14 예.이. 겔만, 「제2장 고르바트카 성터 발굴 보고서」, 『2004년도 러시아 연해주 발해 유적 발굴 보고서』, 고구려연구재단, 2005; Evgenia I. Gelman, 「발해의 옛 도시 고르바뜨까에 대한 조사 총화」, "The Ancient History of States in North-Eastern Asia", International Conference, Far Eastern National University, Vladivostok, 2007. 10. 2.

연해주의 역사를 체계적으로 정리한 두 책이 크루샤노프 아.이.의 책임편집으로 1989년과 1991년에 각각 출간되었다.[15] 첫째 책에 실려 있는 발해사 부분은 국내에서 번역 소개되었고,[16] 중국에서는 책 전체가 번역되었다.[17] 이와 함께, 유적 현황을 행정 구역별로 파악할 수 있는 자료집도 출간되었다.[18]

얼마 뒤인 1994년에는 발해사 연구 성과를 집약한 『발해국과 러시아 극동의 종족들』이 출간되었으니, 이 책은 샤프쿠노프 에.퀘.를 책임감수자로 하여 13명의 학자들이 공동으로 집필한 것으로서, 당시까지의 최신 자료와 연구 성과들이 망라되어 있다. 이 책은 한국과 중국에서 번역되어 출간되었다.[19] 샤프쿠노프 에.퀘.의 사후인 2005년에는 구석기시대에서 18세기에 이르기까지 주요 논점별로 25편의 논문이 시대별로 수록된 통사에 가까운 책이 간행되었으니,[20] 여기에 세 편의 발해 논문이 수록되어

---

15 아.이. 크루샤노프 책임편집, 『소련 극동사-고대부터 17세기까지』, 모스크바: 과학출판사, 1989(А.И. Крушанов отв. редактор, *История Дальнего Востока СССР-С древнейших времён до XVII века*. М.: Наука, 1989); 아.이. 크루샤노프 책임편집, 『소련 극동사-봉건 및 자본주의(17세기-1917년 2월)』, 모스크바: 과학출판사, 1991〔А.И. Крушанов отв. редактор, *История Дальнего Востока СССР-в эпоху феодализма и капитализма (XVII в.-февраль 1917 г.)*, М.: Наука, 1991〕.

16 에.퀘. 샤프쿠노프 · 엘.예. 셰메니첸코 저, 송기호 역, 「소련 연해주의 발해 문화 연구」, 『韓國史論』 23, 1990.

17 成于衆 역, 王德厚 · 候玉成 校, 『蘇聯極東史-從遠古到17世紀』, 哈爾濱出版社, 1993.

18 이.게. 스트류첸코 외, 『연해주의 역사 유적 및 문화 유적』 자료 집성, 제2부, 「고고유적」, 러시아과학원 극동지부 극동민족 역사학 · 고고학 · 민족학연구소, 1991(И.Г. Стрюченко и др., *Памятники истории и культуры Приморского края, Матерaлы к Своду*, Часть II, Археологические памятники, Ин-т истории, археологии и этнографии народов Дальнего Востока ДВО РАН, Владивосток, 1991).

19 에.퀘. 샤프쿠노프 엮음, 송기호 · 정석배 옮김, 앞의 책; Э.В. 沙弗庫諾夫 등 저, 宋玉彬 역, 『渤海國及其俄羅斯遠東部落』, 東北師範大學出版社, 1997.

20 줴.퀘. 안드레예바 책임편집, 『고대 및 중세의 러시아 극동-발견, 문제점, 가설』, 블라디보스토크: 극동과학출판사, 2005(Ж.В. Андреева отв. редактор, *Росийский Дальний Восток в древности и средневековые-открытия, проблемы, гипотезы*, Владивосток: Дальнаука, 2005).

있다.

러시아의 발해 연구사를 보면 1940년대까지는 연구의 개척기였다. 1950년대에 발해고고학이 본격화되면서 오클라드니코프 아.페.가 연구의 제1세대를 이루었고, 그의 뒤를 이어 제자인 샤프쿠노프 에.붸.가 제2세대를 이루었으며, 볼딘 붸.이.를 비롯하여 다수의 제3세대 연구자들이 그의 뒤를 따르고 있다.

오클라드니코프 아.페.는 발해 고고학의 선구자로서, 부셰 에프.에프., 아르세니예프 붸.카.와 함께 극동학 연구의 대표적인 인물로 존경받고 있다. 샤프쿠노프 에.붸.는 오클라드니코프 아.페.의 제자로서 발해 고고학에 평생 매진하면서 연구의 꽃을 피웠다. 그는 1953년 레닌그라드 국립대학 동방학부 중국역사학과 학생으로 같은 해에 오클라드니코프 아.페.가 조직한 소련과학원 극동고고학탐사대의 일원으로 연해주를 탐사했으며, 이를 계기로 그의 학문 방향이 결정되었다. 학부 졸업논문으로 「발해국(Государство Бохай)」을 쓰고 나서 졸업 후인 1955년 블라디보스토크에 위치한 소련과학원 극동역사학 · 고고학 · 민족학 분과에 취직하였다. 1962년 노보시비르스크 국립대학에서 박사후보학위를 받고, 이를 1968년에 『발해국과 연해주의 발해 문화 유적』으로 출간했다. 그리고 1984년에는 소련과학원 극동지부에서 박사학위를 받고, 1990년에 『12-13세기 여진-우디게 문화와 극동 퉁구스족의 기원 문제(*Культура чжурчжэней-удигэ XII-XIII вв. и проблема происхождения тунгусских народов Дальнего Востока*)』(과학출판사)로 출간했다. 1991년에 정교수가 되었고, 1994년에는 소련과학원 사회과학부 정회원으로 선출되었다. 그해에 줄곧 근무하던 '러시아과학원 극동학센터 극동민족 역사학 · 고고학 · 민족학연구소'를 떠나 블라디보스토크 소재의 국립극동대학교에 적을 두었다가 2001년에 사망했다. 그는 1954년에 처음 논문을 발표한 이래로 발해, 여진 등 다양한 분야에 걸쳐 3권의 단독 연구서를 포함한 22권의 단행본, 16권의 편저, 129편의 논문,

40편의 조사보고서 등 도합 288편에 이르는 업적을 남겼다.[21]

다시 그의 제자들이 제3세대를 이룬다. 그가 학위논문을 지도한 연구자만 해도 8명으로서 이 가운데 렌코프 붸.데.(Леньков В.Д.), 셰메니첸코 엘.예.(Семениченко Л.Е.), 볼딘 붸.이., 이블리예프 아.엘., 겔만 예.이.가 발해사 연구자이다.[22] 이 외에도 디야코바 오.붸.가 있다. 또 한편 다른 시대를 주로 연구한 니키틴 유.게.(Никитин Ю.Г.), 클류에프 엔.아.(Клюев Н.А.) 등도 한러 공동 발굴에 참여하면서 발해사도 다루고 있다.

저자가 파악한 바로는 발해에 관한 논문과 저서가 지금까지 275편 정도 연해주에서 발표되었다. 러시아 연구자는 발해사를 말갈사의 연장에서 보기 때문에 말갈을 다룬 것도 발해사 논저에 포함시키지만, 이 숫자에서는 순수하게 말갈만 다룬 것은 제외했다. 발해 연구는 대부분 고고 조사와 관련된 것이고 문헌 연구는 극히 적은 편이다. 1842년 비추린 엔.야.의 글이 발표된 뒤로부터 1940년대까지 18편, 50년대에 10편, 60년대에 19편, 70년대에 29편, 80년대에 50편, 90년대에 69편, 2000년대 10년간 69편, 2010년 이후 12편이다. 블라디보스토크가 개방되고 한러 수교가 이루어지는 등의 변화가 일어난 1990년대부터 연구가 활발해진 것을 숫자로도 확인할 수 있다. 연구자별로 보면 샤프쿠노프 에.붸.가 최다를 차지한다.

연해주의 발해 유적은 연구자마다 숫자를 달리 파악하고 있을 정도로 아직 불분명하다. 유적 자체의 연대관뿐 아니라 후술하다시피 발해 영역의 한계를 어디까지로 보느냐에 따라서도 숫자가 달라지게 된다. 겔만 예.이.는 전체 약 150곳의 후보지에서 발해 유적으로 확정할 수 있을 정도

21 오.붸. 디야코바 외, 『퉁구스-만주에 관한 당면 문제-제1회 샤프쿠노프 기념논문집』, 블라디보스토크: 극동과학출판사, 2008, pp. 340-359(О.В. Дьякова и др., *Тунгусо-Маньчжурская Проблема Сегодня-Первые Шавкуновские Чтения*, Владивосток: Дальнаука, 2008).

22 위의 책, pp. 359-360.

로 유물이 제대로 확인된 유적은 30곳에 불과하며, 이 가운데 성터 15곳, 고분군 2곳, 주거 유적 약 10곳, 절터 5곳이 체계적으로 조사 또는 발굴되었다고 했다.[23] 또 디야코바 오.붸.는 발해 유적으로 49곳을 제시한 반면,[24] 니키틴 유.게.와 정석배는 265(266)곳을 제시했다.[25] 후자의 자료에 따르면 한카호 북단-올가를 경계로 한 남쪽에 주거 유적 172곳, 유물산포지 14곳, 성터 34곳, 고분군 11곳, 절터 6곳, 도로 유적 2곳, 동굴 유적 2곳이 있고, 그 북쪽에는 주거 유적 3곳, 성터 21곳, 동굴 유적 1곳이 있다고 한다. 이렇게 지역을 나눈 것은 발해 영역을 이 남쪽지역으로 한정하느냐 아니면 북쪽지역까지 포함하느냐는 논쟁이 있기 때문이다. 이 가운데 러시아의 연구자들이 대부분 동의하는 발해 유적은 성터 15곳, 주거 유적 9곳, 절터 6곳, 고분군 3곳, 동굴 유적 1곳 등 34곳(크라스키노 절터와 성터는 동일지역이지만 2개로 산정)에 불과하다.

우수리 강 동쪽인 연해주는 1858년 璦琿條約으로 청나라와 러시아의 공동 관리 지역으로 되었다가, 1860년 北京條約으로 러시아가 독점적인 관할권을 가지게 되면서부터 러시아 영토로 편입되었다. 그 이전에는 청나라 吉林將軍의 관할 지역이었던 곳이다. 청나라 때에는 연해주 지리에 대해 간단한 지식만 있었을 뿐이지, 이곳의 유적에 대한 정보를 제대로 가지고 있지는 못하였던 듯하다. 다만 지금의 우수리스크 시에 있는 土城들의 존재에 대해서는 일찍부터 알려져 있었다.

우수리스크의 두 성터에 대해서는 청나라 康熙 연간(1662-1722)에 만

23 E.I. Gelman 저, 정석배 역, 「러시아 연해주 발해 유적 발굴의 결과와 의의」, 『高句麗渤海研究』 38, 고구려발해학회, 2010, p. 258, 260.

24 O.V. 디야꼬바 저, 정석배 역, 「연해주 발해문화의 토기: 지리, 형식 분류, 기원」, 『高句麗研究』 25, 고구려연구회, 2006, pp. 219-222 및 p. 238 지도.

25 한국전통문화학교 · 러시아과학원 극동지소 역사학고고학민족학연구소, 『연해주의 발해 유적과 꼰스딴찌노브까 1 주거 유적』, 2010, pp. 17-18, 135 및 pp. 161-189 유적 목록.

들어진 『盛京吉林黑龍江三省標注戰迹圖』에서부터 보인다. 1764년에 修定된 『大清一統志』에서도 두 성터에 대해 비교적 상세하게 기술되어 있으며, 역시 청나라 말기의 曹廷杰도 자세히 기술하였다.[26] 청나라 때 이곳을 雙城子라고 불렀던 것도 이 때문이다.

20세기 들어서 이곳의 유적을 처음으로 답사한 인물로 張道斌을 언급하지 않을 수 없다. 그는 1912년경 블라디보스토크로 망명하여 한국사 교재를 편찬하여 가르치면서, 한편으로 우수리스크(송왕령) 지역의 성터를 답사하여 이곳을 고구려 柵城 또는 발해 東京 소재지로 추정하였다.[27] 그가 큰 구릉상에 성이 있다고 한 것으로 보아[28] 우수리스크 시 남쪽 교외에 있는 끄라스노야르(Красояр) 성터를 지칭하는 것으로 여겨진다.

이 성터는 근년에도 조사가 계속 이루어지고 되었는데, 화폐나 陶器와 같은 유물들과 집자리 유적을 통해 금나라 때에 속한 것으로 알려져 있다. 특히 蒲鮮萬奴가 세운 東夏國(東眞國)의 수도로 여겨지고 있다. 반면에 발해 東京의 소재지는 1924년에 鳥山喜一이 처음으로 조사하여 알려지게 된 琿春의 八連城이고, 우수리스크는 率賓府 소재지로 비정되고 있다. 비록 장도빈이 답사한 곳이 발해 동경이 아니라고 하더라도 한국인 학자로서는 처음으로 이 지역을 답사하여 발해 유적으로 추정하였다는 점에서 발해 연구사에서 차지하는 의의가 지대하다. 이러한 그의 견해는 연해주 고려인 사회의 역사가였던 桂奉瑀에게도 계승되었던 사실이 주목된다.[29] 뒤에 언급하다시피 우수리스크를 답사하였던 鳥居龍藏도 역시 발

26 張泰湘, 「唐代渤海率賓府辨」, 『歷史地理』, 1983-2.

27 張道斌, 「暗雲짙은 舊韓末」, 『思想界』, 1962-4, p. 289.

28 汕耘紀念事業會, 『汕耘張道斌全集』 권2, 時事文化社, 1982, p. 449.

29 뒤바보(계봉우), 「俄領實記」 1, 『獨立新聞』 49, 1920년 3월 1일자, 上海.
"(…) 그러나 宿緣이 未盡한 渤海東京城(今소왕령)은 舊主人 우리를 企望한 지 已久하였다. (…)"

해 동경의 소재지라고 하였지만, 어떠한 연계가 있었는지는 알지 못한다. 최근에 북한에서 발간된 도록에서 이를 발해 유적으로 간주하고 있는 것도 이 영향 때문일 것이다.[30]

그 뒤 연해주 유적을 답사한 사람은 일본의 鳥居龍藏이다. 그는 1919년에 동부 시베리아를 6개월에 걸쳐 답사하면서 블라디보스토크와 우수리스크를 방문하였다. 블라디보스토크 박물관에서는 이곳에 진열된 우수리스크 출토의 文字 石板을 처음 확인하여 突厥 文字가 새겨져 있는 것으로 추정하면서, 발해와 돌궐 사이에 왕래가 있었던 사실을 보여 주는 것이라고 하였다.[31] 우수리스크로 가서는 南城과 西城, 그리고 부근의 유적을 답사하여 이곳을 발해 동경의 소재지로 비정하였다.[32] 당시에 그는 크라스노야르 성터의 존재에 대해서도 소문을 들었으나 이곳에 과격파가 출몰한다고 하여 방문하지는 못하였다.

2차대전 이후 1980년대까지 연해주 유적에 대한 관심은 현지의 연구를 소개하는 정도에 머물렀다. 중국에서는 1960년에 코프이토 절터 발굴 소식을 전한 적이 있지만,[33] 본격적으로 관심을 갖게 된 것은 1980년대 들어와서이다. 이때부터 샤프쿠노프 에.궤.의 1968년 저서를 비롯하여 러시아 측 연구를 번역하여 소개하기 시작하였다. 『北方文物』과 『歷史與考古信息』란 잡지에 주로 번역되어 게재되고, 북방문물잡지사에서는 여러 권의 譯文集을 출간했다.[34]

---

30 편찬위원회, 『조선유적유물도감』 8, 「발해편」, 평양: 외국문종합출판사, 1991, pp. 179-180.

31 鳥居龍藏, 앞의 책, 1924, 目次 다음에 붙어 있는 挿畵 第4圖 설명을 참고할 것.

32 위의 책, pp. 367-383.

33 蘇聯大使館新聞處 供稿, 「渤海王國的遺迹」, 『考古』, 1960-1.

34 吳文銜 主編, 『東北亞考古資料譯文集』 俄羅斯專號, 北方文物雜誌社, 1996; 楊志軍 主編, 『東北亞考古資料譯文集』 渤海專號, 北方文物雜誌社, 1998; 楊志軍 主編, 『東北亞考古資料譯文集』 高句麗, 渤海專號, 北方文物雜誌社, 2001; 楊志軍 主編, 『東北亞考古資料譯文集』 4, 北方文物雜誌社, 2002; 楊志軍 主編, 『東北亞考古資料譯文集』 5, 北方文

일본에서는 일찍이 1930년에 小島武男이 연구 동향을 소개한 글이 있고, 1966년에 와서 江谷寬이 코프이토 절터와 아브리코스 절터의 발굴 보고를 소개하였다.[35] 그러다가 1970년대 이후에 『シベリアの古代文化』(1974), 『シベリア極東の考古學-沿海州篇』(1982)과 같은 번역서가 간행되었으니, 여기에는 발해 유적 연구와 조사 내용이 자세히 소개되어 있다. 한편 『シベリア極東の考古學』 1, 2에 실려 있는 번역자 中村嘉男의 해설에는 발해에 대한 러시아 학자들의 전반적 견해가 소개되어 있을 뿐만 아니라 나름대로의 견해도 피력되어 있다. 이 중에는 발해사 연구에서 참고할 만한 것도 있으니, 발해가 동슬라브의 경우와 같이 원시공동체 사회에서 직접 봉건사회로 이행하였다고 하여 두 곳을 상호 비교하면서도 행정 기구나 노동 분업 형태에서는 서로 다른 면을 보인다고 지적하였다. 또한 펠트 호수의 점토 퇴적 두께로 보아 8세기는 지구의 온난기에 해당하는데, 이 영향으로 水田과 농경 · 목축의 북방 한계선이 하바로프스크까지 북상하게 되었으며, 이것이 바로 북방에 치우쳐 있던 발해의 경제적 기초가 되었다고 하였다.

1990년대 들어 일본에서 '環日本海(東海)'의 붐이 일면서 발해에 대한 관심이 높아지기 시작하였다. 그 속에서 北陸地方이나 新潟을 중심으로 발해에 대한 연구 열기가 고조되었다. 1990년 이후 이와 관련된 전시회가 열렸는가 하면,[36] 학술회의도 여러 차례 개최되었고,[37] 기업이 후원한

物雜誌社, 2004.

35 江谷寬, 「沿海州における佛教遺蹟-渤海時代のアブリコソボ寺院」, 『古代學』 13-2, 1966.

36 石川縣立歷史博物館, 『魅惑の日本海文化』, 1990. 10; 北海道開拓記念館, 『第40回特別展 ロシア極東諸民族の歷史と文化-ロシア科學アカデミ-極東支部所藏資料』, 1994; 石川縣立歷史博物館, 『波濤をこえて-古代 · 中世のアジア交流』, 1996. 10.

37 몇 가지 사례를 들면 다음과 같다.
『古代日本海文化の源流と發達』, 環日本海金澤國際シンポジウム, 1985; 糀谷好晃 編, 『松原客館の謎にせまる-古代敦賀と東アジア』, 氣比史學會, 1994; 新潟大學環日本

책자도 간행되었다.[38]

이들은 주로 일본 내의 발해 관련 유적이나 유물을 대상으로 삼았다가, 나아가 연해주 유적으로도 눈길을 돌렸다. 田村晃一을 중심으로 한 답사단이 1992년 8월에 연해주를 답사하면서 길이 열리게 되었지만, 한국에서 먼저 발굴을 시작함으로써 작업이 늦어졌다고 한다. 이로부터 1994년까지 2회에 걸쳐 많은 발해 유적을 답사하였고, 1996년에는 스타로레첸스코예 성터와 시넬니코보 산성을 측량하고 발굴하였으며, 1997년에는 시넬니코보 산성의 측량 및 발굴, 마리야노프카 토성 답사를 시행하였다. 이때에 이르러 공동 연구도 진행하였다.[39]

그렇지만 이 뒤로는 크라스키노 성터 발굴에 집중하였다. 크라스키노 성터는 발해와 일본을 오가던 항구 도시였으므로, 일본 연구자들이 흥취를 갖지 않을 수 없었을 것이다. 이에 따라 1998년부터 2009년에 이르기까지 거의 매년 조사를 해 왔다.[40] 일본이 발굴을 시작했을 때에는 외환위

海研究會,『渤海と環日本海交流』, 環日本海論叢 第8號, 1995;『古代能登の對岸世界』, TOGIシンポジウン, 2004.

38 『越の海, 波濤の道-古代國際交流の據點 · 北陸』, 北陸電力株式會社 地域總合研究所, 1994; 小嶋芳孝 등,『對岸諸國における渤海研究論文集』, 北陸電力株式會社 地域總合研究所, 1997.

39 田村晃一 編,『環日本海地域の古代文化交流-日ロ共同研究による』, 文部省科學研究費報告書, 1995.

40 田村晃一 · V.I. ボロディン 外,「ロシア沿海州における渤海時代遺跡の調査概報(1)」,『青山考古』14, 東京, 1997; 田村晃一,「ロシア沿海州における渤海時代遺跡の調査概報-平成9年度調査」,『北方ユーラシア學會會報』10, 北方ユーラシア學會, 1998; 田村晃一,『古代國家渤海と日本の交流に關する考古學的調査』平成8年度-平成10年度科學研究費補助金(海外學術調査)研究成果報告書, 1999(1차 발굴 보고서); 田村晃一,「ロシア沿海州における渤海時代遺跡の調査(第二次)」,『青山史學』16, 1999; 田村晃一 外,『「日本道」關連渤海遺跡の考古學的調査』平成11 · 12年度科學研究費補助金研究成果報告書, 2001(2-5차 발굴 보고서); 田村晃一 外,「2001年度ロシア · クラスキノ土城發掘調査概要報告」,『青山史學』20, 2002(6차 발굴 보고서); クラスキノ土城發掘調査團,「2002年度ロシア · クラスキノ土城發掘調査概要報告」,『青山考古』21, 青山考古學會, 2003(7차 발굴 보고서); 田村晃一,『クラスキノ(ロシア · クラスキノ村における一古城跡の發掘調査)』,

기의 발생으로 한국 측의 참여가 잠시 중단되었던 시기였지만, 2004년에 고구려연구재단이 조사를 재개한 뒤에도 일본 측의 연구는 지속되었다. 한국 측에서는 성터 북서쪽 절터 일대의 발굴에 집중해 왔던 반면, 일본 측에서는 성벽 측량, 東門址 및 그 부근의 성벽 조사에 집중하였다. 이에 따라 성벽 축조 방식, 甕城이나 雉(馬面)와 같은 성벽 시설 연구에서 나름의 성과를 거두었다.[41]

주된 연구자로는 青山考古學會를 중심으로 조사와 연구를 진행해 온 田村晃一, 小嶋芳孝가 있다. 이 밖에 臼杵勳, 菊池俊彦, 菊池徹夫, 大貫靜夫 등도 말갈을 비롯한 연해주 고고 문화를 연구하고 있다.

남한에서는 1960년대 초반까지 장도빈이 과거의 조사 경험을 토대로 개설서에 우수리스크를 동경 소재지로 비정하였으나, 그동안 학계의 주목을 받지는 못하였다. 그러다가 지난 1985년부터 송기호가 러시아 측 연구 성과를 번역하여 몇 편의 글로 발표하고, 이를 토대로 제한적이나마 러시아 측의 연구 동향도 검토한 바 있다.[42] 1990년대부터는 후술하는 바와 같이 한국과 러시아의 공동 조사 및 발굴이 활발히 이루어지게 되었다.

특기할 만한 것은 근래에 국내에서 발해뿐 아니라 크로우노프카 문화에 대한 관심이 높아졌다는 사실이다. 이 문화 자체에 대한 관심이 아니라 한반도 중부의 중도식 토기문화 발원지에 대한 관심 때문이다. 노혁진이 2004년에 처음으로 중도식 토기문화는 크로우노프카 문화로 대표되는 연해주 일대에서 무산 호곡동 유적 등으로 대표되는 함경도를 거쳐 강원도 동해안 일대로 전개된 후 일파는 동해안을 따라 남하하여 동해시 송정동 등의 유적을 남겼고, 다른 일파는 영동에서 태백산맥을 횡단하여

渤海文化研究中心, 2011(종합보고서).

41 田村晃一, 「クラスキノ土城の調査とその意義」, 『발해 고고학의 최신 성과』, 「해동성국-발해」, 서울대학교박물관 특별전 기념 국제학술대회 발표요지, 2003. 8. 22.

42 宋基豪, 「渤海史 研究 動向」, 『韓國上古史學報』 1, 1988.

한강 상류역으로 진출하여 중도 유적 등을 남기고, 계속 남하하여 서울과 경기지역의 한강 하류권과 중원지방 등 중부권의 유적들을 남겼다고 주장하여,[43] 크로우노프카 문화의 주인공들이 직접 남하한 것으로 이해하였다. 홍형우는 크로우노프카 문화와 중도식 토기문화의 공통점으로 나무그루터기 혹은 柱狀 파수가 부착된 발형토기와 호, 고배, 시루 등의 토기, 주조철부를 비롯한 철제 유물, 유견석부를 비롯한 마제석기, 쪽구들, 凸자형 주거지 등을 지적했다.[44] 연해주와의 교류가 촉진되면서 이 주장은 더욱 힘을 얻게 되었고, 급기야 한반도 온돌의 기원이 단결(團結)-크로우노프카 문화에 있다는 사실을 밝힌 연구서가 출간되었다.[45] 또 옥저문화에 대한 네 명의 공동 연구서가 출간되었다.[46] 2007년에는 환동해고고학연구회를 결성하여 그해 한국고고학전국대회에 자유패널을 구성하여 발표회를 가졌고, 그 결과물을 나중에 단행본으로 엮어 냈다.[47]

이러한 견해는 기왕의 일방적 시각을 교정하는 계기가 되었다. 그동안 문화 전파 내지 주민 이동은 중국에서 요령성과 서북지방을 거쳐 이루어진 것으로 이해해 왔다. 그렇지만 연해주에서 함경도를 거쳐 남하하는 또 다른 경로가 존재한다는 사실을 새삼 일깨워 준 것이다. 이와 관련하여 바라바쉬-3 주거지에서 발굴된 철기 유물이 중원의 영향을 받은 것인지 아니면 독자적이며 중원보다 더 오래된 것인지 논쟁이 되어 왔지만, 연해주에서 남하하는 철기문화를 상정하는 계기가 된 것도 주목된다.

그러나 크로우노프카 문화와 중도식 토기문화의 연계를 확정짓기에

43 노혁진, 「中島式土器의 由來에 대한 一考」, 『호남고고학보』 19, 2004, p. 104.

44 홍형우, 「연해주 초기철기시대의 연구 현황과 과제」, 『국가형성에 대한 고고학적 접근』, 제31회 한국고고학전국대회, 2007; 환동해고고학연구회 편, 『철기시대 한국과 연해주』 환동해고고학 총서 1, 주류성, 2009 재수록, p. 43.

45 송기호, 『한국 고대의 온돌: 북옥저, 고구려, 발해』, 서울대학교출판부, 2006.

46 강인욱 외, 『고고학으로 본 옥저문화』, 동북아역사재단, 2008.

47 환동해고고학연구회 편, 앞의 책.

는 아직 갈 길이 많이 남아 있다. 무엇보다도 북한 함경도의 고고 자료가 거의 공백 상태에 있어서 연해주와 한반도 중부를 연결하는 고리가 끊어져 있다는 점을 지적할 수 있다. 이런 상황에서 과연 주민이 이주해 온 것인지 아니면 단순히 문화가 전파되어 온 것인지도 단정할 수 없다. 단선적인 문화전파론이나 주민 이주설에 대해 의문을 제기하는 것도 이 때문이다.[48]

크로우노프카 문화는 중국에서 團結文化로 명명하고 있어서 흔히 단결-크로우노프카 문화로 부른다. 연대의 상한과 하한은 연구자들마다 큰 차이를 보이는데, 전반적으로 볼 때 기원전 3세기에서 기원후 1세기를 중심으로 하면서, 이보다 상한을 더 올리거나 하한을 더 내린다.[49] 중국과 러시아에서는 한국과 달리 이 문화의 주인공이 누구인가에 주로 관심을 기울였고 대체로 北沃沮人의 산물로 보고 있다. 그런데 이현혜는 이를 비판했다. 북옥저가 문헌에 등장하는 시기는 이 문화가 끝나갈 무렵인 기원후 1세기 말-2세기 초엽이므로 서로 연대가 맞지 않는다는 것이다. 그리고 북옥저의 범위는 두만강 유역을 크게 벗어나지 않는다고 하여, 단결-크로우노프카 문화와도 공간적으로 완전히 일치하지 않는다는 것이다. 따라서 시공간적으로 불일치하는 양자를 결합시킨 것은 '고고학자들의 논문 속에서 만들어진 허구의 옥저상'이라고 비판했다.[50] 그러나 이 주장에 대해서도 의문이 남아 있다. 단결-크로우노프카 문화는 북옥저의 기층문화일 가능성이 있다고 하였는데, 공간적으로 볼 때 이 문화를 계승하면서 일부 지역에서만 나중에 북옥저로 발전한 것이 된다. 그런데 단결-크로우노프카 문화를 계승하면서 북옥저인이 남긴 것으로 여겨지는 고고

48 심재연, 「강원도 중도식 토기문화에 보이는 동북지방 요소」, 『국가형성에 대한 고고학적 접근』, 한국고고학회, 2007, pp. 488-493.

49 홍형우, 앞의 논문, pp. 65-67.

50 이현혜, 「沃沮의 기원과 문화 성격에 대한 고찰」, 『韓國上古史學報』 70, 2010, p. 63.

문화가 발견되지 않는다. 즉 선주민의 문화는 뚜렷한데, 북옥저의 문화는 실체를 찾을 수 없는 문제가 발생한다. 차라리 북옥저인이 일찍이 단결-크로우노프카 문화를 영위하였고, 고구려가 이 일대로 진출하면서 비로소 역사 문헌에 등장한 것으로 파악하는 것이 타당할 듯하다.

연해주는 남한 학자들만 교류의 장으로 삼아 온 것은 아니다. 북한의 연구 논문에서 연해주의 일부 유적 명칭이 1970년대부터 보이고 있으나 체계적인 정리는 이루어지지 않았고, 1991년에 유적유물 도감이 편찬될 때 연해주 유적이 간략히 소개되었다.[51] 1990년에 북한 연구자들이 연해주 답사를 했고, 1991년에는 콘스탄티노프카 취락지 발굴에 참여하였으며, 1993년에는 코프이토 절터 발굴에 참여하고 크라스키노 유적 발굴에도 참관했다. 러시아 연구자들은 1991년에 북한의 오매리 유적 발굴에 참여하여 사방 4미터 범위의 아주 적은 부분을 담당했다고 한다. 그러나 1993년 여름에 코프이토 절터를 발굴할 때 한국의 매스컴이 갑자기 방문하는 돌발적인 사건이 발생하였고, 이 때문에 발굴 도중에 철수한 뒤로는 더 이상 발굴 교류가 이루어지지 않고 있다. 이 무렵에 연해주 발해 유물에 대한 연구 논문이 발표되었다.[52] 최근에 사회과학원 고고학연구소에서 조선고고학전서를 내면서 남연해주 일대의 주거지 및 발해 성터를 간단히 정리했을 뿐이다.[53]

이상과 같이 러시아 연해주의 유적을 둘러싸고 남북한과 일본, 중국이 관심을 기울이며 활발히 교류하고 있다. 크라스키노 성터는 그런 관심이 특히 집중되어 있는 곳이다. 이 성터는 발해 東京에 속하면서 日本道

51 편찬위원회, 앞의 책.

52 림호성, 「연해주에서 드러난 발해의 활과 화살에 대한 고찰」, 『조선고고연구』, 1994-1.

53 사회과학원 고고학연구소, 『흑룡강성 및 남연해주일대의 고대집자리』 조선고고학전서 20, 진인진, 2009; 사회과학원 고고학연구소, 『발해의 성곽과 건축』 조선고고학전서 41, 진인진, 2009.

의 출발점이기도 하다. 그런 점 때문에 남한과 일본 연구자들이 경쟁적으로 발굴해 왔다. 그런데 동경 소재지인 八連城과 그 예하의 鹽州 소재지인 크라스키노 성터 사이에는 국경이 가로놓여 국적을 달리하고 있다. 이런 이유에서인지 크라스키노 성터 발굴에는 중국 측에서도 관심을 갖기 시작하여, 2011년 여름에 처음으로 발굴에 참여하였다. 이처럼 크라스키노 성터는 한 · 일 · 중에서 각축을 벌이며 관심을 기울일 정도로 연해주 발해 유적에서 독보적인 중요성을 지니고 있다.

3. 한러 공동 조사와 보고서

연해주와 한국의 학술 교류는 수교가 이루어진 1년 뒤인 1992년부터 시작되었다. 그 이전에는 영어 번역서[54]나 일본어 번역서[55]를 통해 간접적으로 연구 동향을 파악했는데, 자료 입수는 아주 미미하였다. 저자의 경우, 1980년대 초에 『世界考古學事典』(平凡社, 1979)을 통해 처음으로 샤프쿠노프 에.웨.의 1968년 저서를 알게 되었고 京都大學 도서관을 통해 복사물을 구해 볼 수 있었다.

1992년부터 최근에 이르기까지 한국 고대사 · 고고학계와 러시아학계의 교류는 1998년경을 경계로 해서 크게 두 시기로 나눌 수 있다.[56] 이

54 A.P. Okladnikov, 앞의 책, 1965.

55 다음을 예로 들 수 있다.
ア · ペ · オクラドニコフ 저, 加藤九祚 · 加藤晋平 역, 앞의 책; ア · ペ · オクラドニコフ 외 저, 荻原眞子 외 역, 『シベリア極東の考古學』 2, 沿海州篇, 河出書房新社, 1982.

56 그간의 교류 경과를 전반적으로 정리한 것으로 다음 글이 있다.
송기호, 「해외 발해 유적의 조사 현황과 방향」, 『해외소재 우리역사 관련 문화유적의 현황과 보존』, 문화재연구소, 1995. 5. 24; 정석배, 「한 · 러 공동 발해 유적 발굴조사의 성과와 과제」, 제51회 전국역사학대회 발표문, 2008. 5. 31.

동안에 학술 교류는 특히 발해를 매개로 이루어졌고, 최근에 와서야 초기 철기시대, 청동기시대, 신석기시대 등 다른 분야로 확대되었다.

제1기는 '현황 파악기'이다. 이때는 연해주 유적을 처음으로 답사하면서 러시아 연구자들의 연구 성과를 이해하던 단계였다. 이 기간에는 고려학술문화재단과 대륙연구소가 답사와 발굴을 주도했다. 기록을 남기기 위해 두 기관의 활동 내역을 〈표 5-1〉에 조금 자세히 정리해 보았다.

이상 두 기관에서 벌인 5차의 답사 및 6차의 발굴에 대한 결과는 몇 권의 책으로 정리되었다.

① 송기호, 『발해를 찾아서-만주, 연해주 답사기』, 솔, 1993 및 『발해를 다시 본다』, 주류성, 1999(개정증보판, 2008)
② 원호식 편, 『러시아 연해주 발해 유적』, 대륙연구소, 1994
③ 연해주 문화유적 조사단 편, 『연해주에 남아 있는 발해-沿海州 渤海遺蹟 調査報告』, 高麗學術文化財團, 1999
④ 문명대 · 이남석 · V.I. Voldin 외, 『러시아 연해주 크라스키노 발해 사원지 발굴 보고서』, 고구려연구재단, 2004

블라디보스토크가 개방되고 한러 수교가 이루어지면서 러시아 극동 지역에 대한 경제적 관심도 고조되었다. 1990년대 초에 유엔개발계획(UNDP)의 계획에 따라 두만강 유역에 대규모 자유무역지대와 공단 등을 설립하려는 계획이 추진되었고, 북한의 청진, 중국의 연길, 러시아의 블라디보스토크를 잇는 삼각지대 개발안이 마련되었다. 이것은 러시아 고려인, 중국 조선인을 활용하면서 경제난에 시달리는 북한의 경제력을 높이려는 목적이 있었다. 이에 대한 중국과 러시아의 우려 때문인지 결과적으로는 구체적인 성과를 내지 못하고 말았다. 이를 대신하여 최근에 중국에서는 북한과 독자적으로 중국과 북한을 연결하는 창지투 개발을 추진하

〈표 5-1〉 제1기의 답사 및 발굴 연표

① 고려학술문화재단	
1차 답사(1992. 8)	하바로프스크 박물관, 블라디보스토크 박물관, 과학원 역사고고연구소 방문 니콜라예프카 성터, 노보고르데예프카 성터, 크라스키노 성터, 코프이토 절터, 유즈노 우수리스크 성터, 크라스노야르 성터 답사
2차 답사(1992. 11)	하바로프스크 사카치-알랸 암각화 및 나나이족 마을 답사 니콜라예프카 성터, 코르사코프카 절터, 샤이가 성터, 파르티잔스크 박물관, 아나니예프카 성터 답사
1차 발굴(1993. 8)	아브라모프카 III 말갈 주거지 발굴 아브라모프카 강 연안의 주거지・고분군・산포지 등 조사, 니콜라예프카 I, II 성터 답사
3차 답사(1994. 3)	마리야노프카 성터, 코르사코프카 절터, 코프이토 절터, 스쵸클랴누하 성터, 라코프카 일대 말갈 주거지들 답사
2차 발굴(1994. 8)	아브리코스 취락지 및 코프이토 산기슭에 분포한 적석 유구 시굴 코프이토 절터, 아브리코스 절터, 코르사코프카 절터 및 주변, 크로우노프카 강 연안 유적, 콘스탄티노프카 취락지, 바실리예프카 마을 부근 산상 유구, 미하일로프카 II 말갈 주거지 답사
3차 발굴(1995. 7)	마리야노프카 성터 발굴 고르바트카 성터, 유르코프 산성, 우수리스크 절터, 크라스노야르 성터 답사
4차 답사(1997. 8)	극동대학 박물관 수장고 유물 조사 및 아르도프산 석축 주거지 발굴 현장 답사
② 대륙연구소	
1차 답사(1992. 8)	과학원 역사고고연구소 방문 크라스키노 성터, 코르사코프카 절터, 코프이토 절터, 콘스탄티노프카 유적, 아나니예프카 성터, 우수리스크, 샤이가 성터 답사
1차 발굴(1993. 5)	코르사코프카 절터, 우수리스크 절터, 크라스키노 고분 발굴
2차 발굴(1994. 7)	크라스키노 절터 1차 발굴
3차 발굴(1998. 7)	크라스키노 절터 2차 발굴(한국미술사연구소에서 담당)

고 있는 실정이다.

다른 한편으로 유럽과 연결하는 물류의 거점으로서 나호드카 항구와 보스토치니 항구가 주목되었다. 이곳에서 시베리아 횡단열차를 통해 화물을 운송하는 것이 경제적이었으므로, 이 항구의 물동량을 확보하기 위해 한일 간에 경쟁이 일었다. 한국에서는 그 배후지에 한국공단을 설립하는 구체적인 안도 마련했지만 경제위기로 중단되고 말았다.

이런 분위기 속에서 국내에서 '환동해', 일본에서 '환일본해'에 대한 붐이 일었고, 이것은 학문적 관심으로까지 확대할 수 있는 호기가 되었다. 또 고려학술문화재단의 장치혁 회장은 역사학자인 부친의 망명지였던 연해주였기에 연해주 탐사에 큰 지원을 아끼지 않았다.

그러나 1997년 말 한국사회에 닥친 외환위기는 당시까지 활발했던 연구에 찬물을 끼얹었다. 기업 활동이 크게 위축되어 더 이상 뒷받침을 할 수 없었기 때문이다. 러시아도 1998년 8월에 모라토리엄을 선언하면서 역시 경제적 시련을 겪었다. 이런 사정으로 한러 간의 고고학 교류는 일시 중단되었다가 2000년대에 들어 재개됨으로써, 제2기가 시작되었다.

제2기는 '발굴 조사의 심화 · 확대기'이다. 앞 단계와 다른 새로운 조사 기관이 참여하였고, 조사 숫자도 늘고 수준도 높아졌다. 국립문화재연구소는 2000년부터 2002년까지 3년간 아무르 강 하류에 있는 수추 섬 신석기유적을 발굴했고, 그 다음 해인 2003년부터 그 활동 범위를 연해주로 확대했다. 한국전통문화학교도 2003년부터 2008년까지 6차에 걸쳐 발해 유적을 발굴했다.

이와 함께 2003년 여름에 불거진 중국의 동북공정은 크라스키노 발굴을 재개하는 원동력이 되었다. 고구려연구재단(동북아역사재단)에서는 2004년부터 대륙연구소의 사업을 이어받아 크라스키노 성터를 매년 발굴해 오고 있다. 여기에 한국전통문화학교, 부경대학교 등에서도 새로운 분야를 개척하면서 연해주 발굴에 가세하였다.

이들의 활동 내역을 표로 정리하면 〈표 5-2〉와 같다.

이상의 조사 결과도 보고서로 속속 발간되었다.

① 국립문화재연구소 · 러시아과학원 시베리아지부 고고학민족학연구소, 『연해주 불로치까 유적』 I · II · III, 2004 · 2005 · 2006

② V.I. 볼딘 · E.I. 겔만, 『2004년도 러시아 연해주 발해 유적 발굴 보고서』, 고구려연구재단, 2005

③ 한국전통문화학교 · 극동국립기술대학교, 『연해주 체르냐찌노 5 발해 고분군』 I · II · III · IV, 2005 · 2006 · 2007 · 2009

④-1 고구려연구재단 · 러시아극동역사고고민속학연구소, 『2005년도 러시아 연해주 크라스키노 성 발굴 보고서』, 고구려연구재단, 2006

④-2 동북아역사재단 · 러시아극동역사고고민속학연구소, 『2006년도 러시아 연해주 크라스키노 성 발굴보고서』, 동북아역사재단, 2007

④-3 동북아역사재단 · 러시아과학원 극동분소역사고고민속학연구소, 『2007년도 러시아 연해주 크라스키노 성 발굴보고서』, 동북아역사재단, 2008

④-4 동북아역사재단 · 러시아과학원 극동분소역사고고민속학연구소, 『2008년도 연해주 크라스키노 성 발굴보고서』, 동북아역사재단, 2010

④-5 동북아역사재단 · 러시아과학원 극동분소역사고고민속학연구소, 『2009년도 연해주 크라스키노 성 발굴보고서』, 동북아역사재단, 2011

④-6 동북아역사재단 · 러시아과학원 극동분소역사고고민속학연구소, 『2010년도 연해주 크라스키노 성 발굴보고서』, 동북아역사재단, 2011

④-7 동북아역사재단 · 러시아과학원 극동분소역사고고민속학연구소, 『2011년도 연해주 크라스키노 성 발굴보고서』, 동북아역사재단, 2012

⑤ 국립문화재연구소 · 역사학고고학민속학연구소, 『연해주의 문화유적』 I · II · III, 2007 · 2008 · 2010(II권에 소콜로프카 유적 발굴 보고 포함)

⑥ 한국전통문화학교 · 극동국립기술대학교 · 역사학고고학민족학연구소, 『연해주 체르냐찌노 2 옥저 · 발해 주거 유적』 I · II, 2008 · 2009

⑦ 국립문화재연구소 · 역사학고고학민속학연구소, 『연해주 콕샤로프카-1 평지성』, 2012

〈표 5-2〉 제2기의 발굴 연표

① 국립문화재연구소		② 한국전통문화학교		③ 고구려연구재단 (동북아역사재단)		⑤ 강인욱 (서울대학교 고고미술사학과)	
2000 - 2002	수추섬 발굴	2003 - 2008	체르냐티노-5 고분군 1차 발굴	2004 - 2012	크라스키노 성터 매년 발굴	2005	드보랸카-1 유적
2003 - 2005	불로치카 발굴	2007 - 2008	체르냐티노-2 주거 유적도 발굴				
2006 - 2009	연해주 유적 지표조사	2010 -	연해주 발해 유적 현황 파악, 발굴된 발해 유적의 발굴 보고서 국내 간행 사업	④ 제주문화예술재단		⑥ 부경대학교	
2007 - 2009	西아무르 유역의 트로이츠코예 고분, 돌고예 오제로 유적, 오시노보예 오제로 유적 발굴			2003	아무르 중류 노보페트로프카 III 유적	2007 - 2009	바라바쉬-3 유적 발굴
2007	연해주 소콜로프카 유적 발굴			2004	아무르 중류 그로마투하 유적		
2008 - 2012	연해주 콕샤로프카-1 발해성 발굴						

지금까지 이루어진 발굴 성과를 연해주에만 한정하여 시대별로 재정리하면 〈표 5-3〉과 같다.

강인욱이 서울대 학생들과 함께 참여하여 발굴한 드보랸카-1 유적에서는 신석기시대 주거지, 청동기시대 다인장 석곽묘가 발굴되었다.[57] 특히 석곽묘는 만주에서 연해주로 유입된 문화로서 연해주 청동기문화를

57 N.A. 클류에프 · 강인욱, 「2004-2006년 러시아 연해주 드보랸카-1 유적의 발굴과 연해주로 초기신석기 및 청동기문화전파의 문제(Раскопки памятника Дворянке-1 в Приморье в 2004-2006 гг.-к проблемам среднего раннего неолита и распространиния бронзовой культурыы в Приморье)」, 『동북아문화연구』 19, 동북아시아문화학회, 2009.

이해하는 데 중요한 자료가 되었다.

연해주 초기 철기문화는 얀콥스키 문화, 크로우노프카 문화, 폴체 문화(올가문화)로 구분된다. 얀콥스키 문화에 속하는 바라바쉬-3 주거지 조사에서는 첫 해에 8점의 철기가 발굴되는 이변이 일어났다. 이렇게 많은 철기가 발굴된 것은 처음 있는 일이었고, 얀콥스키 문화에서 철기가 발견된 것은 30여 년만의 일이라 한다. 연해주 선사유적에 대한 한러 합동 발굴의 신호탄을 이루는 이 발굴에서 기대 이상의 수확을 이룬 것이며, 연해주 철기문화의 기원을 밝히는 데 획기적인 자료가 될 것으로 기대된다.[58]

소콜로프카 유적은 70여 기의 봉토분과 다수의 적석유구로 이루어져 있는데, 이 가운데 커다란 원형 적석유구 2기를 발굴하였다. 1호는 얀콥스키 문화로 편년되지만, 2호는 교란되어 얀콥스키 문화 유물과 더불어 후대의 유물이 뒤섞여 있었다. 이들은 원래 발해 고분으로 추정하여 이 발굴에서 발해 세력이 시호테 알린 산맥을 넘어 동해안까지 진출했는지 확인하고자 했지만, 발굴 결과 의례용 토기 등이 매납된 얀콥스키 문화의 제사유구로 판명되었다.[59]

크로우노프카 문화는 北沃沮人들이 남긴 것이다. 이와 관련된 유적으로 체르냐티노-2 주거지가 있는데, 이곳에서 발해 주거지, 폐기물 구덩이와 함께 크로우노프카 시기의 주거지, 토기 가마터가 발굴되었다.[60] 특히

---

58 강인욱 · N. Kluyev · 김재윤 외, 「한 · 러 국경지역서 만난 철기유적 바라바쉬-3 얀꼽스끼문화 주거지 발굴」, 『계간 한국의 고고학』, 2008년 봄호.

59 홍형우 등, 「아무르 강 유역에서 발해 관련 유적 확인-한 · 러 공동발굴조사 성과발표」, 문화재청 보도자료, 2007. 9. 18; 국립문화재연구소 · 역사학고고학민속학연구소, 「소콜로프카 유적 발굴조사」, 『연해주의 문화유적』 II, 2008.

60 정석배, 「체르냐찌노 2 주거 유적-제5차 한 · 러 공동 연해주 발해 문화유적 발굴조사」, 『계간 한국의 고고학』, 2007년 겨울호; 한국전통문화학교 · 극동국립기술대학교 · 역사학고고학민족학연구소, 『연해주 체르냐찌노 2 옥저 · 발해 주거 유적』 I · II, 2008 · 2009.

〈표 5-3〉 연해주 발굴 · 시굴 유적 일람표

시대	유적	발굴 연도	발굴 기관
신석기-청동기	드보랸카-1 유적	2004-2006	강인욱
얀콥스키 문화	바라바쉬-3 주거지	2007-2009	부경대학교
	소콜로프카 유적	2007	국립문화재연구소
크로우노프카 문화	체르냐티노-2 주거지	2007	한국전통문화학교
크로우노프카-폴체 문화	불로치카 주거지	2003-2005	국립문화재연구소
말갈문화 (발해 건국 이전)	아브라모프카 III 주거지	1993	고려학술문화재단
발해	코르사코프카 절터	1993	대륙연구소
	크라스키노 성터, 절터	1994, 1998, 2004-2012	대륙연구소, 고구려연구재단, 동북아역사재단
	적석 유구 시굴, 묘광 미발견	1994	고려학술문화재단
	마리야노프카 성터	1995	고려학술문화재단
	체르냐티노-5 고분군	2003-2008	한국전통문화학교
	체르냐티노-2 주거지	2007	한국전통문화학교
	콕샤로프카-1 성터	2008-2012	국립문화재연구소
발해 이후	우수리스크 절터	1993	대륙연구소
	크라스키노 고분	1993	대륙연구소

한 구역에서 층위를 달리하며 크로우노프카 문화, 발해문화, 19세기 고려인 단계의 온돌이 각각 발굴되어 연해주 온돌의 역사를 한곳에서 살필 수 있는 중요한 유적이 되었다. 또한 크로우노프카 문화와 발해문화 사이에 있었던 말갈문화 단계가 이 유적에서는 확인되지 않는 점도 주목된다.

불로치카 주거지도 발굴되었다. 이곳에서 3년간 23기의 주거지가 조사되었는데, 신석기시대에 속하는 자이사노프카 문화 주거지 3기, 크로우노프카 문화 주거지 5기, 폴체 문화 주거지 15기로 이루어져 있다.[61] 여러

61 국립문화재연구소 · 러시아과학원 시베리아지부 고고학민족학연구소, 『연해주 불로

시기에 걸쳐 조성된 주거집단의 변화 양상을 살필 수 있는 유적으로서, 특히 크로우노프카 주인공들이 발명한 쪽구들이 폴체인에게까지 전수된 모습을 살펴볼 수 있어 흥미롭다.

아브라모프카 III 주거지는 부근에서 발굴된 말갈 토광묘군과 더불어 발해 건국 직전 연해주에 거주하던 말갈인의 주거 양상을 살펴볼 수 있다.

앞에서 연해주 발해 유적의 숫자에 대해서 언급했지만, 이 가운데 한러 공동 발굴이 이루어진 곳은 아주 제한적이다. 그럼에도 나름대로의 성과를 거둔 것도 부인할 수 없다. 지금까지 발굴된 발해 유적에는 절터, 성터, 주거지, 고분이 있다.

코르사코프카 절터에서는 발해 유적에서 처음으로 봉황문 와당이 발굴되어 주목을 끌었고, 기와 가마터도 발굴되었다.

크라스키노 성터에서는 북서쪽에 위치한 절터와 그 주변을 발굴해 오고 있다. 특히 초창기에 발굴한 절터에서는 金銅佛手, 金銅菩薩立像, 연꽃 봉오리 장식 등이 출토되어 발해 불교문화사 연구 자료를 확보하였다. 또 근세 기와에 새겨진 '秋豊' 명문을 발해 연호로 오해하거나, 크라스키노 부근에서 발굴한 발해보다 늦은 시기의 고분을 발해 고분으로 판단하는 잘못도 있었다.[62] 이것은 연해주 유적에 대한 정보가 부족했던 초창기의 어쩔 수 없는 시행착오였다. 이에 더하여 당시에 발굴된 佛手 등 일부 유물의 행방이 묘연하다는 것도 아쉬운 일이다.

2004년부터는 매년 조사가 이루어졌는데, 크라스키노 성터는 적어도 세 차례에 걸쳐 증축된 것으로 여겨진다. 또 문화층 두께도 2.5미터에 달할 정도로 두터운데, 2005-2007년의 발굴을 통해 북서부의 일부 주거지

치까 유적 III-제6차 한·러공동발굴조사』, 2006, p. 285.

62 李南奭, 「크라스키노 고분 발굴 성과와 고고학적 의의」, 『전망』 8, 대륙연구소, 1993; 韓圭哲, 「연해주 발해 유적 발굴과 향후 발해사 연구의 과제」, 같은 책.

역에서는 최대 6개 층위까지 형성되어 있는 것으로 판명되었다. 최하위층이 과연 발해 층위인지 아니면 그 이전 고구려 층위에 해당하는지 여부는 아직 논란이 있지만, 이 성터에서는 말갈계 유물이 거의 보이지 않고 고구려계 유물이 절대 다수를 차지한다는 점에서 주목할 만하다. 층위를 달리하는 다수의 주거지가 발굴되었는데, 현재까지의 발굴 결과를 보건대 쪽구들이 사용된 것은 발해 초기부터가 아니라 그 뒤인 사실이 밝혀졌다. 2009년도 발굴에서는 쪽구들이 설치된 지상식 주거지와 화덕이 설치된 수혈 주거지로 나뉘는 것을 볼 수 있었다. 또 이전에 '主(川)', '日'과 같은 한두 글자의 명문이 발견된 적이 있지만, 2008년도 발굴에서는 '道隆', '弘知'란 네 글자가 병렬적으로 쓰인 토기가 확인되었으나 읽는 순서와 인명인지 여부가 명확하지 않다. 2009년에는 남문지 근처의 주작대로에 대한 조사도 시행되었으나, 물이 차올라서 별다른 성과는 거두지 못했다.

마리야노프카 성터는 연해주의 발해 유적 가운데 당시까지는 최북단에 위치하여, 발해의 통치 범위를 추정하는 데 기준이 된다. 그런 만큼 발해 변경의 성터를 이해할 수 있는 의미 있는 유적이다. 이곳에서 다수의 수혈 주거지와 석축 담장 일부를 발굴했다. 발굴을 통해 부싯돌처럼 사용된 鐵片인 부싯쇠가 발굴되었고, 물소 뿔에 용 모양을 새긴 독특한 손잡이도 발굴되었는데, 나중에 양자가 합체되는 것이 확인되었다. 그 후의 검토 결과 이것은 샤먼이 의례용으로 사용했던 것으로 추정되기도 하였다.[63] 최근에는 이보다 북쪽에서도 발해 성터가 발견되기 시작하고 있다.

콕샤로프카-1 성터는 2008년도에 발굴을 시작하여 2014년에 마무리

63 에.붸. 샤프쿠노프, 「마리야노프카 성터에서 출토된 독특한 모양의 부싯쇠 손잡이」, 『러시아과학원 극동지부 통보』 1996-2, 블라디보스토크(Э.В. Шавкунов, "Уникальный держатель от кресала из Марьяновского городища", *Вестник Дальневосточного отделения российской академии НАУК*, No. 2, Владивосток, 1996).

할 예정이다.[64] 발해 영역으로 볼 때 동북쪽으로 가장 멀리 떨어진 발해 성터로서 우수리 강 상류에 위치한다. 따라서 발해의 동북쪽 변경의 실상을 파악하기 위해 발굴 대상으로 삼았다. 사다리꼴의 평지성으로서, 지표 조사 시 다수의 인물이 손을 잡고 있는 형상의 토기편이 수습되었다. 또 내부 중심지에서 300여 미터 둘레의 장방형 담장이 둘러쳐진 구역이 발견되었고, 그 내부 북부에서 7동의 由자형 평면의 쪽구들 건물이 나란히 배치된 것이 확인되었다. 2010년에는 器臺 여러 점이 발해 유적에서 처음으로 발굴되었고, 越州窯 제작의 참외형 청자 주자도 발굴되었다. 다만, 출토 유물이 적은 데다가 시기가 발해 후기 내지 멸망 직후로 추정되어 건물의 성격을 파악하기가 어려운 실정이다. 이 성터는 고구려에서 아주 멀리 떨어진 곳임에도 말갈토기가 발견되지 않아 특기할 만하다. 따라서 말갈족의 중심지는 아니었고, 대체로 시기가 늦는 데다가 제사나 의례에 사용되는 기대가 출토된 것으로 보아 발해 멸망 후 유민들의 중심지였을 가능성이 크다.[65] 콕샤로프카-1 성터는 15부의 하나인 安邊府의 소재지로서 발해 멸망 직후 활동한 유민들의 근거지였으며, 건물지는 이때 조성된 宗廟 유적으로 판단된다.[66]

연해주에서 발해시대의 성터와 절터는 많이 발견되었지만, 그에 비해 고분의 존재가 제대로 드러나지 않는 숙제를 안고 있었다. 오래전에 코프이토 절터와 아브리코스 절터 부근에서 극소수의 고분이 발굴된 적이 있어서, 이를 재차 확인하기 위해 적석묘로 추정되는 유구들을 1994년에 시

64 국립문화재연구소 · 역사학고고학민속학연구소, 『연해주 콕샤로프카-1 평지성』, 2012.

65 겔만 예.이.는 정안국과 연계시켰으나, 정안국 중심지와 거리상으로 너무 멀다. E.I. Gelman 저, 정석배 역, 앞의 논문, p. 261.

66 송기호, 「발해건축사 연구 동향과 콕샤로프카-1 성터 건물지의 성격」, 『건축역사연구』 80, 한국건축역사학회, 2012.

굴해 본 적이 있었다. 그러나 적석 유구 아래에서 묘장 시설이 전혀 발견되지 않아 실패하고 말았다. 다행히 1997년에 체르냐티노-5 고분군이 발견되었고, 2003년에는 크라스키노 성터 주변에서 발해 석실묘의 존재가 확인되었다.[67]

특히 체르냐티노-5 고분군은 연해주에서 본격적으로 발굴된 고분 유적이다. 2003-2007년에 한국과 공동으로 118기를 발굴하였고, 그 이전에 발굴된 것을 합치면 159기에 이른다. 이렇게 대량의 고분이 발견되고 또 발굴된 것은 연해주에서 처음 있는 일이어서, 그 자체만으로도 성과가 큰 것이다. 토광묘가 대다수를 이루면서 석실묘, 부석묘, 위석묘, 무시설 무덤 등 다양한 고분 양식이 확인되었고, 장법에서도 生葬, 화장, 굴지장, 단인장, 다인장, 1차장, 2차장 등 역시 다양한 모습이 나타나서 매우 주목된다.[68] 이것은 말갈인이 다수 살고 있던 지역에서 발해 중앙문화를 흡수해 가는 양상을 여실히 보여 준다. 그런 점에서 발해 지방사회의 변천 상황을 그려 볼 수 있는 매우 흥미로운 자료이다.

이상 설명한 유적 외에 아무르 강 연안에서 수추섬 · 노보페트로프카 III · 그로마투하 신석기유적, 트로이츠코예 말갈고분, 돌고예 오제로 유적, 오시노보예 오제로 유적이 발굴되었다.[69] 특히 트로이츠코예 말갈고분은 발해 영역 밖에 있던 黑水靺鞨人의 무덤 양상을 보여 주는 중요 자료이다.

---

67 Yu.G. 니끼친, 「끄라스끼노 성터 부근의 발해 고분 발굴(2003년)」, 『연해주 체르냐찌노-5 발해고분군(IV)』, 2009.

68 정석배 · Yu.G. 니끼친, 「체르냐찌노-5 발해고분군의 고분유형과 출토유물」, 『고구려연구』, 26, 2007.

69 국립문화재연구소 · 러시아과학원 시베리아지부 고고학민족학연구소, 『러시아 아무르 강 하류 수추섬 신석기시대 주거 유적 발굴조사보고서』 I · II · III, 2001 · 2002 · 2003; 홍형우 등, 앞의 보도자료; 국립문화재연구소 · 러시아과학원 시베리아지부 고고학민족학연구소, 『트로이츠코예 고분군』, 2008; 국립문화재연구소 · 러시아과학원 시베리아지부 고고학민족학연구소, 『돌고예 오제로 유적』, 2009.

지금까지의 발굴 성과를 살펴보면, 제2기에는 제1기보다 지역적으로나 시대적으로 대상 범위가 크게 확대된 것을 느낄 수 있다. 연해주 일대에 한정되었던 발굴이 아무르 강 일대까지 넓혀졌고, 발해시대에 초점을 맞추었던 조사도 발해 이전 단계인 얀콥스키 문화, 크로우노프카 문화, 폴체 문화로도 거슬러 올라갔다. 이것은 한국사와의 관련성에서 접근하던 태도에서 이제는 연해주 자체의 역사에 대한 관심으로 발전하였음을 의미한다.

그러한 배경으로 연구 인력의 변동을 들 수 있다. 제1기에서는 주로 발해사 연구자를 중심으로 한 한국사학자들이 참여하였지만, 제2기에 들어서는 러시아에서 공부한 유학파 연구자들인 정석배, 강인욱, 홍형우, 김재윤 등의 고고학자들이 가세했다. 이들은 러시아어를 직접 구사할 수 있는 장점을 가지고 독자적으로 자신의 연구 주제와 관련된 발굴을 진행하게 되었다.

이에 따라 연구자별로 대상 시대가 점차 분화되기 시작하고 있으니, 무척 바람직한 현상이다. 또한 모스크바에서 정석배, 노보시비르스크에서 강인욱, 홍형우가 박사학위를 받은 뒤, 김재윤이 2010년에 신석기시대를 주제로 연해주에서 고고학 박사학위를 처음 받게 되었다.[70]

이상으로 두 시기에 걸쳐 이루어진 답사 및 발굴 성과를 자세히 정리해 보았다. 이 밖에도 1994년에는 고려학술문화재단(장치혁 회장)이 극동대학교에 한국학대학을 설립하고 발해전시실을 개관하는 데 지원했고, 2005년 10월에는 이 대학교에 발해연구소를 설립하여 5년 단위로 매년 연구비를 지원해 오고 있다. 또 국립문화재연구소에서는 수추 섬 유적과 불로치카 유적의 발굴 성과를 바탕으로 2006년에 '아무르 · 연해주의 신

70 김재윤, 『연해주 및 인접한 동아시아 신석기시대 후기의 토기 연구(*Керамика позднего неолита Приморья и сопредельных территорий Восточной Азии*)』, 2010. 5.

비'라는 국내 전시회를 열었는데, 이 도록과 함께 국내에서 출간된 몇 가지 서적을 더 들 필요가 있다.

① 국립문화재연구소, 『한 · 러 공동발굴특별전 아무르 · 연해주의 신비』(도록), 2006
② 강인욱, 『춤추는 발해인』, 주류성, 2009
③ 한국전통문화학교 · 러시아과학원 극동지소역사학고고학민족학연구소, 『연해주의 발해 유적과 꼰스딴찌노브까 1 주거 유적』, 2010
④ N.G. 아르쪠미예바 지음, 정석배 옮김, 『연해주 여진의 주거 건축』, 학연문화사, 2011

강인욱의 저서는 대중용 역사기행이다. ③, ④는 〈표 5-2〉에 제시하였듯 2010년부터 새롭게 시작한 한국전통문화학교의 사업 결과물이다. 콘스탄티노프카-1 주거 유적 보고서는 러시아에서 1987년부터 1992년 사이에 네 차례 발굴한 발해 주거지 자료를 정리하여 책으로 펴낸 것이다. 중국과 러시아 국경에 근접한 이 유적은 발해시대 쪽구들이 발굴되어 주목을 받아 왔던 곳이다. 정석배는 이 보고서를 발간하면서 발굴 과정에서 상하 두 층의 중세문화층을 12-13세기 女眞시기, 발해 후기로 각각 비정한 러시아 측 연구자의 견해가 잘못된 것임을 발견하고, 두 층위 모두 발해시기에 해당된다는 사실을 밝혀 냈다. 상하 두 층의 5기 쪽구들 주거지가 모두 발해 것이라는 것이다. 이 사실은 보고서뿐 아니라 별도 논문으로도 발표되었다.[71]

여진족의 주거 건축에 관한 번역서는 이 방면의 전공자가 12-13세기

71 정석배, 「꼰스딴찌노브까-1 주거 유적 쪽구들 연구」, 『高句麗渤海研究』 38, 2010.

女眞族의 주거건축 자료를 종합적으로 정리한 책이다. 우리가 직접 접할 수 없는 여진 건축 자체에 대한 이해를 높이는 것은 물론, 발해 주거지를 복원하는 데 중요한 참고 자료가 될 것이고, 특히 발해 멸망 후 여진족 사이에서 다양하게 발달한 쪽구들의 역사를 이해하는 데 긴요한 책이다.

4. 이해의 심화를 위하여

1998년은 발해 건국 1,300주년이 되는 해였다. 그런데, 이 해를 기념하기 위해 학술회의를 처음으로 조직하기 시작한 것은 러시아 연구자들이었다.[72] 발해 건국 1300주년을 기념하여 '발해의 별'이란 인삼주를 출시한 곳도 연해주였다. 이를 통해 발해사에 대한 러시아 측 연구자의 남다른 애정을 짐작할 수 있다. 그렇지만 발해사 연구가 연해주 자료를 중심으로 이루어지고 있는 데에서 나름대로 한계성도 지닌다. 따라서 양국 연구자들이 발해사 실체에 더욱 다가가기 위해서는, 한국 측의 시각에서 그들의 연구를 비판적으로 바라볼 필요가 있다.

앞에서는 발굴과 답사를 중심으로 한 교류를 언급했는데, 한러 간에는 다른 형태의 학술 교류도 점점 잦아지고 있다. 러시아 측의 발해사 연구 성과가 처음으로 국내에 번역되어 소개된 것은 1985년으로서, 샤프쿠

---

72 그 결과물은 다음 두 책에 담겨 있다.
The Society of North-Eurasian Studies, *The First International Symposium of Bohai Culture–To the 1,300 Anniversary of the Foundation of Bohai State, Primorski Historic-Archaeological Society "Antiquities of North-Eastern Eurasia"*, Vladivostok, 1996. 10, pp. 3-5; 아.에르. 아르테미예프 책임편집, 『동부 아시아의 고대사와 중세사-발해 건국 1,300주년에 부쳐: 국제학술회의(블라디보스토크 1998. 9. 21-26) 자료집』, 블라디보스토크, 2001(А.Р. Артемьев, отв. редактор, *Древняя и средневековая история Восточной Азии-К 1300-летию образования государства Бохай: Материалы междунар. науч. конф, Владивосток, 21-26 сентября 1998г*, Владивосток, 2001).

노프 에.붸. 박사후보학위 저서의 일부였다. 이것은 1960년대까지 조사된 연해주의 발해 유적 현황을 파악하는 데 일조하였지만, 그동안 지명과 유적 명칭이 많이 바뀐 데다가 국내에서 간행된 러시아어 사전도 없었으며 연해주 지도마저 입수하기 어려웠던 시절이라 유적의 소재지조차 파악하는 데 애를 먹었다.

1990년대 초까지 몇 편의 글이 번역되었고, 1996년에는 당시까지의 연구 성과를 집대성한 단행본이 완역되어[73] 지금도 국내 연구자들의 지침서 역할을 하고 있다. 이제는 『고구려연구』(2008년부터 『고구려발해연구』) 등의 학술지, 『계간 한국의 고고학』 등의 소식지에 러시아의 주요 성과들이 소개되고 있다.

이에 비해 러시아 측에서 한국의 연구 성과를 검토하고 이해하려는 시도는 1992년에 나타나기는 했지만,[74] 아직까지 상대적으로 미미한 편이다. 이것은 러시아 측 자료가 1차 사료적 성격을 띠는 고고 조사의 결과물인 데 비해, 한국 측 자료는 이를 바탕으로 한 연구 결과물들이기 때문이기도 하다. 또 러시아 연구자들이 한국어를 구사하지 못하는 데에도 원인이 있다. 다행히 근래에 고려인 연구자가 한국 측 성과를 소개한 글이 발표되었지만, 이런 활동이 지속될지는 아직 미지수이다.[75]

73 에.붸. 샤프쿠노프 엮음, 송기호 · 정석배 옮김, 앞의 책.

74 에.붸. 샤프쿠노프, 「객관적인 입장에서-한국 연구자들의 연구 활동에 나타난 발해(대한민국 송기호의 발표문에 의함)」, 『러시아와 아시아 태평양지역』 1992-2, 러시아과학원 극동지부 극동민족 역사학·고고학·민족학연구소, 블라디보스토크(Э.В. Шавкунов, "С объективных позиций-Бохай в трудах корейских исследователей (По публикациям Сон Ки Хо, Республика Корея)", *Россия и АТР*, No. 2, Ин-т истории, археологии и этнографии народов Дальнего Востока ДВО РАН, Владивосток, 1992).

75 알렉산드르, 김, 「대한민국에서의 발해사 연구」, 『러시아와 아시아 태평양지역』 2003-3, 블라디보스토크(А. Ким, "Изучение истории Бохая в Республике Корея", *Россия и АТР*, No. 3, Владивосток, 2003); 알렉산드르, 김, 「발해국사-남한의 연구자료에 의함」, 박사학위논문 요약문, 블라디보스토크, 2007(Ким Александр Алексеевич, "История государства Бохай-по материалам исследований южнокорсйских учёных", Автореферат

1993년 3월에 샤프쿠노프 에.붸.가 국내 학술대회에 참가하여 논문을 발표[76]한 이래 지금까지 일일이 열거할 수 없을 정도로 학술대회 교류가 활발히 이루어져 왔다. 대개가 러시아 연구자들이 국내에 초청되어 발표하는 형식을 취했다. 이에 비해 러시아 연해주에서는 발해 건국 1,300주년 기념 학술회의가 두 차례 열렸고, 이 밖에 2007년 10월에 고려학술문화재단이 주최하여 한 · 북 · 러 학자가 참여한 '동북아 고대사 학술회의'가 극동대학에서 개최되었으며,[77] 2010년에는 국제고려학회 주관으로 국립극동대학교에서 "동아시아세계와 발해"란 국제학술 워크숍이 한러 수교 20주년을 기념하여 개최되었다.[78] 블라디보스토크에서 열린 회의는 이렇게 손에 꼽을 정도밖에 되지 않아서 역시 불균형이 심하다.

러시아 연구자들은 발해사를 中世 初期로 편년하고 있어서, 우리가 고대국가로 다루는 것과는 다르다. 이들은 발해를 노예제사회를 거치지 않고 원시사회 해체기에 속하는 말갈 단계에서 곧바로 중세국가로 이행한 것으로 보고 있다. 즉 "서기 1천년기 후반은 (…) 낡은 원시공산관계가 비로소 도처에서 와해되기 시작하여 새로운 계급관계로 이행되던 때였다. 계급관계로 이행하던 정점은 바로 7세기 말 발해국의 건국이었다"고 설명한다.[79] 결국 러시아에서는 발해가 연해주 최초의 封建國家이면서 多民族國家로 규정되고 있다.

그러면 러시아 학자들이 발해사를 어떠한 시각에서 보려고 하는가를 먼저 검토하지 않을 수 없다. 이것은 연해주의 고고학 자료들에 대한 해

диссертации на соискание ученой степени кандидата исторических наук, Владивосток, 2007).

76 에.붸. 샤프쿠노프, 앞의 발표문(2000 재수록).

77 Far Eastern National University, International Conference, "The Ancient History of States in North-Eastern Asia", Vladivostok, 2007. 10. 2.

78 국제고려학회 · 러시아 극동국립대학교 한국학대학, "IV International Conference on Korean Studies" 발표요지, 2010. 10, pp. 4-7.

79 에.붸. 샤프쿠노프 엮음, 송기호 · 정석배 옮김, 앞의 책, p. 35.

석의 기본 입장이기도 하기 때문이다. 이를 위해서는 우선 오클라드니코프 아.페.의 견해부터 살펴보아야 할 것이다.[80] 그는 시베리아 여러 민족들에 대한 기존의 연구들을 보면 두 가지 편견이 들어가 있는 것을 알 수 있으니, 모든 문화가 유럽에서 비롯되어 주변의 야만지역으로 퍼졌다고 생각하는 '유럽 중심주의'와 중국에서 비롯되어 주변 지역으로 퍼졌다고 하는 '아시아 중심주의' 또는 '중국 중심주의(中華主義)'가 바로 그것이라고 지적하였다. 이들은 한 민족의 인종적 우월성을 인정하고 다른 민족의 능력을 제대로 인정하지 않는다는 점에서 본질적으로 동일한 것으로, 이러한 편견들을 모두 배제하고 시베리아 민족 문화의 독자성을 밝혀야 한다고 강조하였다.

실제로 그는 고고학 · 민족학 자료와 문헌 자료로 볼 때에 극동지방과 그 인접지역에 있었던 고대 종족들은 동방뿐 아니라 서방의 카자흐스탄, 중앙아시아, 유럽과 러시아 스텝 지역의 突厥과도 문화적 · 정치적 · 경제적 관계를 맺고 있었던 사실이 확인되었다고 하면서, 과거에 중국이 중앙아시아와 극동지방에서 헤게모니를 쥐고 있었다고 하는 전통적 관념의 환상은 소멸되어 버렸다고 결론짓기도 하였다.[81]

이러한 기본 시각은 샤프쿠노프 에.붸.의 발해사 연구에도 그대로 적용되었다. 그는 1968년의 저서 서문에서 발해가 외국학자들의 주장처럼 중국이나 일본에 신하로서 종속되어 있었던 것이 아니라 독립된 주권국가였다는 점을 실물 자료를 바탕으로 증명하려는 데 목적을 두고 있다고 하였고, 결론에 가서는 발해문화가 독자적인 풍격과 특징을 지니고 있었다고 글을 맺고 있다.[82] 이러한 인식은 현재까지도 그대로 고수되고 있으

80 ア · ペ · オクラドニコフ 저, 加藤九祚 · 加藤晋平 역, 앞의 책, 1974, pp. 9-21.
81 위의 책, p. 193.
82 에.붸. 샤프쿠노프, 앞의 책, p. 14, 121.

니, 발해는 어디까지나 '독자적이고 독립적인 왕국'이었다고 하면서 중국의 '당나라 지방정권설', 한국의 '남북국시대론'을 모두 비판하였다.[83]

그런데 발해의 독립성 규명은 그 자체로 끝나는 것이 아니다. 샤프쿠노프 에.웨.가 "연해주의 역사는 우리 위대한 多民族 조국의 역사에서 뗄 수 없는 한 부분이다"[84]라고 지적하였듯이 러시아 역사의 한 부분으로 편입하려는 데 궁극적인 목적이 있다. 다시 말해 발해를 독립된 주권국가로 취급하여 중국사와 한국사에서 분리한 것은 결국 自國의 역사 속으로 편입시키려는 의도에서 비롯된 것이다. 이것은 2차대전 이후 스탈린이 만주를 중국에서 분할하여 통치하려 하였고, 1960년대에 들어 양국 간에 영토분쟁이 있었던 역사적 배경과도 무관하지 않다. 따라서 이들은 발해사가 한국사에 속한다고는 전혀 생각하지 않고 있다.[85] 결국 말갈-발해-여진(금나라)-현재의 연해주 소수민족으로 이어지는 계승관계 속에서 발해사를 바라보고 있다.

러시아인들이 이곳에 이주해 오기 시작한 19세기 후반 이후의 역사와는 성격이 전혀 다른 그 이전의 역사마저 그들 역사의 한 부분으로 편입시키려 하는 것은, 마치 중국인들이 만주 지역을 자신의 영토로 만들었다고 하여 고구려, 부여, 발해를 자기 역사의 한 부분으로 편입시키려는 의도와 결코 다르지 않다.[86] 결국 말갈의 역사로 바라보려는 점에서는 중국과 러시아가 동일하지만, 이 말갈을 서로 자국의 역사와 관련시키려는

83 에.웨. 샤프쿠노프, 엮음, 송기호 · 정석배 옮김, 앞의 책, 머리말 및 연구사.

84 에.웨. 샤프쿠노프, 앞의 책, p. 117.

85 한 예로서 러시아에서 간행된 다음 책에는 발해사가 포함되어 있지 않다.
소련과학원 동양학연구소, 『한국학 논저목록(1917-1970)』, 모스크바: 과학출판사, 1981.

86 송기호, 「고구려사를 바라보는 또 하나의 시각」, 『韓國古代史論叢』 1, 한국고대사회연구소, 1991; 송기호, 「발해사, 남북한·중·일·러의 자국 중심 해석」, 『역사비평』, 1992년 가을호.

점에서는 첨예하게 대립되어 있다. 그러면서 러시아에서는 중국의 인식을 '중국 중심주의'라고 비판하고, 중국에서는 러시아의 인식을 '패권주의'로 비난하였다.[87]

주지하다시피 발해는 여러 종족으로 이루어진 나라이다. 샤프쿠노프 에.붸.는 발해를 다수의 말갈 부족들과 함께 일부의 고구려인, 위구르인, 돌궐인, 실위인, 소그드인 등으로 구성된 나라로 보았다.[88] 발해는 말갈인이 주도권을 쥐고 세운 나라였으며, 고구려인들은 이들에게 가장 많은 영향을 끼치기는 하였지만, 그렇다고 한국 학자들이 주장하는 것처럼 고구려의 後裔國家로 볼 수는 없다고 주장하였다.[89] 결과적으로 발해의 발전에 크게 기여한 것은 고구려인들이었지만, 그들은 어디까지나 발해의 주체민족은 아니었다고 한다. 아마 이것은 맑스주의가 피지배민족을 중심으로 역사를 해석하는 데에서도 기인한 것으로 보인다.

다음으로 러시아에서의 발해사 연구가 연해주 일대의 고고학 자료에 거의 전적으로 의존함으로써 해석상에 문제가 발생하는 점을 지적하지 않을 수 없다. 연해주 지역과 관련된 발해사 기록은 전무하다시피 하므로, 연해주에서는 고고 연구가 주축을 이루고 있다. 그러나 유적에 대한 전면적 발굴이 이루어지지 않고, 몇 개의 지점을 선정하여 소규모로 발굴하는 방법을 택하고 있기 때문에 개별 유적의 전모를 밝히는 것은 쉽지 않다. 그렇기 때문에 현지의 연구는 유적보다는 여기서 출토된 개별적인 유물 연구에 더 중점을 두고 있다. 그렇지만, 만주나 북한에서 발견된 유적이나 유물과의 비교 연구가 제대로 이루어지지 않고 있어서 해석상에 문제점을 드러내고 있는 부분들이 있다. 사실 발해가 말갈계 국가라고 주

87 薛虹, 「外國的渤海史研究」, 『學習與探索』, 1982-6; 薛虹, 「蘇聯的渤海史研究-兼評蘇聯對渤海國的研究」, 『中國史研究動態』, 1983-1.

88 에.붸. 샤프쿠노프, 앞의 책, p. 57; 같은 책, 제4장 제2절.

89 위의 책, 맺음말.

장하는 것도 연해주 지역의 고고 자료에 대한 해석을 발해사 전체의 성격으로 확대 해석하고 있는 것과 무관하지 않다.

연해주는 발해 중심지와는 멀리 떨어져 있는 변방이었다. 따라서 이곳의 문화 성격을 발해문화의 전체 성격으로 규정하려는 것은 분명 잘못이다. 이러한 확대 해석의 예로서 다음과 같은 것을 들 수 있다. 샤프쿠노프 에.붸.가 연해주의 발해문화를 전기와 후기로 나누면서, 그 기준을 위구르국이 키르기스인들에 의해 멸망당한 840년경으로 삼고 있다. 그것은 이 시기 이후에 위구르 지역으로부터 발해로 피난민들이 대량으로 들어오면서 문화 변동이 이루어졌기 때문이라고 한다.[90] 사실 연해주 지역에서는 중앙아시아나 남부 시베리아로부터 영향을 받은 유물들이 상당수 발견된다. 그렇다고 이를 전체로 확대하여 발해사를 시기 구분하는 기준으로 삼는 것은 문제가 없지 않다.

또한 발해 도기의 전공자인 디야코바 오.붸.는 도기 제조상에 보이는 말갈적 전통을 규명하였다.[91] 이러한 말갈-발해-여진으로 이어지는 문화적 계승성은 이 밖에 무기, 장식, 주거지의 구조 등 여러 방면에서 현지의 연구자들에 의해 규명되고 있다. 발해 당시에 연해주에 설치된 행정 구역들은 샤프쿠노프 에.붸.의 지적과 같이 핵심부가 아닌 外廓府에 해당하였으며, 이들 외곽부는 경제 수준이 낮았고 부족 조직이 그대로 유지되

---

90 에.붸. 샤프쿠노프 · 엘.예. 셰메니첸코 저, 송기호 역, 앞의 논문, pp. 557-564.

91 오.붸. 디야코바, 「발해인의 도기 제조에 보이는 말갈 전통」, 『소련 극동의 고고자료』, 소련과학원 극동학센터 극동민족 역사학·고고학·민족학 연구소, 블라디보스토크, 1981(О.В. Дьякова, "Мохэские традиции в гончарстве бохайцев", *Материалы по археологии Дальнего Востока СССР*, Ин-т истории, археологии и этнографии народов Дальнего Востока ДВНЦ АН СССР, Владивосток, 1981); 오.붸. 디야코바, 『소련 극동의 중세 초기 도기들-4-10세기의 사료로서』, 모스크바: 과학출판사, 1984(О.В. Дьякова, *Раннесредневековая керамика Дальнего Востока СССР-Как исторический источник IV-X вв*, Наука, 1984).

고 있었다.[92] 따라서 『新唐書』에는 변방에 설치되었던 府에 대해서 대체로 '어느 부족의 옛 땅'이라는 유래가 밝혀져 있다. 이러한 사정을 감안한다면 연해주에서 발견되는 유물에는 토착적이고 지방적인 전통이 강하게 남아 있을 수밖에 없다. 따라서 이러한 점을 고려하지 않고 연해주의 유적과 유물을 통해 발해문화의 전체 성격을 규정하려 하는 것은 지나친 확대 해석일 것이다.

발해사를 바라보는 기본 시각에서 이상과 같은 문제점이 있지만, 문헌 기록이 없는 상황에서 유적과 유물을 통해 연해주의 발해 역사를 복원하려 노력하고 있는 점은 높이 살 만하다. 더욱이 1970년대 이후로 연구 자료가 어느 정도 축적됨에 따라 연구자들 사이에 전문화가 이루어지고 있어, 이들의 연구에서 밝혀진 사실 중에는 발해사의 새로운 면을 이해하는 데 커다란 도움을 주는 것도 있다.

이제 이상과 같은 연구 내용을 중심으로 몇 가지 사항을 더 지적하고자 한다.

첫째, 동양문화를 제대로 이해하지 못하거나, 한자로 쓰인 문헌 사료의 해석에 미숙함이 드러난다는 점이다.[93] 이것은 단순한 실수에 그치는 것이 아니라 발해사 전체상을 그려 나가는 데 자칫 잘못된 출발점이 될 수 있다.

1980년대에 러시아 자료를 번역하면서 사전에도 나오지 않는 전문 용어, 특히 기와 용어를 해석하면서 애로를 겪은 적이 있다. 오니가바라(онигавара, 鬼面瓦), 슈비(шуби, 鴟尾)가 그러한 것들이다. 나중에 알고 보

92 에.붸. 샤프쿠노프, 앞의 책, pp. 60-62.

93 일찍이 북한에서 출토되어 아르세니예프 박물관에 전시되어 있는 토기가 3세기경의 고구려 것으로 보고된 적이 있는데, 사실은 4세기경의 중국 토기로 판단된다. 이것도 그러한 사례의 하나이다.
김정배, 「北韓出土 延熙二年銘 土器」, 『泰東古典硏究』 10, 태동고전연구소, 1993.

니 오클라드니코프 아.페.가 일제시대 일본인의 『東京城』 보고서를 기초로 연구를 시작하면서 일본어 발음을 차용한 것이었다. 이제는 중국 용어를 차용하여 치붸이(чивэй, 鴟尾), 치붼(чивэнь, 鴟吻) 등으로 쓰고 있다. 이처럼 서양 용어에 없을 정도로 독특한 동양문화를 제대로 이해하기가 어려울 것은 충분히 짐작된다.

그러한 사례로서 불상에 대한 이해를 들 수 있다. 보리소프카 절터에서 출토된 '남자 塑像'[94]은 아미타정토에서 아기의 몸으로 다시 태어난 중생을 표현한 동자상으로 여겨진다.[95] 크라스키노 성터 인근에서 발견되어 블라디보스토크 아르세니예프 박물관에 전시 중인 青銅像도 관리라기보다는 經卷을 들고 있는 문수보살로 생각된다고 한다.[96] 역시 보리소프카 절터에서 출토된 두 개의 청동상을 하나는 불상, 하나는 관리상으로 보고했는데,[97] 절에서 출토된 것으로 보아 둘 다 불교조각품으로 보아야 할 것이다. 자세히 보면 관리상이라 한 것은 불상이고, 다른 하나는 승려 내지 나한상으로 여겨진다. 꽂는 막대가 아래쪽에 달려 있는 것도 발해 불상의 특징적인 요소이다.

1994년 8월에 극동대학에 소장된 유물을 조사할 때 샤프쿠노프 에.붸.가 주초석이라고 설명한 유물에 눈이 갔다. 아브리코스 절터 부근에서 수집된 것이었는데, 상부에 연화문이 조각되고 가운데에 구멍이 뚫려 있었다. 그래서 이것은 주초석이 아니라 석등 下臺石이라고 일러주었

---

94 高句麗研究會 · 러시아과학원 시베리아지부 考古民族學研究所, 『러시아 연해주 발해 절터』, 학연문화사, 1998, pp. 46-47.

95 姜熺靜, 「발해 후기의 불교조각과 신앙」, 『동악미술사학』 4, 東岳美術史學會, 2003, pp. 31-32.

96 崔聖銀, 「渤海(698-926)의 菩薩像 樣式에 대한 考察」, 『高句麗 · 渤海 研究』 II, 강좌 미술사 14, 발해미술特輯號, 1999, pp. 61-62.

97 高句麗研究會 · 러시아과학원 시베리아지부 考古民族學研究所, 앞의 책, p. 40, 196.

고, 그 뒤에 논문으로 소개되었다.[98]

한문 해석에서의 오류는 1996년에 번역서를 내면서 각주로 일일이 지적한 적이 있다. 따라서 세세한 것은 제외하고 몇 가지 사례만 언급하겠다. 『新唐書』「발해전」에 나오는 '襲王'이란 왕위를 承襲했다는 의미인데 이를 '습격을 감행하는 왕'이란 謚號로 오해함으로써, 大仁秀와 大彝震이 정복군주라는 근거로 삼았다.[99] 비슷한 사례로서 李謹行이 임명받은 '積石道經略大使'란 관직을 문장으로 잘못 해석해서 말갈이 중국과 지속적으로 교류하기 위해 '돌 길'을 축조했다고 오해한 것을 들 수 있다.[100]

동모산에 축성한 것은 대조영이 건국할 때인데도 걸사비우와 걸걸중상이 이끌던 초기로 잘못 해석하였고,[101] 대조영이 북경 부근의 渤海郡을 차지했기 때문에 渤海郡王으로 봉해진 것으로 역시 잘못 설명하였다.[102] 발해 관제도 잘못 이해하였다. 발해는 당나라 제도를 받아들여 선조성, 중대성, 정당성 3성체제를 갖추었는데, 마치 左省과 右省의 두 개 관부로 나뉘어 있는 것처럼 설명하였다.[103] 일본에서 발해 사신을 너무 자주 보내온다고 해서 聘期를 줄이도록 요구한 것을 사절단 수를 줄이도록 요구한 것으로 잘못 이해한 곳도 있다.[104] 글자의 유사성 때문에 된장(豉)을 북(鼓)으로 오해하고,[105] 매(鶻)를 비둘기(鴿)로 誤讀하거나 꿩 꼬리(雉尾)

98 에.붸. 샤프쿠노프, 「아브리코스 佛堂 부근에서 발견된 石燈 基臺石」, 『러시아과학원 극동지부 통보』 1995-3, 블라디보스토크(Э.В. Шавкунов, "Находка постамента каменного фонаря вблизи Абрикосовской кумирни", *Вестник Дальневосточного отделения российской академии НАУК*, No. 3, Владивосток, 1995).

99 에.붸. 샤프쿠노프 엮음, 송기호 · 정석배 옮김, 앞의 책, p. 58, 66.

100 위의 책, p. 232.

101 위의 책, p. 49.

102 위의 책, p. 51.

103 위의 책, p. 74.

104 위의 책, p. 236, 283.

105 위의 책, p. 68.

를 꿩 깃털로 잘못 해석하였다.[106]

다행히 최근에 중국 사료를 바탕으로 발해 통사를 다시 씀으로써,[107] 이런 오류가 답습될 가능성은 적어졌다. 그런데 러시아 연구자에게 중국 측 사료는 잘 소개되어 있는 반면, 한국 측 사료는 제대로 알려져 있지 않다. 그런 까닭으로 대조영이 고구려 장수였다는 사실이 한국 측 사료에 기록되어 있는 데도 불구하고 『舊唐書』 발해전의 애매한 구절에서 비롯된 것이라고 잘못 지적하였다.[108] 이에 따라 대조영은 고구려인이 아니라고 주장하였으며, 이것은 발해사가 한국사에 속한다는 남북국시대론을 비판하는 근거가 되었다. 또 勿吉 및 靺鞨을 가리키는 단어로 '무크리(мукри)' 또는 '무쿠리(мукури)'를 사용하는데, 이 단어가 나오는 『梵語雜名』에는 '高麗 畝俱理'로 되어 있으므로 오히려 고구려를 가리키는 것으로 보아야 한다.[109] 이 밖에 소설에 불과한 자료를 근거로 삼아서 발해에서 돌궐 문자가 사용되었다고 주장한 사례도 있다.[110]

둘째, 고구려문화와 말갈문화, 여진문화를 바라보는 시각의 문제이다. 이에 대해서는 국내 학계에서 이미 자주 지적되었지만,[111] 다시 한 번 제기할 필요가 있다. 한국에서 발해사를 고구려의 연장선에서 바라보듯이, 러시아 연해주에서는 말갈의 발전선상에서 바라보고 있다. 발해 건국

---

106 위의 책, p. 69.

107 아.엘. 이블리예프, 「발해사 개관」, 『선사 및 중세 시기의 러시아 극동: 발견, 문제, 가정』, 블라디보스토크: 극동과학출판사, 2005(А.Л. Ивлиев, "Очерк истории Бохая", *Российский Дальний Восток в древности и средневековье: открытия, проблемы, гипотезъ*, Владивосток: Дальнаука, 2005).

108 위의 책, p. 29.

109 위의 책, p. 7.

110 위의 책, p. 246.

111 송기호, 「渤海의 高句麗 繼承性 補論」, 『東아시아 속의 渤海와 日本』, 한일국제심포지엄, 2007. 11. 3(『발해 사회문화사 연구』 서울대학교출판문화원, 2011 재수록). 정석배, 앞의 논문, 2008, pp. 750-751.

이전에는 연해주가 고구려 영역 밖이었기에 말갈 유적들만 남아 있고, 멸망 이후에는 여진족(금나라 포함)의 유적들만 전해진다. 따라서 연해주의 역사는 말갈-발해-여진으로 이어졌다. 이에 따라 러시아 연구자들은 발해문화에 보이는 고구려 요소를 당 요소처럼 '외래적'인 것으로 볼 따름이지 '주류' 또는 '본원적'인 것으로 인식하지 않는다. 자신들이 직접 다루고 있는 연해주 발해 유적을 통해 발해 전체를 파악하고 있기 때문이다.

그러나 발해 전체로 눈을 돌리게 되면 문제가 없지 않다. 다시 강조하지만, 연해주는 발해의 변방임을 잊지 말아야 한다. 발해를 제대로 이해하려면 중앙문화, 지배층문화를 먼저 파악한 다음에 변방문화, 피지배층문화에 접근해야 한다. 발해 영역은 과거 고구려 영역이었던 곳과 그 외부의 말갈 거주지였던 곳으로 양분되어 문화 양상이 크게 달라진다. 고구려 영역이었던 북한의 함경도나 중국 연변 지역에서는 고구려문화가 농후하게 나타나는 반면, 말갈 거주지였던 연해주에서는 말갈문화가 우세를 점하고 있다.

그런데, 발해 핵심지대인 敦化나 上京城 지역은 고구려 영역 밖이었음에도 발해 건국 뒤에 고구려문화가 상층부를 점하고 있는 것이 뚜렷이 나타난다. 이것은 발해 지배층의 구성을 이해하는 데 요체가 된다. 고구려 영역이었던 지역에서 발해 건국 뒤에 말갈문화가 이입되어 확산되는 현상은 거의 확인할 수 없지만, 그 반대로 순수 말갈지역이었던 곳에서는 발해 건국 뒤에 고구려 요소가 확산되었다. 이것은 고구려계 인물들이 발해에서 주도권을 쥐고 있었던 사실을 여실히 보여 준다.

지배층의 무덤들인 六頂山古墳群에서 고구려와 말갈 요소가 함께 보이지만, 최상층부는 石室墓로 대표되는 고구려문화가 중심을 이루고 아래로 내려올수록 말갈 요소가 증대한다.[112] 이것은 고구려계인들이 지배

---

112 송기호, 「六頂山 古墳群의 성격과 발해 건국집단」, 『汕耘史學』 8, 1998(『발해 사회문화

층을 주도했던 사실을 반영한다. 연해주에서도 토착의 말갈문화가 영위되다가 발해에 편입된 뒤로 중앙의 선진문화가 유입되어 변화를 겪었다. 그 중앙문화의 핵심에는 고구려계 문화가 있었다. 그러한 변화를 뚜렷이 보여 주는 유적이 연해주에 몇 개 있다.

먼저 크라스키노 성터이다. 이 성은 발해 때에 처음 축조되었다가 멸망 직후에 폐기되어[113] 발해시기 단일문화층으로 이루어진 것으로 확인되었다. 이에 따라 연해주의 다른 유적에서 발견되는 유물이 발해 것인지 아니면 그 전후 다른 시기의 것인지를 판별하는 기준 유적이 되고 있다.[114] 러시아 연구자들도 최근 이 점에 주목하기 시작하였다.

그런데 이 유적은 고구려 때에 축조된 것이 아닌데도 성벽 축조 방식, 성벽 시설, 성벽 내부에서 발견된 유적과 유물에서 고구려 전통을 강하게 띠고 있다.[115] 특히 석축 성벽 구조는 고구려 평양성, 발해 상경성과 통한다. 고구려 영역이 동북쪽으로 柵城에 이르렀으므로, 이 성 가까이에는 고구려 유민들이 거주하였을 것이고, 발해에서는 이들을 이주시켜 새로운 성을 축조하였을 것이다. 특히 성벽 내외부에 돌을 쌓고 그 사이에 흙으로 채우는 축조 방식은 발해 상경성에도 그대로 적용하였을 뿐 아니라, 연해주의 니콜라예프카 성터, 시넬니코보-1 성터, 고르바트카 성터, 오크라인카 성터 등의 축조에도 적용함으로써 고구려계 문화가 말갈지역으로

사 연구』, 서울대학교출판문화원, 2011 재수록).

113 아.엘. 이블리에프 · 붸.이. 볼딘, 「크라스키노 성지 조사의 성과와 연해주 발해고고학에서의 의의」, 『2006년도 러시아 연해주 크라스키노 성 발굴보고서』, 동북아역사재단, 2007, pp. 98-99.

114 아.엘. 이블리에프 저, 강인욱 역, 「러시아 연해주 발해고고학 연구의 어제와 오늘」, 『계간 한국의 고고학』, 2007년 여름호, p. 147.

115 田村晃一, 앞의 논문, 2003, pp. 23-25; 임상선, 「발해 크라스키노성에 나타난 고구려 문화 요소」, 『2005년도 러시아 연해주 크라스키노성 발굴 보고서』, 고구려연구재단, 2006.

확산되어 갔다.[116] 따라서 발해 건국 뒤에 발생한 고구려계 문화의 확산을 감지할 수 있다.

다음은 체르냐티노-5 고분군이다. 이곳에서 다양한 양식의 고분이 발굴된 사실은 앞서 지적하였다. 발굴자는 고분 종류에 따라 구역배치가 다른 것을 지적하고, 이것이 시간적 차이인지 위계 차이인지 앞으로 해결할 과제로 미루었다.[117] 그러나 토착 말갈족은 전통적으로 토광묘를 조성하였으므로, 이곳에 등장하는 石墓 전통은 발해 건국 후에 이곳으로 유입된 정황을 반영한다. 발굴자도 북쪽에 있는 토광묘들은 말갈 후기에서 발해시기에 조성된 것이고, 남쪽 부분의 석실묘와 부석묘, 위석묘 등은 발해시기에 조성된 것으로 보아 시간적 차이를 염두에 두고 있다.[118] 이곳에 유입된 석묘는 육정산고분군에서 보듯이 고구려 전통을 반영하는 것이요, 그것도 발해 중앙으로부터 전파된 것이다.

이 고분군에서는 다수의 토기들이 출토되었는데, 이를 말갈토기와 발해토기로 양분해 보고 있다. 말갈토기는 手製, 모래나 석립 함유 胎土, 산화소성에 의한 황갈색 또는 갈색 색깔, 심발형 또는 화병형의 기형이 특징적이고, 발해토기는 輪製, 泥質 胎土, 환원소성에 의한 회색 또는 흑색 색깔, 병형 또는 호형의 기형이 특징적인 것으로서 고구려 전통을 반영한다.[119] 정석배는 이 양자를 말갈시기 말갈토기, 발해시대 말갈유형 토기(말갈계 발해토기), 발해시대 발해토기로 분류할 것을 제안하였다.[120] 그런

116 아.엘. 이블리에프 · 붸.이. 볼딘, 앞의 논문, p. 100.

117 정석배 · Yu.G. 니끼친, 앞의 논문, p. 63.

118 위의 논문, p. 72; 한국전통문화학교 · 극동국립기술대학교 · 역사학고고학민족학연구소, 『연해주 체르냐찌노-5 발해고분군(III)-제4차 한 · 러 공동 연해주 발해문화유적 발굴조사』, 2007, p. 342.

119 정석배 · Yu.G. 니끼친, 앞의 논문, p. 64.

120 한국전통문화학교 · 극동국립기술대학교, 『연해주 체르냐찌노-5 발해고분군(I)-제1 · 2차 한 · 러 공동 연해주 발해문화유적 발굴조사』, 2005, p. 137.

데 발해시대에는 고구려계 토기와 말갈토기가 병용되었으므로 고구려계 토기만 특정해서 발해토기로 부르는 것은 문제가 있다. 차라리 발해토기 안에서 고구려계와 말갈계로 구분하는 것이 옳다고 생각한다.

그런데 고구려계 토기는 크라스키노 성터에서 대다수를 차지하면서 연해주에서 동북쪽으로 갈수록 비율이 감소한다고 하며, 그 반대로 구연부 아래에 덧띠가 달린 말갈계 토기는 크라스키노 성터에서는 적고 여기서 멀어질수록 증가한다고 한다.[121] 이것은 발해 중앙문화의 침투가 변방의 경계지역으로 갈수록 미약해지는 자연스런 현상인 것이다.

이밖에도 쪽구들이나 우물 등에서도 고구려계 전통이 연해주에 확산되는 현상이 확인된다. 다행히 근래에 이르러서 러시아 연구자들도 발해문화에 보이는 고구려적 요소를 중시하기 시작했다.[122] 그렇지만 아직도 현지의 유적 여건으로 말미암아 말갈문화를 중심에 두고 발해를 바라보는 데서 벗어나지는 못하고 있다.

셋째, 발해 동쪽 경계선에 관한 논의이다. 발해 연구의 초창기에 오클라드니코프 아.페.와 샤프쿠노프 에.붸.는 연해주 전체를 발해 영역으로 상정했지만, 1990년대 중반부터 연해주 일부 지역으로 좁혀 보기 시작했다.[123] 그러나 구체적으로 어떻게 국경선을 그을지에 대해서는 연구자마다 견해가 다르다.[124]

1994년에 간행된 단행본에서, 발해 동쪽 국경은 동해에서 파르티잔

---

121 아.엘. 이블리에프 · 붸.이. 볼딘, 앞의 논문, pp. 100-101.

122 E.I. Gelman and V.I. Boldin, "Koguryŏ's Influence on Parhae (Bohai) Culture", *Journal of Inner and East Asian Studies*, Vol. 1, Koguryo Research Foundation, 2004; O.V. 디야꼬바 저, 강인욱 역, 「연해주 중세시대 성지에 보이는 고구려의 전통」, 『계간 한국의 고고학』, 2007년 봄호; A.L. 이블리예프 저, 강인욱 역, 앞의 논문, pp. 146-147.

123 O.V. 디야꼬바 저, 정석배 역, 앞의 논문, pp. 218-219.

124 정석배, 「연해주 발해시기의 유적 분포와 발해의 동북지역 영역문제」, 『高句麗渤海研究』 40, 2011.

스크 강을 따라 북상하다가 우수리 강 상류로 이어졌고, 다시 강물을 따라 북상하다가 비킨 강 하구에서 남서쪽으로 급히 꺾여 내려간 것으로 보았다.[125]

디야코바 오.붸.는 연해주에서 확인된 49개 발해 유적 목록을 제시하였고, 특히 연해주 북동부에 발해문화 유적이 29개가 발견된 사실을 들어 반론을 제기하였다.[126] 그녀는 명확히 언급하지는 않았지만, 발해 영역이 시호테 알린 산맥을 넘어 동해안까지 미쳤던 것으로 설명함으로써, 파르티잔스크 강을 경계로 하였던 것은 아니라고 본 것이다. 최근에는 연해주 동북 해안가에서 발해 때 고구려 유민들이 쌓은 것으로 보이는 石城들을 조사해서 보고하였다.[127]

샤프쿠노프 붸.에.도 경역 문제를 거론하였다.[128] 기왕에 거론되던 니콜라예프카 성터, 스쵸클랴누하 성터 등이 사실은 발해 유적이 아니라고 주장하면서, 발해 동쪽 국경을 대폭 좁혀서 설정하였다. 즉, 라즈돌나야 강과 아르쵸모프카 강을 사이에 두고 북상하여 일리스타야 강 상류를 건넌 뒤에 아르세니예프카 강을 따라 북상하여 우수리 강 상류로 연결된 것으로 보았다.

대체로 러시아 연구자들은 키로프스키 구역의 마리야노프카 성터를 최북단으로 삼아서 서쪽으로 한카호 북단, 동쪽으로 올가를 잇는 선을 경계로 그 이남을 발해 영역으로 삼고 있다.[129] 그리고 이블리예프 아.엘.은

125 에.붸. 샤프쿠노프 엮음, 송기호 · 정석배 옮김, 앞의 책, p. 62.

126 O.V. 디야꼬바 저, 정석배 역, 앞의 논문, p. 219.

127 O.V. 디야꼬바 저, 강인욱 역, 앞의 논문.

128 샤프쿠노프 붸.에., 「발해국의 동쪽 국경선 문제에 대하여」, 『러시아와 아시아 태평양지역』, 블라디보스토크, 2005-4(B.Э. Шавкунов, "К вопросу о восточной границе государства Бохай", *Россия и АТР*, No. 4, Владивосток, 2005).

129 한국전통문화학교 · 러시아과학원 극동지소 역사학고고학민족학연구소, 앞의 책, 2010, pp. 15-16.

솔빈부와 용원부만이 분명하게 연해주 지역으로 비정되고, 회원부, 안원부, 동평부, 안변부, 정리부는 발해의 동쪽이 아니라 북쪽과 서쪽에 있었다고 주장한다.[130]

발해 국경을 정하는 데에는 문헌 사료가 중요하지만, 자세한 정보를 얻을 수 없을 경우에는 부득이 고고 자료에 의존해야 한다. 러시아 연구자들이 근거로 삼는 고고 자료는 두 가지이다. 하나는 발해 유적의 분포 범위이다. 그러나 발해문화의 분포 범위가 영역 범위와 반드시 일치하지는 않는다. 이런 문제점을 극복하기 위해서는 발해가 통치거점으로 삼았던 성터의 분포 범위를 확인하는 것이 필요하다. 그렇지만 아직은 성터 발굴이 제대로 이루어지지 않은 채 지표채집이나 간단한 시굴을 통해 얻어진 지식으로 논의되고 있는 형편이다. 발해 때에 축조된 성터인지 여부에 대한 논란은 여기에 기인하며, 따라서 이를 확증하기 위해서는 장차의 발굴 결과를 기다려야 한다. 이 밖에 관청이나 사원의 소재지를 알려주는 기와의 분포 범위도 중요하지만, 이것도 역시 체계적인 정보가 없는 형편이다.

다만 5경 15부의 위치를 비정해 보면, 러시아 연구자의 주장보다 훨씬 북쪽으로 국경선이 올라가야 하는 것을 알 수 있다. 東平府에 沱州와 黑州가 있는 것은 그 영역이 미타 호, 즉 한카 호에서 흑수, 즉 아무르 강에 미치는 것을 짐작하게 해 준다. 우수리 강을 기준으로 동쪽에 동평부가 있었고, 서쪽에는 안원부와 회원부가 있었던 것으로 여겨진다.

발해 영역에는 고구려 성터를 이어받아 산성을 중심으로 지배했던 곳이 있고, 새롭게 발해 때 축성한 평지성을 중심으로 지배했던 곳이 있는가 하면, 발해 동북부에는 성을 쌓지 않고 지배를 했던 곳이 있었던 것

---

130 정석배, 앞의 논문, 2009, pp. 282-286.

으로 판단된다. 발해 영역이 유적의 분포 범위와 반드시 일치하지 않는 것은 이 때문이다.

다른 하나는 니콜라예프카 성터에서 발견된 靑銅 魚符에 대한 해석 문제이다. 샤프쿠노프 에.붸.가 처음 이를 소개하면서, 이 부절은 국경에 파견된 발해 장군에게 수여된 것으로 해석하였다. 따라서 니콜라예프카 성터는 발해의 전초기지였고, 이로부터 동쪽으로는 발해와 적대적인 종족이 살았다고 주장하였고,[131] 이런 생각은 지금도 이어지고 있다.[132]

그런데 중국의 姚玉成은 唐 또는 五代에 중원왕조에서 말갈인에게 수여한 것이라고 반박하였다.[133] 이 부절에 쓰인 '左驍衛'가 발해 10衛에 속하지 않는 것으로 보아, 靺鞨 首領이 중원으로부터 수여받은 것으로 판단하는 것이 타당할 것이다.[134] 또 이 부절의 연대가 721년 이후로부터 五代까지에 걸치지만, 발해 멸망 이후에 五代國家들이 이 지역에 영향력을 행사할 수 없었던 점을 감안하면, 발해와 동시기에 해당한다고 할 수 있다.

그러나 그렇다고 해서 말갈 수령이 발해 통치 밖에 있었던 근거가 되지는 않는다. 일단 이 부절의 주인공은 니콜라예프카 성 안에 거주했던 것으로 보이는데, 이것은 발해 지배체제 아래에 있었던 사실을 반영한다. 사실 그는 발해성에 거주하면서 현지 말갈인을 통치하던 지방관을 겸했던 말갈 수령이었을 것이다. 따라서 당나라와의 교류도 발해 조정의 공식 경로를 통해 이루어졌음이 분명하다. 이를 뒷받침하는 발해 사료들이 다

---

131 에.붸. 샤프쿠노프 저, 송기호 역, 「연해주에서 출토된 발해의 청동제 符節」, 『韓國古代史論叢』 3, 한국고대사회연구소, 1992, p. 423.

132 아.엘. 이블리예프 저, 강인욱 역, 앞의 논문, p. 144.

133 姚玉成, 「俄羅斯尼古拉耶夫斯克遺址出土魚形靑銅信符考實」, 『北方文物』, 1993-3, p. 50.

134 宋基豪, 「渤海의 地方統治와 그 실상」, 『韓國 古代社會의 地方支配』 韓國古代史硏究 11, 한국고대사연구회, 신서원, 1997(『발해 사회문화사 연구』, 서울대학교출판문화원, 2011 재수록).

음과 같이 전한다.

발해는 외국에 사신을 파견할 때에 중앙정부의 대표자뿐 아니라 지방세력 대표자도 동행시켰다. 함화 11년(841) 中臺省牒에 기록된 65인의 大首領이 바로 그들이다. 792년에 楊吉福이 押靺鞨使의 직책을 띠고 말갈 사신을 인솔하여 당나라에 갔고, 일본에 갔던 사신인 高洋弼도 鐵利人을 대동하는 책임을 맡았다. 또 798년에 당나라에 파견된 茹富仇는 虞侯婁蕃長 · 都督이었으니, 이것은 그가 虞婁部의 대수령이면서 발해 지방관을 겸했던 사실을 반영한다. 이 우루부의 소재지는 연해주 일대로 추정되므로, 니콜라예프카 성터일 가능성도 배제할 수 없다.

이상의 자료로 볼 때에 부절의 주인공인 섭리계(聶利計)는 茹富仇처럼 말갈 수령과 발해 지방관을 겸한 인물이었으며, 중앙 사신단과 함께 중원에 파견되었을 때 이 부절을 수여받았던 것으로 볼 수 있다. 지리적으로 볼 때 발해에 적대적이었던 연해주의 말갈 수령이 발해 영역을 우회하여 당나라와 교류하기란 결코 쉽지 않았을 것이다. 따라서 부절과 발해 영역을 연계시켜 보려 한다면, 이런 상황을 염두에 두어야 한다.

5. 맺음말

한러 사이에 공동조사가 활발해지면서 발굴 방법 차이 때문에 이견이 여러 차례 발생했다. 러시아식 발굴법은 한국식과 다른 데다 모스크바의 지침에 반드시 따라야 하기 때문에 전면 발굴 등을 할 수 없는 문제점이 있었다. 이에 따라 몇 년에 걸쳐 소규모로 진행되어 유적의 성격이나 전모를 제대로 파악하기 어려운 상황도 벌어졌다. 발굴 결과에 대한 해석에서 이견이 드러나기도 하였고, 여름이나 초가을에 한정하여 야영하면서 발굴해야 하는 열악한 조건도 이겨 내야 한다. 그러한 한계 속에서도 서로 양해하고 배우면서 발굴을 해 가고 있다.

오랜 숙원이었던 발해 전시실이 국립중앙박물관에 만들어졌지만, 이를 채울 만한 마땅한 유물이 없다. 발해 유물은 국내에 서울대학교 박물관만 소장하고 있지만, 그마저 전시하기가 어려운 편린들이 대부분이다. 이런 환경에서 발해 고고학을 이해하고, 이를 토대로 발해사를 복원해 내는 일은 지난한 일이다. 이런 면에서도 러시아 측의 도움이 필요하다.

발해 유적이 중국, 북한, 연해주에 걸쳐 있지만, 한국학자로서 북한 유적은 아예 실견조차 할 수 없는 상황이고, 중국 유적은 정치적 이유로 접근이 차단되어 있어 공식적 교류에 엄두를 낼 수 없다. 따라서 연해주의 발해 유적만이 유일하게 열려 있는 소통의 공간이다. 그런 점에서 연해주와의 고고학적 교류는 발해사 연구자들에게 큰 의미가 있다.

발해문화를 이해하면서 중국 연구자들이 당 문화 일변도에 빠지고 한국학자들이 고구려문화 일변도에 빠질 때에, 러시아 연구자들은 문화적 다양성에 주목하였다. 발해 고고 자료에서 돌궐, 위구르, 소그드와 이란, 거란과 실위 등의 영향을 찾고자 했다.[135] 이렇게 발해문화를 편향되게 이해하는 것을 지양하고 다양한 접근을 할 수 있는 발판을 마련해 준 것은 분명 러시아 연구자들의 공로이다.

그렇지만, 연해주의 유적을 통해 발해 전체를 해석하려는 데에는 분명 한계도 있는 것을 명심해야 한다. 연해주 유적을 통해 발해에 더 가까이 접근하는 것은 중요한 일이지만, 자칫 연해주 발해가 전체 발해인 것처럼 오해하는 잘못은 피해야 할 것이다.

마지막으로 러시아어 표기법이 서로 다르고, 러시아과학원 극동지부

---

135 에.웨. 샤프쿠노프 엮음, 송기호 · 정석배 옮김, 앞의 책, p. 279; 에.웨. 샤프쿠노프, 「발해 문화 형성의 특징에 대하여」, 『러시아과학원 극동지부 통보』, 블라디보스토크, 1995-1(Э.В. Шавкунов, "О специфических особенностях формирования культуры Бохая", *Вестник Дальневосточного отделения российской академии НАУК*, No. 1, Владивосток, 1995).

와 같은 고유 명사도 연구자마다 달리 번역해서 쓰고 있다. 이는 자료 검색 등에서 문제를 불러올 것으로 예상된다. 따라서 연구자 사이에 표준화 작업이 이루어져야 할 것이다.

참고문헌

강인욱 외 (2008), 『고고학으로 본 옥저문화』, 동북아역사재단.

강인욱 · N. Kluyev · 김재윤 외 (2008), 「한 · 러 국경지역서 만난 철기유적 바라바쉬-3 얀꼽스끼문화 주거지 발굴」, 『계간 한국의 고고학』 2008년 봄호.

강희정[姜熺靜] (2003), 「발해 후기의 불교조각과 신앙」, 『동악미술사학』 4, 東岳美術史學會.

겔만, E.I. (2005), 「제2장 고르바트카 성터 발굴 보고서」, 『2004년도 러시아 연해주 발해 유적 발굴 보고서』, 고구려연구재단.

Evgenia I. Gelman (2007), 「발해의 옛 도시 고르바뜨까에 대한 조사 총화」, "The Ancient History of States in North-Eastern Asia", Far Eastern National University, International Conference, Vladivostok, 2007. 10. 2.

겔만, E.I. 저, 정석배 역 (2010), 「러시아 연해주 발해 유적 발굴의 결과와 의의」, 『高句麗渤海研究』 38, 고구려발해학회.

高句麗研究會 · 러시아科學院 시베리아分所 考古民族學研究所 (1998), 『러시아 연해주 발해 절터』, 학연문화사.

국립문화재연구소 · 러시아과학원 시베리아지부 고고학민족학연구소 (2001 · 2002 · 2003), 『러시아 아무르 강 하류 수추섬 신석기시대 주거 유적 발굴조사보고서』 I · II · III.

국립문화재연구소 · 러시아과학원 시베리아지부 고고학민족학연구소 (2006), 『연해주 불로치까 유적 III – 제6차 한 · 러공동발굴조사』.

국립문화재연구소 · 러시아과학원 시베리아지부 고고학민족학연구소 (2008), 『트로이츠코예 고분군』.

국립문화재연구소 · 러시아과학원 시베리아지부 고고학민족학연구소 (2009), 『돌고예 오제로 유적』.

국립문화재연구소 · 역사학고고학민속학연구소 (2008), 「소콜로프카 유적 발굴조사」, 『연해주의 문화유적』 II.

국제고려학회 · 러시아 극동국립대학교 한국학대학 (2010), "IV International Conference on Korean Studies" 발표요지, 2010. 10. 4-7.

김재윤 (2010), 『연해주 및 인접한 동아시아 신석기시대 후기의 토기 연구(*Керамика позднего неолита Приморья и сопредельных территорий Восточной Азии*)』, 2010. 5.

김정배 (1993), 「北韓出土 延熙二年銘 土器」, 『泰東古典硏究』 10, 태동고전연구소.

노혁진 (2004), 「中島式土器의 由來에 대한 一考」, 『호남고고학보』 19.

니끼친, Yu.G. (2009), 「끄라스끼노 성터 부근의 발해 고분 발굴(2003년)」, 『연해주 체르냐찌노 5 발해고분군(IV)』.

뒤바보(계봉우) (1920), 「俄領實記」 1, 『獨立新聞』 49, 1920. 3. 1일자, 上海.

디야꼬바, O.V. 저, 강인욱 역 (2007), 「연해주 중세시대 성지에 보이는 고구려의 전통」, 『계간 한국의 고고학』 2007년 봄호.

디야꼬바, O.V. 저, 정석배 역 (2006), 「연해주 발해문화의 토기: 지리, 형식 분류, 기원」, 『高句麗硏究』 25, 고구려연구회.

림호성 (1994), 「연해주에서 드러난 발해의 활과 화살에 대한 고찰」, 『조선고고연구』 1994-1.

朴泰根 역주 (1980), 『國譯 北征日記』, 한국정신문화연구원.

朴泰根 (1984), 「러시아의 동방경략과 수교이전의 한러교섭」, 『韓露關係100年史』, 韓國史硏究協議會.

사회과학원 고고학연구소 (2009), 『발해의 성곽과 건축』 조선고고학전서 41, 진인진.

사회과학원 고고학연구소 (2009), 『흑룡강성 및 남연해주일대의 고대집자리』 조선고고학전서 20, 진인진.

汕耘紀念事業會 (1982), 『汕耘張道斌全集』 권2, 時事文化社.

샤프쿠노프, 에.웨. 저, 송기호 역 (1992), 「연해주에서 출토된 발해의 청동제 符節」, 『韓國古代史論叢』 3, 한국고대사회연구소.

샤프쿠노프, 에.웨. (1993), 「러시아에서의 발해사 연구」, 『발해의 민족 형성과 연구사』, 발해사 국제학술회의 발표요지, 고려대학교 민족문화연구소, 1993. 3. 26; (2000), 『渤海史의 綜合的 考察』 민족문화연구총서 68, 고려대학교 민족문화연구원, 재수록.

샤프쿠노프, 에.웨. 엮음, 송기호 · 정석배 옮김 (1996), 『러시아 연해주와 발해 역사』 대우학술총서 번역 97, 민음사.

샤프쿠노프, 에.웨. · 엘.예. 셰메니첸코 저, 송기호 역 (1990), 「소련 연해주의 발해 문화 연구」, 『韓國史論』 23.

소련과학원 동양학연구소 (1981), 『한국학 논저목록(1917-1970)』, 모스크바: 과학출판사.

송기호 (1985), 「沿海州의 발해 문화 유적」, 『白山學報』 30 · 31합.

송기호 (1988), 「渤海史 硏究 動向」, 『韓國上古史學報』 1.

송기호 (1988), 「六頂山 古墳群의 성격과 발해 건국집단」, 『汕耘史學』 8; (2011), 『발해 사회문화사 연구』, 서울대학교출판문화원 재수록.

송기호 (1991), 「고구려사를 바라보는 또 하나의 시각」, 『韓國古代史論叢』 1, 한국고대사회연구소.

송기호 (1992),「발해사, 남북한·중·일·러의 자국 중심 해석」,『역사비평』 1992년 가을호.

송기호 (1995),「해외 발해 유적의 조사 현황과 방향」,『해외소재 우리역사 관련 문화유적의 현황과 보존』, 문화재연구소, 1995. 5. 24.

송기호 (1997),「渤海의 地方統治와 그 실상」,『韓國 古代社會의 地方支配』 韓國古代史研究 11, 한국고대사연구회, 신서원; (2011),『발해 사회문화사 연구』, 서울대학교출판문화원 재수록.

송기호 (2006),『한국 고대의 온돌: 북옥저, 고구려, 발해』, 서울대학교출판부, 2006.

송기호 (2007),「渤海의 高句麗 繼承性 補論」,『東아시아 속의 渤海와 日本』, 2007. 11. 3. 한일 국제심포지엄; (2011),『발해 사회문화사 연구』, 서울대학교출판문화원 재수록.

심재연 (2007),「강원도 중도식 토기문화에 보이는 동북지방 요소」,『국가형성에 대한 고고학적 접근』, 한국고고학회.

李南奭 (1993),「크라스키노 고분 발굴 성과와 고고학적 의의」,『전망』 8, 대륙연구소.

이블리예프, A.L. 저, 강인욱 역 (2007),「러시아 연해주 발해고고학 연구의 어제와 오늘」,『계간 한국의 고고학』 2007년 여름호.

이블리에프, 아.엘. · 볘.이. 볼딘 (2007),「크라스키노 성지 조사의 성과와 연해주 발해고고학에서의 의의」,『2006년도 러시아 연해주 크라스키노 성 발굴보고서』, 동북아역사재단.

이현혜 (2010),「沃沮의 기원과 문화 성격에 대한 고찰」,『韓國上古史學報』 70.

임상선 (2006),「발해 크라스키노성에 나타난 고구려 문화 요소」,『2005년도 러시아 연해주 크라스키노성 발굴 보고서』, 고구려연구재단.

張道斌 (1962),「暗雲짙은 舊韓末」,『思想界』 1962-4.

田村晃一 (2003),「クラスキノ土城の調査とその意義」,『발해 고고학의 최신 성과』,「해동성국-발해」, 서울대학교박물관 특별전 기념 국제학술대회 발표요지, 2003. 8. 22.

정석배 (2007),「체르냐찌노 2 주거 유적 – 제5차 한 · 러 공동 연해주 발해 문화유적 발굴조사」,『계간 한국의 고고학』 2007년 겨울호.

정석배 (2008),「한 · 러 공동 발해 유적 발굴조사의 성과와 과제」, 제51회 전국역사학대회 발표문, 2008. 5. 31.

정석배 (2009),「러시아의 발해 연구 동향과 쟁점」,『동아시아의 발해사 쟁점 비교 연구』, 동북아역사재단.

정석배 (2011),「연해주 발해시기의 유적 분포와 발해의 동북지역 영역문제」,『高句麗渤海研究』 40.

정석배 · Yu.G. 니끼친 (2007),「체르냐찌노 5 발해고분군의 고분유형과 출토유물」,『고구려연구』 26.

崔聖銀 (1999),「渤海(698-926)의 菩薩像 樣式에 대한 考察」,『高句麗 · 渤海 研究』 II, 강좌 미술사 14, 발해미술特輯號.

클류에프, N.A · 강인욱 (2009), 「2004-2006년 러시아 연해주 드보랸카-1유적의 발굴과 연해주로 초기신석기 및 청동기문화전파의 문제(Раскопки памятника Дворянке-1 в Приморье в 2004-2006 гг.-к проблемам среднего раннего неолита и распространиния бронзовой культурыы в Приморье)」, 『동북아문화연구』 19, 동북아시아문화학회.
편찬위원회 (1991), 『조선유적유물도감』 8, 발해편, 평양: 외국문종합출판사.
한국전통문화학교 · 극동국립기술대학교 (2005), 『연해주 체르냐찌노 5 발해고분군(I) - 제1 · 2차 한 · 러 공동 연해주 발해문화유적 발굴조사』.
한국전통문화학교 · 극동국립기술대학교 · 역사학고고학민족학연구소 (2007), 『연해주 체르냐찌노 5 발해고분군(III) - 제4차 한 · 러 공동 연해주 발해문화유적 발굴조사』.
한국전통문화학교 · 극동국립기술대학교 · 역사학고고학민족학연구소 (2008 · 2009), 『연해주 체르냐찌노 2 옥저 · 발해 주거 유적』 I · II.
한국전통문화학교 · 러시아과학원 극동지소 역사학고고학민족학연구소 (2010), 『연해주의 발해 유적과 꼰스딴찌노브까 1 주거 유적』.
韓圭哲 (1993), 「연해주 발해 유적 발굴과 향후 발해사 연구의 과제」, 『전망』 8, 대륙연구소.
홍형우 (2007), 「연해주 초기철기시대의 연구 현황과 과제」, 『국가형성에 대한 고고학적 접근』, 제31회 한국고고학전국대회 발표자료; (2009), 『철기시대 한국과 연해주』, 주류성 재수록.
홍형우 외 (2007), 「아무르 강 유역에서 발해 관련 유적 확인 - 한 · 러 공동발굴조사 성과발표」, 문화재청 보도자료, 2007. 9. 18.
환동해고고학연구회 편 (2009), 『철기시대 한국과 연해주: 크로우노프카 문화와 중도식토기 문화의 비교 연구』 환동해고고학 총서 1, 주류성.

江谷寛 (1966), 「沿海州における佛教遺蹟 - 渤海時代のアブリコソボ寺院」, 『古代學』 13-2.
『古代能登の對岸世界』(2004), TOGIシンポジウム.
『古代日本海文化の源流と發達』(1985), 環日本海金澤國際シンポジウム.
北海道開拓記念館 (1994), 『第40回特別展 ロシア極東諸民族の歷史と文化 - ロシア科學アカデミ - 極東支部所藏資料』.
沙弗庫諾夫, Э.В. 外, 宋玉彬 譯 (1997), 『渤海國及其俄羅斯遠東部落』, 東北師範大學出版社.
石川縣立歷史博物館 (1990), 『魅惑の日本海文化』.
石川縣立歷史博物館 (1996), 『波濤をこえて - 古代 · 中世のアジア交流』.
薛虹 (1982), 「外國的渤海史研究」, 『學習與探索』 1982-6.
薛虹 (1983), 「蘇聯的渤海史研究 - 兼評蘇聯對渤海國的研究」, 『中國史研究動態』 1983-1.
成于衆 譯, 王德厚 · 候玉成 校 (1993), 『蘇聯極東史 - 從遠古到17世紀』, 哈爾濱出版社.
小島武男 (1930), 「ロシヤに於ける渤海研究者及び文獻について」, 『史學』 10-1, 三田史學會,東京.

小嶋芳孝 外 (1997),『對岸諸國における渤海研究論文集』, 北陸電力株式會社 地域總合硏究所.

蘇聯大使館新聞處 供稿 (1960),「渤海王國的遺迹」,『考古』1960-1.

新潟大學環日本海硏究會 (1995),『渤海と環日本海交流』環日本海論叢 第8號.

楊志軍 主編 (1998),『東北亞考古資料譯文集』渤海專號, 北方文物雜誌社.

楊志軍 主編 (2001),『東北亞考古資料譯文集』高句麗,渤海專號, 北方文物雜誌社.

楊志軍 主編 (2002),『東北亞考古資料譯文集』4, 北方文物雜誌社.

楊志軍 主編 (2004),『東北亞考古資料譯文集』5, 北方文物雜誌社.

吳文銜 主編 (1996),『東北亞考古資料譯文集』俄羅斯專號, 北方文物雜誌社.

姚玉成 (1993),「俄羅斯尼古拉耶夫斯克遺址出土魚形靑銅信符考實」,『北方文物』1993-3.

『越の海, 波濤の道 - 古代國際交流の據點 · 北陸』(1994), 北陸電力株式會社 地域總合硏究所.

李健才 (1986),『東北史地考略』, 吉林文史出版社.

林樹山 (1982),「蘇聯濱海邊區的渤海文化遺存」,『東北考古與歷史』1.

林樹山 譯, 蔡曼華·姚鳳 校 (1985),「渤海國及其在濱海邊區的渤海文化遺存」,『民族史譯文集』1985-13, 中國社會科學院民族硏究所歷史硏究室資料組編.

林樹山 · 姚鳳 (1981),「蘇聯對渤海國的硏究」,『中國史硏究動態』1981-12.

張泰湘 (1983),「唐代渤海率賓府辨」,『歷史地理』1983-2.

田村晃一 編 (1995),『環日本海地域の古代文化交流 - 日ロ共同硏究による』, 文部省科學硏究費報告書.

田村晃一 (1998),「ロシア沿海州における渤海時代遺跡の調査概報 - 平成9年度調査」,『北方ユーラシア學會會報』10, 北方ユーラシア學會.

田村晃一 (1999),「ロシア沿海州における渤海時代遺跡の調査(第二次)」,『靑山史學』16.

田村晃一 (1999),『古代國家渤海と日本の交流に關する考古學的調査』, 平成8年度-平成10年度科學硏究費補助金(海外學術調査)硏究成果報告書.

田村晃一 (2011),『クラスキノ(ロシア · クラスキノ村における一古城跡の發掘調査)』, 渤海文化硏究中心.

田村晃一 外 (2001),『「日本道」關連渤海遺跡の考古學的調査』, 平成11 · 12年度科學硏究費補助金硏究成果報告書.

田村晃一 外 (2002),「2001年度ロシア · クラスキノ土城發掘調査概要報告」,『靑山史學』20.

田村晃一 · V.I. ボロディン 外 (1997),「ロシア沿海州における渤海時代遺跡の調査概報(1)」,『靑山考古』14, 東京.

鳥居龍藏 (1924),『人類學及人種學上より見たる北東亞細亞』, 東京: 岡書院.

鳥居龍藏 (1928),『滿蒙の探査』, 東京: 萬里閣書房.

糀谷好晃 編 (1994),『松原客館の謎にせまる - 古代敦賀と東アジア』, 氣比史學會.

和田清 (1955),「明初の滿洲經略」下,『東亞史硏究』滿洲篇, 東洋文庫.

クラスキノ土城發掘調査團 (2003),「2002年度ロシア・クラスキノ土城發掘調査概要報告」,『青山考古』21, 青山考古學會.

ア・ペ・オクラドニコフ, 加藤九祚·加藤晋平 譯 (1974),『シベリアの古代文化－アジア文化の一源流』, 講談社.

ア・ペ・オクラドニコフ 外, 荻原眞子 外 譯 (1982),『シベリア極東の考古學』2, 沿海州篇, 河出書房新社.

Far Eastern National University (2007), International Conference, "The Ancient History of States in North-Eastern Asia", Vladivostok, 2007. 10. 2.

Gelman, E.I. and V.I. Boldin (2004), "Koguryŏ's Influence on Parhae (Bohai) Culture", *Journal of Inner and East Asian Studies*, Vol. 1, Koguryo Research Foundation.

Okladnikov, A.P. (1965), "The Soviet Far East in Antiquity: An Archaeological and Historical Study of the Maritime Region of the U.S.S.R", Translations From Russian Sources No. 6, Arctic Institute of North America, University of Toronto, Canada, 1965.

The First International Symposium of Bohai Culture－To the 1300 anniversary of the foundation of Bohai state, Primorski historic-archaeological society "Antiquities of North-Eastern Eurasia" (Vladivostok), The Society of North-Eurasian Studies (Tokyo), Vladivostok, 1996. 10. 3-5.

김, 알렉산드르 (2003),「대한민국에서의 발해사 연구」,『러시아와 아시아 태평양지역』, 2003-3, 블라디보스토크(Ким, А., "Изучение истории Бохая в Республике Корея", *Россия и АТР*, No. 3, Владивосток).

김, 알렉산드르 (2007),「발해국사－남한의 연구자료에 의함」, 박사 학위 요약문, 블라디보스토크(Ким Александр Алексеевич, "История государства Бохай–по материалам исследований южнокорсйских учёных", Автореферат диссертации на соискание ученой степени кандидата исторических наук, Владивосток).

디야코바, 오.붸. (1981),「발해인의 도기 제조에 보이는 말갈 전통」,『소련 극동의 고고자료』, 소련과학원 극동학센터 극동민족 역사학·고고학·민족학 연구소, 블라디보스토크(Дьякова, О.В., "Мохэские традиции в гончарстве бохайцев", *Материалы по археологии Дальнего Востока СССР*, Ин-т истории, археологии и этнографии народов Дальнего Востока ДВНЦ АН СССР, Владивосток).

디야코바, 오.붸. (1984),『소련 극동의 중세 초기 도기들－4-10세기의 사료로서』, 모스크바: 과학출판사(Дьякова О.В., *Раннесредневековая керамика Дальнего Востока СССР–Как*

исторический источник IV-X вв., М: Наука).
디야코바, 오.붸. 외 (2008), 『퉁구스-만주에 관한 당면 문제-제1회 샤프쿠노프 기념논문집』, 블라디보스토크: 극동과학출판사(Дьякова, О.В. и др., *Тунгусо-Маньчжурская Проблема Сегодня–Первые Шавкуновские Чтения*, Владивосток: Дальнаука).
바실리예바, 테.아. (1989), 「조국의 문헌을 통해서 본 연해주 발해 유적 연구사」, 『소련 극동의 중세 고고학에 관한 새로운 자료』, 소련과학원 극동지부 극동민족 역사학 · 고고학 · 민족학 연구소, 블라디보스토크(Васильева, Т.А., "История изучения бохайских памятников Приморья в отечественной литературе", *Новые материалы по средневековой археологии Дальнего Востока СССР*, Ин-т истории, археологии и этнографии народов Дальнего Востока ДВО АН СССР, Владивосток).
샤프쿠노프, 붸.에. (2005), 「발해국의 동쪽 국경선 문제에 대하여」, 『러시아와 아시아 태평양지역』, No. 4, 블라디보스토크(Шавкунов, В.Э., "К вопросу о восточной границе государства Бохай", *Россия и АТР*, No. 4, Владивосток.
샤프쿠노프, 에.붸. (1968), 『발해국과 연해주의 발해 문화 유적』 레닌그라드(Шавкунов Э.В., *Государство Бохай и памятники его культуры в Приморье*, Л: Наука.
샤프쿠노프, 에.붸. (1992), 「객관적인 입장에서-한국 연구자들의 연구 활동에 나타난 발해(대한민국 송기호의 발표문에 의함)」, 『러시아와 아시아 태평양지역』 1992-2, 러시아과학원 극동지부 극동민족 역사학·고고학·민족학연구소, 블라디보스토크〔Шавкунов, Э.В., "С объективных позиций-Бохай в трудах корейских исследователей (По публикациям Сон Ки Хо, Республика Корея)", *Россия и АТР*, No. 2, Ин-т истории, археологии и этнографии народов Дальнего Востока ДВО РАН, Владивосток〕.
샤프쿠노프, 에.붸. (1995), 「발해 문화 형성의 특징에 대하여」, 『러시아과학원 극동지부 통보』 1995-1, 블라디보스토크(Шавкунов, Э.В., "О специфических особенностях формирования культуры Бохая", *Вестник Дальневосточного отделения российской академии НАУК*, No. 1, Владивосток).
샤프쿠노프, 에.붸. (1995), 「아브리코스 佛堂 부근에서 발견된 石燈 基臺石」, 『러시아과학원 극동지부 통보』 1995-3, 블라디보스토크(Шавкунов, Э.В., "Находка постамента каменного фонаря вблизи Абрикосовской кумирни", *Вестник Дальневосточного отделения российской академии НАУК*, No. 3, Владивосток.
샤프쿠노프, 에.붸. (1996), 「마리야노프카 성터에서 출토된 독특한 모양의 부싯쇠 손잡이」, 『러시아과학원 극동지부 통보』 1996-2, 블라디보스토크(Шавкунов Э.В., "Уникальный держатель от кресала из Марьяновского городища", *Вестник Дальневосточного отделения российской академии НАУК*, No. 2, Владивосток).
스트류첸코, 이.게. 외 (1991), 『연해주의 역사 유적 및 문화 유적』 자료 집성, 제2부, 고고 유적, 러시아과학원 극동지부 극동민족 역사학 · 고고학 · 민족학연구소(Стрюченко, И.Г. и др., *Памятники истории и культуры Приморского края*, Матерады к Своду, Часть II, Археологические памятники, Ин-т истории, археологии и этнографии народов Дальнего Востока ДВО РАН, Владивосток.

이블리예프, 아.엘. (2005), 「발해사 개관」, 『선사 및 중세 시기의 러시아 극동: 발견, 문제, 가정』, 블라디보스토크: 극동과학출판사(Ивлиев, А.Л., "Очерк истории Бохая", *Российский Дальний Восток в древности и средневековье: открытия, проблемы, гипотезъ*, Владивосток: Дальнаука).

아르테미예프, 아.에르. 책임편집 (2001), 『동부 아시아의 고대사와 중세사 – 발해 건국 1300주년에 부쳐: 국제학술회의(블라디보스토크 1998년 9월 21-26일) 자료집』 블라디보스토크〔Артемьев, А.Р., *Древняя и средневековая история Восточной Азии–К 1300-летию образования государства Бохай: Материалы междунар. науч. конф* (Владивосток, 21-26 сентября 1998г.), Владивосток〕.

안드레예바, 줴.붸. 책임편집 (2005), 『고대 및 중세의 러시아 극동 – 발견, 문제점, 가설』, 블라디보스토크: 극동과학출판사(Андреева, Ж.В. отв. редактор, *Росийский Дальний Восток в древности и средневековые–открытия, проблемы, гипотезы*, Владивосток: Дальнаука).

오클라드니코프, 아.페. (1959), 『연해주의 먼 과거 – 연해주의 고대사 및 중세사 개관』, 블라디보스토크: 연해주 서적출판사(Окладников, А.П., *Далёкое прошлое Приморья–Очерки по древней и средневековой истории Приморского края*, Владивосток: Примор. кн. изд-во).

크루샤노프, 아.이. 책임편집 (1989), 『소련 극동사 – 고대부터 17세기까지』, 모스크바: 과학출판사(Крушанов, А.И. отв. редактор, *История Дальнего Востока СССР–С древнейших времён до XVII века*. М: Наука).

크루샤노프, 아.이. 책임편집 (1991), 『소련 극동사 – 봉건 및 자본주의(17세기-1917년 2월)』, 모스크바: 과학출판사〔Крушанов *А.И. отв. редактор, История Дальнего Востока СССР–в эпоху феодализма и капитализма (XVII в.-февраль 1917 г.)*, М: Наука.〕.

포노소프, 붸.붸. (1939), 「동경성 유적에 대한 초보 보고」, 『東京城』 부록, 東方考古學叢刊 甲種 第五冊, 東京 · 京都(Поносов, В.В., "Предварительное сообщение о разведке развалин Дунцзин-Чэна", *Tung-Ching-Ch'êng*, Tokyo & Kyoto).

제6장

러시아 제국 지식인의 시베리아 토착민관

시베리아 지역주의자 니콜라이 야드린체프의 견해를 중심으로

한정숙

서울대학교 서양사학과 교수

주요 논저: 유라시아 천 년을 가다(2002, 공저), 유랑시인(2005, 편역), 우크라이나의 이해(2009, 공저), 러시아는 우리에게 무엇인가(2011, 공저), 19세기 시베리아의 지역적 자의식, 역사학을 만나다(『슬라브연구』 28권 3호, 2012) 외 러시아 역사에 관한 여러 논문

1. 들어가기

시베리아의 토착민은 여러 면에서 아메리카 대륙의 토착민과 유사한 운명을 겪었다. 그들은 외부에서 온 정복자들에 의해 자신의 땅에서 대상화되고 예속되고 절멸의 위기에까지 내몰렸다. 러시아에서 시베리아인의 지역적 정체성과 자의식은 19세기에 이르러 형태를 갖추게 되었다.

시베리아 의식은 19세기 전반에 그 단초가 등장하였고 후반에는 시베리아 지역주의자들의 등장으로 본격적인 담론적 표현을 얻게 되었다고 할 수 있다. 그러나 이는 시베리아의 원래 주인인 토착민이 주도한 것은 아니었다. 토착민은 러시아인의 시베리아 정복 이래 지배의 객체가 되어 있었을 뿐 아니라 인식과 연구의 대상이 되어 있었다. 러시아인과 토착민 사이에서 태어난 인물이 시베리아 지역주의 발전에 기여하는 경우는 있었지만 예외적이었고,[1] 순수 토착민이 스스로 자신의 삶과 미래에 대한 자기 인식을 러시아인과 구분되는 형태로 문자로 기록하는 것은 아직 본격화하지 않았다. 그렇다면 러시아인들은 토착민을 어떻게 보았을까? 특히 진보적

1 예를 들어 아파나시 샤포프는 지역성 개념에 바탕을 두고 시베리아를 연구한 역사가인데, 그 또한 토착민 어머니(부랴트인)에게서 태어나기는 했지만 문화적으로는 어디까지나 러시아인인 아버지의 가부장권 아래서 러시아인으로 성장한 인물이었다. 샤포프의 삶과 학문에 대해서는 А.С. Маджаров, *Афанасий Прокопьевич Щапов: История жизни (1831–1976) и жизнь "Истории"*, Иркутск, 2005를 참고할 것.

이고 혁명적인 사상을 가지고 러시아 제국의 진보적 전환을 지향하던 논자들은 시베리아 토착민에 대해 어떠한 태도를 가지고 있었을까?

이 글은 19세기 후반 시베리아에 대해 뛰어난 연구성과를 남긴 학자이자 시베리아 지역주의[2]의 대표적 논객인 니콜라이 미하일로비치 야드린체프(Николай Михайлович Ядринцев, 1842-1894)의 시베리아 토착민관을 살펴봄으로써 이 물음과 관련한 지적 대화를 시작해 보려는 시도이다. 러시아 지식인들의 시베리아 토착민관이 여러 갈래로 나뉘어 있었기에 야드린체프의 견해는 그 가운데 단지 한 갈래만을 보여 줄 뿐이다. 즉, 그의 견해는 러시아 식자들의 일반적 견해를 대표하지 않는다. 그러나 그가 워낙 시베리아 사정에 정통하고 토착민의 삶도 밀착 관찰한 인물이었을 뿐 아니라 시베리아의 자율적 삶을 향한 열망 때문에 여러 해에 걸쳐 옥고를 치르기도 했던 인텔리겐치야의 일원이기에 시베리아와 관련한 그의 견해는 각별한 권위를 가진다. 또한 그의 저서들은 시베리아 토착민의 당시 삶에 대한 구체적 정보를 준다는 점에서도 중요하다.

이 글에서는 야드린체프의 토착민관이 러시아 시베리아 연구사에서 어떠한 지형에 위치하고 있는지를 가늠하고자, 예비적으로 러시아에서 시베리아 연구의 역사를 간단히 개관하고 그 속에서 시베리아 토착민이 어떻게 묘사되었는지를 살펴보기로 한다. 이어서 시베리아 토착민을 분류하는 방식의 변화에 대해 살펴볼 것이다. 그리고 더 나아가서 야드린체프의 토착민관을 검토하고 이에 대한 평가를 시도하기로 하겠다.

---

2 시베리아 지역주의에 대한 한국어 문헌으로는 김성진, 「시베리아 지역주의의 역사적 고찰: 제정말기를 중심으로」, 『유라시아 연구』(2001년 겨울); 민경현, 「시베리아 지역주의 운동의 사상적 기원-뽀따닌과 야드린쩨프를 중심으로」, 『슬라브 연구』 제20권 2호(2004)를 참고할 것.

2. 시베리아에 대한 야드린체프 이전의 연구

러시아인에 의한 시베리아 정복은 16세기 후반에 시작되었고 러시아인은 빠른 속도로 광대한 시베리아 땅을 정복해 갔다. 러시아 세력은 17세기 중반에는 북태평양 연안에 이르렀고 그 후로도 파죽지세의 정복이 이어졌다. 그러나 시베리아에 대한 학문적 연구가 시작된 것은 한참 후의 일이었다. 오랜 기간, 러시아 정복자의 관점에서 시베리아는 모피 획득을 위한 공간이었고 시베리아 토착민은 이를 최대한 효율적으로 하는 데 동원되는 객체였다.[3] 무차별적이고 무분별한 시베리아 자원 수탈의 물결이 어느 정도 지나고 난 다음에야 비로소 이 새로 획득한 영토와 그곳에 사는 사람들에 대한 학문적 관심이 시작되었다. 1690년대에 『시베리아 국가의 새로운 땅에 대한 서술(*Описание новые земли сибирского государства*)』이라는 소책자가 출판된 이후,[4] 시베리아에 대한 체계적 학술연구는 17세기 말, 18세기부터 본격화하였다.[5] 이를 장려한 후원자는 러시아 제국 정부였다. 1696년 차르 표트르 1세가 시베리아에 대한 학술연구를 위한 칙령을 내린 이래 러시아 황제들은 시베리아의 자연, 지리, 식생에 대한 연구를 위해 탐사대를 파견하고 귀환 후 보고서를 작성하게 했다. 비투스 베링이 이끄는 베링 탐사대의 활동은 그 한 예였다.[6] 제국 정부의 위촉으

---

3 시베리아 정복 이후 러시아인들의 시베리아 모피 획득 및 교역에 관한 현재까지의 최상의 연구서로는 R.H. Fisher, *The Russian Fur Trade, 1550-1700* (Berkeley and Los Angeles: University of California Press, 1943)를 들 수 있다. 그중에서도 특히 II, III, IV, VI장을 참고할 것.

4 이 소책자는 1683년에서 1692년 사이에 쓰인 것으로 추정된다고 한다. С.В. Бахрушин, "Г.Ф. Миллер как историк Сибири", Г.Ф. Миллер, *История Сибири* т. 1(Москва-Ленинград: Издательство академии наук СССР, 1937), p. 6.

5 Бахрушин, 위의 글, pp. 6-7.

6 차르 표트르 1세는 1724년 12월 23일, 캄차트카 지방을 학술적으로 탐사할 제1차 원정대 파견에 관한 칙령을 내리면서 탐사대장으로는 비투스 베링이나 폰 베르드

로 이루어지는 이 같은 방식의 시베리아 탐험, 연구는 그 후 러시아 제국에서 시베리아 연구의 주축을 이루게 되었다.

초기에 이와 같은 연구를 주도한 인물은 독일인을 주축으로 하는 외국인 학자들이었다. 페터 지몬 팔라스(Peter Simon Pallas, 1741-1811), 요한 고틀립 게오르기(Johann Gottlieb Georgi, 1729-1802), 요한 게오르크 그멜린(Johann Georg Gmelin, 1709-1755), 밀레르(Герхард Миллер)라는 러시아식 이름으로도 잘 알려진 게르하르트 프리드리히 뮐러(Gerhard Friedrich Müller, 1705-1783) 등은 모두 상트페테르부르크의 러시아 학술원과 관련을 가지면서 몇 년에 걸쳐 시베리아 여행을 하고 자연, 지리, 식생, 민족지학, 역사학 등 여러 분야에 걸쳐 기록을 남긴 독일인 학자들이었다.

그러나 스테판 크라셰닌니코프(Степан Петрович Крашенинников, 1711-1755)의 예에서 보듯 러시아인 학자들의 활동도 18세기 초 이래 활발하게 이루어졌으며 정치인이자 행정가였던 미하일 스페란스키(Михайл Михайлович Сперанский, 1772-1839)도 중앙무대에서 벌어진 권력갈등으로 시베리아에 오게 된 후 시베리아에 대한 학문적 연구에 상당 기간 주력했다. 역사가 표트르 슬로프초프(Пётр Андреевич Словцов, 1767-1843), 자연탐구자였던 밋덴도르프(Александр Фёдорович Миддендорф, 1815-1894), 인류학적 연구에서 큰 족적을 남긴 니콜라이 코스트로프 공작(Николай Алексеевич Костров, 1823-1881) 등은 러시아 제국 출신 학자로서 시베리아에 대한 연구에 큰 기여를 한 인물들이다.

이러한 활동을 통해 러시아인들은 시베리아에 대한 지식을 쌓아 갔다. 그러나 시베리아 토착민에 대한 인식은 오랫동안 그리 명료하지 않

를 선발하라고 직접 추천하였다. B. Dmytryshyn, E.A.P. Crownhart-Vaughan, and T. Vaughan (eds.), *Russian Penetration of the North Pacific Ocean: A Documentary Record 1700-1797*, Oregon: Historical Society Press, 1988, p. 66.

았다. 사실 시베리아 일부 토착민과 친척관계에 있는 우랄 산맥 북부 토착민의 존재는 러시아인들에게 일찍부터 알려졌다. 노브고로드인은 일찍부터 이들과 모피 교역을 하였고 벨리키 노브고로드 공화국은 세력이 확장됨에 따라 이들에 대해 지배권을 행사하기도 하였다. 『노브고로드 연대기』 1187년(6695년) 항에는 "페초라와 유그라 땅의 조공납부자들이 페초라에서 죽임을 당하였다"는 기술이 등장하고 있고,[7] 1193년(6701년) 항에는 유그라와 관련하여 다음과 같은 기술이 나온다. "노브고로드 사람들은 사령관 야드레이와 함께 무장을 하고 노브고로드를 출발하여 유그라 땅으로 가서 도시를 장악했다. 그리고 그들은 또 다른 도시로 갔다. 그들은 도시의 문을 닫아 잠그고 도시 대문 앞에서 5주일을 버텼다. 유그라 사람들은 그들에게 사람을 보내 기만적으로 다음과 같이 말했다. '우리는 은과 흑담비와 다른 귀중한 물품들을 거두고 있습니다. 당신들의 농민(смерд)과 당신들의 조공(дань)을 파괴하지 마십시오.'"[8]

물론 이 같은 연대기의 기술에도 불구하고 시베리아 자체에 대한 인식이 언제부터 시작되었는지에 대해서는 의견이 분분하다. 러시아 학술원 시베리아 분원에 소속된 이르쿠츠크의 두 학자는 노브고로드인이 오브 강 유역에 도달하여 현지인들과 전투를 벌인 1364년을 러시아인이 시베리아를 알게 된 최초의 시기라고 말한다.[9] 어찌 되었건 그 후 노브고로드 출신의 스트로가노프 가문은 우랄 산맥 서쪽에서 시베리아 토착민을 끌어들이는 광범한 사업을 벌였고 이 가문과 토착민의 갈등이 예르막의

7 *Новгородская первая летопись старшего и младшего изводов. Полное собрание русских летописей*, том третий, Москва-Ленинград: Издательство Академии Наук СССР, 1950, p. 38.

8 위의 책, p. 40.

9 К.Г. Леви и Н.В. Задонина, "Предуведомление от составителей", Семен Ремизов, *Краткая Сибирская летопись* (Кунгурская), Иркутск, 2003, p. 8.

시베리아 원정의 한 계기가 되었음은 잘 알려져 있다.[10]

그러나 시베리아인의 존재 자체는 이처럼 상당히 오래전부터 알려졌었음에도 이들이 누구인지를 알기 위한 연구는 아주 늦게야 시작되었다. 시베리아의 토착민은 해독 가능한 문자 자료나 기념물을 의미가 있을 정도로 남기지 않았기 때문에 이들에 대한 연구가 수월하지 않다는 난점도 있었다.[11] 러시아의 시베리아 정복 후 이 지역에 대한 고고학적 연구가 진행되면서 조금씩 선사문화에 대한 이해도 생겼으나 그 진도는 느렸다.

시베리아 토착민 자신은 그들 스스로 기록을 남기지 않았고, 정복당한 백성이며, 정복 후에도 자기 목소리를 내지 못하고 있던 주민이라는 몇 겹의 이유로 러시아인과의 관계 속에서 기본적으로 러시아인의 타자로서만 모습을 드러낼 뿐이었다. 시베리아 토착민은 러시아에 정복된 후에는 '시베리아 이족(異族)'(сибирские инородцы)이라 불렸다. 17세기 말, 18세기 초에 저술활동을 한 토볼스크의 러시아인 소귀족 레메조프는 이들을 원주민(бывальцы), 선주민(старожильцы), 현지인(туземцы), 이방인(иноземцы) 등으로 부르기도 했다.[12] 즉, 그들은 기본적으로 러시아인〔이때 러시아인이란 러시아 제국 신민으로서의 러시아인, 곧 로시야네(Россияне)를 뜻하는 것이 아니라 혈연적 개념으로서의 러시아인, 곧 루스키예(Русские)를 가리킨다〕이 아닌 사람들이었던 것이다.

시베리아 연대기는 비교적 일찍부터 몇 종류가 출현했지만 시베리아의 역사는 18세기에 이르러서야 서술되기 시작하였다. 그런데 시베리아의 역사는 시베리아인의 역사와 동일한 것은 아니었고 그중에서도 시베리아 토착민의 역사와 동일한 것은 더더욱 아니었다. 시베리아에 대한 여

10 Александр Андреев, *Строгановы*, Москва: Белый Волк-Крафт, 2000, pp. 6-73.

11 А.Н. Пыпин, *Исторія русской этнографіи, том IV. Белорссія и Сибирь*, С-Петербургъ: Типографія М.М. Стасюлквича, 1892, pp. 382-383.

12 Бахрушин, 앞의 글, p. 7.

러 책 속에서 시베리아의 원래 주인, 곧 토착민에 대한 연구나 서술은 일부에 불과하였다. 그리고 이 같은 연구나 서술은 연대순으로 정비례적 변화를 겪은 것도 아니다. 그들에 대한 평가 또한 긍정 혹은 부정의 방향으로 직선적으로 변화한 것은 결코 아니었다. 18세기의 저자가 시베리아 토착민에 대해 더 적극적인 관심을 가지고 기술한 반면 19세기의 저자가 토착민에 대해 더 소홀한 경우도 있다.

예컨대 18세기 러시아 제국에서 시베리아 역사연구의 출발을 알린 인물인 밀레르(게르하르트 뮐러)[13]는 유럽 다른 나라에서 이미 진행되었던 유목민족들에 대한 연구를 토대로 하여 러시아에 정복되기 이전의 시베리아 토착민의 역사에도 관심을 기울였고 방대한 『시베리아 역사』 도입부에서 이 역사를 소개하였다.[14] 그는 시베리아의 가장 중요한 민족은 타타르인이고 이들이 칭기즈칸과 밀접한 관련을 가지고 있다고 보았다. 그는 텔렌구트, 칼미크, 야쿠트, 오스탸, 아린 등 시베리아의 여러 부족에 대해서도 자신이 들은 전승을 세세히 소개하였는데, 이러한 서술에서 섣부른 평가를 내리기보다 최대한 객관적인 태도를 견지하고자 하였다. 밀

13 역사가 밀레르의 러시아식 이름에는 Герард Фридрих Миллер와 Фёдор Иванович Миллер라는 두 가지가 있다. 전자는 그의 본명을 그대로 음역한 것이고 후자는 순수한 러시아식 이름으로 새로 지은 것이다. 그는 러시아 제국에서 시베리아 역사연구의 출발을 알린 인물이었을 뿐 아니라 보다 일반적인 의미에서도 러시아 역사학이 서유럽 시민사회에서 발달한 역사학의 학문적 수용으로 나아가는 데 길을 열어 준 인물이기도 하다(Бахрушин, 위의 글, p. 5). 독일에서 태어나 대학교육을 받고 스무 살이 지나 러시아로 온 그는 러시아 제국 학술원의 위촉으로 시베리아 연구탐험의 길에 들어서게 되었다. 그는 여러 차례에 걸친 시베리아 탐사의 결과를 집성하여 방대한 보고서를 집필하였다. 그의 주된 영역은 역사학적 연구였다. 그는 모국어인 독일어로 집필하였는데 아홉 권에 달하는 그의 저서 『시베리아 역사』는 이후 시베리아 역사 연구를 위한 중요한 자산이 되었다〔G.F. Müller, Sammlung russischer Geschichte 9 Bände (St. Petersburg, 1732)〕. 그의 저서는 나중에 러시아어로 옮겨져 몇 차례 출판되었다. 이 글에서 이용한 1937년 소련 학술원판은 그중 하나이다.

14 Миллер, 앞의 책, pp. 169-201.

레르는 쿠춤 한과 관련한 부분에서는 "그의 통치시기에 일어난 굉장한 사건은 시베리아에 처음으로 이슬람교를 도입한 일"이라고 쓰고 있다. 또한 그 이전에 이슬람을 보급하기 위해 노력하다 죽음을 맞은 타타르인들에 대해서도 "올바른 신앙"을 도입하려다 순교자로서의 죽음을 맞이했다고 쓰고 있다. 시베리아인들이 비기독교인이므로 기독교 세력에 정복당해 마땅하다는 입장을 가진 저자의 펜 끝에서는 나오기 어려운 표현일 것이다.[15] 이 같은 객관성은 밀레르가 러시아인이 아니라 외부자, 곧 독일인이었다는 데서 가능했던 것일지도 모른다. 또한 유명한 시베리아 탐사자이며 한때 밀레르와 함께 시베리아 답사를 한 적도 있는 팔라스는 북부 바시키리아를 방문한 후 자연조건 및 생계활동 덕분에 바시키르인들은 행복한 삶을 영위하고 있다고 평가하였다.[16]

그런 반면 19세기 전반에 집필활동을 한 러시아인 역사가 슬로프초프는 토착민에 대해 오히려 관심이 덜했다. 슬로프초프는 시베리아 출신의 역사가로 『시베리아 역사 개관(*Историческое обозрение Сибири книга*)』 1-2를 서술하였지만 그의 역사서술에서는 유럽 러시아인이 시베리아를 정복하기 이전의 시베리아인은 존재하지 않는다. 그는 정복 이후 시기에도 러시아 국가를 중심에 둔 시베리아 역사를 주로 다루었고 토착민은 미개인으로 여겼다. 예컨대 그는 토착민이 미개인이자 공동생활의 방식을 알지 못하는 존재들이었으며, 그들이 신봉하는 샤머니즘은 미래를 알고 싶어 하는 경박한 생각과 자기 주술의 산물이라고 주장하였다.[17]

---

15 위의 책, pp. 198-199.

16 Пыпин, 앞의 책, p. 257.

17 П.А. Словцовъ, *Историческое обозрение Сибири книга 1-2*, Издание И.М. Сибирякова, Санкт-Петербург: Типография И.Н. Скороходова, 1886, pp. 3-6.

3. 시베리아에 바친 사랑: 야드린체프의 삶과 학문

시베리아 토착민을 미개인이자 열등한 종족이라고 보는 시각은 예외적인 것이 아니었다. 유럽 백인의 시각을 반영한 이 같은 견해는 러시아인 사이에서 널리 퍼져 있었다. 예컨대 1840-50년대 축치인 사이에서 정교회 선교사로 활동했던 아르겐토프라는 저자는 캄차트카 지방 토착민의 생활을 "개 같은 생활"로, 이곳 토착민을 "북극곰을 연상시키는 존재"로 계속 묘사하였다.[18] 이 같은 일반적 경향에 맞서서 시베리아 토착민의 문명사적 위치를 제대로 평가하고자 노력한 가장 눈에 띄는 인물 중 하나가 야드린체프이다.

그리고리 포타닌과 더불어 19세기 후반 시베리아 지역주의를 대표하는 논객이며 사회활동가인 야드린체프는 시베리아 주민의 역사와 삶에 대한 방대한 연구와 자료를 남겼다. 그는 시베리아 옴스크에서 태어나고 자란 시베리아인이지만, 혈통적 · 문화적으로는 유럽 러시아인에 속했다. 그의 아버지는 페름에서 시베리아로 건너온 소상인이었고 어머니는 오룔 지방의 지주에게 속해 있던 농노 출신 여성이었다.[19] 야드린체프는 시베리아 출신으로는 예외적으로 훌륭한 교육을 받았을 뿐 아니라 사상적으로 러시아 중심부의 진보적 사상에도 상당히 일찍부터 접할 수 있었다. 그의 가족이 시베리아에 유배 와 있던 데카브리스트 혁명가 블라디미르 슈테인겔(Владимир Иванович Штейнгел) 남작과 교유하면서 문화, 문학, 사

18 Andrei A. Znamenski, *Shamanism and Christianity: Native Encounters with Russian Orthodox Missions in Siberia and Alaska, 1820-1917*, Westport, London: Greenwood Press, 1999, p. 75.

19 Михайл Лемке, *Николай Михайлович Ядринцевъ. Біографический очерк. К десятилетію со дня кончины*, Санкт-Петербург: Типо-Литографія Герольдъ, 1904, pp. 1-4.

상에 관한 관심을 유지할 수 있었던 것, 그리고 젊은 야드린체프가 그 당시 상트페테르부르그에서 톰스크로 이주해 와서 그의 집에서 하숙하던 문필가요 학자인 니콜라이 슈킨(Николай Семёнович Щукин)에게서 지적 감화를 받을 수 있었던 것 등은 그의 정신적 성장에 영향을 미친 행운적 요소들이었다.[20]

1860년대 초 러시아 제국의 수도로 건너가 상트페테르부르크 대학의 청강생이 된 야드린체프는 이 대학의 시베리아 향우회 회원으로 활동하면서 포타닌을 비롯한 시베리아 출신 젊은이들과 긴밀하게 교유했다.[21] 향우회 소속 학생들은 체르느이셰프스키, 게르첸 등 혁명가들의 글을 읽고 그들의 사상에 경도되었고 카벨린, 코스토마로프 등 자유주의적 · 개혁적 지식인들의 강의를 듣고 열광하기도 하였다.[22] 이 같은 분위기 속에서 야드린체프와 포타닌은 전제정부에 반대하는 급진적 사상을 품게 되었을 뿐 아니라 낙후된 그들의 고향 시베리아의 현실을 직시하면서 이를 비판하고 넘어서고자 하는 운동으로 나아가게 되었다. 이들은 시베리아의 독자적 발전을 주장하는 시베리아 지역주의를 주도하게 된 것이다. 발리하노프, 나우모프, 샤시코프 등이 이들의 동지였다.[23] 시베리아 지역주의가 러시아 정부 당국에 의해 시베리아 분리주의로 이해되면서 야드린체프는 체포되었고 8년에 걸쳐(1865-1873) 수감 및 중노동 유형생활을 하기도 했다. 인민주의자이면서 민주적 · 자유주의적 범슬라브주의의 신봉자이기도 했던 바실리 세메프스키는 야드린체프 사망 후 그에 대해 회고

---

20 위의 책, pp. 4-30.

21 М.Г. Сесюнина, *Г.Н. Потанин и Н.М. Ядринцев: Идеологи сибирского областничества*, Томск: Издательство Томского Университета, 1974, p. 26.

22 Лемке, 앞의 책, pp. 26-30.

23 Wolfgang Faust, *Russlands goldener Boden: Der sibirische Regionalismus in der zweiten Hälfte des 19. Jahrhunderts*, Köln: Böhlau, 1980.

의 글을 쓰기도 했다.[24] 시베리아 지역주의자들은 대체로 연구와 사회-정치운동을 병행하였고 토착민을 비롯한 시베리아 주민의 삶에 대한 면밀한 역사적 · 인류학적 연구도 수행하였다.

시베리아 지역주의자로서 야드린체프는 정치적 활동을 하기도 했으나 포타닌에 비하면 그의 활동은 시베리아 연구와 문필활동, 계몽활동 쪽에서 좀 더 강세를 보였다. 지역 언론인으로서의 역할도 괄목할 만했다.[25] 그는 시베리아의 현실을 넘어서기 위해서는 시베리아를 제대로 알아야 한다는 생각을 가지고 있었고, 독일인들을 주축으로 한 시베리아 연구 초창기 주도자들의 업적을 넘어서서 자신의 지적 세계를 구축하였다. 무엇보다 그는 시베리아인의 관점에서 시베리아를 연구하였다. 그는 지역적 사정, 시베리아 토착민의 역사와 19세기 말 당시의 사정 등에 대해 왕성한 연구를 했고 이들 각 영역에서 아주 충실한 내용을 갖춘 저서들을 남겼다. 한 연구자는 그에 대해 다음과 같이 평가하였다. "야드린체프는 여러 권에 달하는 학문적 · 사회평론적 저술을 남겼거니와, 그 저서 하나하나에서마다 우리는 많건 적건 역사 속으로 여행을 하게 된다. 이는 가장 자율적이고 가장 정밀한 사료 연구에 바탕을 둔 그러한 역사 여행이 되는 것이다."[26]

야드린체프의 첫 번째 주저는 『식민지로서의 시베리아: 시베리아의

---

24 Лемке, 앞의 책, p. 41.

25 언론인으로서의 야드린체프의 활동에 대해서는 И.Г. Чередниченко, *Николай Михайлович Ядринцев – Публицист, теоретик и организатор провинциальной печати*, Иркутск: Издательство Иркутского государственного технического университета, 1999를 참고할 것.

26 В.С. Манассеин, "Очерк исторической деятельности ВСО РГО за 75 лет его существования", *Известия Восточно-Сибирского отдела Государственного Русского Географического Общества* (Иркутск, 1926). т. 1, с. 76. В. Коржавин, *Из истории исторической науки в Сибири* (Н.М. Ядринцев)에서 재인용. http://www.gumer.info/bibliotek_Buks/History/Article/korg_izist.php(검색일: 2010. 12. 6).

현 상황. 현재 시베리아의 필요와 요구. 과거와 미래(*Сибирь как колония: Современное положение Сибири. Её нужды и потребности. Её прошлое и будущее*)』(1882)라는 제목을 가지고 있다.[27] 부제가 보여 주듯 시베리아의 과거와 현재를 살피고 미래의 전망을 모색하는 내용으로 이루어져 있되 과거와 현실에 대해서는 아주 비판적인 분석이 주를 이룬다. 야드린체프는 이 책에서 시베리아의 주민구성, 토착민의 상태, 러시아인의 시베리아 이주 및 정착과정, 시베리아 유형제도, 경제, 행정 등 여러 분야에 걸쳐 시베리아의 현실을 천착하고 있는데, 시베리아의 처지를 말해 주는 핵심적인 단어는 '식민지'이다.

유럽어에서 'colony', 'колония'는 제국주의적 지배의 대상을 의미하기도 하지만, 특정한 주민집단이 이주하여 정착한 곳, 특정집단의 공동체적 거주 공간을 의미하기도 한다. 전자의 경우에는 어쩔 수 없이 비주체성, 피착취성, 자기 결정권의 결여라는 속성이 해당지역의 삶을 특징짓는다. 반면 후자의 경우에는 인구가 희박하거나 황무지인 공간에 새로운 주민집단이 이주하여 새로운 삶의 공간이 형성되는 것인데 그 공간의 구성방식이 미리 규정되어 있지는 않다. 『식민지로서의 시베리아』에서 야드린체프가 구사한 식민지라는 용어는 후자에 가깝다. 물론 시베리아 토착민의 입장에서 보면 이는 분명히 정복과 지배의 대상이라는 의미를 가졌지만 시베리아 거주 유럽인, 특히 러시아 농민의 입장에서 보면 시베리아는 새로운 집단정착지이며, 옛 근거지에서 찾을 수 없었던 생활조건(예컨대 풍부한 토지)을 가능케 해 주는 새로운 삶의 공간이었다. 야드린체프는 『식민지로서의 시베리아』 서두에서 시베리아의 광활함, 비옥한 토질, 다양한 식생, 풍부한 천연자원 등을 길게 서술하며, 알타이 지구와 미누신스

27 초판본은 상트페테르부르크 스타슐레비치 인쇄소(Типография М.М. Стасюлевича)에서 출판되었다.

크 지구 산악지대의 풍광명미한 자원은 스위스에도 결코 뒤지지 않는다는 것을 소개하였다.[28] 그는 러시아인이 불과 150년에 걸쳐 시베리아라는 광대한 공간을 정복한 것을 기본적으로 찬탄의 시선으로 바라보았다. "러시아 인민이 시베리아에서 이룰 수 있었던 모든 것은 비범한 에너지로써 이루어졌으며, 그 노동의 결과는 엄청나다는 점에서 찬탄을 받을 만하다. 세계 역사상 한 세기 반 동안 유럽 전체보다 더 넓은 공간을 다 거치고 그 공간에 확고하게 자리를 잡은 다른 민족이 또 있다면 말해 달라. 러시아 인민이 이룬 일은 무엇이든지 자신의 힘을 넘는 것이었고 사물의 역사적 질서를 넘어서는 일이었다."[29] 이와 같은 엄청난 수고와 노력 끝에 러시아인에게 장악된 시베리아는 야드린체프가 보기에 정치적 · 문화적으로 중요한 역할을 할 새로운 삶의 터전이었다. 그는 이러한 의미를 부정하거나 거부하지 않고 오히려 강조하였다. 물론 그 같은 창창한 식민지로서의 미래는 러시아인이 얼마나 상황을 잘 장악하고 얼마나 잘 정착하는가에 달려 있는 것이기는 했다(Ядринцев, *Сибирь как колония*, pp. 19-20).

그런데 이처럼 야드린체프가 러시아인의 시베리아 정복과 시베리아 거주 자체를 부당한 것으로 여기지는 않았지만, 적어도 그가 활동하던 19세기 말까지의 시베리아는 비주체성, 피착취성, 자기결정권 결여라는 의미의 식민지이기도 했다. 야드린체프는 시베리아가 수렵 식민지에서 출발하였으되 이에 대한 인식이 광업식민지, 유형식민지, 농업식민지로 차례로 바뀌어 왔고 상업적 공간으로서의 의미가 강화되고 있다고 보

28 Николай Михайлович Ядринцев, *Сибирь как колония: Современное положение Сибири. Её нужды и потребности. Её прошлое и будущее*, Тюмень: Издательство Мандрики, 2000, pp. 14-18. 이 글에서 앞으로 『식민지로서의 시베리아』 인용출전은 2000년도 튜멘판에 의거하며, 본문 괄호 속에 Ядринцев, *Сибирь как колония*로 표시한다.

29 В.К. Андриевич, "Сибирь без романтики", Валентин Распутин, *Сибирь, Сибирь*…, Иркутск: Издательство Сапронов, 2007, p. 19에서 재인용.

았다(Ядринцев, *Сибирь как колония*, p. 320). 시베리아는 경제적으로 자원을 빼앗기고 오랫동안 행정적 난맥상을 벗어나지 못한 곳이고, 무엇보다도 유럽 러시아인들 자신에게는 유형의 땅이라는 낙인과 함께 상기되는 곳이었다. 야드린체프는 『감옥과 유배 속의 러시아 공동체』라는 책에서 시베리아 유형의 실태를 광범하게 조사하고 그 문제점들을 비판하기도 했다.[30] 야드린체프가 『식민지로서의 시베리아』에서 시베리아인을 위한 교육과 문화발전, 경제적 결정권의 중요성을 강조한 것(Ядринцев, *Сибирь как колония*, pp. 368-452)은 유형의 땅이라는 오명을 넘어서서 시베리아를 개명되고 긍정적 에너지가 넘치는 정상적 사회로 발전시켜야 한다고 여기는 시베리아 지역주의자로서의 그의 면모를 확인시켜 준다. 그가 시베리아의 미래를 위해 가장 중시한 것은 농업식민지로서의 성격이었다. 북아메리카가 식민지로 출발했던 것처럼 농업 식민지는 자율과 독립의 길로 나아갈 수도 있다고 그는 생각했다. 그러나 그것은 눈앞의 일은 아니었다(Ядринцев, *Сибирь как колония*, p. 436). 그는 이 책에서 있는 그대로의 시베리아 현실을 제시함으로써 시베리아의 주체적 발전필요성을 설득하고자 하는 시베리아 애국주의자의 모습을 보여 주었다.

4. 시베리아학을 넘어 시베리아 토착민 연구로

야드린체프는 『식민지로서의 시베리아』를 출간한 후 두 번째 주저 『시베리아의 토착민. 그들의 생활방식과 현 상황. 통계도표 부록을 첨부한 민족지적, 통계적 연구(*Сибирские инородцы. их быт и современное положение.*

30 Николай Михайлович Ядринцев, *Русская община в тюрьме и ссылке*, Санкт-Петербург: Тифографія Моригеровского, 1872.

Этнографические и статистические изследования с приложением статистиеских таблиц)』(1891)를 발표했다.[31] 『식민지로서의 시베리아』가 시베리아의 삶 전체, 시베리아 정책 일반을 다룬 저서였음에 반해, 『시베리아의 토착민』은 시베리아 토착민에 대한 본격적 연구서이다. 원제를 직역하면 『시베리아의 이족(異族)』이다. 앞에서도 말했듯 이족이란 슬라브계 백인의 입장에서 토착민을 부르는 명칭이었고 야드린체프도 이 명칭을 그대로 사용하였다. 이는 그가 기본적으로 러시아인의 시베리아 지배를 인정하고 있음을 보여 준다.

야드린체프는 1878-1880년, 1886-1888년에 시베리아 여러 지역을 여행하면서 토착민의 삶을 관찰하였고 그 결과를 이 책에서 집성하였다. 그 여행과 연구과정에 대해 야드린체프는 서문에서 이렇게 밝히고 있다.

> 몇 년 전 이 연구의 저자는 서시베리아 토착민(이족)의 생활방식과 삶을 관찰할 기회를 가졌다. 이 관찰은 1878년과 1880년에 톰스크주에 위치한 알타이 산악 지구부터 시작되었다. 황립 러시아지리학회 서시베리아 지부(옴스크 소재)로부터 연구를 위촉받아 저자가 이 지역에서 현지조사를 하였다. 이 지역은 우그로-알타이 종족(угро-алтайский племен)의 상고시대 중심지이자 출발점이며, 토착민의 유형, 관습, 습관이 가장 순수하게 보존된 곳으로서 저자 자신이 선택한 것이다. 저자는 그 후 다른 지역도 연구했다. 1886년부터 1888년까지, 이르쿠츠크에 이르기까지 시베리아 전역을 여러 차례 여행하여 관찰을 보완하였다. 저자에게는 연구를 하기에 여러 가지 유리한 점들이 있었다. 저자는 유목민을 정착시킬 서시베리아 초원의 정주촌을 선정하는 위원회에 파견되어 일했다.

31 초판본은 1891년에 상트페테르부르크의 시비랴코프 출판사(Издание И.М. Сибирякова)에서 출판되었다.

그 다음에는 서시베리아 수석총독이 설립한 다른 위원회, 곧 토착민에게 군역을 부과하기 위해 구성된 위원회에서 일했다. 이 위원회들에는 서시베리아 전역의 토착민의 수와 상태에 대한 자세한 자료들이 모여들었다. 저자는 통계자료들을 처리하는 일을 맡았고, 민속지학자라는 자격을 가지고 있었기에 토착민에 대한 선행문헌들을 모두 다시 검토할 수 있었고, 관리들 및 공공기관과 접촉하면서 필요한 자료들을 보완할 수 있었다.[32]

야드린체프는 토착민의 생활방식과 생활수준 변화에 대한 전반적인 연구를 하면서 특히 토착민이 증가하는가 감소하는가, 그리고 토착민이 고등문명에 적응할 수 있는가 하는 문제에도 각별한 관심을 기울였다. 그들에게도 인류보편적인 발전이 가능한가 하는 물음과 관련하여 그는 당대 백인들의 편견을 넘어서야 한다는 확신을 가지고 있었다.

5. 야드린체프의 시베리아 토착민관

1) 시베리아의 다양한 토착민 집단

(1) 야드린체프 이전의 시베리아 토착민 분류론

시베리아 토착민을 연구하고자 하는 사람들이 먼저 봉착하는 문제는 수많은 토착민을 어떻게 분류하고 혈통적 문화적으로 이들을 어떻게 소

32 Николай Михайлович Ядринцев, *Сибирские инородцы. их быт и современное положение*, Тюмень: Издательство Мандрики, 2000, p. 5. 이 글에서 앞으로 『시베리아의 토착민』 인용출전은 2000년도 튜멘판에 의거하며, 본문 괄호 속에 Ядринцев, *Сибирские инородцы*로 표시한다.

속시킬 것인가 하는 것이다. 토착민 자신이 어떠한 큰 집단에 속하며 다른 집단과 어떤 관계에 있다고 스스로 인식하는가에 대한 기록을 남기지 않은 데다가 혈통, 거주 공간 면에서 오랫동안 혼합이 일어났기 때문에 이들이 누구인가 하는 문제는 연구 출발 당시부터 수많은 논쟁을 낳을 수밖에 없었다.

야드린체프 이전에 토착민을 분류하는 데는 다양한 기준이 적용되어 왔다. 러시아 학계에서 전체 시베리아인을 분류하고자 시도했던 최초의 연구자는 독일인 학자인 게오르기였다. 차르 정부의 초청으로 러시아에 온 이래 상트페테르부르크의 러시아 학술원과 지속적으로 관련을 가지면서 활동한 그는 1768년 시베리아 탐사에 나서서 수많은 지역을 방문한 끝에 1774년에 상트페테르부르크로 돌아왔다. 그는 그 후 1776년에서 1780년에 걸쳐 네 권으로 출판한 여행 보고서 『러시아 제국의 모든 민족에 대한 서술: 그들의 생활방식, 종교, 관습, 주거, 의복 및 그 밖의 특징들』에서 시베리아인을 다음과 같이 분류했다:

① 핀계 민족들(Finnische Nationen): 핀인, 모르드바인, 보탁인, 보굴인, 오스탁인 등
② 타타르인: 토볼스크 타타르인, 노가이 타타르인, 부하라인, 바라빈인, 오브 타타르인, 출르임 타타르인, 카친 타타르인, 텔레우트인, 키스팀-튤리베르트 타타르인, 아바인, 베르호톰스크 타타르인, 사얀 타타르인, 벨티르인, 야쿠트인 등
③ 사모예드인: 사모예드인, 코이발인, 소예트인, 투바인 등
④ 기원이 불확실한 혼합민족들: 카마친 예니세이 오스탁인, 아린인, 아산인, 코토프인 등
⑤ 만주 민족: 만주인, 퉁구스인
⑥ 동시베리아인: 캄차달인, 코략인, 축치인, 알레우트인 등

⑦ 몽골인: 칼미크인, 부랴트인, 몽골인 등[33]

게오르기의 시베리아 주민 분류론은 근거가 확실하지 않고 적절한 종족학적 논거를 갖추지 못하였으며 적지 않은 오류를 포함하고 있는 것이기도 했다. 게오르기는 오세트인, 그루지야인을 타타르인에 포함시켰는가 하면 아르메니아인이 몽골인에 속한다고 보았다. 게다가 타타르인에 속한다고 했던 그루지야인을 다시 몽골인에도 포함시켰다. 이렇듯 게오르기의 분류론은 다소 좌충우돌하는 모습을 보이고 있었기에 이에 대해 후대의 연구자들이 한계를 지적하는 것은 당연한 일이었다.[34]

그 후 19세기에 이르러서는 새로운 시도가 나타났다. 그 가운데서도 오랫동안 널리 사용하게 된 방식은 언어를 기준으로 하는 분류였다. 러시아를 비롯한 유럽 학계에서 시베리아의 수많은 민족-종족들은 19세기 말까지 알타이인 혹은 우랄알타이인이라는 한 가지 이름으로 불렸다. 알타이 민족들(Altaische Völker)이라는 명칭은 스웨덴 지리학자 폰 스트랄렌베리(von Strahlenberg)의 가설[35]을 발전시킨 핀란드인 연구자 카스트렌(Matthias Alexander Castrén,[36] 1813-1852)이 처음으로 사용한 것이다.[37] 그는 핀(Finn)인, 랍(Lapp)인, 투르크인, 퉁구스인, 몽골인, 사모예드인 들의 언

---

33 Johann Gottlieb Georgi, *Beschreibung aller Nationen des russischen Reiches: Ihrer Lebensart, Religion, Gebräuche, Wohnungen, Kleidungen, und übrigen Merkwürdigkeiten*, Erste-Vierte Ausgabe, St. Peterburg: Verlag Carl Wilhelm Müller, 1776-1780.

34 Пыпин, 앞의 책, p. 260.

35 폰 스트랄렌베리의 주장에 대해서는 Nicolas Poppe, *Introduction to Ural Altaic Lingusitcs*, Wiesbaden: Otto Harrassowits, 1965, p. 125를 참고할 것.

36 이 철자는 그의 책이 독일어로 출판될 때 독일어식으로 그의 이름을 표기한 것을 따른 것이고, 핀란드식으로는 'Matias Aleksanteri Castrén'이라고 한다.

37 Matthias Alexander Castrén, *Reiseerinnerungen: Aus den Jahren 1838-1844*, St. Peterburg, 1853; *Reiseberichte und Briefe: Aus den Jahren 1845-1849*, St. Peterburg: Buchdruckerei der Kaiserlichen Akademie der Wissenschaft, 1853.

어가 음성학적 · 형태론적으로 모두 유사하다는 사실에 근거를 두고 이와 같은 개념을 만들어 냈다.[38]

카스트렌처럼 언어에 바탕을 두고 시베리아 토착민을 관찰하는 방식은 그 후로도 상당한 기간 큰 영향력을 가졌다. 카스트렌 이후의 유럽 학계에서는 핀인과 사모예드인의 언어는 알타이어가 아니라 우랄어에 속한다는 견해를 지지하였지만, 상당수의 학자들은 우랄어와 알타이의 친연성이 크므로 우랄어와 알타이어를 한 묶음으로 볼 수 있다는 견해를 받아들였다. 따라서 우랄알타이어족이라는 용어 자체가 언어학적 관점에서 재생산되었다. 예컨대 빌헬름 쇼트(Wilhelm Schott)는 『알타이어 연구(*Altayische Studien*)』(1860)에서 우랄알타이 민족들의 교착어는 상호 간에 유사성을 가진다고 주장하였다.[39] 독일의 언어학자이자 종교학자였으며 보통 막스 뮐러라는 이름으로 알려져 있는 프리드리히 막시밀리안 뮐러(Friedrich Maximillian Müller, 1823-1900)는 카스트렌과 쇼트의 연구를 근거로 하여, 우랄알타이족(퉁구스인, 몽골인, 투르크인, 핀인, 사모예드인)은 투란어족(Turanian family) 중 북부 지파를 말한다는 견해를 표명하였다.[40] 그리고 캄차달인, 유카기르인, 축치인, 코략인 등, 우랄 알타이어족에 속하지 않는 다른 모든 시베리아인들을 "시베리아 민족들"이라 부르며 투르크알타이어족의 북투르크 지파에 소속시켰다.[41]

오스트리아의 민족지학자였던 프리드리히 뮐러(Friedrich Müller, 1834-

---

38 Poppe, 앞의 책, pp. 126-127. 잘 알다시피, 우랄알타이 학설의 지지자들은 한국어도 알타이어에 포함시킨다.

39 M.A. Czaplicka, *Aboriginal Siberia: A Study in Social Anthropology*, Oxford: Clarendon Press, 1914. Reprint Oxford University Press, 1969, p. 14.

40 우랄알타이 지파는 우그로 타타르 지파라고도 불린다. Max Müller, *Lectures on the Science of Language*, second edition, New York: Charles Scribner, 1862, p. 289 이하. 막스 뮐러는 남부 투란 지파는 북부 지파와는 별개로 자기들 사이에서 언어적 유사성을 가진다고 보았다.

41 위의 책, p. 397.

1898)도 기본적으로 언어로써 민족을 분류했는데 그는 대부분의 시베리아 토착민은 몽골 인종(Mongolische Rasse: 중부 및 북부 아시아인)에 속한다고 보았다. 그는 몽골 인종[42]은 다음절어(多音節語: mehrsilbige Sprache) 민족과 단음절어(單音節語: einsilbige Sprache) 민족으로 나뉘는데, 다음절어 민족에 속하는 민족은 우랄어족, 알타이어족, 한국인, 일본인 등이 있고 단음절어 민족에 속하는 민족은 티벳-히말라야 민족, 타이 민족, 안남 민족, 중국인(한족) 등이 있다고 보았다. 그는 우랄 종족과 알타이 종족의 언어에는 긴밀한 연관관계가 있음을 배제할 수 없지만 양자 사이에는 근본적인 차이가 있으므로 양자를 분리시켜 파악한다고 보았다.[43]

프리드리히 뮐러는 시베리아의 대부분 민족은 우랄어족과 알타이어족(투르크 제 민족, 타타르인, 바시키르인, 키르기스인, 퉁구스인, 만주인 등)에 속한다고 여겼고, 여기에 북극 종족과 지중해 민족들을 추가하였다. 그는 우랄어족은 사모예드인과 핀인으로 나뉜다고 보면서, 예니세이인, 우그르인, 오스탸인, 보굴인 등 이 두 어족의 갈래를 이루는 다양한 민족이 있다고 보았다. 그리고 알타이어족은 퉁구스인, 몽골인, 투르크인이라는 세 민족으로 나뉘며, 그중 퉁구스인, 만주인이 퉁구스 지파에 속하고 동몽골인(카라 몽골), 서몽골인(칼미크), 부랴트인 등이 몽골 지파에 속하며 야쿠트인, 시베리아 타타르인, 카라-키르기스인, 키르기스인 등은 투르크인에 속한다고 분류하였다.[44] 프리드리히 뮐러가 말하는 북극 종족은 막스 뮐러가 말하는 북투르크 지파 민족들과 알레우트인, 에스키모인을 합친 것이었고 지중해 민족은 유럽(아리아)계를 말하였다.[45] 하아르트(Vinzenz von

42 프리드리히 뮐러는 모두 52개 민족집단이 몽골 인종에 속한다고 보았다.

43 Friedrich Müller, *Allgemeine Ethnographie*, zweite umgearbeitete und bedeutend vermehrte Auflage, Wien: Adolf Hölder, 1878, pp. 375-377.

44 위의 책, pp. 378-395.

45 Friedrich Müller, *Allgemeine Ethnographie*, 1873, p. 188. 뮐러는 기본적으로 우랄인, 알

Haardt)는 프리드리히 뮐러의 구분법을 받아들여 인종학 개관지도를 작성했는데 이는 관련 학자들에게서 상당히 호의적인 평가를 받았다. 오스카르 페셸(Oskar Peschel)은 프리드리히 뮐러처럼 언어를 기준으로 하는 민족 분류를 수용하면서도 인종적 · 혈연적 기준을 함께 고려하였다. 그래서 그는 프리드리히 뮐러와는 달리 사모예드인을 알타이족에 포함시켰고, 몽골인은 동몽골인(샤샤라, 칼카), 칼미크인, 부랴트인, 하자르인으로 구분된다고 보았다.[46] 일찍부터 유라시아 서남부 초원지대에 큰 세력을 형성하였고 페르시아어를 구사했던 하자르인들을 그는 과감히 몽골인에 귀속시키고 있는 것이다.

그런 한편 인류학적 · 신체적 특징을 고려한 종족 분류를 시도한 데니케(Joseph Deniker)에게서는 시베리아 토착민 분류가 뮐러의 분류와 또 다른 형태로 이루어졌다. 그는 우랄알타이족과 몽골족을 완전히 구분하였다. 그는 우랄알타이족을 세분하여 수오미인(서부 핀인, 랍인), 우그르인(오스탁인, 사모예드인, 동부 핀인), 투바인(투르크 타타르인, 투란인을 포함하는 투르크인)으로 분류하였다. 그리고 몽골족(몽골로이드)에는 몽골인, 퉁구스인, 에스키모인이 속한다고 보았다. 그는 핀인과 사모예드인은 몽골인에 포함되지 않는다고 보았고, 투르크인과 몽골인도 시베리아에서 언어적 · 인류학적으로 긴밀한 연관관계에 있기는 하지만 실제로는 완전히 별개의 집단이라고 주장했다(Ядринцев, *Сибирские инородцы*, p. 22). 프리드리히 뮐러가 투르크인은 몽골계 알타이인이라고 보았던 것과는 크게 다른 주장인 것이다.

타이인, 일본-한국인, 인도-중국인, 몽-안남인 등이 모두 몽골계에 속한다고 보았다.

46 Oskar Peschel, *Völkerkunde*, vierte und unveränderte Auflage, Leipzig: Verlag von Duncker und Humblot, 1877, p. 404.

(2) 토착민 분류론에 대한 야드린체프의 입장

이 같은 분류법은 당대 종족학 · 역사학의 성과들을 반영한 것이되 사실관계에서 잘못된 것도 없지 않았다. 시베리아와 관련해서 본다면, 게오르기, 카스트렌 같은 소수를 제외하면 상당수 논자들이 현지답사를 하지 않았던 것도 한계라고 할 수 있다. 반면 야드린체프는 현지 사정에 정통하고 수많은 시베리아 소수민족들을 직접 방문하면서 그들의 언어, 문화와 삶을 살폈다는 점에서 일반적인 분류론과는 다른 길을 걸었다. 그러나 그는 기존의 성과들을 대폭 수용하였고 그중에서도 프리드리히 뮐러의 분류를 크게 참조하였으며 그 자신이 시베리아 토착민에 대해 명확한 분류기준을 제시하지는 않았다. 다만 언어적 분류만으로는 시베리아인을 제대로 분류할 수 없다는 것을 염두에 두었다고 할 수 있다. 그는 지리적 · 혈통적 요소 들을 모두 고려하는 복합적인 방식으로 이들을 고찰하고 있다. 예컨대 그는 체르네브이 타타르인(Черневые Татары) 중에는 금발인 사람도 있고 핀족과의 혼혈적 요소도 들어 있으며, 이들은 유럽인 유형에 가깝다고 서술하고 있다(Ядринцев, *Сибирские инородцы*, p. 15). 이에서 보듯, 그는 시베리아의 민족들이 워낙 다기하게 뻗어 나갔고 혼재, 혼혈이 워낙 심하게 일어났기 때문에 이들의 기원을 모두 밝혀 내서 두세 그룹으로 분류하기가 힘들다는 견해를 가졌다. 그는 자신이 직접 관찰하지 못했던 민족들에 대해서도 문헌에 입각해서 이와 같은 인식을 세워 두게 되었다.

야드린체프는 시베리아뿐 아니라 동아시아 역사에 대해서도 깊은 관심을 가지고 있었던 연구자답게 시베리아 이외 지역 민족들에 대한 언급도 드물지 않게 하고 있다. 예컨대 그는 이렇게 쓰고 있다. "기원전 1000년까지 중국의 북부, 즉 동북아시아에서는 고려족(корейские племена)과 만주인이 지배했으며 그중 두 민족, 곧 선비족과 여진족이 가장 주목할 만했는데 이들의 문화적 흔적은 바이칼 동남지역(за Байкалом)에 남아 있다"(Ядринцев, *Сибирские инородцы*, p. 24). "13세기 이전까지 중앙아시아에서는 전혀 다른 민족들이 괄목할 만한 역사적 역할을 수행하였다. 이들은 고려족, 퉁구스족, 투르크 민족이었다. 그런데 남쪽으로부터 중국 민족(한족), 티벳 민족이 올라와 이들을 몰아냈고 이들을 분리시켜 버렸다"(Ядринцев, *Сибирские инородцы*, p. 25). 그는 또한 하라 몽골인 및 할카 몽골인은 오래전부터 이란어를 받아들였다고 기술하여 이들과 하자르인을 동일시하는 듯한 입장을 취하기도 하였다. 이 같은 언급은 시베리아인이 시베리아 밖의 여러 지역, 문명, 민족과도 광범한 관련을 가지고 있고 그 관련 속에서 발전하고 살아 왔으며 이런 의미에서 그들을 고립된 미개인으로 보지는 말아야 한다는 그의 기본적인 견해를 반영한다.

(3) 개별 토착민 집단에 대한 야드린체프의 서술

다음은 개별 토착민족들에 대한 야드린체프의 서술을 개략적으로 정리한 것이다.

토볼스크주의 타타르인: 타타르인은 서시베리아의 가장 오랜 민족의 하나로서, 8세기부터 시베리아에 거주하기 시작한 투르크인에 속한다. 15세기에 노가이 한국 해체 후 이르트이쉬 강변에 수립된 시비르 한국(汗國, Khanate)의 주축을 이룬 세력이 현지의 타타르인이고, 이들에 복속된 오스탁인과 일부 바시키르인이 이 국가에 참여하였다. 시비르 한국은 귀족층, 성직자층, 일반평민층으로 구분되는 계층제를 가지고 있었고, 러시아인들의 도래 이전에 카잔, 부하라와 긴밀하게 교류하고 있었다. 이곳의 타타르인은 투라 강변에 여러 도시를 건설했고 그래서 나중에 이르트이쉬 강변에 최초의 러시아 도시인 튜멘을 건설한 러시아인들은 이들을 도시 정주 타타르인이라는 의미에서 투랄리, 투랄린츠이라 부르기도 했다. 이 타타르인들이야말로 예르막이 이끄는 러시아 카자키 세력의 무력 정복에 가장 강력하게 저항하였다. 타타르인은 목재와 진흙으로 집을 지었고, 고대 유적지 발굴을 통해 알 수 있듯, 아주 일찍부터 철과 금속을 이용하였다(Ядринцев, *Сибирские инородцы*, p. 27).[47] 주변의 다른 민족들(오스탁인, 보굴인)에 비하면 그들은 이미 상당한 문명 수준에 도달해 있었다(Ядринцев, *Сибирские инородцы*, p. 26).

토볼스크 타타르인은 농경에도 종사했다. 쿠춤과 그 신민들이 농경에 종사했음은 러시아인 관리의 보고서에도 기술되어 있고, 러시아인이 타타르 성읍들을 정복한 후의 유적에서 반드시 곡물을 발견하는 것도 이를 말해 준다(Ядринцев, *Сибирские инородцы*, p. 27). 토볼스크 타타르인은 회교와 중앙아시아의 강한 영향 아래 들어 있었고 부하라인과 혼혈되어 있었다. 러시아 정교 선교사들은 이들을 기독교로 개종시키기 위해 노력했으나 이들은 회교를 강력히 고수하는 편이어서 1860년에서 1868년 사이에 331명이 정교로 개종했을 뿐이다(Ядринцев, *Сибирские инородцы*, pp. 27-28). 이들은 러시아 농민들이 거주하는 촌락에 둘러싸인 경우에도 민족적 · 언어적 정체성을 고수하였고 러시아인과 결혼한 경우에도 자신들의 언어인 타타르어를 변함없이 구사하기까지 하였다. 이들 중 일부는 준가르인과의 교역(부하라인을 위해 중개)을 통해 상당한 부를 축적하며 유복한 생활을 하기도 했고, 예카테리나 2세 치세인 18세기 후반에는 토지소유를 허용받기도 하였으나 러시아인과 이웃해 살면서 오히려 토지를 상실하는 경우가 빈번하게 발생하였다(Ядринцев, *Сибирские инородцы*, p. 29). 러시아인-타타르인 갈등은 시베리아 정복 때부터 시작된 것인데, 타타르인 농경자에게 심한 세금 부담이 부과되면서 이들이 도주하는 사태나 이들의 촌락 전체가 러시아인의 수중에 들어가는 현상도 빈번히 벌어졌다(Ядринцев, *Сибирские инородцы*, p. 30). 토볼스크 타타르인의 경제생활은 낙담스러운 상황이었다. 그 원인으로는 이들의 수렵, 어로의 대상인 야생

---

47 야드린체프에 의하면, 토볼스크주의 텔레우트인들도 오래전부터 청동, 철 등 금속제 도구를 사용하였다.

동물과 물고기의 감소, 흉년, 가축의 감소, 숲의 화재 등도 들 수 있지만(Ядринцев, *Сибирские инородцы*, p. 33), 가장 중요한 원인은 이들이 좋은 토지를 러시아인에게 빼앗긴다는 데 있었다. 이들의 생활고는 인구감소로 나타났다. 1878년에 17,118명이었던 토볼스크 지구 타타르인의 수는 1887년에는 16,210명으로 줄어들어 있었으며, 튜멘 거주 타타르인의 수도 1869년에 9,083명이었으나 1886년에는 7,542명으로 줄어들어 있었다(Ядринцев, *Сибирские инородцы*, pp. 35-36).

서시베리아의 부하라인: 이들은 토볼스크주에 8,727명, 톰스크주에 152명 거주하고 있어서(Ядринцев, *Сибирские инородцы*, p. 37) 인근의 타타르인에 비해 수적으로 다소 적은 편이었다.

부하라인은 러시아인보다 훨씬 앞서서 타타르인과 교류하였으며, 샤머니즘을 신봉하던 타타르인을 회교로 개종시키고자 시도한 사람들도 바로 이들이었다. 이 시도는 항상 성공적이지는 않아서 이들은 샤먼들의 사주로 희생당하기도 하였다. 그러나 회교 신자였던 쿠춤의 지배 아래서 이들의 영향력은 강화되었다. 곧 이들이 시비르 한국에서 최초의 회교 물라(율법학자, 교사)가 된 것이다(Ядринцев, *Сибирские инородцы*, pp. 37-38). 이처럼, 서시베리아 부하라인은 한때 시베리아 토착민 사이에서 큰 문화적 의미를 가지고 있었지만, 19세기 말에는 미미한 존재가 되어 있었다. 이들은 부하라인이라는 명칭은 고수하였지만 이들의 생활방식은 타타르인과 차이가 없었고 투르케스탄 본국의 생활방식에 부합하지 않는 것이었다(Ядринцев, *Сибирские инородцы*, p. 44).

톰스크 지구의 타타르인: 톰스크주 타타르인은 몇 그룹으로 나뉜다. 톰스크 지구의 타타르인(5,891명), 러시아인과 혼혈된 바르나울 타타르인, 출르임 타타르인이라 불리기도 하는 마린스크 타타르인, 카인스크 지구에 거주하는 바라바 타타르인(바라빈츠이), 쿠즈네츠크 지구에 거주하는 텔레우트인, 체르네브이 삼림 타타르인, 비이 지구에 거주하는 알타이인(칼미크), 체르네브이 삼림 타타르인 등이다. 톰스크 타타르인은 시베리아 각지에서 온 혼혈 타타르인이다(Ядринцев, *Сибирские инородцы*, p. 45). 이들의 역사는 지파별로 다양한데 예를 들어 텔레우트인은 중국에 복속되었다가 러시아에 복속되었지만 러시아를 배반하였고 그 후 다시 러시아에 복속된 경우이다.

톰스크 타타르인은 러시아인에게 정복되던 시절 수렵 어로에 종사하면서 숲에서 천막을 치고 거주하는 낮은 문화 수준에 놓여 있었다. 게오르기가 탐사하던 시절 톰스크의 텔레우트인은 소규모 목축에 종사하기도 했지만 가축 수는 많지 않아서 소와 양의 수가 가구당 평균 10마리였다(Ядринцев, *Сибирские инородцы*, p. 47). 출르임 타타르인은 반(半)유목 반정착 생활을 하는 사람들인데, 여름에는 샬라쉬(шалаш)[48]에서 생활하고 겨울에는 이즈바(изба)[49]와 유사한 겨울가옥에서 생활하였다(Ядринцев, *Сибирские инородцы*, p. 48). 톰스크 타타르인도 종교적으로는 회교를 고수하였다. 이들은 농경에 종사하더라도 수확고가 낮으며 수렵·어로에 더 치중하는 경향을 보이고 있었다. 일부 지역에서 이들의 인구는 감소하는 경향을 보였다(Ядринцев, *Сибирские инородцы*, pp. 51-53).

바라바 타타르인: 톰스크주 카인스크 지구의 타타르인은 바라빈츠이(바라바면[50]의 타타르인)라 불리고 있었다. 바라바 타타르인은 1595년 전투 이후 러시아에 야삭(ясак), 곧 조공을 납부했다. 이들은 그러면서도 오랫동안 준가리아 칸에게 복속되어 있다가 준가리아, 예니세이 키르기스의 몰락과 함께 러시아에 복속되었다. 그런데 쿠춤 타타르인, 칼미크인은 이들이 러시아에 복속한 것을 가혹하게 응징하였다(Ядринцев, *Сибирские*

48 나뭇가지 등을 엮어 지은 뾰족한 삼각형 집. 움막.

49 러시아 농민의 전통 가옥. 주로 통나무로 지었으며 직사각형 판 2개를 경사가 가파르게 마주 잇댄 뾰족한 지붕을 가지고 있다.

50 러시아 행정단위인 볼로스치를 여기서는 면(面)으로 옮긴다.

инородцы, p. 54). 이들은 키르기스인, 칼미크인에게 착취당한 데다 어로 공간인 하천, 호수 등을 러시아인에게 많이 빼앗기는 바람에 경제적으로 곤궁한 처지에 있었다. 이들 사이에서 세금 체납액이 쌓여 가고 있는 것도 이를 말해 주었다(Ядринцев, *Сибирские инородцы*, p. 57). 인구도 감소하는 경향을 보이고 있었다.

서시베리아의 보굴인: 핀족의 일원인 보굴인은 시베리아에서는 토볼스크, 투라 지구, 베레조프스크 지구 등(북위 59-64도)의 숲과 늪지대에 거주하고 있었다(Ядринцев, *Сибирские инородцы*, p. 59). 보굴은 이들을 러시아인들이 부르는 명칭이고 이들 스스로는 만시 혹은 수오미라 자칭하였다(Ядринцев, *Сибирские инородцы*, p. 62).[51] 이들은 수렵, 어로, 견과류 채집, 순록 사육 등을 하며 반유목민 생활을 영위하고 있었으며 오스탸인과 마찬가지로 생활수준은 낮았다. 농경과 수렵을 병행하더라도 이들에게서 농경은 부차적인 것이고 수렵이 주를 이루었다(Ядринцев, *Сибирские инородцы*, p. 60).

이들은 러시아인이 시베리아를 향해 동쪽으로 나아가는 과정에서 가장 먼저 접촉한 토착민이었다. 이들은 스트로가노프 가문과 긴밀하게 협력했고 우랄 산맥 너머 타타르인과도 밀접한 관계를 유지하였다(Ядринцев, *Сибирские инородцы*, pp. 62-63). 그러한 보굴인이 러시아인의 시베리아 정복 후 몰락의 길을 걸어 왔다고 할 수 있다. 시비르 한국 정벌에 나선 예르막은 보굴인도 정복 대상으로 여겼고, 이후 러시아인은 1593년 보굴인을 강제로 이주 정착시키기 위한 도시로 펠르임(Пелым)을 건설했다. 베레조프(Березов), 투린스크(Туринск) 등의 도시도 건설되었는데 이들 도시에는 러시아인이 거주하였다. 그리하여 보굴인의 땅이 러시아인 정주지로 둘

51 수오미라는 자칭을 볼 때, 이들 스스로도 핀족과 같은 종족적 기원을 가졌다고 생각하거나 핀족 정체성을 가지고 있었음을 알 수 있다.

러싸이게 되었다. 보굴인은 오스탁인과 함께 러시아인을 몰아내기 위한 모의를 꾸미기도 했으나 러시아 카자크들에게 발각되어 가혹하게 징벌당했다. 이들은 1612년에도 펠르임을 뺏으려고 했으나 역시 평정되었다. 보굴인은 한때 오스탁인과 더불어 대단히 용감하고 전투적인 민족이었으나 19세기 말에는 전혀 그렇지 않은 형편이었다. 이들은 시베리아 정벌의 길목에 위치하고 있었기 때문에 많은 고난을 겪었다(Ядринцев, *Сибирские инородцы*, pp. 63-64).

비트젠(Nikolaas Witsen; Витзен)[52]은 이들의 생활을 밀접 관찰하고 흥미로운 기술을 남겼다. 그에 따르면 이들의 가옥은 아주 원초적이어서, 집 안에는 걸상밖에 없다. 이들은 손과 활로 사냥을 하는데 좋아하는 사냥물은 말코손바닥사슴(лось: Alces alces, 유럽에서는 엘크라고도 한다)이다. 이들은 돼지고기, 닭고기는 먹지 않지만 달걀은 먹으며, 개를 예의껏 매장하는 풍습을 가지고 있다. 개가 죽으면 주인 무덤 옆에 작은 나무집을 짓고 그곳에 묻었다가 나무집이 허물어지면 주인 무덤에 함께 묻어 준다. 달과 해를 신격화하는 "거친 이교도"인 이들은 키가 작지만 강하며, 독자적 언어를 가진 사람들이다(Ядринцев, *Сибирские инородцы*, p. 65).

게오르기도 이들에 대한 관찰을 남겼는데 그는 이들이 과도기적 성격을 가진 반(半)유목민이라고 규정했다. 이들은 가축을 소규모로 사육하기도 하지만 가장 중요한 생업은 수렵이었으며, 정착 농경으로 넘어가는 과정에 있었다는 것이다(Ядринцев, *Сибирские инородцы*, pp. 65-66). 게오르기는 이들이 중키에 검은 머리와 숱이 많은 수염을 가져서 몽골적 외모가

52 니콜라스 비트젠(1641-1717)은 네덜란드 출신 지리학자로 시베리아 토착민에 대한 많은 기록을 남겼다. 그의 저서 『북부 및 동부 타타리아(*Noord en Oost Tartarye*)』는 1692년에 초판이, 1705년에 증보판이 발간되었다. 바흐루쉰은 비트젠의 기록이 지나치게 전언에 의거하고 있다는 이유로 그 신빙성을 다소 낮게 평가하고 있다. Бахрушин, 앞의 글, pp. 5-6.

두드러진 사람들이라 보았다. 카스트렌도 역시, 몽골인과 외모가 가장 닮은 집단은 보굴인이라 평가한 바 있다. 즉 우랄인, 우그르인 중 남부 시베리아, 알타이, 몽골리아와의 연관을 가장 많이 지니고 있는 집단은 보굴인이라고 볼 수 있다는 것이다.

야드린체프에 의하면 보굴인은 원래 조용하면서도 선량하고 쾌활한 성격을 가진 "자연의 자녀들"(дети природы)이었다. 이 말은 계몽사상 시기 이래 유럽인이 비유럽 지역 토착민의 특징을 우호적으로 바라볼 때 사용하던 용어 중 하나인 '고귀한 야만인'(noble savage; bon sauvage)의 개념과도 통한다고 할 수 있다. 그런데 야드린체프에 따르면 러시아인과 관련을 맺은 보굴인 사이에서는 개방성과 선량함이 사라지고 있었다. 이들은 강제로 교환경제에 편입되고 임노동에 동원되기도 하였으나, 손을 써서 하는 정기적 임금노동에 부적합했기에 고용주들은 이들에게는 러시아인 임금의 절반만을 지급하였다(Ядринцев, *Сибирские инородцы*, p. 66).

보굴인의 인구는 빈약한 데다 거의 정체상태에 가까웠다. 토볼스크주 보굴인은 18세기 말에서 19세기 전반에는 감소했으나 1858년에서 1887년 사이에 1,241명에서 1,318명으로 약간 늘었다(Ядринцев, *Сибирские инородцы*, pp. 67-68).

오스탁인과 사모예드인: 시베리아 토착민 중 시베리아 북부 및 서부의 핀족인 보굴인, 오스탁인, 사모예드인 들이 연구자들 사이에서 가장 많은 관심을 받아 왔다. 오스탁인, 사모예드인은 같은 종족으로 간주되는데, 이들은 북위 57-73도 사이, 곧 시베리아 북부 전체에 걸쳐 거주하고 있었다. 19세기 후반에 북시베리아에서 이들의 수는 5만 명 정도였다(Ядринцев, *Сибирские инородцы*, p. 93). 시베리아에서 가장 오래된 민족이리라 추정되는 이들을 수준 낮은 원시인이라고 생각한다면 그것은 심각한 오류라는 것이 야드린체프의 평가다. 그는 이들이 풍부한 서사시를 가졌으며 이것이 스칸디나비아의 '사가'로 발전했다고 주장하기도 했다

(Ядринцев, *Сибирские инородцы*, p. 69).

아시아에서의 핀족의 기원과 역할에 대해서는 정설이 없다. 기원전에 남부 시베리아 알타이, 사얀에서 기원했다는 설이 있다(Ядринцев, *Сибирские инородцы*, pp. 69-70). 핀인은 카프카즈-아리아인에 가까우며 언어적으로 우그로-알타이어와 유사하다는 연구가 있었다. 핀란드 출신 언어학자 카스트렌이 핀인의 지파인 이들에게 큰 관심을 기울였던 것도 그 때문이었다.

특이하게도 야드린체프는 핀계 민족들이 몽골인에서 백인으로 넘어가는 과도기에 있는 집단이라고 보았다(Ядринцев, *Сибирские инородцы*, p. 71).[53] 시베리아의 핀계 민족들 사이에서는 순록을 사육하는 집단, 수렵, 견과류 채취, 어로에 종사하는 집단, 교대로 유목하는 집단 등 각 씨족마다 생활방식의 독자성이 있었다. 이들은 금속을 사용하며 사슴가죽옷을 입고 생활하였다(Ядринцев, *Сибирские инородцы*, pp. 71-73). 야드린체프의 평가로는 오스탹인도 보굴인과 마찬가지로 천의무봉한 자연의 아이들이었다(Ядринцев, *Сибирские инородцы*, p. 91). 그러나 러시아인과 접촉한 후 이들은 삶이 피폐해졌고 몰락의 길을 걷고 있었다.

알타이 투르크인과 칼미크인: 야드린체프가 저술하던 시기에 알타이인은 타타르인, 핀인과 더불어 서시베리아에서 비교적 많은 수를 차지하는 토착민이었다. 19세기 후반 인구조사 결과 이들의 수는 51,064명이었다. 알타이인은 다시 텔레우트인, 체르네브이 타타르인, 알타이 칼미크인, 텔렌기트인 등으로 세분되며 각 집단의 수는 23,000여 명에서 4,600여 명 등으로 다양하였다(Ядринцев, *Сибирские инородцы*, p. 95).

알타이인은 일부는 기독교를 수용하고 러시아인과 혼혈되었으며 다

53 야드린체프의 이 같은 주장은 잘못 전개되면 인종단계론으로 빠질 소지도 없지 않다.

른 일부는 이슬람교를 수용하였지만 나머지는 자연종교 상태에 있었다. 일부 알타이인은 오래전부터 러시아 권력에 복속되어 있었지만 러시아인이 시베리아를 정복하고 이주한 후 그들은 칼미크인, 키르기스인, 사얀인 들의 지원 아래 러시아 요새를 공격하기도 했다(Ядринцев, *Сибирские инородцы*, p. 95).

러시아인과 알타이인의 관계는 민족 집단마다 다양하였다. 예컨대 남부 칼미크인(부루트인)은 1740년 오이라트 연합 붕괴 후 러시아에 복속되었지만 추이 강변, 아르구트 강변의 텔렝기트인(우랴프하이츠인이라 불리기도 함)은 계속 저항하다가 1865년에 이르러서야 최종적으로 복속되었다(Ядринцев, *Сибирские инородцы*, pp. 95-96). 야드린체프는 알타이인은 북으로는 이슬람 세력과 러시아 세력으로부터, 남으로는 몽골인 및 중국으로부터 많은 영향을 받았으며, 이 같은 영향은 외모에도 미치고 있다고 보았다. 그리고 이들의 생활방식에도 유목적 성격, 반유목적 성격, 정주적 성격이 혼재해 있다고 보았다(Ядринцев, *Сибирские инородцы*, p. 97).

2) "토착민 사멸"론

시베리아에 대한 학문적 연구가 본격화한 18세기 이래 많은 관찰자, 연구자가 토착민의 수적 감소 경향에 대해 언급해 왔다. 팔라스, 그멜린, 카스트렌, 밋덴도르프 등이 모두 이 문제에 우려를 표명하였다. 그러나 오랫동안 이에 대한 진지한 연구나 정확한 통계조사는 이루어지지 않았고, 토착민 감소의 원인은 그들 자체의 문제에 있는 것으로 보는 견해도 많았다. 1876년 페테르부르크 동방학자(오리엔탈리스트) 국제학회에서 시베리아 토착민의 증감 문제가 주제로 논의되었다(Ядринцев, *Сибирские инородцы*, pp. 6-7). 최근의 연구에서는 시베리아 토착민이 러시아인에 의한 정복 이래 전체적으로 감소한 것은 결코 아니라는 주장도 나오고 있다. 17세기 말에 전체 시베리아의 토착민은 20만 명 정도였는데, 1897년 제국정부가 실시한 인구조사의 결과 시베리아의 전체 토착민은 80만 명 정도였다는 것이다.[54] 물론 17세기 말의 토착민 수에 대한 자료는 완전히 신뢰할 수 있는 것은 아니다. 왜냐하면 시베리아의 주민이 인구조사의 대상이 된 것은 1763년부터였기 때문이다. 즉 시베리아가 예카테리나 2세 여제 치세에 러시아 제국에 정식으로 합병되어 행정적으로 균일한 파악 대상이 된 후에 정부는 시베리아에 대한 인구조사를 실시한 것이다. 그러나 20만이라는 수가 추정치에 불과한 것이라 하더라도 일단 여기에서 출발한다면 2세기만에 토착민 인구는 네 배로 늘어난 셈이다.

그런데도 수많은 18-19세기 저자들이 시베리아 토착민 절멸론을 폈고 야드린체프도 그 가운데 한 사람이었다. 절멸론이 나온 이유에는 몇 가지가 있을 수 있는데, 그 하나는 러시아인을 비롯한 유럽 백인의 증가 추세가 두드러져서 토착민의 존재를 압도하는 것으로 보였기 때문일 수 있다. 1897년 제국정부가 실시한 인구조사의 결과 시베리아의 전체 인구는 약 600만 명이었다.[55] 그 가운데 러시아인, 폴란드인과 같은 유럽인의 수가 500만 정도였다. 시베리아에 거주하는 러시아인의 수가 17세기 말에 15-20만 명 정도였고[56] 19세기 초에 (다른 백인들과 합하여) 100만 명 정도였던 것을 생각하면 이는 분명 괄목할 만한 증가였다. 즉, 백인을 비롯한 다른 민족에 비해 시베리아의 원래 주인이었던 토착민의 비중은 19세기 후반에는 이미 현저히 줄어들어 있었고 이것이 이들의 절멸에 대한 우려를 낳았다고 할 수 있다. 다른 하나는 이들이 처해 있는 경제적 · 사회적 · 문화적 상태와 위생 보건 상태가 이들의 건강한 생존을 보장하지 못

54 James Forsyth, *A History of the Peoples of Siberia: Russia's North Asian Colony 1581-1990*, Cambridge: Cambridge University Press, 1992, pp. 161-162.

55 Czaplicka, 앞의 책, p. 17.

56 Forsyth, 앞의 책, p. 100.

하는 것으로 보였고 여기에서 절멸론이라는 경고가 소리 높이 울리게 되었다. 즉 단순한 숨쉬기가 아니라 인간다운 생존의 기회가 중요하다고 할 때, 이를 보장받지 못하는 토착민에 대한 우려가 절멸위기론을 낳게 한 또 다른 동인이었다고 할 수 있다. 또 한 가지 생각해야 할 점은, 토착민 전체가 아니라 개별 민족을 놓고 볼 때 당시 실제로 절멸 과정에 든 것으로 보이는 민족이 적지 않았다는 것이다. 예를 들어 오스탁인, 사모예드인 등은 인구가 크게 감소한 대표적 민족이었다.

야드린체프는 토착민의 수적 감소 혹은 절멸(вымирание) 문제를 아주 심각하게 생각하는 논자였다. 그는 『식민지로서의 시베리아』에서도 이미 시베리아 토착민의 사멸, 종속화를 중대한 문제로 여기고 이에 대한 위기감을 표현하였다. 그는 이 책에서 러시아인의 시베리아 정복 시기에 토착민이 감행한 격렬한 저항과 그들의 박멸, 인근 세력(중국인을 비롯한 다른 아시아인)의 토착민 공격도 토착민 수 감소의 원인이었던 것으로 보았다. 그는 러시아인의 공격은 토착민의 연결, 상호관계를 파괴하고 그들의 세력을 해체했으며, 파국을 초래했다고 비판적으로 보았다(Ядринцев, *Сибирь как колония*, pp. 98-99). 또한 괴혈병, 한센병, 티푸스, 천연두 같은 질병의 문제도 언급하였다(Ядринцев, *Сибирь как колония*, p. 101). 뒤이어 『시베리아의 토착민』에서는 토착민 사멸 위기에 대한 문제의식이 더욱 심화되었다. 그는 이것이야말로 죽느냐 사느냐(To be or not to be)의 문제라고 보았다(Ядринцев, *Сибирские инородцы*, p. 8).

야드린체프 시대까지도 많은 백인들이 시베리아 토착민의 몰락 사멸은 그들의 인종적 허약성 · 열등성 때문이라고 여기고, 따라서 이는 불가피하다고 주장하였다. 이들은 19세기식 사회진화론의 담론에 따라 이들의 인구감소는 생존투쟁, 자연도태 과정의 자연스러운 과정이라고 손쉽게 단정해 버린 것이다. 토착민의 인종적 열등성론의 지지자들은 토착민 사이에서 만연한 질병도 이들의 신체 탓으로 돌려 왔다(Ядринцев,

Сибирские инородцы, pp. 153-154).

그러나 야드린체프는 이 같은 해석을 부정하였다. 그는 정복자들이 도래하기 전까지 토착민의 상태는 최소한 견딜 만한 생존과 생산성을 보장하는 것이었고 그들의 인구도 증가하였다고 보았다(Ядринцев, *Сибирские инородцы*, p. 154). 그리고 그는 인종적 특징에 따라 절멸 여부가 결정된다는 주장의 오류는 토착민의 상황을 비교해 보았을 때 바로 드러난다고 여겼다. 예를 들어 토볼스크 타타르인은 농경정착민인데 인구가 감소하거나 사멸해 가는 중이었다. 반면 정착민인 이들보다 "문명수준이 낮은" 유목민 키르기스인이나 알타이인은 오히려 인구가 증가하고 있었다. 오렌부르그 초원, 아크몰린스크 및 세미팔라틴스크 지구의 키르기스인은 250만 명에 달했고 야쿠트인은 20만 명에 달했으며 동시베리아의 부랴트인도 25만 명에 달했다. 또한 "신체적으로 투르크인이나 핀인보다 더 열등한 몽골인"도 전혀 인구감소를 겪지 않고 있었다(Ядринцев, *Сибирские инородцы*, p. 155). 그렇다면 인구감소나 사멸의 원인은 국지적이고 우연적인 것이며 결코 필연적인 것이 아니었다. 멸망할 수밖에 없는 민족이란 것은 분명 존재하지 않았다. 문화-문명 수준과는 별개로, 가난할수록 인구감소율이 높았다. 즉, 경제적 원인이 가장 큰 원인이었다(Ядринцев, *Сибирские инородцы*, p. 156). 가난에 질병이 더해지면 사태는 최악이었다. 가난한 토착민은 천연두, 매독, 티푸스 같은 질병이 창궐할 때 러시아인들의 무관심으로 인해 속수무책으로 희생당하곤 했다(Ядринцев, *Сибирские инородцы*, p. 81, 157).

야드린체프는 토착민 중에서도 특히 오스탁인과 보굴인의 극심한 빈곤에 대해 비교적 상세히 소개했다. 이들의 가난은 밋덴도르프도 이미 서술한 바 있는데, 야드린체프는 선대 저자들의 저술을 대폭 인용하기도 했다. 예니세이 오스탁인은 경제적으로 너무나 영락하여 밋덴도르프에 따르면 이들이야말로 시베리아에서 가장 비참한 유목민이 되어 있었다(Ядринцев, *Сибирские инородцы*, p. 79). 오스탁인에 속하는 바슈칸스키 토착민은 한겨울에도 집도 없이 노천에서 지내야 했다. 임신한 여성이 영하 45도의 추위에 노천에서 해산을 하고 역시 노천에서 아이에게 젖을 먹이는 일들을 이들 사이에서는 목격할 수 있었다(Ядринцев, *Сибирские инородцы*, p. 80). 1880년대 보굴인의 인구감소는 너무나 뚜렷해서, 한 관찰자는 트로이츠크의 보굴인 거주지(паул)에서는 전체 30-35호 중 6-9호 정도에만 사람이 살고 있었고, 개선이 없으면 30-40년 후에는 이들이 절멸해 버릴 것이라고 예측하였다(Ядринцев, *Сибирские инородцы*, p. 159).

토착민의 인구감소가 빈곤과 질병으로 인한 것이라 할 때 이는 어디에서 비롯되는가. 외부에서 도래한 사람들, 곧 러시아인과의 관계에서 그 원인을 찾아야 하는 것이 아닐까.

3) 러시아인과의 관계, 그 복합적 면모

물론 야드린체프도 러시아인의 도래가 시베리아 토착민에게 항상 부정적인 영향만을 미쳤다고 본 것은 아니다. 토착민의 박멸을 마다하지 않은 초기 정복자들의 무자비한 태도를 별개로 한다면, 정복 후 러시아 정부는 토착민을 납세자, 조공민으로 보호할 필요를 느꼈고 이들을 불필요하게 모욕하지 말고 부드럽게 다루라고 지시하였다. "시베리아는 러시아의 인디아"라고 여긴 예카테리나 2세는 1763년 6월 시베리아 보호에 관한 선언을 발표하였다(Ядринцев, *Сибирские инородцы*, pp. 211-212). 부분적으로는 이러한 정책의 영향도 있었던 듯, 토착민 중에는 러시아인들과 우호적인 관계를 유지하고 경제적으로도 유복한 생활을 하는 집단이 없지 않았다. 알타이 토착민 중 바르나울 유목민은 아드린체프가 들고 있는 유복한 토착민의 한 예이다. 바르나울 유목민은 예카테리나 2세 시기에 여섯 가족이 부를루, 카라숙 강변으로 이주했는데, 그 후 이들은 수적으로 크게 증대하여 1880년에는 1,236명에 이르렀고 유복한 집단이 되어 있었다. 이들은 러시아인에게 완전히 동화되어 러시아 정교를 받아들였고 학교를 건설하고 러시아인과 통혼했으며 농경에 종사했고 병역도 면제받았다. 예카테리나 2세 시기에 시베리아 토착민에게 토지소유를 허용한 것이 이들에게는 실질적인 혜택으로 작용했다고 할 수 있다(Ядринцев, *Сибирские инородцы*, pp. 97-98).

또한 텔레우트인(쿠즈네츠키), 체르네브이 타타르인도 러시아인에게 아주 우호적이었고, 러시아화도 가장 빨랐다. 쿠즈네츠키 타타르인(남자 3,640명, 여자 3,726명) 중 샤머니즘 신봉자는 8분의 1에 불과했고 나머지는 모두 정교신자가 되어 있었다. 이들은 러시아인과 자주 접촉하고 제대로 된 집을 짓고 살며, 러시아어를 잘 구사한다는 특징도 보여 주었다. 이들 중에는 심지어 상당한 부를 축적한 토착민도 있었다(Ядринцев, *Сибирские инородцы*, p. 96).

그러나 야드린체프가 거론한 유복한 토착민은 예외적이었을 뿐 아니라 실제로는 이들의 존재방식에도 각기 심각한 문제점이 있었다고 볼 수 있다. 즉 바르나울 유목민은 유복하기는 하지만, 러시아화가 너무나 심하게 진행되었기에 야드린체프 자신도 이들은 이름만 토착민일 뿐 실제로는 토착민으로서의 특징을 상실하고 러시아인에게 완전히 동화된 사람들이라고 평했다(Ядринцев, *Сибирские инородцы*, p. 97). 쿠즈네츠키 타타르인의 경우도 러시아 문화에 상당히 동화된 경우라고 할 수 있는데, 이들 중 유복한 사람들은 상업에 종사하면서 "동족을 착취하여" 부를 축적한 것이었다. 상업 타타르인들은 러시아 상인을 고용하여 영업을 하였으며 이들의 탐욕은 러시아 쿨라키 못지않게 심각했다(Ядринцев, *Сибирские инородцы*, pp. 96-97).

이들과 달리 러시아인과 별로 접촉하지 않고 독자적 생활을 유지하는 토착민 집단도 존재하였다. 예컨대 산악 칼미크인(텔렌기트인)은 18세기에 12개 부족(자이산 체제, 자이산스트보)[57]으로 연합했고 야드린체프가 저술하던 시기까지 조상들에 대한 기억을 유지하고 있다. 이들은 오랫동안 외부로부터 격리된 채 생활하였는데, 아주 견고하게 촌락을 형성하였기에 방비 경계선이 명확하여 러시아인이 경계 안으로 들어올 수 없었다. 러시아인의 문화적 영향이나 러시아인과의 교류도 희소했다. 러시아인은 숲과 툰드라로 덮인 이들의 거주지에 침투할 수 없었던 것이다(Ядринцев, *Сибирские инородцы*, p. 96).

야드린체프의 서술을 볼 때, 이처럼 거의 완전히 동화되거나 혹은 고립되어 러시아인과 관계를 가지지 않는 경우를 제외하고는 많은 토착민이 인구감소와 사멸 위기를 겪고 있었다. 그렇다면 러시아인의 도래, 토착민과 러시아인의 관계 확대가 토착민의 몰락 및 인구감소, 절멸 위기의 원인이라고 할 수 있었다. 이는 어떤 과정을 거쳐 일어난 것일까?

토착민이 만난 러시아인에는 다음과 같은 부류가 있었다. 토착민이 가장 먼저 만난 러시아인은 정복자인 카자크들이었다. 이들 다음에는 새로운 영토를 다스리러 온 행정관리들이 있었고, 영업인(промышленники)이라 불리는 수렵꾼 및 모피상인 들도 비교적 초기부터 시베리아로 온 사람들이었는데 그들 중에도 상당수가 카자크였다. 시베리아 정복이 어느 정도 진행되면서부터는 정교회 선교사들이 토착민에게 기독교를 전파하기 위해 왔으며, 그 다음에는 러시아 농민들이 시베리아에 이주해 왔다. 시베리아는 농노제가 없고 토지를 무상으로 얻을 수 있는 곳이었기에 토지와 자유를 원하는 농민들 중에는 이미 17세기부터 시베리아로 이주해 온 이들이 있었다. 그 외에는 교회분열 이후 국가의 박해를 피해 이주해 와서 그들만의 공동체를 형성한 구의식파 신도들이 있었고, 시베리아

57 자이산(Зайсан, zaisan)은 알타이 주민들의 부족장을 뜻한다. 이들은 부족 주민들에 대해 조공 징수권과 재판권을 행사했다.

를 상징하는 또 한 집단으로 유형수(정치범, 일반 형사범)들이 존재하였다. 우선은 토착민이 피정복민이 되었고 그래서 자신의 삶을 자기 의지대로 구성할 수 없는 존재, 결정의 객체가 되었다는 사실 자체가 이들의 생존을 위협하는 가장 근본적인 요인이었겠지만 러시아인들과 접촉하면서 그들이 겪은 폭력과 착취도 이들에게 직접적 영향을 미쳤다.

우랄 산맥을 넘어 유럽 러시아에서 가장 먼저 시베리아에 온 사람들인 카자크들은 토착민에게는 침입자요 정복자였다. 이들은 토착민을 절멸 대상으로 여겼다(Ядринцев, *Сибирские инородцы*, p. 210). 토착민은 이들에 맞서 저항하는 과정에서 상당수가 목숨을 잃었다. 야드린체프는 이를 상세히 분석하지는 않았으나 『식민지로서의 시베리아』에서 이에 대해 언급한 바 있다. 그는 아무르 강 일대를 정벌한 하바로프나 캄차트카 지방을 정복한 파블루츠키 등이 토착민들을 무차별적으로 살육하고 노예로 삼았음을 지적하였다. 또한 그는 토착민 박멸과 관련하여 사쉬코프의 다음과 같은 기술도 인용하였다. "영업인들은 알레우트인 대부분을 박멸하였다. 1792년 우날라쉬킨 지구 섬의 주민은 2,500명이었는데 러시아인이 도래하기 전에는 이들의 인구가 열 배는 더 많았다(Ядринцев, *Сибирь как колония*, p. 98).

카자크의 지배적 세력이 더 이상 미치지 않게 된 19세기 후반에 이르기까지 토착민이 상시적으로 접하게 된 집단은 관리층 외에 러시아 상인, 정교회 선교사, 농민 들을 들 수 있다. 그런데 야드린체프의 견해로는, 이들 집단은 일부 농민을 제외하고는 거의 대부분의 경우 토착민에게 고통을 초래하고 이들의 삶을 악화시켰으며 때로는 이들의 사멸의 원인을 제공하기도 했다. 그 실상을 집단별로 살펴보자.

행정관리들의 횡포: 우선 러시아 관리들의 정책이 시베리아 토착민에게 미치는 악영향은 행정적 난맥상과 심한 경제적 부담 외에 강제 이주, 농경생활로의 강제 전환 등 여러 면에서 찾을 수 있었다. 19세기 전반에

스페란스키는 시베리아 자치안을 내놓아 시베리아인의 상태를 개선하고자 했다(Ядринцев, *Сибирь как колония*, pp. 322-352). 그가 1822년에 제정한 「시베리아 토착민 행정에 관한 법령(Устав об управлении инородцев)」은 토착민의 관습법과 러시아 제국의 법률을 혼합한 것으로,[58] 이를 따라 씨족 제도, 관습법, 종교 등의 영역에서 토착민의 일정한 자치가 허용되었다. 스페란스키는 토착민을 정주민, 유목민, 방랑민의 세 범주로 나누어 이들에게 각기 차별적인 세율을 부과하였으며 일종의 사회보장 정책으로 기근 시 주민들에게 식량을 공급하기 위한 곡물창고도 지었다. 스페란스키의 정책은 토착민의 생존을 보장하고 그들의 전통, 관습, 문화를 보존하려는 의도도 있었지만, 시베리아와 그 토착민을 러시아 제국의 체제 안으로 이끌어 들이기 위한 노력을 의미하는 것이기도 하였다. 그러나 이것으로도 상태개선은 이루어지지 않았다(Ядринцев, *Сибирские инородцы*, pp. 212-213). 군 경찰, 면 서기 등의 횡포는 계속되었을 뿐 아니라 질적으로 악화되는 면도 없지 않았다. 특히 경제적 횡포는 심각했다. 이는 야삭을 둘러싼 횡포, 기만술에서 두드러지게 나타났다. 러시아 관리들은 수 세기 동안 토착민에게서 모피를 야삭으로 징수해 왔다. 19세기 후반이면 시베리아 전체가 러시아 제국에 정식 합병된 지 오래된 상황이었음에도 여전히 조공을 뜻하는 토착민의 말인 야삭이라는 용어가 사용되고 있었던 것이 눈에 띄는데, 이것이야말로 시베리아 토착민이 여전히 러시아 제국의 정상적인 신민이 아니라 피정복자, 식민지배 대상자로 여겨지고 있었음을 보여 준다. 관리들은 야삭 징수권을 이용하여 토착민을 엄청나게 착취했다. 시베리아 현지 관리들이 야삭 징수를 둘러싸고 토착민을 상대로 자행했던 횡포, 기만술과 관련하여 야드린체프는 다음과 같은 사례들을 들

---

58 Andrei Golovnev & Gail Osherenko, *Siberian Survival: The Nenets and Their Story*, Ithaca, London: Cornell University Press, 1999, p. 45.

었다: 관리들은 야삭으로 받는 모피 가운데 최상의 모피는 스스로 가로채고 궁정에는 질 나쁜 모피를 올리곤 한다. 페테르부르크에서 낮은 모피 질 때문에 문책이 오면 관리들은 짐짓 무슨 원인인지 모른 척하고 토착민에게 다시 모피를 징수한다(Ядринцев, *Сибирские инородцы*, p. 111, 217). 1763년에 예카테리나 2세의 명령으로 토착민에 대한 의무부과 정책을 정비하기로 한 셰르바체프(Щербачев) 소령은 토착민들에게 조공납부와 관련하여 정액을 부과했는데 이 액수가 19세기까지 계속되었다. 이는 토착민에게 무거운 부담이었고 그들 사이에서는 체납금이 쌓여 갔다(Ядринцев, *Сибирские инородцы*, p. 214). 그런데 관리들은 체납한 토착민을 독촉하여 야삭을 받아낸 후 이를 착복하고 토착민을 계속 체납 상태에 두기도 하였다. 관리들의 횡포에 질린 토착민은 현금 대신 현물로 납부하기를 선호하였는데, 모피동물의 수가 줄어 모피 흉년이 들자 토착민들은 흑담비 같은 최상품 모피를 상인들에게서 사서 야삭으로 바쳤다. 모피 중 최고급인 흑담비 모피를 국가에서는 한 마리당 3루블로 셈해 주지만 토착민은 상인에게서 15-25루블로 사들여야 했다(Ядринцев, *Сибирские инородцы*, p. 111, 216). 이처럼 조공징수의 문제점은 토착민 빈곤화를 초래하고 있었다. 게다가 토착민에게는 포도주를 판매할 수 없도록 되어 있었음에도 관리들이 나서서 이들에게 술을 팔곤 했다(Ядринцев, *Сибирские инородцы*, p. 217).

알타이인은 스스로 무력함을 자각하여 부족 지도자와 부족민 들 간의 단합을 꾀했지만 성과는 그리 크지 않았다. 알타이인의 거주 영역인 알타이 쥬친은 러시아 행정구역상의 면이 되었다. 게다가 행정을 담당하는 면 서기들마저 흔히 술주정꾼이고 탐욕스러운 존재들이어서 심한 횡포를 부렸으며, 이들은 알타이인의 단합에 도움이 되지 못했다(Ядринцев, *Сибирские инородцы*, p. 110). 1880년에는 도로 개통 시 유혈 사태가 벌어졌는데 야드린체프는 이 같은 일은 토착민 사이에서 일찍이 일어난 적이 없었다고 개탄하였다(Ядринцев, *Сибирские инородцы*, p. 111).

토착민이 자기 운명을 스스로 결정하지 못하고 러시아 관리들의 일방적인 결정에 따라 생활방식을 바꾸어야 하는 경우에도 이들은 고통을 겪을 수밖에 없었다. 유목민이 강제정주 조치를 당하는 경우에 겪는 어려움이 대표적이었다. 이들의 신체구조가 근육노동과 지속적 활동에 적합지 않은 방향으로 형성되어 왔기 때문에 이들은 농경에 적응치 못하고 있었다. 이들은 생활 특성상 광활한 지형, 신선한 공기를 필요로 하고 오두막살이에 부적합한 사람들임에도 그러한 존재상의 필요를 충족시키지 못하고 있었다(Ядринцев, *Сибирские инородцы*, p. 99).

수렵자 및 상인: 야드린체프의 서술을 받아들인다면 러시아인 수렵자와 상인이야말로 토착민을 파멸로 몰아가는 가장 주된 원인제공자라고 해도 과언이 아닐 정도였다. 이는 모피동물의 수렵 및 모피 매매에서 가장 두드러지게 나타났다. 러시아인이 도래하기 전에도 토착민은 모피동물을 사냥하였지만 그 규모는 극히 적었다. 그러나 영업인이라 불리는 러시아인 수렵자들은 총과 탄약으로 모피동물을 사냥하면서 모피동물을 급속도로 고갈시켰다. "러시아인이 오면서 맹수가 살던 숲과 타이가가 파탄에 빠지기 시작한 것이다"(Ядринцев, *Сибирские инородцы*, p. 74). 수렵이 어려워지자 오스탹인 같은 토착민들은 어업에 나서게 되었는데, 러시아인은 어로장(漁撈場)도 약탈해 버렸다. 그들은 토착민이 사용하던 어로 장소, 강변 모래밭 등을 모두 차지한 다음 이를 토착민에게 엄청난 임대료를 받고 임차했다. 오스탹인의 어로장을 빼앗은 러시아인은 이들을 무산노동자로 만들어, 러시아인보다 훨씬 낮은 임금으로 일하게 강요하였다. 어로 기술은 오스탹인이 훨씬 더 탁월하나 동일노동에 대한 보수는 러시아인이 훨씬 더 많이 받으므로 러시아인은 인종에 대한 보수를 받는 셈이었다. 그나마 오스탹인은 계약대로 보수를 받지도 못하였으므로, 빚에서 벗어날 길이 없어졌다(Ядринцев, *Сибирские инородцы*, pp. 75-76, 88-89).

러시아인의 도래 이후 토착민 사이에도 빵 소비가 보급되었는데, 이 또한 재앙적인 결과를 빚었다. 토착민은 러시아인과의 불균등 교환관계에서 빵을 외상으로 매입한 후 외상을 갚는 과정에서 각종 형태로 착취당하게 되었다. 우선 러시아 상인들은 토착민에게는 정상가보다 훨씬 높이 매겨진 가격으로, 그것도 외상으로 빵을 사게 한 후 이를 다음 해에 물고기나 다른 물품으로 갚게 했다. 그런데 물고기 값을 상인이 마음대로 불러서 엄청난 양의 물고기를 받아 내곤 하였다. 토착민은 빵 때문에 가난해졌다(Ядринцев, *Сибирские инородцы*, pp. 76-77). 토착민을 위해 국영 빵가게를 운영하는 경우도 있지만 이 또한 토착민의 빚을 늘게 할 뿐이었다. 토착민의 빵 값 외상은 1인당 200루블[59]에 이르기도 하였다. 국영상점의 점원은 토착민에게 빵을 판 것처럼 기록하지만 실제로는 상인에게 물건을 넘겨주었다. 그러면 상인이 토착민에게 두 배 비싼 값으로 빵을 되팔았던 것이다(Ядринцев, *Сибирские инородцы*, pp. 217-218).

러시아 상인의 횡포는 다음과 같은 방식으로도 자행되었다. 그들은 토착민과 물품 매매 계약을 맺고 대금을 미리 지불하는 것이 일반적이었는데, 예를 들어 도토리 매입을 계약한 다음 토착민이 도토리를 늦게 주면 도토리를 두 배로 받아 냈다(Ядринцев, *Сибирские инородцы*, p. 102). 그들은 토착민에게서 송아지를 사되 송아지의 사육은 다시 판매자에게 맡겼다. 그리하여 상인들은 송아지 값으로 소를 산 다음 3년 후에 황소를 받곤 했다(Ядринцев, *Сибирские инородцы*, p. 108).

야드린체프는 러시아 상인과의 접촉은 토착민에게 문화도 힘도 주지 않았다고 평가했다. 그가 보기에 토착민은 순진하고 사람을 잘 믿는 심성을 가진 반면 러시아 상인은 탐욕스럽고 무자비하여 토착민이 러시아

59 앞에서 기술한 대로 같은 시기에 토착민은 모피 중 최고급인 흑담비 모피 1장을 15-20루블에 구입했다. 빵 값 외상 200루블이 어느 정도의 규모인가는 이로써 짐작할 수 있을 것이다.

상인에게 착취당하곤 했다. 그뿐 아니라 러시아 상인은 토착민들에게 질병을 퍼뜨리기도 했다. 오스탸인의 경우, 러시아 상인이 토착민에게 매독을 퍼뜨리는 바람에 대부분의 토착민이 성병에 걸려 있었다(Ядринцев, *Сибирские инородцы*, p. 81). 착취와 질병 때문에 토착민은 곤궁에 내몰리고 절멸 상태에 빠지기도 했다. 토착민은 높은 문명 단계로 가던 중이었는데 러시아인과의 접촉으로 말미암아 후퇴하게 되었다. 이들은 수렵-유목 프롤레타리아의 처지로 떨어지고 있었다. 심각한 문제는 토착민의 도덕적 타락이었다. 이들은 러시아인이 보급한 알코올 소비에 탐닉하며 자신들의 파멸에 대해 무감각한 상태에 빠져 있었다. 오브 강 유역 오스탸인을 방문한 한 여행자의 관찰에 따르면 그들은 "귀중한 노획물을 술 반 병에 넘겨" 버리곤 하였던 것이다(Ядринцев, *Сибирские инородцы*, p. 78). 다른 한편으로는 토착민이 약아져서 러시아 상인을 기만하기도 하여, 결국 러시아 상인의 수지타산도 악화되기도 했다(Ядринцев, *Сибирские инородцы*, p. 85).

반면 러시아인과의 접촉이 적은 오지일수록 착취가 덜하였다. 알타이 토착민 중 일부 종족들은 숲과 산에서 반원시적 생활을 영위하기도 하였다. 체르네브이 타타르인처럼, 알타이인과는 달리 주변 러시아인의 영향으로 농경, 대장장이 일에 종사하면서 유목민보다 더 높은 문화적 수준을 보여 주는 주민들도 있었다. 이들은 수렵, 어로에 종사하는 경우가 희소했다. 그러나 야드린체프가 관찰한 바로는, 많은 알타이인 사이에서 양극화가 일어나고 있었으며 그들 중 일부는 프롤레타리아화하였다. 이러한 경제적 양극화는 범죄의 발생을 초래하였다. 그 전에는 알타이에 절도 같은 것은 없었으나, 이제 그 같은 범죄가 목격되고 있었다. 알타이는 풍광명미한 곳이다. 그런데 러시아인의 상업적 활동의 자장 안에 들면서 알타이인은 가혹한 운명을 겪고 있었다(Ядринцев, *Сибирские инородцы*, p. 109).

정교회 선교활동: 러시아 정교회는 시베리아 정복이 시작된 이후 토착민에게 전혀 관심을 두지 않기도 했지만 일부 정교회 인사들은 토착민을

기독교로 개종시키기 위해 적극적으로 활동해 왔다. 선교활동은 오랫동안 강제적으로 실시되었지만 19세기 초에 들어와서 강제성 대신 설득을 중심으로 하는 선교활동에 주력하기로 하는 새로운 방침이 수립되었다. 러시아 정부는 개종자에게 3년 동안 세금 및 조공을 면제해 주겠다고 약속했다. 1828년에 알타이 선교회가 설립된 것도 새로운 선교방식으로의 전환을 뒷받침하기 위한 노력의 일환이었다.[60] 그렇더라도 토착민의 신앙인 샤머니즘을 미신으로, 샤먼을 악인으로 규정하고 이를 몰아내고자 하는 러시아 정교회 선교사들 측의 기본 태도 자체가 변한 것은 아니었다.[61]

야드린체프는 토착민에게 정교를 전도하는 것 자체를 반대하지는 않았다. 그러나 시베리아에서의 정교회 선교사들의 행태와 선교활동의 효과에 대해서는 비판적이었다. 그가 보기에 정교회는 토착민에 대한 이해 없이 일방적으로 선교를 강행했을 뿐 아니라 토착민의 토지 중 가장 좋은 토지를 빼앗아 스스로 차지함으로써 토착민들로부터 반감을 사는 경우가 적지 않았다(Ядринцев, *Сибирские инородцы*, p. 100, 232).

토착민들은 정교 수용 후 오히려 악화된 삶에 대해 통탄했다. 그들은 정교 수용을 정착생활과 동일시했는데 준비 없이 급격히 이루어진 생활방식 변화는 그들에게 치명적인 영향을 미쳤다. 한 나이 든 토착민에게 선교사가 세례를 받으라고 권하자 그 토착민은 이렇게 답했다. "내가 젊었을 때 러시아인들이 날 예뻐해 주길래 세례를 받았지. 지금 나는 내 지난날을 다른 눈, 늙은이의 눈으로 돌아봐. 세례가 우리에게 가져다준 게 뭐야? 사람들은 더 가난해지고, 가축 떼는 더 줄고 순록은 씨가 마르고 있어. 아니 사람들 자체가 씨가 말라 버리고 있지 뭐야. 늙은이는 눈 씻

60 Znamenski, 앞의 책, p. 4.

61 위의 책, pp. 75-78.

고 찾아도 당최 볼 수 없게 되었고 사람답지 못하게 죽은 이가 부지기수야. 안 돼, 난 우리 식으로, 사람답게 죽고 싶어." 토착민들은 그들이 생활방식을 바꾸고 생업을 바꾼 후 절멸되고 있다는 두려움을 가지고 있었다(Ядринцев, *Сибирские инородцы*, p. 232). 야드린체프는 강제적 선교활동이 종교적 측면에서도 별로 효과적이지 않다고 판단했다. 예컨대 보굴인은 기독교를 이해하지 못하는 사람들이지만 정교회는 1714년에서 22년 사이에 집중적 선교활동을 펴 이들을 강제로 개종시켰다. 그런데 이들은 표면적으로만 기독교 신자일 뿐이어서 자신들의 옛 신을 여전히 숭배하였다. 곰의 주둥이에 대고 맹세하는 풍습도 여전히 가지고 있었다(Ядринцев, *Сибирские инородцы*, p. 66). 무엇보다 토착민 중에는 정교로 개종을 했다고 하나 러시아어를 잘 모르는 사람도 많아서 개종이 단지 형식적으로 이루어진 것이고 그들의 생활에 도움을 주지 못하고 있었음을 보여 주었다(Ядринцев, *Сибирские инородцы*, p. 66, 100). 그래서 토착민은 정교를 받아들였다고 하더라도 사실상 정교와 샤머니즘을 동시에 신봉하는 이중신앙체계를 유지하고 있었다(Ядринцев, *Сибирские инородцы*, p. 232).

농업이민자: 러시아 농민의 시베리아 이주는 17세기부터 꾸준히 이어졌다. 다만 초기에는 그 규모가 미미했다. 시베리아는 농업이 발달하지 않았고 토질이 농업에 그다지 적합하지 않은 지역이 많았기 때문이다. 그러나 19세기에 들어와서 유럽 러시아로부터의 농민이주는 크게 확대되었다. 특히 1861년 농노제 철폐 이후 러시아 제국 정부는 농민의 이주를 장려하였다. 토지부족에 시달리던 농민들도 자발적으로 이주해 왔다.[62] 그런데 러시아인의 촌락 확대도 토착민의 토지 상실에 일조하는 것이었

62 이 주제에 대해서는 다음 연구서를 참고할 것. Donald W. Treadgold, *The Great Siberian Migration: Government and Peasant in Resettlement from Emancipation to the First World War*, Princeton: Princeton University Press, 1957.

다. 유럽지역에서 온 이주민이 토지를 빼앗는 바람에 토착민은 숲으로 내몰렸다. 이들 중 일부는 수렵 목축을 하며 극빈 생활을 하고 있었다. 남부 알타이인[63]은 인종적으로 몽골인에 가깝고 문자가 없는 유목민이었는데, 초원 유목민에서 산악 유목민으로 이행하는 중이었다.[64] 이들이 산악지대로 옮겨 간 것은 러시아인이 이들에게서 최상의 토지를 빼앗았기 때문이다.

러시아인의 만행에 대해서는 러시아인 시베리아 총독의 보고서에도 언급되어 있을 정도였다. 1814년 시베리아 총독부의 톰스크 주지사는 유목 쿠만딘인이 러시아인 농업이민자들에게 토지를 빼앗겨 비참하게 살고 있는 모습에 대해 "연민을 금할 길 없다"고 보고하였다(Ядринцев, *Сибирские инородцы*, p. 106). 러시아인 농업이민자들은 토착민을 상대로 경제적으로 횡포를 부리는 데 그치지 않고 절도나 강도도 자행하였다. 1829년에 벌어진 러시아인 농업이민자의 칼미크인 살해는 그 같은 예 중의 하나일 뿐이었다. 야드린체프는 러시아인이 오기 전에는 칼미크인 사이에서 이런 일이 없었다고 강조했다. 그는 이와 아울러 러시아인이 유목민의 단순함을 이용하여 무자비하게 이들을 착취하고 사기행각을 벌인다는 점을 다시 한 번 강하게 비판하였다(Ядринцев, *Сибирские инородцы*, p. 107).

야드린체프가 보기에는 러시아인 상인도 선교사도 알타이에서 정주성과 문화를 확대하는 데 아무 기여도 하지 않았다. 이들은 토착민에게 진정한 계몽이나 개화의 영향을 미치지 않았다. 반면, 러시아인 이주농민들은 토착민과 갈등을 빚기도 했지만 기여도 했다. 야드린체프는 토착민 정주화, 농경보급, 정교로의 개종 등과 관련하여 러시아 농민의 긍정적 영

63 이들을 부르는 명칭은 텔레스이, 텔렌기트이, 알타이 칼미키, 엘류트이, 추이 텔렌기트이 등 다양했다. Ядринцев, *Сибирские инородцы*, p. 104.

64 독일 학자인 리터(Ritter)는 이들을 산악 유목민으로 칭하였다. 같은 곳.

향을 찾아볼 수 있다고 하였다(Ядринцев, *Сибирские инородцы*, p. 111).

4) 토착민의 문화적 능력

야드린체프는 러시아인이 시베리아에 도래한 이래 토착민이 겪어 온 고난과 고통을 집중적으로 부각시켰다. 이는 서로 다른 문화의 충돌 속에서 토착민의 전통적 생활방식이 무너져 간 과정이라고 할 수 있을 것이다. 그렇다면 문제는 과연 토착민은 새로운 상황의 도전 속에서 스스로 생존과 문화적 발전을 담보하지 못할 존재인가 하는 것이었다. 야드린체프가 매달린 중요한 물음 가운데 하나도 바로 '시베리아 토착민의 문화적 능력과 생존 능력을 어떻게 평가할 것인가'였다.

18세기 이래로 시베리아 토착민을 방문하고 이들에 대해 글을 쓰는 저자들이 늘어났다. 그런데 다수의 연구자 관찰자들은 이들을 인종주의적 편견으로써 대했다.[65] 야드린체프는 시베리아 토착민을 보는 주류 러시아인의 편견이 미국 흑인, 오스트레일리아 토착민, 아메리카 토착민에 대한 백인의 편견과 유사한 것이라고 생각했다. 그들은 토착민을 절멸시키고 토지를 빼앗았다. 백인들은 이들이 야만인이며 절멸당할 운명이라고 주장해 왔다(Ядринцев, *Сибирские инородцы*, p. 152). 토착민이 당하는 고난은 이들 자신의 탓이라는 주장이 널리 퍼져 있었다. 즉, 이들의 "인종적

---

65 백인 방문자들 혹은 관찰자들은 전체적으로는 토착민을 백인보다 열등한 존재로 보더라도, 토착민 종족별로는 평가를 크게 달리하는 경우도 적지 않았다. 예를 들어 요한 팔크는 "깔끔하고 청결한" 타타르인을 "거칠고 완고한" (러시아인) 카자크들보다 더 좋아했고, 페르디낭 마리 드 레셉스는 축치인의 탄탄한 이해력에 놀랐으나 코략인은 "의심 많고 잔인하고 자비심도 경건함도 가질 능력이 없다"고 생각했다. Yuri Slezkine, "Naturalists Versus Nations: Eighteenth-Century Russian Scholars Confront Ethnic Diversity", *Representations*, No. 47, *Special Issue: National Cultures before Nationalism*, Summer 1994, p. 176.

허약성"이 모든 고통의 원인이라는 것이었다. 19세기 진화론 담론에 따라 이들의 인구감소는 생존투쟁, 자연도태 과정의 자연스러운 과정인 것으로 설명되었다. 토착민 사이에서 만연한 질병도 이들의 신체 탓으로 돌려져 왔다.

그러나 야드린체프의 견해로는 토착민을 절멸시키는 잔혹한 행위들을 정당화할 수 있는 근거는 전혀 없었고 토착민의 고난은 그들 자신의 탓도 결코 아니었다. 살인은 살인일 뿐이다. 인종주의적 편견은 노예제와 폭력을 낳았고 그 위에서 강화되어 온 뿌리 깊은 편견 때문에 과학적 연구가 저해되어 왔다. 야드린체프는 이 같은 편견에 스스로 파묻히기를 거부했다. 그는 새로운 사실들과 인류학적 연구 결과를 통해 이들 토착민이 미개인이 아니라 문화발전 능력을 가졌고 성공적으로 문화를 발전시킨 존재임을 확인할 수 있다고 보았다. 당장 아메리카 흑인도 그의 논지를 입증하는 좋은 예를 보여 주고 있었다. 아메리카 흑인은 노예해방 후 재능을 발전시키고, 신문도 발간하고 있었다. 아메리카 인디언도 여건만 좋으면 결코 절멸하지 않는다. '이행단계의 인종들'은 더 말할 나위도 없다. 야드린체프가 말하는 이행단계 인종은 아리아인, 카프카즈인에 가까운 인종이다. 그는 몽골 외모 황인종, 사얀족, 핀족, 아시아의 투르크족이 이에 속한다고 보았다(Ядринцев, *Сибирские инородцы*, p. 152). 야드린체프의 이행단계 인종이라는 말은 사실 백인중심주의적 관점을 드러내는 말이다. 더 낮은 단계인 아시아 토착민 단계에서 더 높은 단계인 백인 단계로 이행한다는 뜻을 담고 있기 때문이다. 그러나 적어도 야드린체프의 주관적 의도에서는 이 말은 토착민을 비하하기 위한 것이라기보다, 토착민이 변화할 수 있는 존재라는 것을 강조하기 위한 말이라고 할 수 있다.

야드린체프는 시베리아 토착민의 생활방식이 불변적이고 경직적이라고 보는 시각을 비판하였다. 그는 인간집단의 삶의 단계는 아주 다양하며 토착민의 삶도 변화하고 있음을 역설하였다. 러시아인과 같은 정주 문명의 구성원들은 유랑-유목, 목축-농경에 대해서는 잘 알지만 그 외 단계에 대해서는 잘 모르고 있었다. 그런데 야드린체프가 보기에는 초원, 툰드라, 산악, 삼림 등에서 다양한 이행기적 삶의 방식이 나타났다. 시베리아 토착민의 삶의 방식도 정착으로 향해 가는 다양한 이행적 형태를 보여 주었다. 삼림 속에서 정주성이 탄생하였다. 특히 알타이 지역은 원초문화 연구에서 대단히 흥미로운 곳이었다. 이 지역에는 스텝, 산악, 고원, 계곡이 혼재하고 있어서, 목축에 적합한 초지가 풍부하였으며, 이를 바탕으로 이곳에서는 키르기스, 몽골에 필적할 만한 유목 경제가 출현하였다.

야드린체프는 알타이 지역이 원초문화 연구를 위해 아주 적합한 지역이라고 보았다. 스텝 지역과 산악 지역이 혼재하여 생활방식도 다양하였다. 숲이 적은 지역에서는 목축이 성행하여 키르기스나 몽골과 같은 유목 경제가 나타났다(Ядринцев, *Сибирские инородцы*, p. 115). 동부 알타이는 삼림 시베리아의 입구로서 삼림 유목민(лесные кочевники)이 이곳에서 출현했다. 삼림 유목민은 아주 독특한 존재로서 수렵, 목축 어느 하나에 귀속시킬 수 없으며 한꺼번에 다양한 활동을 하였다. 이들은 유목, 목축, 수렵, 어로, 농경에 종사하며 말, 소, 양 등을 기르기도 하였다. 목축을 하더라도 산악지대의 특성상 집단목축은 쇠퇴하고 개별 경영이 우세하였다. 이들 사이에서 수렵은 주로 겨울 생업이었고 주민들이 수렵에 전념하지는 않았다(Ядринцев, *Сибирские инородцы*, p. 118).

야드린체프는 토착민의 주택 형태도 이들의 정주민적 성격을 보여준다고 생각하였다. 이들은 샬라쉬, 유르타(юрта),[66] 지모프카(зимовка),[67] 사각형 이즈바 등 다양한 형태의 주택에 거주하였는데, 그는 지모프카와 사각 이즈바는 유목에서 정주로 넘어가는 시기의 이행적 형태의 가옥이

---

66 8면의 내벽과 네 기둥을 가진 유목민들의 목조 가옥. 천정 중앙에 환기를 위한 큰 구멍이 외부를 향해 나 있다.

67 겨울나기용 가옥. 주로 흙으로 지었다.

라고 보았다(Ядринцев, *Сибирские инородцы*, pp. 119-120). 산악 알타이인은 정주생활에 대한 높은 수용성을 보여 주었으며, 삼림 유목민 사이에서는 러시아화가 크게 진전되고 있었다(Ядринцев, *Сибирские инородцы*, p. 125).

또한 시베리아 토착민 사이에서는 정주 수렵, 정주 어로도 목격되었다. 정주 자체가 숲에서 숲 덕분에 시작되었다. 삼림 경제는 다른 경제와 구분되었다. 삼림인의 의복은 가죽, 거친 삼베, 쐐기풀 삼베 등으로 만들어졌지만, 이들 사이에도 직물 제조소가 출현하기도 하였다. 이들은 펠트, 양모, 수놓은 옷감 등도 사용했고 수공업도 이용하였다. 일부 토착민 사이에서는 금속 가공이 발달하여, 대장장이 부족으로 이름 높은 쿠즈네츠키 타타르인은 무기, 부엌용품 등을 만들어 중국인에게 조공으로 납부해 왔다.

야드린체프는 삼림 민족들이 높은 수준의 정주문화를 누리면서 외모와 성격도 변했다고 주장하였다. 그에 따르면 삼림인과 유목민은 각기 품성과 성격도 달랐다. 유목민은 쾌활하고 명랑한 데 반해 삼림인은 침울하고 진지하다는 특징을 가졌다. 그런데 야드린체프가 보기에 삼림인이 진지한 것은 러시아 농민이 진지한 것과 유사한 것이었다. 이 침울함은 내적 문명의 힘을 보여 주는 것이다. 침울, 진지함은 문명 유형을 바꾼 데서 비롯되는 것이다. 시베리아 토착민 중 삼림인은 문화 유형에서 러시아 정주민에 가까웠다(Ядринцев, *Сибирские инородцы*, pp. 122-124).

야드린체프가 보기에 시베리아 토착민은 도시를 건설하고 목축을 발전시키고 수공업을 발전시킨 사람이었다. 그는 토착민에 대한 자신의 감정이입이 정당함을 입증하기 위해 다른 유럽인 연구자도 불러내 왔다. 밋덴도르프와 같이 토착민을 가까이 관찰하였던 연구자는 토착민의 삶을 편견 없이 보아야 하고 내재적 관점으로 이들을 대해야 한다고 지적한 바 있었다. 밋덴도르프는 시베리아 토착민이 가죽과 모피를 다루는 솜씨를 찬양하면서 이렇게 썼다. “나는 심지어, 시베리아에서도 문명의 중심지로부터 멀어질수록 무두질 기술은 더욱 발전해 있음을 발견하였다. 오스탸인, 퉁구스인, 사모예드인 사이에서 그들에게 더 가까이 다가갈수록 실제로 더 완벽한 도구들을 접할 수 있었다. 시베리아에서 러시아인도 사용하는 그러한 도구들을 말이다." 야드린체프는 이에 전적으로 동의하면서, 유럽인 철학자는 시베리아인의 능력과 초보적 문화를 경멸로써가 아니라 존중과 경탄으로 대하지 않을 수 없다고 강조하였다(Ядринцев, *Сибирские инородцы*, p. 169).

오스카르 페셸도 시베리아 토착민의 문화적 능력에 존경과 찬사를 보냈던 연구자의 하나였다. 페셸은 에스키모인이 혹독한 추위 속에서 생존을 영위하면서 지리적 발견을 도왔고 이 같은 활동과정에서 유럽인들을 구조하고 그들의 길을 인도했음을 지적하였다(Ядринцев, *Сибирские инородцы*, p. 170). 이들과 공감하면서 야드린체프는 토착민이 가죽과 뼈를 다루고, 철과 여러가지 금속을 가공하며, 광산을 발견하는 데서 뛰어난 재능을 보여 주었다고 강조하였다(Ядринцев, *Сибирские инородцы*, pp. 170-171).

야드린체프가 보기에 토착민은 정복자가 도래하기 전까지 독자적인 문화를 가진 사람들이었다. 그런데 그들의 영토에 러시아인이 도래하면서 토착민의 기술이 퇴조하였다는 것이다(Ядринцев, *Сибирские инородцы*, p. 172). 그러나 야드린체프는 토착민의 문화적 발전 능력 자체가 후퇴했다고 보지는 않았다. 그는 부랴트인, 야쿠트인을 비롯한 토착민은 새로운 문명에 적응할 수 있고 러시아인이 주도한 학교에서도 학습할 수 있는 지적 능력을 가지고 있다고 여겼다. 그들 중 일부는 부랴트인인 반자로프나 야쿠트인인 니콜라예프 등의 경우에서 보듯 탁월한 지적 능력으로 민족 엘리트로서의 역할을 하기도 하였다(Ядринцев, *Сибирские инородцы*, p. 245).

5) 우그로 알타이족의 문화사

야드린체프가 토착민의 재능과 생존 능력을 확신한 것은 그들이 과거에 발전시켰던 높은 수준의 문명의 역사에 대한 인식이 있었기 때문이다. 야드린체프는 문명 담론에 대한 새로운 시각을 제시하면서 토착민 문화에 대한 재평가를 주도하고자 하였다. 그는 시베리아 토착민이 다양한 삶의 단계, 문화적 단계를 거쳐 왔음을 확인하고, 각각의 문화단계에서 토착민이 이룬 문명의 수준을 평가하는 다면적 작업을 통해 토착민의 문화사를 재평가하고자 하였다.

이를 위해 그는 무엇보다 유목 문명에 대한 적극적 재평가를 시도하였다. 그는 백인 주류사회가 특정한 시기 유목민과의 잦은 충돌로 인해 유목 문명에 대해 심한 반감과 부정적인 견해를 가져왔다는 것과 이것이 시베리아 토착민에 대한 평가와도 연관되어 있다는 것을 알고 있었다(Ядринцев, *Сибирские инородцы*, pp. 253-254). 그는 시베리아 토착민이 전반적으로 유목 문명과 깊은 관련을 가지고 있음을 염두에 두고 유목 문명의 높은 수준에 대해 역설하였다. 그는 수렵→목축→농경으로 이어지는 단계에서 각 단계는 모두 의미를 가지는 것이고 모든 직업이 인간의 발전에 영향을 미친 것이었다고 주장하였다. 그리고 가축의 이용은 증기와 전기의 사용에 비견할 만한 획기적인 것이었다고 보았다(Ядринцев, *Сибирские инородцы*, pp. 258-260). 그가 보기에 유목민의 최대 공헌은 사회들 간의 교류를 증진시켜 준 데 있었다. 유목민이 낙타를 이용하여 사막을 통행함으로써 서로 단절되어 있던 사회들이 교류할 수 있게 되었다. 유목민은 상업과 교환의 주역으로서, 황야를 잇고 세계의 끝과 끝을 이어 주었다(Ядринцев, *Сибирские инородцы*, p. 261, 266). 몽골-부랴트인은 중국의 비단을 구입하고 은제 머리장식을 구입하는 등 사치품 교역의 한 축을 담당하였다. 유목민은 그리스-로마 신화에 못지않은 신화를 발달시켰고 이 같은 신화가 후대에 불교를 수용할 수 있는 잘 준비된 토양을 마련해 주었다. 불교를 수용함으로써 유목민들은 평화로운 단계에 들어섰고, 몽골 제국의 경우에는 고도의 국가성을 발전시킬 수 있었다(Ядринцев, *Сибирские инородцы*, p. 272).

이처럼 야드린체프는 유목 문명의 문명사적 의미를 크게 고양시킴으로써 유목적 혹은 반유목적 생활을 주로 해 온 시베리아 토착민의 문화에 대해서도 그 진가를 인정해 줄 수 있게 되기를 기대하였다.

이 외에도 야드린체프는 시베리아인이 형성한 문명의 역사에 대해 다음과 같은 특징들을 열거하였다.

① 시베리아인은 정주민으로서 도시를 건설하기도 하였다. 볼가르 한국과 카잔 한국 등 정주민 국가는 이들에 의해 건설되었으며, 이들이 수립한 여러 정주 도시들의 흔적도 남아 있다. 이들의 정주 문명과 그 성과물로서의 시베리아 도시들은 이미 수많은 여행자들의 여행기 속에서 그 존재를 확인받았다. 쉴트베르거(Johann Schiltberger)[68]가 그의 여행기에서 시베리아 도시들을 언급했고, 마르코 폴로(Marco Polo)[69]도 여행기에서 타타르인 국가를 언급하였다. 뮌스터(Sebastian Münster)[70]는 16세기에 제작한 세계지도에서 시베리아의 두 도시를 언급하였는데 그중 한 도시는 시비르였고 다른 도시에는 이름이 붙어 있지 않았다. 야드린체프는 이 도시가 칭기 투라(후일의 튜멘)일지도 모른다고 생각했다. 헤르베르슈타인

68 요한 쉴트베르거(1380-1440 무렵)는 독일 출신 여행기 저자로서, 이집트, 소아시아, 러시아, 중앙아시아 등을 두루 방문하고 여행기록을 남겼다.

69 마르코 폴로(1254-1324)는 유명한 『동방견문록』의 저자이다.

70 제바스티안 뮌스터(1488-1552)는 독일의 지도제작자, 지리학자이며, 1544년 세계지도(Kosmographie)를 발간하였다. 야드린체프가 '1514년판 뮌스터의 세계지도'(Ядринцев, *Сибирские инородцы*, p. 126)라고 한 것은 이 1544년판 세계지도를 가리키는 것으로 보인다.

(Siegmund Freiherr von Herberstein)[71]의 지도에는 도시 시비르에 대한 언급은 없는 반면 칭기 투라는 표시되어 있었다. 야드린체프는 중국 자료에도 시베리아 도시에 대한 언급이 있다고 주장하였다. 한서에 기록된 거란 도시 등이 시베리아 토착민과 연관되어 있다고 본 것이다(Ядринцев, *Сибирские инородцы*, pp. 126-128).

야드린체프는 알란족의 도시. 박트리아, 소그드, 호레즘 등의 중앙아시아 도시들이 모두 시베리아인과 관련된 도시들이라고 주장하였다(Ядринцев, *Сибирские инородцы*, p. 129). 시베리아에는 타타르 도시들뿐 아니라 오스탁 도시들도 있었다. 또한 시베리아에는 광채와 부가 넘치는 유목민 수도들이 다수 있었다. 카라코룸과 사라이 등은 무력으로 쟁취한 것이지만, 정주 시베리아인이 건설한 도시는 이보다는 더 단순했다. 이들 사이에서는 언제나 수공업과 금속가공업이 발달했다. 야드린체프는 이러한 현상이 시베리아 삼림인 사이에서도 확인된다고 하였다(Ядринцев, *Сибирские инородцы*, pp. 129-130).

② 북아시아인은 농경문화를 발전시켰다. 알타이인은 오래전부터 농경에 종사했다. 이들은 보리농사를 지었는데 이를 위해 단순한 농기구인 오빌(обыл: 일종의 괭이)과 모티가(мотыга: 역시 일종의 괭이) 등을 사용했다. 1604년 러시아인이 텔레우트인과 접촉했을 때 이들이 농경, 금속사용, 금속 용구 제조(대장장이 일)를 하고 있다는 사실을 발견했다는 기록이 있다. 시베리아 북부 경제지역에서는 철을 생산하고 밀을 재배하고 비단까지 생산했다. 시베리아 남부의 문화적 중심지, 북아시아-시베리아에서 고래로 농경이 행해졌다는 중국 사서의 기록이 많다(Ядринцев, *Сибирские*

71 지그문트 헤르베르슈타인(1486-1566)은 오스트리아의 외교관, 여행기 저자이며 신성로마제국의 러시아 대사로 재직했다. 그의 『모스크바국 방문기(*Rerum Moscoviticarum comentarii*)』(1549년 처음 출판)는 서유럽의 러시아학 연구의 초석을 놓은 저작이라는 평가를 받는다.

инородцы, pp. 130-141).

시베리아 토착민 문명은 선행한 문명들과 밀접한 관련이 있었을 뿐 아니라 다른 문명과 활발히 교류했다. 과거 시베리아 토착민의 문명은 높은 수준에 도달했다. 그런데 후대에 침략과 전쟁이 이 문명을 파괴했다. 현재의 토착민 문화는 그 희미한 흔적을 보여 주고 있을 뿐이다. 시베리아 북부의 토착민이 중국 북부, 중앙아시아, 투르케스탄, 아라비아, 티벳과 교류했다는 것은 동방의 많은 저자들이 쓰고 있다. 8-9세기에는 하자르인을 통해 동서가 교류했다. 우랄불가르인도 아라비아, 시비르 한국과 교역했다(Ядринцев, *Сибирские инородцы*, p. 146). 야드린체프는 시베리아가 과거에 활발한 문명교류의 한 축이었음을 강조하였다. 그가 주장하는 바로는 문명 전파에는 남에서 북으로 이동하는 길, 동에서 서로 이동하는 길 등 여러 길이 있었는데, 이러한 교류의 길을 따라 시베리아인이 유럽에도 영향을 미쳤다(Ядринцев, *Сибирские инородцы*, p. 147).

야드린체프는 시베리아 토착민이 결코 고립되고 폐쇄적인 삶을 살지 않았고 인종적 · 문명적 · 언어적 · 신화적으로 다른 지역과 긴밀하게 연결되어 있었음을 강조하였다. 그는 아시아 초원에서 살고 이동했던 민족들이 시베리아 평원을 거쳐 유럽으로도 이동했으며, 아리아인도 북부 아시아와 시베리아를 거쳐 왔다고 보았다. 아울러 그는 시베리아 토착민이 인종적 혼재성을 드러낸다고 주장하였다. 그는 클라프로트(Julius Klaproth)[72]의 학설을 근거로 들었는데, 클라프로트는 북아시아에 핀족 외에 아리아인도 존재하며 흰 피부, 파란 눈을 가진 주민의 존재가 이를 입증한다고 주장했고 키르기스인, 사얀인, 타타르인, 알타이인 사이에도 백인 요소가 존재한다는 견해를 내놓은 바 있다. 야드린체프는 북아시아와

72 율리우스 클라프로트(1783-1835)는 독일의 언어학자이자 역사학자, 민속지학자였다. 그는 아시아 민족들의 언어에 대해 특히 많은 저작을 남겼다.

다른 문명 중심지가 언어적으로도 서로 연결되어 있었다고 보는 학자들의 견해를 소개했다. 예컨대 시베리아 토착민의 언어는 고트, 켈트어와 유사하다고 주장하는 학자도 있었고 북(北)루운어와 유사하다는 연구자도 있었다. 야드린체프 자신은 북아시아 언어가 돌궐적이라고 생각했다(Ядринцев, *Сибирские инородцы*, pp. 147-148).

야드린체프는 또한 시베리아 토착민은 신화체계에서도 다른 지역과 연결되어 있다고 보았다. 시베리아 토착민의 샤머니즘은 포타닌이 주로 연구한 바 있는데, 야드린체프는 알타이 신화가 희생 의식. 매장 의식 등 여러 면에서 서부 스키타이인의 고대 관습을 잘 반영하고 있다고 보았다. 시베리아 옛 문명이 세계사의 다른 지역 문명들과 밀접히 교류하고 관련되어 있었기에 다른 사회의 고대 사료에도 그 흔적을 남겼으며, 중국 사료, 아랍 사료, 페르시아 사료 등을 참고하면 고대 시베리아 문명에 대해 좀 더 잘 알 수 있다는 것이 그의 주장이었다(Ядринцев, *Сибирские инородцы*, pp. 148-149). 요컨대 시베리아 토착민은 과거에 빛나는 문명을 건설했던 사람들이었다. 그들의 문명적 잠재력은 이것으로도 충분히 입증할 수 있는 것이었다.

6) 토착민 보호를 위한 노력의 필요성

야드린체프는 러시아인들이 토착민의 고귀한 심성을 악용하여 그들을 비극에 빠뜨리는 것을 통탄하였다. 그가 보기에 토착민은 원래 아주 정직한 사람들이었다. 그들은 단순하고 순진한 심성을 가졌으며 그들의 신앙인 샤머니즘 및 망자에 대한 두려움 때문에 모든 계약을 신성하게 여겼다. 러시아 상인들은 이것을 잘 알았기 때문에 오히려 이를 악용하여 그들을 착취하였다(Ядринцев, *Сибирские инородцы*, p. 85). 야드린체프가 시베리아 토착민을 바라보는 우호적인 시각을 가장 잘 보여 주는 부분이 있다면 그것은 바로 고난에 처한 유럽인 탐험대를 구조해 주는 에스키모인에 대한 서술일 것이다. 북해를 탐험하다가 배가 얼음덩이에 부딪쳐 조난당한 탐험대는 에스키모가 나타나면 구조되었다는 기쁨에 환성을 올렸다. "에스키모다"라고. 그처럼, 야드린체프의 눈에 비친 토착민은 그들의 탁월한 지리적 감각과 기후에 대한 지식으로 눈보라 속에서 길을 안내해 주는 사람들이었고 상인을 포함해서 조난당한 외부인을 아무 대가 바라는 일 없이 구해 주는 사람들이었으며, 뛰어난 수공업 기술을 소지한 데서 알 수 있듯 풍부한 문화적 능력을 가졌으며 실제로 역사적으로 뛰어난 문화를 이룩했던 사람들이었다. 또한 러시아인을 위해 수많은 야삭을 모으고 이를 바쳐 온 사람들이기도 했다(Ядринцев, *Сибирские инородцы*, p. 93, 170-172). 그러나 사람을 잘 믿고 선량하고 계산적이지 않았던 토착민은 바로 그 이유 때문에 몰락의 길에 들어서 있었다. 눈보라 속에서 상인들의 길을 안내해 주었던 토착민이 이제 자신들의 도움을 받았던 사람들에 의해 거꾸로 파멸의 길에 들어서게 되었다(Ядринцев, *Сибирские инородцы*, p. 93).

야드린체프는 이를 한없이 통탄스럽게 여겼다. 그는 러시아인의 횡포를, 아메리카 토착민에게 세례를 준 후 곧바로 이들을 사형시킨 스페인인의 처사에 견주었다. 이는 인류 구원과 휴머니즘, 계몽이라는 문명의 목적에 어긋나는 것이었다. 그는 토착민을 약탈자, 상인, 쿨라키에 내맡겨서는 안 된다고 호소했고 토착민의 인권을 지켜 주고 그들에게 교육, 문화적 혜택을 베풀어야 한다고 주장하였다(Ядринцев, *Сибирские инородцы*, pp. 92-94).

야드린체프는 토착민 절멸 위기에도 아랑곳하지 않는 러시아인들의 태도를 비판하면서, 러시아 지식인 사회도 이에 책임이 있다고 주장하였다. 19세기 후반의 러시아 지식인은 러시아 농민문제에만 관심이 있을 뿐 시베리아 토착민에게는 관심을 기울이지 않았다는 것이다. 그는 러시아인들이 토착민을 동등한 인간이 아닌 "개"로 여겼으며(Ядринцев,

Сибирские инородцы, p. 90), "토착민이 절멸하면 그곳을 러시아인이 채우면 된다"는 식의 태도를 보이고 있다고 개탄하였다. 그는 러시아 기독교인 사회에 동물보호협회는 있어도 사멸민족보호협회는 없다고 지적하기도 하였다(Ядринцев, *Сибирские инородцы*, pp. 160-161).

야드린체프는 모욕, 강제, 기만으로부터 토착민을 보호해야 하고 이들의 인권과 법적 보호를 보장해야 한다고 주장했다. 더 나아가 그는 인간적 · 문화적 접촉을 통해 이들을 문화 수용으로 이끌어야 한다고 주장하기도 하였다(Ядринцев, *Сибирские инородцы*, p. 113). 즉 토착민은 보호되어야 하고 교육 · 계몽되어야 할 존재였다.

야드린체프는 토착민에 대한 무한한 애정과 배려심을 가지고 있기는 했지만 그 또한 이들을 유럽 러시아인과 동등하게 생각하지는 않았다. 그는 문명에 발달단계가 있고 낮은 단계의 문명과 높은 단계의 문명이 있으며 토착민은 대체로 러시아인보다 낮은 발달단계에 있는 인종이라고 여겼다(Ядринцев, *Сибирские инородцы*, p. 188, 191, 196). 시베리아에서는 특정 지역에서 러시아인이 소수인 경우 이들이 토착민에 동화되는 일도 종종 일어났는데, 야드린체프는 부랴트인, 야쿠트인과의 혼혈 같은 일부 경우를 제외하고는 토착민과의 혼혈이 러시아인의 퇴화를 초래하며 별로 바람직하지 않은 현상이라고 생각했다(Ядринцев, *Сибирские инородцы*, pp. 188-195).

이런 기본적인 태도 때문에 그는 토착민의 자결, 자립을 말하기보다 러시아인이 토착민을 위해 각종 혜택을 베풀어야 한다는 것을 주로 제안하였다. 토착민의 정치적 독립이나 자결에 대해서는 아무런 언급이 없었다. 그는 당시 상황에서는 토착민이 그 같은 정치적 활동을 할 만한 여건이 마련되어 있지 않다고 여겼던 것으로 보인다. 그는 기본적으로 더 높은 발전 단계에 있는 러시아인이 이들을 보호하고 이들을 더 높은 발전 단계로 이끌어 주어야 한다고 생각하였다. 이를 위해 가장 필요한 것이 이들에게 알맞은 교육을 체계적으로 제공하는 것이었다. 앞에서도 언급했듯, 그는 토착민이 학습 능력을 충분히 가지고 있다고 확신했고, 이들에게 고등교육을 비롯한 학교 교육을 제공해야 한다고 제안했다. 러시아어의 강요는 실패로 끝난다고 보고 토착민 자신의 언어와 문화를 지키려는 노력을 장려하기도 했다(Ядринцев, *Сибирские инородцы*, pp. 249-250). 종교적으로는 이들의 종교를 존중하되, 세심하고 섬세한 방법으로 이들에게 정교를 보급하는 것도 바람직하게 여겼다(Ядринцев, *Сибирские инородцы*, p. 233, 249). 그는 계몽과 교육을 통해 시베리아 토착민이 자민족과 자민족의 운명에 대한 사랑을 가지게 되기를 기대했고, 보다 높은 문명에 도달하여 인류 보편 문명에 기여하며 이웃 아시아인들에게도 문명을 전파하는 역할을 하게 되기를 희망하였다(Ядринцев, *Сибирские инородцы*, pp. 251-252).

야드린체프는 토착민을 위한 계몽과 교육, 온정주의적 보호책의 열렬한 제안자였으므로 그를 토착민을 위한 투사라고 할 수 있을 것이다. 그러나 그는 토착민에게 자기 문제를 해결하기 위한 투사가 되라고 촉구하는 인물은 결코 아니었다. 그의 토착민 보호론에는 명백한 한계가 있었다. 그는 토착민이 주체가 되어 시베리아를 그들 방식으로 재구성하는 데에는 생각이 미치지 않았으며 이에 대해서는 언급하지 않았다. 그에게 토착민은 보호와 지원을 받아야 할 사람들이었다.

다른 한편, 야드린체프가 '고등인종'(высшие расы), '하등인종'(низшие расы) 등의 용어를 쓰고 있기 때문에 오늘날의 독자 입장에서는 그를 인종주의자로 비판할 수도 있을지 모른다. 그러나 그는 토착민과 백인 사이에 생물학적으로 규정된 지적 장벽이나 문화적 발전 능력의 격차가 있다고는 결코 생각하지 않았으며 교육과 계몽을 통해 토착민의 문화 수준을 백인 수준으로 끌어올릴 수 있다고 보았다. 그의 고등인종/하등인종 개념은 사실 20세기를 넘어 21세기에까지도 널리 통용되고 있는 선진/후진 사회 개념에 오히려 더 유사한 것이라고 볼 수 있다. 백번 양보해서 그가 인종들 사이의 삶의 방식 차이를 인정했음을 부인하지 않는다고 하더라도[73] 이는 인종차별을 위한 것이 아니라 인종차별과 공격적 인종주의에 맞서서 토착민을 지켜 내기 위한 주장 속의 부차적 요소들이었으며, 오늘날 포스트 모더니즘 계열에서 말하는 '차이'론에 가까운 담론이었음을 인정해야 할 것이다. 인종주의가 극에 달한 19세기 후반을 살다 간 유럽식 계몽주의자 야드린체프로서는 토착민이 러시아인과는 다른 문화발전 수준에 있다는 것을 인정하는 그 같은 온정주의가 당대 현실에서 토착민을 위한 실질적 정책을 마련할 수 있는 최선의 길이라고 생각했던 것으로 보인다.

6. 맺음말

야드린체프의 시베리아 토착민관은 당시 러시아 제국에서 가장 진보적인 견해에 속했다. 야드린체프는 "시베리아의 비분강개인"이면서 동시에 "확고부동한 서구주의자"였다는 평가를 받고 있다.[74] 그는 시베리아

73 야드린체프를 연구하는 후대학자들도 그가 인종주의자였다는 비난을 받을 수 있다는 점에 대해 예민한 반응을 보인다. 2000년에 새로 출판된 『식민지로서의 시베리아』 서문에서 파르히모비치는 문맥에 비추어 볼 때 야드린체프에게 인종주의라는 비난을 가할 수는 없다고 주장하고 있다. 이 서문 필자는 야드린체프가 '고등인종 및 종족-하등인종 및 종족'이라는 용어를 쓰고 있기는 하지만 이는 토착민을 유럽 문명의 수준까지 끌어올려야 한다는 그의 생각을 표현하는 것이라고 해석한다. С. Пархимович, "Из племени областников", Николай Михайлович Ядринцев, *Сибирь как колония: Современное положение Сибири, её нужды и потребности. Её прошлое и будущее*, Тюмень: Издательство Мандрики, 2000, p. 9.

74 Т.Ф. Ляпкина, "Н.М. Ядринцев о проблемах культурного влияния", *Областническая тенденця в русской философской и общественной мысли: к 150-летию сибирского областничества*, Санкт-Петербург: Изд. Дом Санкт-Петербургского

의 현실에 비감해 한 개혁가이자 토착민과 관련해서도 그들의 처지에 함께 아파하는 사람이었으며, 이를 문명과 개화의 정신으로 극복하고 해결하고자 한 지식인이었다.

폴란드 출신으로 20세기 초반에 활동한 시베리아 연구자 마리아 안토니나 차플리츠카는 야드린체프의 저술활동에 대해, '그는 시베리아 토착민들게 도움을 주고자 하는 진지한 욕구에서 비롯된 인도주의적 견지에서 일생을 바쳐 그들 사이에서 활동했으며, 토착민을 보호하기 위해 전력을 기울였다'고 아주 호의적으로 평가한 바 있다.[75]

야드린체프의 시베리아 지역주의는 시베리아 토착민 삶의 보장과 발전에 대한 방안을 필수적인 부분으로 포함하고 있었다. 그는 시베리아 토착민에게는 충분한 문화적 능력이 있음을 인정했다. 이는 과거에 그들이 형성했던 국가와 도시의 역사를 통해서도 충분히 입증되며 19세기 당대에 근대식 교육을 받은 토착민 엘리트가 발휘한 지적 능력을 통해 확인할 수 있다는 것이 그의 견해였다.

그러나 그러면서도 야드린체프는 당대의 시베리아 토착민을 러시아인과 동일한 수준의 문명을 달성한 사람들이라고 보지는 않았다. 그는 토착민을 고귀한 야만인과 같은 존재로 보았다는 점에서 루소와 비슷한 태도를 보였으나 '자연으로 돌아가라'를 외치는 루소주의자는 아니었다. 그는 토착민을 '러시아인의 동생'으로 여겼다. 그의 태도에는 온정주의적 태도가 깃들어 있었다. 이는 그가 주장한 시베리아 지역주의의 정치적 요구를 토착민의 관점에서 재검토할 때 좀 더 분명해진다. 그의 지역주의는 러시아 중앙정부에 대한 시베리아 러시아인의 자율성을 주장하는 것이었다. 그 안에는 시베리아 러시아인과 토착민의 권력관계에 대한 언급은 없

государственного университета, 2010, p. 80.

75 Czaplicka, 앞의 책, p. 329.

다. 그는 시베리아 러시아인이 주도하는 사회를 염두에 두었으며 토착민이 정치적 주역이 되어 러시아인 없이 독립 시베리아를 형성하는 구상은 가지고 있지 않았다.

그런 의미에서 야드린체프에게도 토착민을 대상화하는 요소가 없지 않았다. 그는 시베리아를 식민지로서 보기는 했으되 이는 근대 제국주의에 대한 비판적 인식과는 관련이 없었다. 시베리아는 이미 너무나 오래 러시아의 영토가 되어 있었기 때문에 야드린체프에게는 러시아인이 이 지역을 부당하게 지배한다는 인식 같은 것은 없었다. 그는 러시아인의 지배 자체가 부당한 것은 아니고 다만 지배 행태가 부당하다고 여겼을 뿐이다. 그는 시베리아에 대한 러시아의 지배권과 러시아 혈통 시베리아인의 주도권을 인정하는 선 위에서 논의하였다. 최대한으로 평가하더라도 야드린체프는 토착민 보호론자였고 토착민 분리독립 운동가나 토착민 자율성론을 주장하는 논자는 아니었다.

그렇기는 하지만, 이 같은 범위 안에서는 야드린체프는 토착민의 생존, 정체성, 인권 및 인간적 존엄성의 보장을 위해 노력하고자 했음에 틀림없다. 그는 토착민이 경제적으로 몰락하고 생존의 위기를 겪고 있는 현실을 직시하고 그 원인을 러시아인의 행정 및 경제적 착취에서 찾았으며 이를 시정해야 한다는 것을 지적하였다. 그는 토착민이 문명 발전의 역사를 가지고 있었고 문명발전의 잠재력을 여전히 가지고 있음을 역설하였다.

시베리아 토착민에 대한 야드린체프의 연구는 인류학적 · 민족지학적으로 중요한 자료인 한편, 19세기 후반 진보적 정치 · 사회사상의 영향 아래 인종주의적 편견에 맞서서 시베리아 토착민의 삶의 인간화를 위해 기여하고자 하던 계몽주의자의 노력의 일단을 보여 준다.

참고문헌

김성진 (2001년 겨울), 「시베리아 지역주의의 역사적 고찰: 제정말기를 중심으로」, 『유라시아 연구』.

민경현 (2004), 「시베리아 지역주의 운동의 사상적 기원 – 뽀따닌과 야드린쩨프를 중심으로」, 『슬라브 연구』 제20권 2호.

Castrén, M.A. (1853), *Reiseerinnerungen: Aus den Jahren 1838–44*, St. Peterburg; *Reiseberichte und Briefe: Aus den Jahren 1845–9* (1853), St. Peterburg: Buchdruckerei der Kaiserlichen Akademie der Wissenschaft.

Czaplicka, M.A. (1914), *Aboriginal Siberia. A Study in Social Anthropology*, Oxford: Clarendon Press: Reprint Oxford University Press, 1969.

Dmytryshyn, B., E.A.P. Crownhart-Vaughan, and T. Vaughan (eds.) (1988), *Russian Penetration of the North Pacific Ocean: A Documentary Record 1700–1797*, Portland, Or: Oregon Historical Society Press.

Faust, W. (1980), *Russlands goldener Boden: Der sibirische Regionalismus in der zweiten Hälfte des 19. Jahrhunderts*, Köln: Böhlau.

Fisher, R.H. (1943), *The Russian Fur Trade, 1550–1700*, Berkeley and Los Angeles: University of California Press.

Forsyth, J. (1992), *A History of the Peoples of Siberia: Russia's North Asian Colony 1581-1990*, Cambridge: Cambridge University Press.

Georgi, J.G. (1776–1780), *Beschreibung aller Nationen des russischen Reiches: Ihrer Lebensart, Religion, Gebräuche, Wohnungen, Kleidungen und übrigen Merkwürdigkeiten*, Erste-Vierte Ausgabe, St. Peterburg: Verlag Carl Wilhelm Müller.

Golovnev, A. and G. Osherenko (1999), *Siberian Survival. The Nenets and Their Story*, Ithaca, London: Cornell University Press.

Müller, F. (1873), *Allgemeine Ethnographie*, Wien: Adolf Hölder.

Müller, F. (1878), *Allgemeine Ethnographie*. zweite umgearbeitete und bedeutend vermehrte

Auflage, Wien: Adolf Hölder.

Müller, M. (1862), *Lectures on The Science of Language*, second edition, New York: Charles Scribner.

Peschel, O. (1877), *Völkerkunde*, vierte und unveränderte Auflage, Leipzig: Verlag von Duncker und Humblot.

Poppe, N. (1965), *Introduction to Ural Altaic Lingusitcs*, Wiesbaden: Otto Harrassowits.

Slezkine, Y. (Summer 1994), "Naturalists Versus Nations: Eighteenth-Century Russian Scholars Confront Ethnic Diversity", *Representations, No. 47, Special Issue: National Cultures before Nationalism*.

Treadgold, D.W. (1957), *The Great Siberian Migration: Government and Peasant in Resettlement from Emancipation to the First World War*, Princeton: Princeton University Press.

Znamenski, A.A. (1999), *Shamanism and Christianity: Native Encounters with Russian Orthodox Missions in Siberia and Alaska, 1820-1917*, Westport, London: Greenwood Press.

Андреев, А. (2000), *Строгановы*, Москва: Белый Волк-Крафт.

Андриевич, В.К. (2007), "Сибирь без романтики", Валентин Распутин, *Сибирь, Сибирь*…, Иркутск: Издательство Сапронов.

Леви, К.Г. и Н.В. Задонина (2003), "Предуведомление от составителей", Семен Ремизов, *Краткая Сибирская летопись* (Кунгурская), Иркутск.

Лемке, М. (1904), *Николай Михайлович Ядринцевъ. Біографический очерк. К десятилетію со дня кончины*, Санкт-Петербург.

Коржавин, В., *Из истории исторической науки в Сибири*, Н.М. Ядринцев. http://www.gumer.info/bibliotek_Buks/History/Article/korg_izist.php (검색일: 2010. 12. 6).

Маджаров, А.С. (2005), *Афанасий Прокопьевич Щапов: История жизни (1831-1976) и жизнь "Истории"*, Иркутск.

Миллер, Г.Ф. (1937), *История Сибири* т. 1, Москва-Ленинград: Издательство академии наук СССР.

Новгородская первая летопись старшего и младшего изводов. Полное собрание русских летописей (1950), том третий, Москва-Ленинград: Издательство Академии Наук СССР.

Областническая тенденция в русской философской и общественной мысли: к 150-летию сибирского областничества (2010), Санкт-Петербург: Изд. Дом Санкт-Петербургского государственного университета.

Пыпин, А.Н. (1892), *Исторія русской этнографіи, том IV. Белорссія и Сибирь*, Санкт-Петербург: Типографія М.М. Стасюлквича.

Словцовъ, П.А. (1886), *Историческое обозрение Сибири книга 1-2*, Издание И.М. Сибирякова, Санкт-Петербург: Типография И. Н. Скороходова.

Сесюнина, М.Г. (1974), *Г.Н. Потанин и Н.М. Ядринцев: Идеологи сибирского областничества*, Томск: Издательство Томского Университета.

Чередниченко, И.Г. (1999), *Николай Михайлович Ядринцев-Публицист, теоретик и организатор провинциальной печати*, Иркутск: Издательство Иркутского государственного технического университета.

Ядринцев, Н.М. (1872), *Русская община в тюрьме и ссылке*, Санкт-Петербург: Тифографія Моригеровского.

Ядринцев, Н.М. (2000), *Сибирские инородцы. их быт и современное положение*, Тюмень: Издательство Мандрики.

Ядринцев, Н.М. (2000), *Сибирь как колония: Современное положение Сибири. Её нужды и потребности. Её прошлое и будущее*, Тюмень: Издательство Мандрики.

제7장

시베리아 샤머니즘의 특성과 그 연구사

강정원

서울대학교 인류학과 교수

주요 논저: 퉁구스족의 곰의례(2008, 역), 서울대학교 박물관 소장 식민지시기 유리건판(2008, 공저), 동북아 곰 신화와 중화주의 신화론 비판(2009, 공저), 세계의 말문화 – 몽골/중앙아시아(2009, 공저), 경북지역 옹기의 문화지도(2011, 공저)

1. 들어가기[1]

이 글은 시베리아에서 나타나는 종교 현상 중에서 대표적인 것으로 인식되고 있는 샤머니즘에 대한 연구를 역사적으로 검토하는 것을 목표로 한다. 한국의 일상문화에서 흔히 만날 수 있는 巫俗 내지는 巫 현상과 연관성이 있다는 이유로 한국의 샤머니즘 학계에서 시베리아 지역을 많이 언급하지만, 실제로 시베리아 샤머니즘에 대한 연구는 그렇게 많지 않다. 이렇게 시베리아 샤머니즘에 대한 관심과 실제 연구가 비례하지 않는 것은 시베리아 샤머니즘을 전문으로 연구하는 학자가 많지 않기 때문일 것이다. 이 글은 이렇게 시베리아 샤머니즘에 대한 관심을 조금이라도 채우고자 하는 차원에서 작성되었다. 하지만 시베리아 샤머니즘 연구사는 그 자체로 단행본 정도의 연구 분량을 가지고 있기 때문에 소논문인 이 글에서 샤머니즘 연구사는 충분히 다루어지지 못한다.

1 이 글은 엄격한 의미에서 독창적 논문이라기보다는 기존에 발표된 논문들에 기반하여 수정하고 편집하여 만들어진 글이다. 이 글은 구체적으로 다음의 세 논문을 기반으로 작성되었다: 강정원, 「야쿠트샤마니즘과 으흐아흐 축제」, 『비교문화연구』 5, 비교문화연구소, 1999, pp. 31-54; 강정원, 「사하 흑샤머니즘」, 『민속학연구』 7, 국립민속박물관, 2000, pp. 277-300; 강정원, 「시베리아 샤머니즘 개념 형성과 전개」, 『샤머니즘 연구』 5, 한국샤머니즘학회, 2003, pp. 1-13. 가능한 범위에서 인용 표시를 하겠지만, 미처 인용하지 못한 부분도 있을 수 있다. 이 글에서는 기존의 논문을 기반으로 샤머니즘 연구사에서 해석할 여지가 있는 부분에 좀 더 초점을 맞추어 보충하였다.

한국 무속학계에서는 시베리아 샤머니즘에 대해서 두 가지 상반된 관점을 가지고 있다. 첫째, 시베리아 샤머니즘이 한국 무속의 기저에 해당한다는 관점이다. 이 관점도 두 가지로 구분할 수 있다. 시베리아 전파설과 고아시아 원주민 기층설이다. 시베리아 전파설은 동북아시아에서 만주와 한반도로 이주하면서 샤머니즘을 가지고 왔으며, 현재 한국 샤머니즘은 이 샤머니즘을 기반으로 성립되었다고 본다. 고아시아 원주민 기층설은 한반도에 고아시아 원주민들이 살았기 때문에 그들의 샤머니즘이 한반도 샤머니즘의 기층을 형성한다고 본다. 둘째, 이와는 정반대의 관점이 존재하는데, 현재 한국 무속은 시베리아 샤머니즘과 관련성이 적다는 관점이다. 한국 무속은 빙의형이기 때문에 탈혼형이 지배적인 시베리아의 샤머니즘과는 관련이 없고 동남아시아의 샤머니즘과 연관성이 많다고 본다. 이 두 관점 모두 일견 타당성을 지니고 있으며, 아직 이 두 관점에서 어떤 관점이 더 효과적으로 한국 무속의 기원과 변화를 설명할 수 있을지에 대해서는 후속 연구가 필요하다. 한국 무속의 기원과 관련된 두 상반된 관점은 이론적 가정 차원에서만 제시된 상태이다. 이를 해결하기 위해서는 시베리아 샤머니즘에 대한 좀 더 실증적 연구와 한국 무속과의 비교 연구가 절실하다. 이 글은 이러한 문제점을 극복하는 데 작은 징검다리라도 되었으면 하는 차원에서 작성되었다.

우랄 산맥 이동에 펼쳐진 광활한 지역에는 수많은 민족들이 살아 왔는데, 이들에게 중요한 공통점이 있다면 샤먼을 문화 속에 포함하고 있다는 점이다. 샤먼은 신과 직접 교통할 수 있는 능력을 가진 점에서 일반 사제와는 구분되며, 입무나 성무과정에서 무병이라는 특별한 통과의례를 대부분 거친다는 점에서도 다르다. 아울러 공동체나 개인의 문제점이나 병을 신과의 대면을 통해 직접 치유할 수 있다는 점도 일반 사제와의 차별점이라고 하겠다. 샤머니즘은 이러한 능력을 가진 샤먼을 둘러싼 여러 종교 현상 복합을 부르는 개념으로 이해할 수 있다. 샤먼이 선출되는 과정이나 샤먼이 진행하는 의례나 문화기관으로서 샤먼의 존재를 설명하는 신화, 여러 신들에 관한 신화 등으로 샤머니즘은 구성된다.

우리가 시베리아 지역에서 샤머니즘을 이해함에 있어서 주의해야 할 점은 샤머니즘이 민족의 인구규모나 경제, 사회구조 등에 따라서 상이하다는 점이다. 니브히나 아이누, 이텔멘, 척치, 유카기르 등 인구규모가 몇 천 명 정도에 머무르는 민족에게는, 샤먼이라는 전문 종교인이 존재하기는 하지만 그 전문성이 두드러지지 않으며, 전체 인구 혹은 가족의 수장이면 모두 샤먼이 될 수 있어서 가족/개인 샤먼이 주를 이룬다고도 할 수 있다. 에벤키나 사하 등 인구가 몇 만 명 단계에 이르면 샤먼은 전문직이어서 평생 샤먼이라는 직업을 가지고 생활을 영위할 수 있다. 이런 단계에 이르게 되면 샤머니즘은 훨씬 복잡한 양상을 보여 준다. 유목 생활을 했던 사하인들에게 샤머니즘은 심지어 흑백으로 분리되어 존재했던 것으로 보인다. 흑샤먼은 개인의 치병을 주로 담당하였고, 아바아흐라는 신을 주로 대하였지만, 백샤먼은 아이나 잋치 등의 신을 대상으로 하여 공동체의 안녕을 주로 기원하였다.

기존의 샤머니즘 연구에서는 주로 개인의 치병이나 예언을 담당하는 흑샤머니즘을 주 대상으로 하였는데, 그중 사하의 예를 살펴보겠다. 사하에서 흑샤먼이 의례를 할 시에는 우선 그 집과 불을 관장하는 잋치에게 먼저 고하며, 그 다음에 보조신을 부르고, 경우에 따라서는 직접 아바아흐를 대면하기도 한다. 사하의 흑샤먼은 입무과정에서 수호신과 보조신을 가지게 되는데, 보조신은 주로 동물의 형상을 하고서 나타난다. 보조신은 샤먼의 천상여행이나 지하여행을 돕기도 하고, 제물을 운반하기도 한다. 흑샤먼이 샤먼들끼리의 싸움에 휘말릴 때에는 샤먼을 대신해서 싸우기도 한다. 여기서 보조신이 대부분 동물이라는 점을 눈여겨볼 수 있을 것이다. 샤먼들은 의례를 통해서도 보조신이 도착했음을 알리는 소리를 내기도 하고 몸짓을 하기도 한다. 즉, 보조신이 자신의 몸에 깃들어서 여러 가지 임무를 수행할 준비가 되어 있다는 점이나 실제로 수행하고 있다는 점 등을 동물을 흉내냄으로써 의례에 참여한 여러 사람들에게 알리게 된다.

무병을 기준으로 구분되는 흑샤머니즘과 백샤머니즘을 둘러싸고 학계에서 여러 논의가 진행되었지만 가장 대표적인 논의는 엘리아데와 슈미트가 제시하였다. 엘리아데는 천상여행을 하는 백샤먼을 기원으로 보았고, 슈미트는 예언과 치료를 담당하는 흑샤먼을 샤머니즘의 기원으로 보았다. 슈미트에 따르면 흑샤먼은 빙의현상으로 대표되며 농경문화와 밀접한 연관을 가지고 있다. 따라서 샤머니즘의 출현 시기는 상대적으로 늦다고 슈미트는 설명한다.

좀 더 문화사적으로 샤머니즘을 연구한 학자가 독일 뮌헨 대학 인류학과 교수를 역임한 바이다이다. 그에 따르면 샤머니즘은 시베리아에서 나타난 현상을 중심으로 정의되어야 한다. 현재 보이는 시베리아의 여러 샤머니즘의 요소를 종합할 때, 샤머니즘의 발생시기는 청동기 시대 이상으로 올라갈 수가 없다. 바이다 교수의 견해를 채용한다면 시베리아 샤머니즘이 출현한 시기는 길어야 청동기 시대인데, 시베리아에서 청동기는 기원전 1000년대에 시작된 것으로 보므로, 현재로부터 약 3,000년 전에 현재의 모습이 갖추어진 것으로 볼 수가 있다. 저자의 지도교수인 뮌헨 대학 파프로트 교수도 시베리아 샤머니즘의 확산이나 정립은 순록 유목의 정착이나 퉁구스족의 아무르 강으로의 진출 등과 연관이 있을 것으로 보고 있다. 하지만 바이다의 견해가 엘리아데의 샤머니즘론을 완전히 부정하는 것은 아니라고 생각된다. 구석기 시대부터 지속된 샤머니즘—그 형태에 대해서는 정확히 모르지만—을 기반으로 인도나 남방 문화의 영향을 받은 현재 형태의 샤머니즘이 출현하였던 것으로 볼 수도 있다.

이 글의 구성을 소개하고자 한다. 우선 시베리아 샤머니즘에 대한 연구사를 검토하기 전에 시베리아에 대해 소개한다. 이는 시베리아 지역에 대한 이해가 잘못될 경우 시베리아 샤머니즘에 대한 잘못된 인식을 가져올지도 모르기 때문이다. 그 다음에 사하-야쿠치아 샤머니즘을 중심으로 샤머니즘에 대해 포괄적으로 소개한다. 이를 통해 시베리아 샤머니즘에 대해 지식을 갖지 않은 독자들이 샤머니즘을 이해하게 된다. 그 다음에 시베리아 샤머니즘에 시베리아 샤머니즘에 대한 연구사를 검토하는데, 시기를 19세기와 20세기 초중반, 20세기 후반으로 구분하고, 그 시기의 대표 학자를 중심으로 논의를 전개한다.

2. 시베리아와 시베리아 샤머니즘

1) 시베리아[2]

시베리아는 현재 러시아에 속하는데, 일반적으로는 중앙아시아나 몽골, 중국, 만주 등은 포함되지 않는 지역으로 이해된다. 다시 말해서 구대륙에서 중앙아시아나 몽골 등의 지역을 제외한 나머지 북쪽의 지역이 시베리아인 것이다. 시베리아의 서쪽 경계는 우랄 산맥이 된다. 이 방대한 지역에는 많은 민족들이 거주하는데, 현재는 러시아인들이 가장 많이 거주하며 3천만 정도의 전체 인구에서 약 90퍼센트를 차지한다. 원주민들을 언어학적인 친연관계로 나누어 보면, 우랄어족과 알타이어족으로 대별할 수 있다. 우랄어족에는 사모예드어족과 핀우그리어족이 있으며, 알타이어족에는 터키어족과 몽골어족, 만주퉁구스어족이 속한다. 이 외에 고립된 민족으로 고아시아어족이 있으나 이들 내부에서의 친연성은 그렇

2 이 절의 내용은 강정원, 앞의 논문, 2003, II절 시베리아에 대한 일반적 소개를 그대로 인용하였다.

게 높지 않다.

현재 바이칼 호 부근에 거주하면서 이 지역에서는 인구가 많은 편인 부랴트와 사하의 경우에 40만 명을 조금 넘는다. 러시아 전역으로 본다면 700만에 달하는 타타르인들이 알타이어족에서 가장 많은 인구를 보여 준다. 하지만 그들이 사는 지역은 모스크바에 인접한 유럽 지역으로서 시베리아에 속하지 않는다. 샤머니즘을 그들의 종교의 일부로 포함하면서 시베리아에 거주하는 소수민족으로 가장 수가 작은 민족은 고아시아어족에 속하는 유카기르이다. 이들은 현재 전체 수가 수백 명에 불과하며 유카기르어를 유창하게 하는 경우는 극소수이다.

샤머니즘은 이들에게 러시아 세력이 들어오기 전까지는 중요한 종교 현상이었지만, 러시아의 영토로 편입이 되고 러시아 정교회가 들어오거나 라마 불교가 전파되면서 큰 변화를 맞게 되었다. 20세기에 되면서 그 변화는 더욱 급격해져서 무신론적인 사회주의적 사회개혁은 샤머니즘의 존재마저 위협하였으며, 대부분의 지역에서 샤머니즘은 거의 소멸했다고 해도 과언이 아니다. 1990년대 이후에 종교의 자유가 주어지면서 샤머니즘이 활성화되는 것을 볼 수는 있으나 이것이 일상적 종교생활화로 연결될지는 아직 두고 보아야 할 것이다.

샤머니즘 연구에서 반드시 지역적 차이를 존중해야만 하는 것은 아니다. 이러한 차이를 사상시킨 상태에서도 연구는 가능하며, 이러한 연구가 기여하는 바도 매우 크기 때문이다. 하지만 이런 연구도 맥락에 대한 지식을 갖춘 상태에서 좀 더 명확하게 그 의미가 전달될 수 있다고 생각되며, 이런 차원에서 다양한 시베리아 샤머니즘에 대한 언급이 필요한 것이다.

2) 시베리아 샤머니즘: 사하-야쿠치아를 중심으로[3]

이 절에서는 사하 야쿠치아 샤머니즘을 중심으로 시베리아 샤머니즘의 기본 형태를 파악하고자 한다. 사하 샤머니즘의 경우 흑무와 백무라는 직업 샤먼이 존재하였고, 이 두 샤먼은 복합 사회의 샤머니즘의 한 전형을 보여 준다. 이러한 형태의 구분은 부랴트나 알타이, 투바에서도 나타나며, 몽골에서는 좀 더 복잡한 형태의 구분을 보여 준다. 직업무의 등장은 시베리아 소수민족에게는 보이지 않는 것인데, 이들 소수민족의 경우 한 가족당 한 명 정도의 샤먼이 존재했다고 간주해도 지나치지 않다. 아래에서는 사하 샤머니즘을 사례로 시베리아 샤머니즘을 이해해 본다.

사하 샤머니즘의 변화를 러시아가 이 지역에 들어온 17세기 이후를 중심으로 살펴보자. 사하 샤머니즘에 대한 언급에 들어가기에 앞서 지적해야 할 사항은 사하인들의 종교신앙체계가 샤머니즘으로만 형성된 것이 아니라 정령숭배나 사자숭배 및 대장장이숭배도 그들의 종교생활에 중요한 요소였다는 점이다. 앞 절에서도 이미 지적한 사항이지만 샤머니즘은 샤먼이라는 종교적 사제를 중심으로 하여 나타나는 종교 현상의 복합일 뿐이다. 물론 시대적인 상황과 사회의 복합성 정도를 고려한다면, 샤머니즘이 그 자체로 하나의 종교로 독립하는 경우도 상정해 볼 수는 있지만, 아직도 대부분의 경우에는 샤머니즘이라는 종교 현상의 독립성이 그렇게 뚜렷하지 않으며, 과거에는 하나의 민족종교로 통합되어 있었기 때문에 샤머니즘만을 그 민족의 종교로 인식하는 것은 오류이다. 각 민족의 구체적인 역사적 맥락을 일정 부분 추상화한다면, 샤머니즘을 어떤 공간의 대표적인 종교 현상으로 간주하는 것은 가능하다. 즉 동북아시아에서 대표

3 이 절의 내용은 강정원, 앞의 논문, 2000, III절과 IV절의 내용을 주로 인용하였다.

적인 종교 현상으로 샤머니즘을 언급하는 것은 무리가 없으나, 사하의 대표적인 종교로 샤머니즘을 간주하는 것은 사실을 반영하지 못한다고 볼 수 있다. 샤먼만이 종교적 사제직을 독점하지 못하였으며, 일반인들, 특히 나이 든 남자들도 중요한 종교적인 임무를 수행하였다.

사하인들의 숭배 대상은 크게 네 부류로 구분할 수 있는데, 아으으신, 아바아흐신, 잋치신, 유에르 등이다. 아으으신은 세 부분으로 나뉜 사하의 세계관에서 하늘세계에 살고 있으며, 인간을 포함한 자연의 풍요를 담당한다. 이들의 최고신은 유륭아으으토욘인데, 이는 인간의 일상생활에 깊이 간여하지 않으며, 인간과도 일 년에 한 번 으흐아흐라는 의례를 통해 접촉한다. 아바아흐신은 천상과 지하세계에 거주하는데, 인간과 가축의 병이나 죽음을 주로 관장한다. 잋치신은 인간의 일상생활과 밀접한 관련을 지니며 샤먼뿐 아니라 일반인들도 이들과 의례를 통해 대면한다. 잋치에 대한 의례는 단순하며, 간단한 기도와 희생 제의로 이루어지는데, 희생물도 흰 말갈기나 약간의 기름 등으로 충분하다. 유에르는 죽은 사람의 혼령으로서 19세기 들어 사람들에게 더 중요해졌다.[4] 사람들은 유에르가 병을 가져온다고 믿었는데, 각 가구에서 이를 방지하기 위하여 유에르를 집에 모시고 위로하였다. 이것은 조상숭배와는 거리가 있는 사자숭배이다. 대장장이에 대한 숭배는 많이는 알려져 있지 않으나 샤먼보다도 더 강한 종교적 힘을 가졌다고도 전해지며, 그들은 특히 흑샤먼의 성무과정에 매우 중요한 역할을 하였다.

사하 샤머니즘은 백샤머니즘과 흑샤머니즘으로 구분되는데, 러시아의 식민지가 됨으로써 점차 변하게 된다. 특히 백샤머니즘은 19세기에 들어서면서 사하에서 자취를 감추게 되었고, 흑샤머니즘도 세력이 많이 약

4 이러한 숭배의 원인을 사회적 변동과 연관시킬 수 있을 것인데, 전통사회의 붕괴와 연관지어 생각해 볼 수 있을 것이나 구체적인 논의를 위해서는 연구가 필요하다.

화된 상태로 존재하게 된다. 백샤머니즘은 정치적인 영역과 밀접한 상관관계를 맺을 수밖에 없는데, 정치적 상황의 변화는 백샤머니즘의 변화를 가져오게 된다. 이와는 달리 흑샤머니즘은 개인과 주로 관계함으로써 의료기술의 발달과 관련성을 가진다.

18세기부터 러시아는 사하에서 강한 선교정책을 펼치게 되는데, 19세기 초가 되면 모든 사하인들이 형식상으로는 러시아 정교회의 신자가 된다. 이러한 형식적인 부분이 시간의 흐름과 함께 점차 내면화되는데, 그 내면화의 정도를 두고서 의견들이 엇갈린다. 쉽게 판단할 수 있는 것이 아니기 때문에 여기서 상술하지는 않겠지만, 우리가 판단할 수 있는 근거는 샤먼들조차도 러시아 정교회의 신자가 되었다는 것이며, 일상 의례, 즉 결혼식이나 장례식 등에도 러시아 정교회 의례의 여러 요소가 나타났다는 점이다. 이러한 과정에서 흑샤머니즘은 점차 주변화되면서 사람들의 치병의례에만 한정되며, 샤먼의 성무과정도 사하사회에서의 정당성을 점차 상실하게 된다.

(1) 입무과정

앞에서 사하 샤머니즘의 일반적인 특성과 변화에 대해 살펴보았는데, 이 절에서는 사하샤먼의 무병과 입무과정에 대해 알아보고자 한다. 이 논의의 자료는 19세기와 20세기에 집중적으로 출판된 민족지이며, 따라서 서술되는 무병 및 입무과정에 관련하여 수집된 여러 전설 등도 19세기에 살았던 이들의 언술을 통해 수집되었다.

사하 흑샤먼들은 백샤먼들과는 달리 명백하게 무병과정, 신들림 과정 등을 거친 후 큰 샤먼에게서 일정 기간 학습을 하게 된다. 그 후에 샤먼은 입무식을 거치고 사회로부터 인정받게 된다. 동북아시아의 여타 민족들과 동일하게 사하에서도 무병을 앓는다는 것은 절대로 일반인들의 희망사항이 아니었다. 오히려 무슨 수를 써서라도 회피하고 싶은 것이었다.

이러한 회피과정이 사람마다 다양하게 나타나는데, 긴 경우도 있고 짧은 경우도 있다. 샤먼이 되기를 계속 회피할 경우, 장님이 되기도 한다. 이렇게 샤먼이 되기를 강요하는 존재는 아바아흐신이나 유에르, 혹은 조상이다. 결국 샤먼은 자신이 살기 위하여 신적 존재로부터의 강요를 받아들이고 샤먼의 길로 나서게 된다. 자신이 스스로 샤먼의 길을 선택하는 것이 아니라 어떤 존재로부터의 선택과 강요에 따라 샤먼이라는 직업을 수용해야만 한다는 방식이 사하에도 적용된다.

샤먼의 신들림 과정 내지는 신으로부터의 호출 과정은 단순히 종교적인 차원에서만 이루어지는 것은 아니다. 신으로부터 인정을 받기 이전에 사회로부터 인정을 받아야 한다. 다시 말해서 무병은 문화적으로 인정될 때만 무병이 되는 것이다. 만약에 사회가 이를 일종의 정신병으로 간주하여 처리하고자 한다면, 사회주의 시절의 샤머니즘처럼 단절이 되거나, 완전히 주변화되어 변형된 형태로 존재할 수밖에 없다. 즉, 무병은 육체의 병임과 동시에 문화적 병인 것이다. 크게 보아서 이러한 무병문화권에 속하는 사하에서도 사회적인 인정 절차를 거치게 된다. 우선 어떤 아이가 아프다면 그 병이 그 아이가 속한 사회에서 무병으로 인정받아야 하며, 이러한 인정 후에 사람들은 그를 샤먼에게 의뢰하여 무병을 앓고 있는지의 여부를 알아본다. 만약에 무병을 앓고 있는 것으로 파악된다면, 입무식을 거친 후에 다양한 의례에 대한 학습과정에 들어가게 된다. 즉 사회적 인정 후에 전문적인 입무과정에 들어가며, 다시 사회적인 인정을 받는 입무식을 거치게 된다. 이러한 사회와 샤머니즘의 연계 과정은 사하 사회의 변동에 따라서 변하게 된다.

19세기 말과 20세기 초에 발표된 세로쉡스키이(Seroshevskii)[5]나 후댜코

5 W. Seroshevskii, *Yakuty*, St. Petersburg, 1896.

프(Khudiiakov)[6]의 민족지나 알렉세에프(Alekseev)의 연구[7]에 따르면, 19세기 말에 이미 샤먼이 되는 하나의 통일된 방식은 존재하지 않았던 것으로 보인다. 크게 두 가지 방법으로 구분되는데, 조상 중에 샤먼이 있는 경우와 샤먼의 존재를 찾기 어려운 경우이다. 조상 중에서 샤먼이 있는 경우에 무병은 세습되는 것이며, 그렇지 않을 경우 무병은 신의 부름으로 우연히 이루어지게 된다. 19세기의 사하 사정에 대해 가장 정확한 민족지적 자료를 남긴 것으로 평가받는 세로쉡스키이는 샤먼의 무병이나 세습관계에 대하여는 모순된 주장을 하고 있다. 샤먼이 되기 위한 전제조건으로 조상 중에 샤먼이 있어야 한다는 주장과 함께 이러한 조건이 불필요하다는 설명도 함께 제시한다.[8]

후댜코프는 세로쉡스키이보다도 약 20년 정도 먼저 사하에서 유배생활을 한 러시아인인데, 그의 기록을 따르면 샤먼은 샤먼 가문에서 나오며, 아버지에 의해서 선택된다.[9] 그는 덧붙이기를 형제 중에서 가장 허약한 아들에게 샤먼직을 물려준다고 하였다. 사회주의 혁명 이후에 샤먼에 관련된 수많은 전설과 설화를 수집하고 해석한 크세노폰토프[10]에 따르면 샤먼의 에메게트는 부계가 아닌 모계를 통해 전달된다고 보았다. 여무에 대한 기록들이 많이 남아 있지 않아서 우리가 정확하게 알 수는 없지만, 여무의 계승과 남무의 계승방식의 구분이 모계와 부계로 지어졌을 가능성을 배제할 수 없다. 크세노폰토프의 기록에는 이러한 방식에 대한 언급이 없이 모계를 통한 샤먼직의 승계만이 언급되어 있다.

---

6 I.A. Khudiakov, *Kratkoe opisanie verkhoianskogo okruga*, Leningrad, 1969.

7 N.A. Alekseev, *Tradichionnye religioznye verovaniia yakutov v XIX-nachala XX v.*, Novosibirsk, 1975.

8 Seroshevskii, 앞의 책, p. 625, 638.

9 Khudiakov, 앞의 책, p. 307.

10 G.V. Ksenofontov, *Khrestes. Shamism i khristianstvo*, Irkutsk, 1929, pp. 51-52.

또한 19세기의 사하에서 샤먼이 되는 방식에는 조상과는 연관없이 스스로 우연한 기회에 되는 경우가 있었다. 대표적인 예가 세로쉡스키이의 주요 정보제공자 중 하나였던 튜스퓨트(Tyuspyut)인데, 그의 조상 중에는 샤먼이 존재하지 않으나 쉬는 와중에 우연히 앉은 자리가 퉁구스 샤먼 무덤 근처였으며, 그의 혼이 튜스퓨트를 샤먼으로 만든다. 즉, 튜스퓨트에게는 부계나 모계의 조상도 없었던 것이다. 이러한 형태의 샤먼의 존재를 저자는 사회적 불안정의 증가의 결과로 해석하고자 한다. 물론 엘리아데처럼 샤먼이 되는 길의 한 종류로 해석할 수도 있으나 대부분의 전설에서 모계나 부계에 샤먼이 존재한 것을 이상형으로 내세우는 것으로 보아 사회적 변동의 결과와 연결지어서 해석해 볼 수 있다.

① 뼈와 살의 분리

사하문화에서 샤먼이 되는 이들은 이중의 교육을 받는데, 신들로부터 받는 교육과 큰 샤먼으로부터 받는 것이 그것이다. 신들림 과정에서 신들로부터 교육을 받게 되는데, 언제 이러한 과정이 등장하는지는 명확하지 않다. 즉 신들림이 있은 직후가 될 수도 있고, 신들림 현상의 한참 뒤가 될 수도 있다. 신의 부름에 대한 샤먼의 동의 여부에 따라서 그 시기가 단축, 또는 연장된다.

샤먼의 탄생은 으즉 마스(yjyk mas: 신성한 나무)라 불리는 북방의 전나무와 밀접한 연관을 지니고 있다. 전나무의 아홉 가지에는 수많은 둥지가 있다. 큰 샤먼은 가장 높은 곳의 둥지, 중간 샤먼은 중간의 둥지, 작은 샤먼은 낮은 곳의 둥지에서 자라게 되는데, 처음에는 알의 형태로 있다가 알에서 깨어나게 된다. 알의 부화기간이 샤먼의 등급에 따라서 다른데, 큰 샤먼은 3년, 중간 샤먼은 2년, 작은 샤먼은 1년의 세월이 걸린다. 알을 부화시키는 것은 샤먼의 수호신으로서 샤먼의 혼을 알에서 부화시킨다.

이후에 그는 샤먼을 외눈박이에 외팔이인 뷰르게스테이 우다간[11]에게 데려다주는데, 그는 이 영혼을 쇠로 만든 요람에 넣고 굳은 피를 먹이면서 기른다. 이 영혼이 자라면 아바아흐신에게 살을, 경우에 따라서는 뼈를 잘라서 바치고, 그 대가로 샤먼은 병으로부터 일반 사람들을 치유할 능력을 얻는다.

샤먼의 첫 번째 교육과정을 담당하는 신은 아바아흐신인데, 이들은 샤먼 후보자의 혼을 자기들의 처소로 데려간다. 혼으로 상징된 샤먼의 몸은 뼈와 살로 분리되며, 경우에 따라서는 샤먼의 턱뼈가 세 부분으로 분리되기도 한다. 샤먼은 신으로부터의 교육을 통해 샤먼 이전의 삶으로부터 급격하게 분리되며, 샤먼으로의 새로운 삶으로 넘어가게 된다. 이는 죽음과 새로운 삶의 복원의 구조를 가지는 전형적 통과의례를 잘 보여준다. 크세노폰토프에 따르면 이러한 과정을 사하어로 '에떼니이'라고 부르는데, 3일[12]간 지속된다고 한다. 가장 먼저 머리를 몸에서 분리하고, 신체를 각 부위별로 분리한 후에 살을 뼈로부터 떼어 낸다. 이렇게 떼어 낸 살을 병과 불행을 담당하는 신들이 먹게 된다. 살을 먹은 신들은 이 자리를 떠난다. 분리된 살과 뼈, 피는 다시 하나로 모이게 되는데, 이로써 샤먼은 새로운 생명과 능력을 얻게 된다. 이러한 과정에서 주도적인 역할을 하는 것이 맹금의 형상을 한 샤먼의 수호신이다. 그는 샤먼을 이러한 고통의 시련에서 샤먼 후보자를 새로운 생명이 주어질 때까지 지켜 준다. 큰 샤먼은 이러한 고통의 과정을 세 번이나 되풀이한다고 사하인들은 믿었다. 또 다른 이야기에 따르면 샤먼 후보자의 사지는 절단되고, 사지의 살은 분리된다. 뼈는 말끔하게 정화되며, 눈알도 뽑힌다. 이러한 해체작

---

11 원의미는 송곳으로 뚫는 여무이나 크세노폰토프의 자료에 따르면 나쁜 신을 섬기는 여무로 되어 있다. Ksenofontov, 앞의 책, p. 61 참조.

12 경우에 따라서는 일주일이 걸리기도 한다.

업이 끝나면 뼈는 모두 모아져 철사로 엮인다.[13]

아울러 복원의 과정에서 하나의 뼈라도 모자라게 되면, 그 뼈의 수만큼 샤먼의 제일 가까운 친척이 죽어야 한다고 보았다. 이것은 샤먼의 입무 과정이 샤먼 자신에게도 중요한 일이지만 친족집단에게도 매우 중요한 일임을 제시한다. 샤먼의 부계나 모계집단은 샤먼직이 순조롭게 계속 전승되지 못하는 것에 대해 공동의 책임을 지게 되는 것이다. 사하의 샤먼들은 다른 사람들의 병 치료를 위하여 이미 자신들이 고통을 받았으며 자신들의 몸을 희생물로, 즉 자신의 죽음을 통해 다른 이들을 치료할 능력을 얻게 된다. 이러한 점에서 우리는 자기희생을 통한 타인의 구원이라는 높은 수준의 윤리적 명제가 샤머니즘에도 존재한다는 점을 확인할 수 있다.

육체적 고통을 수반하는 이러한 신을 통한 입무과정은 샤먼의 세계 속에서 벌어지는 것이며 실제로는 샤먼은 외딴 곳에서 우라사라는 일종의 천막집을 세워 그곳에서 이러한 입무과정을 겪는다.[14] 이 과정을 사하인들은 일반적으로 아바아흐신의 침투로 설명하는데, 명확한 것은 아닌 것으로 보인다. 실제로 사하 샤먼의 혼은 이 기간 동안 육체의 외부로 나가서 죽음과 부활의 과정을 통해 샤먼의 능력을 얻기 때문이다.

마지막으로 드는 의문 중의 하나는 왜 사하문화에서는 샤먼이 되는 데 동물의, 새의 형상을 한 수호신, 세계수, 뼈와 살의 분리, 살의 처분방식이 동일한 모티브를 형성하면서 유지되었던 것인가 하는 점인데, 사회적인 승인과 이러한 이야기의 상상은 밀접한 관련을 가지고 있다고 보인다. 즉 무병의 내용은 사회적으로 공인되는 방식으로 전개·구성되어야 하는 것이다.

---

13 M. Eliade, 『샤머니즘』, 까치, 1992, p. 53.

14 Alekseev, 앞의 책, p. 135.

② 학습과정

샤먼이 되는 과정은 무병과 그 과정에서의 신의 교육을 통해서만 이루어지는 것은 아니다. 친족공동체의 참여와 샤먼이 속한 사회의 승인 및 큰 샤먼을 통한 교육 및 의례를 통해 이루어지게 되는데, 이 부분에 대한 자료도 다른 부분에 대한 자료와 동일하게 명확하지 않다. 특히 민족지가 작성되던 19세기 후반과 20세기 초반에 실제로 샤먼에 대한 교육이 행해진 적이 거의 없다는 사실을 우리는 자료를 통해 알 수 있는데, 이러한 점에서 자료의 불명확성에 대해 이해할 수 있다. 우리는 여기에서 트랜스 상태가 아닌 실제의 상황에서 행하여진 샤먼교육에 대해 초점을 맞추는데, 샤먼에 의한 교육은 앞의 신병의 장에서 설명한 바와 같이 트랜스 상태에서도 이루어진다.

후댜코프는 젊은 샤먼 후보자와 늙은 샤먼 스승 사이의 관계에 대해 적고 있는데, 젊은 샤먼 후보자는 늙은 샤먼 스승의 죽음까지 샤먼 후보자, 내지는 보조자로 활동하고 있다고 보고한다.[15] 알렉세에프에 따르면 샤먼 후보자를 샤먼의 상태로 이끄는 데 결정적인 역할을 수행하는 친족들은 될 수 있으면 큰 샤먼을 선호한다.[16] 그리고 당연한 이야기이지만, 샤먼 후보자보다도 더 힘이 센 샤먼이 샤먼 후보자의 스승이 될 수 있다. 하지만 이러한 이념적인 교육과정이 모든 지역에서 실제로 실천된 것은 아니다. 이미 후댜코프보다도 30여 년 앞서서 이 지역을 여행한 슈추킨(Shchukin)은 스승과 제자의 관계는 간단한 기술전달로 이루어진다고 보았다.[17] 또한 크세노폰토프의 자료에 보면 수많은 샤먼들이 스승의 도움 없이 스스로 샤먼이 되었다.[18] 즉 그들에게 무병의 경험에 대한 사회의

15 Khudiakov, 앞의 책, p. 308.

16 Alekseev, 앞의 책, p. 138.

17 N.S. Shchukin, *Poezdka v Yakutsk*, St. Petersburg, 1833, p. 199.

18 Ksenofontov, 앞의 책, p. 51.

인정만이 있었지, 샤먼직의 수행에 필수적인 의례나 신화에 대한 학습은 없었다. 이는 한 샤먼의 설명처럼 큰 샤먼의 부재로 설명이 되는데, 19세기 말이 되면 사하에는 큰 샤먼의 존재가 희귀해졌다.

뻬리끌론스끼이(Priklonskiy)에 따르면, 신의 선택 후에 늙은 샤먼은 자신의 제자를 조그마한 동산이나 들판으로 데리고 가서 그에게 무복과 무고를 넘겨준다. 그리고 그의 오른쪽과 왼쪽에 각각 아홉 명의 소년과 소녀를 세운다. 늙은 샤먼은 젊은 샤먼의 뒤에 서서 그에게 특정한 형태의 주문을 외울 것을 요구한다. 모든 삶을 아바아흐신을 위해 헌신할 것과 모든 불행한 이와 고아와 가난한 이의 보호자가 될 것을 공개적으로 선언한다.[19] 여기서 우리가 주목해야 하는 것은 샤먼의 도덕성과 윤리적 의무가 공동체 앞에서 의례적으로 반복되고, 이러한 과정을 통해 샤먼의 사회적인 책임과 의무가 공언되며, 이에 대하여 사회가 반대급부로 제공하여야 할 명예와 존경이 재인식된다는 점이다.

(2) 샤먼의 힘과 사회적 구분

샤먼의 힘은 종교적인 것과 사회적인 것으로 나눌 수 있는데, 차례로 나누어 설명해 보고자 한다. 종교적인 힘은 경험적으로 인식할 수 없는 신들의 세계와의 교통을 통해 나오는 것이며, 사회적인 힘은 사회의 여러 제도나 도덕, 관습, 판단의 뒷받침을 기반으로 생겨나는 것이다. 이러한 힘의 크기에 따라서 19세기의 사하인들의 관념에는 세 등급의 샤먼이 존

---

19 부랴트의 입무의례에서는 신아버지가 샤먼 후보자에게 다음과 같은 말을 한다: "가난한 사람이 너의 도움을 바라거든 도움을 베풀되 사례는 적게 청하고, 주는 것을 받는 데 만족하여라. 늘 가난한 사람들을 생각하고 가난한 사람들을 돕되 (…) 만일 부자와 가난한 사람이 동시에 너를 부르거든, 가난한 사람을 먼저 찾아본 연후에 부자를 찾아보도록 하여라." Eliade, 앞의 책, pp. 123-124; V.L. Priklonskii, "Das Schamanentum der Jakuten", *Mitteilung der Wiener Anthropologischen Gesellschaft* 18, 1888, p. 170.

재하였다. 세로쉡스키이에 따르면 샤먼의 종교적인 영향력은 성무과정이나 보조, 수호신의 힘의 정도 등에 따라서 결정이 되며, 사회적인 영향력은 샤먼의 개인적인 도덕성이나 인격 등을 통해 판단되었다. 종교적인 힘과 사회적인 힘에서 샤먼에게 중요한 것은 샤먼이 신의 부름을 통한 종교인인 관계로 신과의 관계, 종교적인 것이라고 판단할 수 있다.

가장 큰 샤먼은 울라한 오윤(ulakhan oyun)이며, 중간 샤먼은 오르토 오윤(orto oyun)이고 가장 작은 샤먼은 켄니키 오윤(kenniki oyun)이다. 울라한 오윤과 오르토 오윤은 에메게트라는 보조신을 가지고 있으나 켄니키 오윤은 이러한 보조신이 없다. 이러한 보조신의 유무는 종교적인 영향력의 행사에 결정적인 역할을 하게 된다. 앞에서 지적한 바처럼 울라한 오윤과 오르토 오윤의 차이도 에메게트의 힘의 차이에서 비롯되는 것이다. 에메게트가 샤먼의 가장 중요한 의례인 치병의례에서 험난한 천상, 지하 여행길을 도와 주며 안전하게 해 주면서 병의 치료를 가능하게 하기 때문이다. 울라한 오윤은 아바아흐신의 천상에서의 우두머리인 울루 토욘(ulu toyon)에게서 직접 그의 보조신을 받는다. 아울러 그 수와 힘에 있어서도 중간 샤먼을 능가한다. 이 외에도 힘의 차이를 가져오는 중요한 기준은 교육장소와 기간, 교육자의 힘이다. 교육장소는 앞에서 소개한 대로 신성한 샤먼나무의 위쪽일수록, 고통을 수반한 교육기간은 길수록, 교육자의 힘이 셀수록 큰 샤먼이 탄생하게 된다. 이러한 절대적인, 일반인들의 의문대상이 되기 힘든 종교적 · 신화적인 기준에 의해 샤먼의 기본적인 힘이 결정된다.

그렇다고 하여 사회가 이러한 기준에 대해 아무런 간섭을 할 수 없는 것은 아니다. 사회는 다른 기준을 통해 신비적인 기준을 사회화한다. 즉 종교적으로 큰 힘을 가진 이는 도덕적 · 윤리적으로 보통사람들보다 더 높은 수준의 도덕이 필요하다고 사람들은 간주하며, 이러한 것을 샤먼들에게 요구한다. 세로쉡스키이에 따르면 사하인들은 이러한 도덕적인 기준과 함께 의례 진행방법도 높은 수준으로 통달할 것을 요구하지만, 이러한 기준은 큰 샤먼이 되는 데 부차적인 것에 속한다. 세로쉡스키이가 사하에 있을 당시에 한 젊은이가 높은 숙련도를 요구하는 기술들을 소유하고 있었지만, 사람들에 의해 큰 샤먼으로 인정받지 못하였다. 사람들은 그에게 큰 샤먼이 되는 데 필수적인 도덕성과 심리적 고요함, 다른 사람이 인정하는 내적인 카리스마 등이 부족하다고 판단한 것이다. 사하의 샤먼세계에서 가장 힘이 약한 샤먼은 유에르(죽은 혼령)에 의해 샤먼이 된 경우인데, 이들은 자신만의 수호신, 보조신도 갖지 못하며, 무병도 체계적인 입무과정도 갖지 못하였다. 이들은 간단한 점을 치는 데 만족하였으며 사람들의 치료는 하지 못하였다.

이들의 소위 단골범위는 샤먼의 힘의 크기에 따라 달라지는데, 19세기 후반에 사회적인 변동이 있게 되면서 이들의 영향범위에도 변화가 따른다. 친족집단별로 형성된 그들의 지역사회가 작은 샤먼들의 경우에는 중요한 활동범위였으며, 이들에게는 친족집단의 변화로 인한 변동이 그렇게 크지 않았다. 하지만 큰 샤먼의 경우에는 친족집단의 범위를 넘는 것이 보통인데, 이럴 경우 식민지 행정의 영향이 있게 된다. 식민지 행정에서 가장 큰 단위는 울루스로, 19세기 말에 약 20개의 울루스가 있었는데, 4개의 울루스에만 큰 샤먼이 있었다고 세로쉡스키이는 보고한다.[20] 이는 두 가지로 해석할 수 있는데, 여기에서 큰 샤먼의 쇠퇴를 읽을 수 있으며, 아울러 식민지 행정의 영향력을 볼 수도 있다. 혈연단위를 뛰어넘는 큰 샤먼의 존재가 러시아의 식민 행정 단위를 경계로 사람들에게 인식되고 있다는 것은 식민 행정의 성공적인 정착을 의미하는 것이다. 튜스퓨트의 경우에는 퉁구스샤먼의 들림으로 샤먼이 되었으며, 가끔 퉁구스어를

20 Seroshevskii, 앞의 책, p. 628.

중얼거리기도 하는데, 이에서 샤먼의 영역이 민족단위조차 뛰어넘게 되었음을 볼 수 있다. 샤먼이 민족적인 경계를 넘어서 행동하는 것은 그 자체에 보편성이 있다는 것을 의미함과 동시에 식민 행정의 결과로 해석될 수도 있다. 시베리아의 동북부에서 퉁구스와 사하의 경계가 열어지게 되었다는 점을 의미하기도 한다.

(3) 치병의례

이 절에서는 흑샤먼의 의례와 상징체계에 대해 살펴보고자 한다. 의례의 의미를 체계적으로 이해하기 위해서는 여러 상징들에 대한 지식이 필수적인데, 신관과 영혼관이 그 핵심이 된다. 이러한 부분이 직접 인터뷰를 통해 이루어질 수 없기 때문에 기존의 연구 결과를 정리하는 차원에서, 즉 구체적인 맥락의 검토가 배제된 상태에서 이루어진다. 흑샤머니즘의 신관을 우선 살펴보도록 하자. 앞에서 지적한 바처럼 검은 샤먼의 숭배, 흥정대상은 아바아흐신들이며, 이들은 사람이나 가축에게 병을 안겨 주는 것으로 믿어진다. 따라서 사람이나 가축에게 병이 나면 사하인들은 흑샤먼에게 이것을 치유해 주도록 부탁하고, 이에 샤먼들은 의례를 치루게 된다.

의례를 치르기 위한 핵심적인 준비사항은 무복과 무고이다. 이들의 의례는 한국에 비해 매우 단순한 형태를 보인다. 무복은 쿠무(kumu)라고 불리는데, 수많은 금속으로 이루어진 장식품으로 덮여 있으며, 이는 샤먼의 치병의례에서 그를 도와 줄 에메게트와 3층으로 이루어진 사하세계관 및 그들의 영혼관을 상징한다. 샤머니즘의 영혼관에 대해 살펴보면, 사하인들은 영혼이 하나가 아니고 셋이라고 보았는데, 이에굿(iye-kut), 살긴굿(salgyn-kut), 부오르굿(buor-kut)이 그것이다. 살긴굿은 숨혼, 내지는 자유혼이라고 번역할 수 있는데, 인간이 잠들었을 때 육체를 떠나서 여러 지역을 여행할 수 있다고 보았으며 이때 우리는 꿈을 꾸게 된다. 이는 한국문화의 영혼관에서의 정신에 해당한다고 볼 수 있다. 이에긋과 부오르긋은 기능의 측면에서는 명확하게 구분하기가 어려운데, 둘다 인간의 육체의 유지에 중요한 기능을 하는 것으로 보인다. 잠잘 때나 혼수상태에도 사람의 육체는 살아 있는데 이를 이에긋과 부오르긋의 존재의 결과로 해석하였다. 이에긋은 태어날 때 아으으흐트(ayyyhyt; 한국의 삼신할멈에 해당됨)에게서 받는 것으로 보았고, 부오르긋은 토지혼으로서 조그마한 인간의 모습을 한 것으로 간주되었다.

여기서 우리가 영혼관에 주목하는 이유로 돌아와야 하는데, 사하인들은 아바아흐에게 부오르긋이나 이에긋이 잡혀가게 되면 죽는다고 생각하였다. 죽음을 설명하는 방식이 각 문화마다 다양한데, 사하에서는 죽음을 부오르긋이나 이에긋이 육체를 떠남으로써 나타나는 현상이라고 간주하였다. 이러한 기능을 수행하는 영혼을 하나로 설정하지 않고 둘로 설정함으로써 둘의 기능을 구분해야 하는데, 둘 중에서도 인간의 육체를 가장 오랫동안 떠나지 않는 것이 이에긋이라고 보았다. 살긴긋이 아바아흐에게 잡혀간 상태가 되면 인간은 병이 들게 된다. 샤먼은 이렇게 아바아흐에게 잡혀간 긋들을 다시 육체로 원상복귀시킴으로써 인간의 병을 낫게 하고 죽음으로부터 인간을 지켜 주게 된다.

샤먼의 의례 준비사항으로 앞에서 무복과 북을 말하였는데, 북은 의례 전에 데워져야 한다. 이를 통해 좋은 소리를 얻게 된다. 사하샤먼에게도 도와 주는 이가 있는데, '쿠투루수트'라 불린다. 그는 북을 데우거나 트랜스 상태에서 샤먼이 넘어지지 않도록 도와 주는 일을 한다.

우선 샤먼을 청한 주인은 화덕의 불 앞에 소나 말가죽으로 만든 자리를 깐 후 작은 먹을거리나 담배 등을 천막 주변에 깐다. 이것은 샤먼의 의례에 중요한 보조신들을 위한 것이다. 샤먼의례의 첫 순서는 '잘브으이'[21]

21 원의미는 '의례를 행하다', '주문을 외다'이다.

혹은 '달브으이'라 불리는 것인데, 이 의례를 통해 샤먼은 병의 원인을 찾는다.[22] 샤먼은 이때 말의 털로 만든 긴 채찍으로 병자의 육체의 이곳저곳을 쓸게 된다. 만약에 이러한 짧은 의례를 통해 병의 원인을 찾게 된다면 이 다음에 설명하는 의례는 필요없게 된다. 바로 병의 원인이 되는 아바아흐를 잡는 순서로 넘어가면 된다.

하지만 병의 원인을 찾지 못하게 된다면 샤먼은 병의 원인을 찾기 위하여 길게는 2-3시간이 걸리는 의례를 진행하여야 한다. 이를 '올로호호 올로로르'라 부르는데, 우선 의례 진행 동안의 불상사를 막기 위하여 부엌 혹은 불, 그 집터의 잊치에게 불상사를 막아 줄 것을 부탁한다. 그리고는 세 세계에 있는 신들에게 병의 원인을 찾아 줄 것을 부탁한다. 그리고 담배를 피우고, 북을 치면서 보조신을 부르는데, 짐승이나 새의 소리로 이의 도착을 사람들에게 알린다.

보조신과 샤먼은 긴 대화를 하는데, 보조신이 샤먼의 몸속으로 들어오게 된다. 일정한 대화 후에 샤먼은 그를 집의 어떤 장소에 모시는데, 대표적인 것이 천막의 기둥이다. 이러한 과정을 샤먼은 몸짓을 통해 표현하는데, 고개를 떨구거나 하품을 하거나 소리를 지르는 등의 행동이다. 이러한 대화 후에 샤먼은 정확한 진단을 하고 어떤 아바아흐가 병을 일으켰는지를 알게 된다.

다음 의례는 '보호수루이'인데, 이 과정을 통해 아바아흐가 쫓겨나게 된다. 보호수루이는 '빨아들인다'라는 뜻인데, 병의 환부에 샤먼이 입을 대고 여러 차례 빨게 되며 이를 통해 병을 치료하게 된다. 이러한 방식 이외에 샤먼은 또 다른 의례를 동원하기도 하는데, 소의 희생을 통한 의례이다. 이 의례의 진행과정에서 샤먼은 아바아흐를 쫓기도 하고 그와 흥정

22 Alekseev, 앞의 책, p. 158.

도 하는데, 흥정의 대상은 희생물의 종류나 색깔 등이다. 이에 관한 샤먼과 아바아흐 간의 흥정이 성사되면 샤먼은 희생물을 죽인 다음 이(의 혼)를 약속한 장소로 가져가게 되는데, 이러한 과정에서도 보조신이 도움을 준다. 이러한 과정은 샤먼에게 힘이 들기 때문에 중간중간 쉬어야 한다. 희생물을 바치고 병자의 혼을 찾아서 병자에게 돌려주면 병자는 건강을 되찾으며, 샤먼도 의식을 회복하게 된다. 이러한 과정을 샤먼은 새춤을 통해 표현한다.

의례의 마지막은 모인 사람들의 운명을 점쳐 주는 것인데, 마지막으로 샤먼은 자신의 보조신을 놓아준다. 하지만 이러한 의례는 사하인들의 구분으로 큰 샤먼이나 중간 샤먼이 진행할 수 있는 것이며, 작은 샤먼은 진행할 수 없다. 아울러 아바아흐에 대한 희생물은 소이며, 흰색 소는 사용되지 않는다.[23] 말이나 흰색은 천상의 아으으신들에게 바치는 희생물인 것이다. 이러한 희생제의에서 샤먼을 도와 주는 것이 새들인데, 이것이 솟대에 표시되며, 일곱 개나 아홉 개의 기둥들은 천상세계의 층을 표시하며 이에서 샤먼들이 쉬게 된다.

흑샤먼의 의례는 일반적으로 밤에 진행되었는데, 화덕의 석탄이 거의 다 탔을 무렵에 시작하게 된다. 의례의 진행 시에는 창문과 출입문을 닫았다. 보통은 2-3시간이 걸렸지만, 경우에 따라서는 하룻밤이 필요하기도 하고, 이틀이 소요될 수도 있었다. 의례의 주요 구성요소는 노래와 춤인데, 노래는 신에 대한 기도문과 영웅에 대한 서사시로 이루어지며, 춤은 신에 대한 여정을 표현하는 것이다.

주의해야 할 점은 여기서 소개된 의례는 19세기 말에 여러 민족지 학자들의 보고를 기반으로 작성된 것으로 이는 실제가 아닌 이념형에 가

23 위의 책, p. 161.

깝다는 점이다. 이러한 이념형의 복원시도는 실제 행하여지는 여러 형태의 의례를 분석하는 데 도움을 준다. 물론 이러한 시도가 지니는 정치적인 함의는 충분히 고려되어야 하지만, 그럼에도 이러한 작업의 의의가 과소평가될 이유는 없다. 19세기 말에 사하 흑샤먼들은 끊임없는 탄압으로 인하여 사회의 존경을 받는 위치에서 밀려났으며, 이는 의례에도 반영된다. 즉 그들 스스로 바람직하다고 여기는 상태에서 의례를 행하지 못하게 된다. 무복과 무고가 없는 상황에서 의례가 진행이 되며, 의례에 대한 인식이 없는 흑샤먼도 등장한다. 아울러 의례를 시작하기 전에 자신의 집에 모셔 둔 예수상에 먼저 절을 하기도 한다. 샤먼에게 중요한 성무과정에 대한 사회의 인식에도 변화가 있어서 성무과정을 거치지 않은 샤먼들이 등장하게 된다. 이러한 혼란이 사람들의 노력에 의해 새로운 체계로 변화된다면 샤먼을 중심으로 새로운 종교전통이 창조되겠지만, 사실 강한 식민권력하에 놓였던 사하인들에게는 불가능하였다. 이후에 등장하는 근대성과 과학성으로 무장한 새로운 사회주의 권력은 샤머니즘과 그와 연관된 관념체계를 급격하게 단절시킨다.

3) 으흐아흐 축제와 샤머니즘[24]

사하인들은 자신들의 샤먼을 샤먼들이 모시는 신의 종류에 따라서 아으으 샤먼과 아바아흐 샤먼으로 구분한다. 아으으신은 인간들에게 해를 끼치는, 특히 병을 가져다주는 신으로 간주되는 아바아흐신과 달리 선한 신에 속한다. 아으으는 하늘, 땅, 지하라는 세 세계 가운데 7 내지는 9층으로 나뉜 하늘세계에 살고, 아바아흐는 아으으와 달리 지하, 지상, 하늘 세

24 이 절은 강정원, 앞의 논문, 1999, 2절의 내용을 주로 인용하였다.

세계에 걸쳐서 존재한다. 아으으를 모시는 샤먼은 아으으 오윤(사하어로 샤먼을 오윤이라 칭하며, 여무는 우다간이라 불린다), 아바아흐를 모시는 샤먼은 아바아흐 오윤이라고 불리었으며, 그들에게 주어진 기능 또한 상이하였다. 아으으 샤먼은 사회나 가정의 풍요나 조화로운 삶을 주관하였다면, 아바아흐 샤먼은 주로 한 개인의 생사에 많은 관여를 하였다. 아으으 샤먼이 자신의 임무를 실행에 옮길 수 있는 장이 바로 으흐아흐 축제였으며, 이 으흐아흐 축제에서 아으으신과 교통할 수 있었다.

으흐아흐 축제는 일반적으로 종족별로 행하여지는 축제라 할 수 있는데, 결혼식이나 출산 시에 행하여지는 의례도 으흐아흐라 불리기도 하였다. 으흐아흐란 '뿌리다'라는 뜻을 가진 "으흐"라는 동사에서 나온 말인데, 준비한 쿠미스를 하늘로 뿌리는 행동을 통해 최고신에게 드리는 경배의 중요성을 표현한 것이라 하겠다. 으흐아흐 축제는 크게 제사와 놀이로 구분되는데, 제사는 쿠미스를 제물로 하여 사하종교의 최고신인 위룽 아으으 토욘, 그리고 인간이나 동물, 식물의 풍요를 담당하는 아으으신들을 위한 것이다.

으흐아흐 축제의 준비물은 앞서 말한 쿠미스와 제단, 그리고 음식물이다. 제단(튜숲게)은 으흐아흐 축제가 열리는 공지의 중앙에 설치된다. 자작나무로 만든 두 기둥을 세우고 이는 말머리를 조각한 보로 연결된다. 그리로 이 두 기둥을 새잎이 난 자작나무 가지로 연결시키며, 이에 쿠미스를 큰 가죽그릇에 담아서 매달아 둔다. 그리고 그 앞에 쿠미스를 담아서 마실 제기인 초론을 둔다. 그리고 요헬손에 따르면, 제단은 말털로 장식되며, 제단의 기둥 주위에는 세 그루의 자작나무를 세워 둔다.[25] 제단은 동쪽을 향하게 세우며, 제단의 오른쪽에 불을 피우고 말뚝(세르게)[26]

25 W. Jochelson, *The Yakut*, New York, 1933, p. 263.

26 과거에 토욘들이 으흐아흐를 개최하였을 때는 재산 정도에 따라 세르게를 세울 수

을 세운다. 제의를 주관할 백샤먼이나 후대의 연장자(알그스치트)는 동쪽을 향해 서고 그의 오른편에 9명의 남자아이, 왼편에 9명 내지는 8명의 여자아이들이 쿠미스를 채운 초론을 들고 선다. 제관은 맨 먼저 최고신과 다른 아으으신들에게 일년 동안의 평안을 빌며, 쿠미스를 불에 뿌린다.[27] 그 다음, 땅에 쿠미스를 뿌리면서 지역신(잊치)에게도 그 땅에 살고 있는 모든 생물들의 풍요를 빈다. 으흐아흐 축제의 제의 부분은 제구인 큰 숟가락(으흐아흐 하므이아흐)을 하늘로 던졌다가 떨어지는 모양을 보고서 그 해의 운을 점치는 행위와 사람들의 "우루이"라는 함성과 함께 끝이 난다. 숟가락이 바로 떨어지면 그것이 풍요를 의미한다. 이 제사에서 중요한 역할을 하는 것이 불인데, 사하인들은 불이 인간의 세계와 천상세계를 연결하는 것이라고 간주하였다. 제사에서 사제의 역할을 수행하였던 이가 백샤먼이었으며, 흑샤먼은 이를 주관할 수가 없었다. 제사가 종료된 이후에 사하인들은 준비한 쿠미스를 마시고 놀이를 시작한다. 쿠미스의 분배는 일반적으로 연장자순으로 이루어진다. 놀이 가운데 가장 중요한 것이 한국의 강강수월래와 비슷한 "오수오카이"인데, 지역에 따라서는 밤새 이 놀이를 하기도 한다.

사하 샤머니즘은 적어도 19세기 초반에 백샤머니즘이 러시아 식민정책의 변화와 사하사회의 변화에 따라 사라지기까지 흑샤머니즘과 백샤머니즘의 두 축을 기반으로 하여 성립하였다. 흑샤머니즘이 주가 된 19세기의 사하 샤머니즘은 러시아 정교회에 비하여 주변화되고, 자기완결성을 많은 부분에서 상실하였다. 하지만 백샤머니즘이 사라짐에도 으흐아흐 축제는 그 형태나 내용에서 변화가 있었지만, 지속적으로 사하문화에 남

있었다.

27 이는 19세기 정도부터 시작된 것으로 보인다. 17세기나 18세기의 여행지들을 보면, 쿠미스를 불이나 재에 뿌리지 않고 하늘이나 사방으로 뿌린 것으로 기록되어 있다.

아 있었다. 그리고 사회주의 혁명과 자본주의로의 이행에도 으흐아흐 축제는 지속되었다.

(1) 사회주의 혁명 이전

사회주의 혁명이 일어나기 이전에 으흐아흐 축제는 한차례의 큰 변화를 겪었다. 앞에서 간단하게 지적한 바처럼, 백샤머니즘이 러시아 식민당국의 정책변화와 사하사회의 사회정치조직의 변화로 인하여 사하문화에서 자취를 감추게 된다. 사하사회는 소규모의 종족이나 씨족사회에 기반하고 있었는데, 러시아 식민통치 이후에 새로운 행정조직으로 편입되었고, 백샤먼의 중요한 기능 중 하나였던 전쟁이 없어지게 된다. 종족 간의 전쟁이 없어졌다는 사실은 전쟁이나 일반적인 권위의 행사에 있어 백샤먼의 종교적인 지지와 일반 사하인들의 지지가 절대적으로 필요하였던 사하의 정치적 지배층, 토욘들이 백샤먼이나 종족원이나 씨족원들의 뒷받침을 더 이상 필요로 하지 않게 되었다는 점을 의미하였다. 다시 말해서 러시아의 지배에 따른 정치·경제적 환경의 변화로 인하여 백샤먼보다는 러시아 차르의 신임, 러시아 정교회의 지지가 그들의 권력의 정당화를 위하여 더 요구되었다. 이러한 변화는 백샤먼의 입지를 점점 더 위축시켰으며, 결국 백샤머니즘의 붕괴로 이어지게 된다. 백샤머니즘의 붕괴는 그와 밀접한 연관하에 있는 으흐아흐 축제에도 영향을 미쳐서 축제에서 중요한 위치를 차지하고 있는 의례진행자의 교체를 가져온다. 백샤먼이 사라지고 주로—때때로 축제의 현장에서 선출된—연장자들이 백샤먼의 역할을 담당하게 되었다. 이와 함께 으흐아흐 축제의 개최횟수가 줄어들고 그 규모도 시간이 지나감과 동시에 점차 축소되었다. 이는 축제의 재정적 지원자인 토욘들의 정치적 기반이 자기 종족에서 러시아로 바뀌게 되었다는 앞선 지적을 뒷받침하는 것이다.

(2) 사회주의 기간

1917년의 사회주의 혁명의 성공은 사하사회에 많은 변화를 불러일으키게 된다. 전체 토지와 가축이 집단 소유화되며, 토욘계층이 몰락하게 되고 민족주의를 주창하였던 이들이 숙청된다. 레닌의 지시에 따라 1920년대에는 '형식은 민족주의 내용은 사회주의'라는 기치 아래 사하의 민족문화가 일정 부분 보호된 적은 있지만, 이는 1930년대 스탈린의 통치가 점차 진행되면서 반전된다. 특히 종교, 샤머니즘과 관련하여서는 레닌 시기부터 탄압일색이었다. 따라서 1920년대와 30년대를 거치면서 사하지역에서 샤먼들은 자취를 감추게 된다. 간혹 스스로 샤먼이라고 주장하는 이들이 나타나면 정신과적 치료의 대상이 될 뿐이었다.

이러한 상황에서 으흐아흐 축제에도 변화가 생기게 되는데, 종교적인 측면은 거의 생략되고 오락의 측면만 남아서 유지된다. 하지만 이도 지역마다 달라지는데, 사하인들이 밀집하여 살고 있는 야쿠츠크시 주변의 울루스(행정단위)에서는 간소화된 으흐아흐 축제마저도 1970년대 브르즈네프 시절이 되면 변질되어 도시에서는 거의 소풍이 되고 만다. 으흐아흐의 주최도 도시에서는 직장 소비에트, 시골에서는 소포즈나 콜호즈 농장이 하게 되며, 사회주의 지배를 강화시키는 수단으로 이용되었다. 사하자치공화국에서도 서북쪽으로 멀리 떨어진 빌류이 강 주변의 울루스에서만 적어도 형식상에서는 과거의 형태가 상대적으로 잘 보존되었다. 특기할 것은 으흐아흐라는 형식—내용은 무엇이 되었더라도—은 변하지 않았다는 점이며, 이러한 연속된 과거는 사회주의 멸망 이후에, 특히 민족주의의 표현에 있어서 사람들에게 하나의 '강제된 선택'으로 작용한다.

(3) 사회주의 멸망 이후(1990년대)

고르바초프의 개혁은 사하사회에도 변화를 가져다주었는데, 특히 민족적인 상징의 사용에 있어 상대적으로 많은 자유를 누리게 된다. 사하인들에게 가장 많은 상처를 준 부분은 사하어의 사용과 관련된 것인데, 1970년대나 1980년대의 중반까지는 시내에서 사하어로 이야기하는 것이 너무나 부자연스러웠다. 사하어를 사용하는 것이 범법행위까지는 아닐지라도 많은 사람들, 특히 러시아인들의 눈총을 받았다고 한다. 이러한 사회적 상황은 1950년대와 1960년대에 출생한 많은 사하인들이 현재 모국어를 제한적으로 구사하는 원인이 된다. 억압적인 이러한 상황이 1980년대의 후반에 가면 점차 풀리게 된다.

으흐아흐 축제도 이러한 사회적인 상황 속에서 적어도 형식적인 측면에서는 다시 원래의 모습으로 나타나는데, 심지어는 야쿠츠크시에서도 거행된다. 그 전까지 러시아와 소련의 식민 행정의 중심지인 야쿠츠크시에서 사하인들의 민족축제인 으흐아흐가 행해진 적은 없었다. 따라서 야쿠츠크시에서 이의 시작은 새로운 시대가 시작되는 것으로 받아들여졌다. 사하 전역에서 다시 으흐아흐가 등장하고 심지어는 200년 전에 사라진 백샤먼도 나타났다.

4) 곰의례와 샤머니즘[28]

곰이 샤머니즘에서 차지하는 여러 역할을 논하기 전에 주의해야 할 점이 있다. 샤머니즘이나 곰과 관련된 여러 의식 및 신화가 시베리아 민족들의 전체 종교생활에서 차지하는 비중이 상대적으로 낮다는 점이다. 이를 달리 표현하면, 샤머니즘 이외에도 애니미즘이나 토테미즘, 조상숭배 등의 현상이 이 지역에서 나타나기 때문에 샤머니즘이나 곰의례에 대

28 이 절은 2007년에 비교민속학회 하계학술대회에서 발표한 글 「시베리아, 샤머니즘, 곰의례」에 기반하고 있다. 강정원, 「시베리아, 샤머니즘, 곰의례」, 『아시아 민속신앙의 비교 연구』, 비교민속학회 2007년도 하계학술대회 발표집, pp. 135-144.

한 이해만으로 종교 전체를 이해했다고 말하기는 어렵다는 것이다. 샤먼이 많은 의례를 주관하지만, 남성 연장자도 그에 못지않게 의례를 주관할 수 있어서 종교 현상에 대한 샤먼의 독점현상을 찾아보기 어렵다.

이 글에서 언급되는 샤머니즘은 곰의례보다 그 성립시기가 상대적으로 늦은 관계로—샤머니즘을 구석기 시대와 연결시키는 학자도 있지만—샤먼이 곰의례 자체와 맺는 관계는 생각과는 달리 그리 강하지 않은 것으로 보인다. 울치와 오로치, 네기달 등의 퉁구스 민족과 길랴, 아이누족 등이 곰을 직접 키우고 죽인 뒤에 곰의례를 행할 때는 집주인을 비롯한 남성 연장자가, 남퉁구스족이나 북퉁구스족이 사냥 시에 행하는 곰의례는 일반적으로 사냥꾼들이 직접 행하는 것이며 이 과정에 샤먼은 거의 개입하지 않는다. 사냥이 잘 되지 않는 경우에 샤먼이 풍요함을 비는 의례를 숲의 신 혹은 동물의 신으로 여기는 바이 바야나이에게 행하는 수도 있지만, 이는 곰의례에 속하지는 않는다. 샤먼이 곰의례를 주도했다는 보고는 없는 듯하다. 샤먼이 참여했다는 보고가 있기는 하지만 한 사례에 불과한데, 이는 샤머니즘과 곰의례가 직접적인 연관성을 맺지 않고 있다는 것을 보여 준다. 곰을 사냥해 죽이는 과정에서 의례를 행하는 경우에도 우디허족에게서나 곰을 먹는 과정에서 곰머리를 샤먼에게 주는 경우가 있다는 보고에 그치고 있다. 즉 곰의례에 샤먼이 어떤 식으로든 관여하는 경우는 울치나 오로치 등의 남퉁구스족, 길랴이나 아이누 등의 고아시아족에게서 볼 수 있으며, 여타 우랄, 알타이 제 민족에게서는 찾아 볼 수가 없다.

샤머니즘에서 샤먼이 곰과 직접적인 관계를 맺는 것은 곰을 보조신으로 맞았을 경우이다. 사하 샤머니즘에서 곰은 늑대나 소 등과 함께 힘센 보조신 취급을 받는다. 곰을 보조신으로 가지고 있는 샤먼은 세 등급으로 나뉘는 사하 샤먼 중에서 가장 힘이 센 샤먼에 속하게 된다. 보조신은 샤먼의 의례과정을 돕는 역할을 맡고 있는데, 사하 신들의 세계에는 속할 자리가 없는 것으로 보인다. 샤먼의 탄생은 최고신을 상징하는 독수리가 맡고 있다. 사하 샤먼들의 복장에 곰을 상징하는 쇠로 만든 인형이 걸려 있는데, 이는 악신을 퇴치하는 역할을 담당한다. 이러한 곰의 역할은 곰이 내세에서는 인간의 모습으로 생활하다가 곰의 외피를 쓰고 현세에 있기 때문에 이를 죽임으로 해방시켜 준다는 아이누족 등의 곰의례 신화와는 큰 연관성이 없다. 또한 곰이 동물의 신이 되기도 한다는 신화와도 연관성은 적은 것으로 보인다. 사하족의 종교에서 곰은 단순히 그 힘을 통해 상징되고 있다고 생각된다. 샤먼의 보조신에서 곰이 중요한 역할을 하는 것은 사하 민족에만 한정되지는 않으며, 퉁구스나 알타이, 고아시아 제 민족 등에서도 함께 볼 수 있는 현상이다.

곰에 대한 신화적 설명은 아이누나 길략 혹은 울치, 오로치 등의 남퉁구스 여러 민족에게서 잘 나타나는데, 동물과 신화적 혈연관계를 맺는다는 토테미즘도 이에 깊숙이 개입해 있음을 볼 수가 있다. 토테미즘이라는 연결고리 없이 곰의례가 여타 사냥의례로부터 분리되어 성립하기가 어려운 것이다. 결론적으로 곰과 샤머니즘이 맺는 관계가 최소한에 머무는 것은 이러한 문화접합이 뒤늦게 발생하였다는 점을 보여 준다고 생각된다. 또한 곰을 토템 혹은 곰 신으로 여기는 문화와 샤머니즘의 출현이 가능한 문화 사이에 일정한 시간적 간극이 있었음을 의미한다고 생각된다.

3. 시베리아 샤머니즘에 대한 연구사[29]

1) 19세기까지의 민족지적 연구

1900년대에 시베리아 샤머니즘에 대한 연구는 주로 민족지라고 할 수 있다. 민족지는 분석과 설명보다는 자료제시를 통해 그 문화에 대한 이해를 추구하는 글을 말하는데, 민족지에도 차이가 있어서 저자의 일정한 방향성은 판단할 수 있다. 당시 민족지는 대부분 역사나 지리, 문화에 대한 포괄적 지식을 포함하고 있다. 샤먼을 서구에 처음 소개한 것으로 되어 있는 네덜란드의 이데스(Ides)의 경우도 본인의 기행문[30]에 샤먼에 대한 기록을 남긴 것이며, 독일 튀빙엔 출신의 학자로 1733년에서 1744년 사이에 제2차 시베리아 탐험대의 일원으로 활약한 그멜린(Gmelin)[31]의 경우도 샤머니즘에 대한 기록을 기행문 형식의 보고서에 남기고 있다. 그멜린은 전형적인 자연과학자로서 기본적으로 샤머니즘을 사기에 가까운 것으로 이해하였으며, 샤먼의 행동을 과학적으로 설명하고자 했다. 한 여자무당을 만난 그멜린은 여무에게서 배에다가 칼을 넣었다 빼는 행동이 마술이라는 얘기를 듣고 이에 무척 고무되었다. 이러한 그의 연구방식은 당시 많은 연구자들의 태도를 특징짓는 계몽주의적인 것이었다. 이 2차 시베리아 탐험에는 그멜린 외에도 여러 독일 학자들이 동행하였는데, 그멜

29 이 절에 대한 내용은 강정원, 「시베리아 샤머니즘 개념 형성과 전개」, 『샤머니즘 연구』 5, 2002, III장에 일정 부분 의존하고 있다.

30 라우퍼(Berthold Laufer)에 따르면 이데스(Ysbrants Ides)는 1692년부터 1695년 사이에 러시아 대사를 따라 중국을 다녀 와서 *Dreijaarig Reize naar China*라는 책을 펴냈는데, 이 책에 샤먼에 대한 기록이 나온다. 이데스는 퉁구스족에게서 이 정보를 입수한 것으로 되어 있다. B. Laufer, "Origin of the Word Shaman", *American Anthropologist* 19, 1917, pp. 361-371.

31 Johann Georg Gmelin, *Reise durch Sibirien von dem Jahr 1733 bis 1743*, Göttingen.

린 외에 뮐러(Gerhard Müller)가 대표적인 학자였다. 뮐러 또한 그멜린과 동일한 계몽주의 시선으로 샤먼을 바라보았다. 그는 샤먼이 형편없는 사기꾼이라고 평하였는데, 이러한 계몽주의적 샤머니즘 해석에는 샤머니즘을 하나의 종교로 이해하고자 하는 관점이 일체 배제되어 있다. 이러한 계몽주의 혹은 합리주의는 19세기 초반에 시베리아를 연구한 독일 출신의 학자들인 메서슈미트(Daniel Messerschmidt)나 스텔러(George Steller)에게도 나타났다.[32] 계몽주의와 합리주의적 샤머니즘 이해 방식은 18세기부터 19세기 중반까지 여러 차례 조직된 시베리아 탐험과 연구의 지배 이론이자 관점이었다. 당시 민속지 작성을 위해 연구자 자신이 직접 조사도 하였지만, 관리를 통해 자료를 모으는 방법도 동원되었다.

이러한 계몽주의적 샤머니즘 연구 및 보고 방식은 19세기에 들어서면 낭만주의로 변화하게 되는데, 즈나멘스키(Znamenski)는 이러한 전환에 헤르더(Herder)가 중요한 역할을 하였다고 보고 있다. 헤르더는 그의 저서에서 샤머니즘을 종교로 간주하는 태도를 견지하였다고 하는데, 합리주의적 관점에서 샤머니즘에 낙인찍어 둔 명칭인 미신 혹은 사기로부터 샤머니즘을 해방시킨 셈이 된다.[33] 19세기에도 시베리아에 대한 연구는 모스크바 중심으로, 러시아인들을 중심으로 지속되었는데, 샤머니즘에 대한 좀 더 객관적 태도를 견지하거나 종교로서 인정하는 학자들이 늘어나게 되었다. 앞에서 샤머니즘에 대한 설명에서도 언급한 바 있는 슈추킨[34]은 사하인들의 종교생활에 대해 기록하면서 샤먼에 대해 별도로 기술하고 있다. 페이지 수는 6페이지로 많지 않으나 입무과정이나 무복 등에 대해 기술하고 있다. 여기서 그는 18세기의 학자들과는 달리 샤머니즘을 비

32 Andrei Znamenski, *Shamanism in Sibiria–Russian Records of Indigenous Spirituality*, Dordrecht, 2003, p. 3.

33 위의 책, p. 4.

34 Shchukin, 앞의 책.

판하기보다는 자료를 객관적으로 제시하고 있다. 하지만 여타 여행지와 동일하게 실제로 본인이 경험적으로 확인한 사실과 듣거나 다른 책에서 본 것을 구분하지 않고 기술하고 있다. 즉 계몽주의적이고 유럽-기독교 중심주의적 관점을 탈피하고 있는 것이다. 방법론 차원에서의 문제점들은 시간이 지나면 점차 극복되어서 밋덴도르프의 『시베리아 여행기』[35]에서는 여러 사실들의 나열보다는 학술적 글쓰기를 시도하고 있다. 즉 본인의 관찰과 다른 사람들의 관찰을 구분하고 있으며, 직접적 관찰과 면담에 의한 자료제시가 훨씬 많아졌다. 아울러 원주민들의 입장에서 현상의 사실 관계를 확인하는 것도 볼 수 있다.

19세기의 중후반에는 시베리아 여러 민족의 문화조사에 획기적인 변화를 가져오는 일들이 벌어진다. 러시아 지리학회의 성립과 많은 지식인들이 시베리아로 유배를 오게 된 것이 그것이다. 우선 러시아 지리학회의 시베리아 지회가 성립되면서 시베리아 소수민족들의 문화가 체계적인 학문적 접근의 대상이 되었다. 러시아 지리학회의 시베리아 지회는 자체의 탐험대를 조직하여 시베리아 제 민족을 연구하였는데, 마아크(Maak, 1987)는 1887년에 레나 강의 지류인 빌류이 강 연안 사하인들의 생활방식을 조사하여 발표하였다.[36] 여기에서 우리는 19세기 말 사하 샤머니즘의 여러 모습을 알게 되며, 사냥의례나 으흐아흐 축제에 대해서도 체계적인 정보를 얻을 수 있다. 이 책에서 우리는 사진에 가까울 정도의 정교한 그림이나 정확한 수치에 기반한 사하 샤머니즘에 대한 정보를 구할 수 있는데, 이 시기 연구 방법론은 실증주의에 기반하여 자료를 수집하고 자료를 기술함에 있어서는 유럽 중심주의적 편견에서 가능한 벗어나고자

35 A. v. Middendorff, *Reise in den äussersten Norden und Osten Sibiriens während der Jahre 1833 und 1844, 1875*, St. Petersburg.

36 R. Maak, *Viliuiskii okrug yakutskoi oblasti*, St. Petersburg, 1887.

노력하였다고 할 수 있다. 20세기 초에 체계화된 참여관찰에 준하는 질적 연구가 성립하지는 못하였지만, 점차 방법론을 의식한 샤머니즘 연구가 이루어지게 되었다.

이 시기에 시베리아 샤머니즘 연구는 제정 러시아에서 혁명 운동에 가담했다가 유배를 온 지식인들이 큰 기여를 하였다. 이들은 모스크바 등지에서 그 당시에 발흥한 인류학적 지식을 조금 알고 있거나, 시베리아에 온 뒤에 이에 대한 흥미를 얻어서 소수민족을 연구하는 경우가 있었는데, 사하 샤머니즘 연구에 있어서는 앞에서 이미 소개한 후댜코프나 세로쉡스키이가 대표적인 인물이다. 이들은 장기간 이 지역에 거주하면서 이들의 언어를 익힐 수 있었기 때문에 맥락에 따른 해석도 할 수 있었다. 또한 제정 러시아에서 상대적으로 진보적인 인사들이었던 관계로 소수민족들의 권리에도 관심을 두었으며, 이들의 처지에서 그 문화를 이해하고자 애썼다. 이것이 인식론적 문화상대주의로 이어지지는 않았다 하더라도 이들은 에믹적 관점을 통해 조사 대상자의 시선을 의식하면서 샤머니즘을 연구하였다. 특히 세로쉡스키이는 8년 동안 사하-야쿠치아에 머물면서 사하 언어를 익혔고, 사하 언어로 사하 샤머니즘에 대한 자료를 수집하였다. 이러한 자료 수집 방법론은 20세기에 정립된 과학적 질적 연구 방법론과 거의 대동소이한 것이다. 이를 기술함에 있어서도 샤머니즘을 미신시화하는 것을 볼 수 없으며, 샤머니즘을 여타 제도와 동일한 종교 제도로 간주하고 종교인을 대하는 방식으로 샤먼을 대하였다. 하지만 이들 학자들도 샤머니즘에 대한 자료를 체계적으로 기술하는 것에 만족하였고, 이를 이론적으로 해석하지는 않았다. 샤머니즘에 대한 체계적인 이론의 등장은 20세기가 되어서나 가능하게 된다.

2) 20세기의 시베리아 샤머니즘 연구

20세기에 들어서면서 샤머니즘은 여행가들의 여행지나 비전문가의 관찰기록 수준을 뛰어넘어 새롭게 대학에 자리 잡기 시작한 종교학이나 인류학, 민속학 등 전문 학자들의 학문적 연구의 대상이 된다. 샤머니즘이 이제 미신이라는 낙인을 벗어나 진지하게 학문적 탐구의 대상으로 자리잡게 된 것이다. 시베리아 샤머니즘은 이러한 과정에서 독일이나 러시아인 학자들만의 연구영역에서 영국이나 미국 학자들의 연구 대상이 되기 시작하였다. 샤머니즘에 대한 연구의 초기 주제는 샤머니즘의 정의와 기원이나 역사에 관한 것이었고, 사회과학적인 연구는 1950년대 이후에야 본격적으로 시도되었다. 20세기 초반에 새롭게 정립된 소련의 학자들은 시베리아를 현지 연구로 접근할 수 있던 유일한 학자들로서 시베리아 샤머니즘 연구의 대다수를 생산해 내었는데, 이들 학자들의 이론적 기반은 사적 유물론이었다. 이에 대비해서 20세기 초반에 서구에서 이루어진 샤머니즘 연구는 종교현상학에 기반한 문화사적 연구가 주를 이루었으며, 이를 전파론적 연구가 보충하고 있었다고 할 수 있다.

(1) 20세기 초중반의 연구

한국에 많이 알려진 차플리츠카[37]는 당시까지 나온 러시아 자료를 기반으로 샤머니즘에 대한 연구를 하였는데, 그의 연구에 중요한 기반을 제

37 차플리츠카의 책 *Aboriginal Siberia*에서 샤머니즘에 관련된 부분만 이필영에 의해 번역되어 1984년 『시베리아의 샤머니즘』이라는 책으로 출판된 바 있다. M.A. Czaplicka, *Aboriginal Siberia: A Study in Social Anthropology*, Oxford, 1914. 번역된 책은 M.A. 차플리츠카, 이필영 역, 『시베리아의 샤머니즘』, 탐구당, 1984.

공한 연구는 반자로프(Banzarov)[38]와 트로쉬찬스키이(Troshchanskii),[39] 앞서 소개한 그멜린, 후댜코프, 세로쉡스키이 등의 연구였다. 이 중에서 반자로프에 주목할 필요가 있는데, 그는 식민지로 전락한 부랴트 출신의 학자로서 서구 중심적으로 샤머니즘을 연구한 기존의 학자들과는 달리 샤머니즘을 좀 더 에믹한 차원에서 연구하였다. 그는 종교의 출발로서의 샤머니즘 연구나 샤머니즘의 기원 연구 등 그 당시 지배적인 진화론적이고 역사적인 연구와 달리 샤먼의 기능을 중심으로, 즉 사회 속에서의 샤머니즘을 연구하였다. 그는 샤먼을 사제와 의사, 예언자로 구분한 학자인데, 이러한 그의 샤먼 구분은 현재까지도 유용하다는 평가를 받고 있다.

트로쉬찬스키이는 사하의 흑샤먼에 대해 연구한 것으로 유명한데, 그의 연구는 문화사적 연구라고 볼 수 있으며, 흑샤먼과 백샤먼에 대한 그의 구분은 현재까지도 수용된다. 보고라스와 요헬슨은 19세기 후반에 시베리아에 유형온 젊은 학자들로서 보아스의 제섭 탐험대의 일원으로 활약하면서 척치족과 사하 등에 관한 방대한 민족지를 펴냈지만, 샤머니즘에 대한 심적 공감은 세로쉡스키이 등보다 낮았다고 할 수 있다. 차플리츠카는 이러한 자료에 기반하여 샤머니즘의 유형화에 관심을 기울였는데, 시베리아의 제 민족을 원주민(고시베리아족)과 이주민(신시베리아족)으로 나누고 이에 따른 샤머니즘과 샤먼의 차이에 관심을 기울였다. 사회의 분화 정도가 직업무의 발생과 관련이 있다고 보고 개인 샤먼과 가족 샤먼, 공동 샤먼, 직업 샤먼으로 샤먼을 유형화하였다. 이는 현재에도 통용되는 유형화이며 이 외에도 차플리츠카가 문제제기한 이래 여전히 관심을 끌고 있는 샤머니즘 연구 주제는 남성과 여성에 따른 차이 및 히스테리와 샤머니즘의 상관관계라고 할 수 있다. 하지만 차플리츠카는 샤먼을

---

38 D. Banzarov, *Chernaia vera, ili shamanstvo u mongolov*, St. Petersburg, 1891.

39 V.F. Troshchanskii, *Evoluchiya chernoi very u Yakutov*, Kazan, 1903.

유형화하였을 뿐, 이론적으로나 방법론적으로 샤머니즘 연구에 크게 기여하지는 못하였다.

차플리츠카가 활동했던 시기에 독일에서 니오라체(Nioradze)가 샤먼에 관한 책을 펴내었다.[40] 그의 책도 기존의 연구 등을 종합한 샤머니즘 입문서라고 할 수 있는데, 이 책에서 그는 샤먼의 세계관, 샤먼의 입무과정, 의복, 종류 등에 관해 상세하게 기술하고 있다. 또한 그는 샤먼의 성전환, 샤먼의 사회적 지위 등에 대해서도 언급하고 있다. 니오라체와 차플리츠카의 연구는 러시아 10월혁명으로 인해 외국학자들의 직접적인 연구가 막힌 상황에서 나온 문헌기반 연구였다.

20세기에 들어서면서 시베리아 샤머니즘에 대한 직접 조사는 러시아에서만 가능하게 되었는데, 소련의 성립으로 서구 학자들의 접근이 불가능하였기 때문이다. 따라서 20세기 시베리아 샤머니즘에 대한 1차 자료는 거의 대부분 러시아어로 작성되었다고 할 수 있다. 영어권이나 여타 언어권에서의 샤머니즘 연구는 러시아어로 된 1차 자료에 기반한 연구에 한정되었다. 1차 자료에 기반한 연구는 진화론이나 전파론 등의 역사적 접근이 주를 이루었다.

러시아 10월혁명은 샤머니즘 연구에도 큰 영향을 미치게 되는데, 샤머니즘이 사적 유물론의 입장에서 연구되었고, 학자들의 대부분은 반종교적 계몽주의적인 입장을 견지하였다. 소련이 성립된 이후 1930년대 중반까지는 여러 소수민족 출신의 학자들이 배출되는데, 이들의 경우에 샤머니즘에 관한 자료를 수집하고 이를 정리하여 책으로 출판하였다. 사하-야쿠치아에서는 쿨라코프스키이(Kulakovskii)나 크세노폰토프(Ksenofontov) 등이 대표적인데, 이들은 샤머니즘에 많은 관심을 가지고 이

40 G. Nioradze, *Der Schamanismus bei den sibirischen Völkern*, Stuttgart, 1925.

에 관련된 많은 구전 자료를 모았으며, 이에 기반한 여러 논문과 책을 기술하였다. 크세노폰토프는 1930년대 후반에 스탈린의 대러시아 정책의 영향으로 숙청되었다가 1950년대 이후에 복원되었으며, 1990년대에 저서가 다시 출판되기도 하였다. 야쿠치아만이 아니라 여타 민족에 대해서도 기초 자료 정리에 충실한 연구서들이 1930년대까지 출판되었다. 하지만 지적해야 할 사실은 이들 자민족 출신 학자들의 샤머니즘 이해는 낭만주의적인 이해방식이라기보다는 진화론이나 역사발전론에 기반한 계몽주의적 이해방식이었다는 점이다.[41] 즉 반종교적이고 계몽주의적 입장을 대부분의 학자들이 견지하였다고 보는 것이 타당한데, 이는 훗날 샤머니즘이 민족 종교로 승화되는 데 큰 방해 요소로 작용한다.

소련의 샤머니즘 연구는 서구인류학과는 달리 구조주의나 기능주의 등에 입각한 연구보다는 사적 유물론에 입각하여 샤머니즘을 각 민족의 발전단계에 맞추는 작업이나 그 기원을 추구하는 연구 작업이 주를 이루었으며, 이 외에 여러 자료집을 발간하는 작업이 수행되었다.[42] 아울러 샤머니즘의 구성요소 중에서 중요하다고 생각되는 북이나 의복, 특정 신격에 대한 개별 연구도 활발해졌다. 소련의 샤머니즘 연구에 대한 기여 중 하나는 샤머니즘을 사회와의 연관성 속에서 파악한 점인데, 현재 시베리아 튀르크 제 민족의 샤먼을 계급 사회 출현과 동시에 등장한 사제라고 간주한다. 이는 샤머니즘이 원시 구석기 시대부터 출현했다고 보는 샤머니즘 기원설과는 대비된다고 할 수 있다.[43]

---

41 강정원, 「체제 전환과 러시아 사하-야쿠치아의 백샤머니즘」, 『비교문화연구』 15-2, 2009 참조.

42 Anna-Leena Siikala, *The Rite Technique of the Siberian Shaman*, Helsinki, 1978, pp. 23-25.

43 N.A. Alekseev, "Shamanism among the Turkic Peoples", Marjorie Balzer (ed.), *Shamanism. Soviet Studies of Traditional Religion in Siberia and Central Asia*, Armonk, 1990, p. 108 참조.

서구에서는 20세기 초중반에 좀 더 샤머니즘의 기원에 대한 이론적인 논문들이 등장하게 되는데, 오스트리아의 슈미트(Schmidt)와 루마니아의 엘리아데(Eliade)가 이를 대표한다. 슈미트는 독일과 오스트리아의 문화사학파를 지도한 학자로서 샤머니즘의 기원을 찾고 각 민족별 샤머니즘을 분류하는 데 연구의 초점을 맞추었다. 그는 흑샤머니즘에서 샤머니즘의 기원을 보았다. 슈미트는 구할 수 있는 거의 모든 민속지를 기반으로 종교 현상의 전파와 변화 과정에 대해 설명하는데, 샤머니즘은 흑샤머니즘에 한정되는 것으로 보았다. 따라서 백샤머니즘은 샤머니즘의 형태가 아니며, 발생 시기도 흑샤머니즘보다 늦다고 판단하였다.[44] 슈미트의 샤머니즘 연구는 샤머니즘의 기원을 검토하는 것 외에도 종교 체계 속에서 샤머니즘을 고찰하는 것과 각 민족의 경제 형태와 샤머니즘을 연결시켜 검토하고, 샤머니즘의 전파 과정을 규명하는 것을 목표로 한다. 풍부한 민족지적 사례를 제시하고 있기 때문에 현재에도 샤머니즘을 연구함에 있어서 소중한 연구 성과이지만, 경제와 종교의 연관성만을 강조한다는 점에서, 거대 이론을 펼친다는 점에서 20세기 초중반의 여타 거대이론과 마찬가지의 한계를 가지고 있다. 현재의 각 민족을 경제 단계와 신화 및 의례 단계에 위치 짓는 점에서, 원형을 상정하는 점에서 그가 주장하는 문화사 이론은 많은 비판 여지를 가지고 있다고 하겠다.

이와 반대의 주장을 펼친 학자가 종교사학자이자 종교현상학자인 엘리아데이다.[45] 엘리아데는 백샤머니즘, 즉 천상으로의 승천을 통한 접신술에서 샤머니즘의 기원을 보았다. 그는 샤머니즘의 핵심을 엑스타시 기술이라고 정의하고 시베리아에 한정되었던 샤머니즘의 연구 지역을 전 세계로 확대하여 연구하였다. 그도 빙의 현상이 전 세계 샤머니즘에 많이

---

44 W. Schmidt, *Der Ursprung der Gottesidee*, Bd. 12, Münster, 1955.

45 미르치아 엘리아데, 이윤기 옮김, 『샤머니즘-고대적 접신술』, 까치, 1996(원저 1951).

분포하고 있다는 점, 그리고 이러한 현상이 불교와 밀접한 연관을 가지고 있을 수 있다는 점 등은 인정하지만, 빙의에 기반한 샤머니즘이 원래의 모습은 아니라고 판단한다. 그의 주장은 샤머니즘의 기원을 구석기 시대로까지 이끌게 되며, 흑샤머니즘 이전의 종교 형태를 샤머니즘이라고 간주할 수 있게 한다. 아울러 전 세계 다양한 민족에게서도 샤머니즘을 발견할 수 있다는 그의 연구 결과는 영미의 사회문화인류학자들에게도 수용되어, 영미의 학자들은 독일을 비롯한 대륙의 학자들과는 달리 시베리아 이외 지역, 즉 북남미나 동남아시아 등지의 종교 현상도 샤머니즘 연구에 포함시켜 연구를 진행하였다. 그의 책에는 아프리카의 종교 현상이 포함되지 않은 것을 볼 수 있는데, 포괄적으로 샤머니즘을 정의하는 그의 기준을 따르더라도 엑스타시 현상을 전형적으로 동반하지 않는 아프리카의 영매나 메디신 맨은 샤먼이 될 수 없는 것이다.

엘리아데의 연구도 레비 스트로스의 구조주의나 사회인류학의 구조기능주의와 함께 몰역사적인 점을 큰 특징으로 하는데, 그의 연구는 역사적 선후 관계를 논증하는 데 몰두하지 않는다. 여타 종교현상학적 연구와 함께 샤머니즘의 본질적 핵심, 즉 본질적 원 현상이 지역별로, 각 민족별로 상이하게 나타나는 점을 실증적으로 제시하고, 이를 본질의 현현이라고 파악한다. 그의 연구에서 역사적 세밀한 시기 구분은 큰 의미가 없는 것이다. 이러한 연구 경향에서 문제가 되는 것은 본인이 사료로 동원한 여러 자료의 내적 문맥을 무시하게 된다는 점일 것이다. 정확한 자료에 입각한 연구라기보다는 본인의 전제에 맞는 현상만을 취사선택한, 전형적 나비수집 형태의 연구가 된다.

올막스(Ohlmarks)[46]는 샤머니즘을 심리학적으로 연구한 학자라고 규

46 A. Ohlmarks, *Studien zum Problem des Schamanismus*, Lund, 1939.

정할 수 있는데, 극지방의 히스테리가 샤머니즘의 기원이라고 보았으며, 샤머니즘은 쉬로코고로프(Shirokogoroff) 등이 주장한 것처럼 남방이 기원이 아니라 극북지방에 기원을 두고 있다는 주장을 하였다. 정신분열증과 샤머니즘을 연결시켜 설명하고자 노력하였는데, 정신병과 샤머니즘의 상관성 연구는 향후 샤머니즘 학계에서 주목해야 할 분야 중 하나이다.

쉬로코고로프[47]는 러시아 인류학자로서 퉁구스족의 여러 민족을 조사하고 그들의 심리적 체계에 대한 단행본을 펴내면서 샤머니즘에 대하여도 많은 지면을 할애하였다. 그는 샤머니즘을 불교에 의해 자극받아 생겨난 종교 현상이라고 판단하였다. 이러한 그의 주장은 여러 논란을 야기했는데, 결론적으로 말해 샤머니즘의 많은 현상 중에서 불교에 영향을 받아 생겨난 현상도 있지만, 샤머니즘은 불교 전래 이전에도 존재했다고 간주하는 것이 타당하다. 그는 샤머니즘의 역사적 변화에도 관심을 기울였지만, 동시에 샤머니즘의 사회적 기능에도 연구의 초점을 맞추었다. 그는 샤머니즘을 사회적 긴장을 조절하는 심리적 체계라고 간주하였는데, 이러한 주장은 말리노프스키의 심리기능주의와 상통하는 것이다. 쉬로코고로프는 장기간의 현지조사를 통해 자료를 수집하고 이를 체계적으로 정리해 출판함으로써 퉁구스 민속지의 새로운 장을 열었다는 평가를 받는다.

(2) 20세기 중후반의 연구

소련에서는 1970년대 이후가 되면서 신진학자들에 의한 샤머니즘 연구가 나오기 시작하는데, 각 민족별 샤머니즘을 사적 유물론에 기반하여 연구하고 있다. 사하-야쿠치아의 경우 대표적인 연구자로 알렉세에프(Alekseev)[48]를 들 수 있다. 알렉세에프는 "19세기의 사하 종교"라는 제목

---

47 S.M. Shirokogoroff, *The Psycomental Complex of the Tungus*, London, 1935.

48 N.A. Akekseev, *Tradichionnye religioznye verovaniya Yakutov v XIX-nachale XX v.*,

하에 사적 유물론은 기본 연구 틀로 두고 여러 종교적 관행과 샤머니즘을 실증주의적 문헌 고증에 기반하여 기술·설명하고 있다. 이러한 연구는 사하 샤머니즘에만 그치지 않고 부랴트나 니브히 등 여타 소수민족의 샤머니즘으로 이어지면서 계속되었다. 즉, 샤머니즘 자체에 대한 연구라기보다는 종교를 민족 단위로 이해하면서 각 민족의 역사 발전 단계 속에서 샤머니즘을 설명하는 방식이다. 알렉세에프를 비롯한 소련에서의 샤머니즘 연구자들은 내용 전개에 있어서 약간의 차이가 있기는 하지만, 기본적으로 유물론적이고 반종교적이다. 이들 소련의 연구자들은 모두 샤머니즘이 새로운 문명 시대에 적응하지 못할 종교라고 보고 있으며, 황혼기를 맞고 있다고 간주한다.[49]

샤머니즘에 대해 반종교 선교를 목표로 접근하는 이들 소련 학자들의 연구는 기본적으로 요소별·단계별 연구를 특징으로 한다. 이들의 연구는 샤머니즘을 민족에게 필요한 관념적 제도로 간주하지 않고 경제적 토대를 반영하는 이데올로기라고 간주한다. 이들 연구서에서는 경제적 토대를 반영하여 샤머니즘의 형태와 기능이 변하는 과정을 기술하거나 샤머니즘을 통해 민족의 발달 단계를 규명하는 작업을 수행한다. 재미있는 사실은 책이 거의 대부분 종교에 대한 소련의 공적 입장에 대한 설명으로부터 시작하며, 본문에 들어가면 이에 대한 언급은 거의 없고, 구체적인 자료와 이를 중심으로 한 논증이 이어진다는 점일 것이다. 이데올로기적인 평가가 이들 연구의 한계이기는 하지만, 자료 중심적인 이들의 연구는 실증적이어서 소련의 각 민족에 대한 기존 연구를 검토하는 데 도움을 준다.

Novosibirsk, 1975.

49 M.M. Balzer, *Shamanic Worlds*, Armonk, 1997.

이들 소련에서 발표된 연구들은 독일에서 발표된 바이다[50]의 샤머니즘 연구와도 일맥상통하는 점이 있다고 볼 수 있다. 물론 바이다는 현상 중심의 문화사적 접근을 하고 있기 때문에 사적 유물론적 샤머니즘 연구와는 구분되어야 하지만, 역사적 단계별 샤머니즘의 변화를 설명하고자 한다는 점에서는 공통점을 지니고 있다. 바이다는 헝가리 출신의 독일 문화인류학자로서 현재 시베리아에서 보이는 샤머니즘은 엑스타시나 수호신, 북, 무복 등을 기준으로 보았을 때, 청동기 시대 이전으로 거슬러 올라갈 수가 없다고 보고 있다. 현재 시베리아 샤머니즘은 청동기 시대에나 완성된 형태로 나타났다는 것이 바이다의 주장이다.

1970년대가 되면 소련 샤머니즘 연구에도 구조주의적 접근이 등장하는데, 소련 민속학자 프로프(V. Propp)와 프랑스 인류학자 레비스트로스(C. Lévi-Strauss)가 주된 자양분을 제공하였다. 대표적인 학자는 노비크(Novik)[51]이며, 그는 의례와 신화의 상관관계에 대해 비교학적으로 연구하였다. 구조주의적 접근의 특징은 역사에 대한 배려가 없다는 점인데, 노비크의 연구도 역사보다는 내적 구조에 좀 더 큰 관심을 표명한다. 유물론적 연구가 아닌 소련 샤머니즘 연구가 출현했다는 것은 소련 공산당의 학계 통제가 느슨해졌다는 점을 반영한다고 할 수 있다. 구조주의적 입장에서 시베리아 샤머니즘을 연구한 학자에 프랑스의 아마용(Hamayon)[52]도 속한다. 그의 경우 샤머니즘을 자연과 인간의 교환관계를 중재하는 것으로 파악하는데, 샤머니즘의 기본 구조가 사회 형태의 변화

50 L. Vajda, "Zur phaseologischen Stellung des Schamanismus", C.A. Schmitz (ed.), *Religionosethnologie*, Frankfurt a. M., 1964.

51 E. Novik, *Obryad I fol'klor v Sibirskom shamanizme: Opyt sopostavleniya struktur*, Moskva, 1984.

52 R. Hamayon, "Shamanism in Siberia", Nicholas Thomas & Caroline Humphrey (eds.), *Shamanism, History, & The State*, Michigan, 1996.

와 맺는 관계에 대해 연구한 바가 있다.

20년대 후반에 들어서서도 시베리아 샤머니즘은 현지조사를 방법론으로 하는 서구 인류학계에서 크게 관심을 갖지 않았다. 관심을 가지는 학자들도 러시아어 자료에만 의존해서 논의를 진행하는 수준이었다. 영국의 사회인류학자로 시베리아와 몽골 등의 샤머니즘에 대한 연구 업적을 펴낸 험프리는 부랴트에 대한 현지조사를 통해 사회주의 체계 속에서의 샤머니즘의 기능과 의미에 대해 천착하였다.[53] 하지만 험프리도 샤머니즘 그 자체를 연구 대상으로 하기보다는 부랴트 사회 속에서의 샤머니즘에 대해 관심을 가졌다. 그의 연구가 샤머니즘 이론 차원에서 특별한 기여를 한 것은 없지만, 시베리아 샤머니즘이 사회주의 속에서 어떤 형태로 존재하며, 원주민들에게 어떤 의미를 지니고 있는가를 맥락 속에서 설명한 것에 큰 의의가 있다. 즉 현지조사를 기반으로 한 시베리아 샤머니즘 연구는 1990년대가 되어야 가능했으며, 러시아 내부에서도 동일한 상황이었다. 샤먼은 이미 러시아에 공식적으로는 존재하지도 않았기 때문이다.

미국의 문화인류학자인 발저[54]는 사하-야쿠치아 샤머니즘 연구를 통해 시베리아에서 현재 나타나고 있는 샤머니즘이 정치적인 변화와 밀접하게 연관되어 있다는 사실을 보여 주고 있다. 즉, 정치적인 권력의 강화를 샤머니즘을 통해 얻으려고 하는 여러 움직임을 분석함으로써 민족주의와 샤머니즘의 연관성에 대해 분석하고 있다. 발저는 사하 샤머니즘 현상 그 자체에 대한 연구보다는 샤머니즘에 참여하는 사람들에 대한 연구를 하며, 샤머니즘을 찬성하고 옹호하는 사람들 사이에 벌어지는 갈등과 경쟁, 홍정을 상세하게 묘사한다. 발저는 이를 통해 사하 샤머니즘에 변

53 C. Humphrey, *Karl Marx Collective*, London, 1983.

54 M. Balzer, "Flights of the Sacred. Symbolism and Theory in Siberian Shamanism", *American Anthropologist* 98(2), 1996, pp. 305-318.

화가 일어나고 있으며, 이는 문화권력과의 관계 속에서 해석할 수 있다는 포스트 모더니즘적 연구 태도를 견지한다.

한국을 비롯한 동아시아에서도 시베리아 샤머니즘 연구가 활발한 편이기는 하지만, 시베리아 현지조사를 통한 본격적인 샤머니즘 연구는 강정원에 의해 시도되었다. 이전에도 최길성 등의 연구가 있었지만, 주로 몽골이나 만주의 샤머니즘 연구에 초점이 맞추어졌다. 강정원은 사하-야쿠치아 샤머니즘에 대한 연구[55]를 현지조사를 통해 수행하고 이를 논문으로 펴낸 바 있다. 그의 연구는 사하 샤머니즘의 변화를 정치경제학적 변화 속에서 해석하고자 하지만, 문화의 독자성이나 형식성은 사회적 변화에 상관없이 자율성을 가진다는 점을 이론적으로 제시한다. 즉, 구조주의적이면서 동시에 체계 변동론적 관점을 가지고 있다고 할 수 있다.

이상에서 보듯이 시베리아 샤머니즘은 체계적으로 연구된 지가 그렇게 오래 되지 않음을 알 수 있다. 체계적인 연구가 시작될 즈음에 이미 시베리아에서는 샤머니즘이 사라지기 시작했으며 우리가 알고 있는 샤머니즘에 대한 이상적 모습은 1900년대에 서구 학자들의 노력을 통해 체계화되었다.

55 강정원, 「야쿠트 샤먼과 러시아 식민지배」, 『한국사회과학』 20(3), 1998, pp. 239-263; 「야쿠트 샤마니즘과 으흐아흐 축제」, 『비교문화연구』 5, 1999, pp. 31-54; 「야쿠트 검은 샤마니즘」, 『민속학연구』 7, 2000; 「시베리아, 샤머니즘, 곰의례」, 『아시아 민속신앙의 비교 연구』, 비교민속학회 2007년도 하계학술대회 발표집, 2007; 「체제 전환과 러시아 사하-야쿠치아의 백샤머니즘」, 『비교문화연구』 15-2, 2009.

4. 맺음말

시베리아는 동토의 땅이라는 이미지가 강하지만, 한편으로는 끝없는 설원과 원시성 등의 낭만적 이미지도 가지고 있다. 시베리아의 샤머니즘은 이 두 이미지를 모두 불식시키는, 시베리아에 대한 또다른 기호라고 생각된다. 시베리아는 샤머니즘과 밀접한 연관을 가지고 있다. 시베리아에 거주한 원주민들은 어떤 형태로든 샤머니즘을 가지고 있었으며, 샤머니즘에 의존하여 시베리아의 생태에 적응하고, 역사를 만들어 왔다.

시베리아 샤먼은 전업 샤먼과 비전업 샤먼으로 나눌 수 있고, 가족 샤먼과 부족 샤먼으로도 구분할 수 있으며, 섬기는 신에 따라 백샤먼과 흑샤먼으로도 구분할 수 있다. 하지만 샤먼이 되는 과정이나 샤먼이 수행하는 의례, 샤먼이 사회에서 차지하는 기능 등에서는 시베리아 전역에서 보았을 때, 차이점보다는 공통점이 많다. 하지만 한국에서는 이러한 시베리아 샤머니즘에 대한 기초 연구가 매우 미흡한 상태이다.

시베리아 샤머니즘이 생각보다는 훨씬 다양하며, 연구도 다양한 차원에서 이루어졌음을 보았다. 여기서 다양하다는 것이 이상적 모습에 대한 연구가 불가능함을 의미하는 것이 아님은 자명하다. 결론적으로 강조하고자 하는 것은 시베리아 샤머니즘 원형에 대한 연구와 함께 동시에 맥락에 따른 연구가 수행되어야 한다는 점과 한국 무속과의 비교는 아주 조심스럽게 맥락을 고려하여 이루어져야 된다는 점이다.

원형 혹은 이상형에 대한 연구는 현재의 다양한 변화를 인식하는 기준으로 작동하며, 여러 현상을 체계화하는 데 큰 기여를 한다. 하지만 기본적으로 일정한 역사적 시기의 형태라는 점은 인정되어야 할 것이다. 이러한 구조주의적 연구와 함께 동시에 맥락에 따른 연구가 이루어져야 하는데, 이를 통해 우리는 샤머니즘을 하나의 추상적 원리가 아니라 인간의 행동을 통해 실천되는 것임을 파악할 수 있기 때문이다.

시베리아 샤머니즘은 그 자체로 많이 변화하였고, 한국 무속도 변화된 상태이기 때문에 일방적으로 한국 무속을 현재의 시베리아의 샤머니즘과 비교하거나 19세기나 그 이전의 샤머니즘과 비교하는 것은 바람직하지 않다. 원형이나 상호 영향 정도를 파악하기 위해서는 양측의 샤머니즘에서 초기 형태를 분리한 후, 이를 비교하는 것이 바람직하다.

시베리아 샤머니즘은 우선 그 내부의 관점에서 충분히 이해되고 설명되어야 하며, 현상이 가지는 맥락을 충분히 파악한 연후에 한국 샤머니즘과 비교되어야 한다. 하지만 한국 샤머니즘과 비교를 극단적으로 거부하는 연구 관점도 그렇게 바람직하지 않다. 한국 무속이 독자적으로 탄생하였든, 시베리아 샤머니즘이 이식 · 발전된 것이든, 충분히 연구되고 비교되어야만 대답할 수 있는 문제이기 때문이다.

시베리아 샤머니즘의 연구사는 세계 학계의 시베리아 인식과 맥을 같이한다. 19세기 중반까지 시베리아 샤머니즘은 여행기나 민족지의 한 부분으로만 취급되었고, 기본적으로 서구 중심적 관점에서 파악되었다. 샤머니즘은 계몽되어야 할 대상일 뿐이었다. 19세기 후반에 들어서면서 샤머니즘은 에믹 관점에서, 원주민들의 설명 속에서 이해되기 시작하였고, 20세기 들어서서야 체계적 방법론 위에서 설명되었다. 아울러 이론적 설명의 정교함이 추구되었는데, 동원된 이론은 진화론과 전파론, 종교 현상학, 문화사, 사적 유물론, 기능주의, 구조주의, 포스트 모더니즘 등 다양하다.

샤머니즘은 학자들의 연구를 통해 단순히 미신이 아니라 사회와 문화 속에서 다양한 기능을 담당하며, 사람들의 의미체계와 가치체계를 뒷받침함과 동시에 시베리아라는 독특한 자연과 사람들의 생업을 연결시키는 중요한 고리 역할을 함이 밝혀졌다. 아울러 경제와 정치 체계의 급격한 변동에도 불구하고 현재까지 지속되면서 사람들의 정체성을 고양시키는 데에도 중요한 기능을 담당하고 있음을 알게 되었다. 하지만 한국에서는 여전히 샤머니즘 연구가 학계에서 주변부적 위치를 점하고 있다.

서울 한 길 모퉁이에서도 쉽게 무당을 만날 수 있는 한국에서 세계적인 샤머니즘 연구자가 탄생하지 못하고 있는 것은 한국 아카데미즘이 가지고 있는 태생적 한계이자 존재론적 불행이라고 생각된다. 식민 문화 계몽주의에 기반을 두는 현대 한국 아카데미즘은 민중 종교인 샤머니즘에 대한 애정(?) 어린 접근, 낭만적 접근을 배척해 왔다. 대학에서 샤머니즘을 강의하고 연구하는 연구자의 수는 생각보다 적다. 이를 근본적으로 극복하여 세계 학계에서 인정받는 한국인 샤머니즘 학자를 배출하는 것은 식민주의와 근대주의, 낭만주의를 뛰어넘는 쾌거가 될 것이다.

참고문헌

강정원 (1998), 「야쿠트 샤먼과 러시아 식민지배」, 『한국사회과학』 20(3).

강정원 (1999), 「야쿠트 샤마니즘과 으흐아흐 축제」, 『비교문화연구』 5.

강정원 (2000), 「야쿠트 검은 샤마니즘」, 『민속학연구』 7.

강정원 (2007), 「시베리아, 샤머니즘, 곰의례」, 『아시아 민속신앙의 비교 연구』, 비교민속학회 2007년도 하계학술대회 발표집.

강정원 (2009), 「체제 전환과 러시아 사하-야쿠치아의 백 샤머니즘」, 『비교문화연구』 15(2).

Eliade, M. (1992), 『샤머니즘』, 까치.

이필영 (1984), 「샤먼과 무당의 호칭에 대하여」, 『한남대학교 논문집』 14, pp. 281-293.

조흥윤 (1984), 「巫(샤머니즘)연구에 대하여」, 『동방학보』 43, pp. 223-256.

Alekseev, N.A. (1990), "Shamanism among the turkic peoples", Marjorie Balzer (ed.), *Shamanism. Soviet Studies of Traditional Religion in Siberia and Central Asia*, Armonk, pp. 49-109.

Balzer, M.M. (1996), "Flights of the Sacred. Symbolism and Theory in Siberian Shamanism", *American Anthropologist* 98(2), pp. 305-318.

Balzer, M.M. (1997), *Shamanic Worlds*, Armonk: M.E. Sharpe.

Bogoraz, V.G. (1904/1909), *The Chukchee*, Leiden, New York.

Czaplicka, M.A. (1914), *Aboriginal Siberia*, Oxford: Clarendon Press.

Findeisen, H. (1957), *Shamanentum*, Stuttgart: Kohlhammer.

Fischer, J.E. (1973), *Sibirische Geschichte*, Osnabrueck: Biblio Verlag.

Gmelin, I.G. (1752), *Reise durch Sibirien von den Jahren 1733 bis 1743*, Goettingen.

Harva, U. (1938), *Die religiösen Vorstellungen der altaischen Völker*, Helsinki: Suomalainen Tiedeakatemia.

Humphrey, C. (1983), *Karl Marx Collective*, Cambridge: Cambridge University Press.

Jochelson, W. (1933), *The Yakut*, New York.

Middendorff, A. v. (1875), *Reise in den aeussersten Norden und Osten Sibiriens waehrend der Jahre*

1833 und 1844, St. Petersburg.

Nioradze, G. (1925), *Der Schamanismus bei den sibirischen Völkern*, Stuttgart.

Ohlmarks, A. (1939), *Studien zum Problem des Schamanismus*, Lund: Gleerup.

Priklonskii, V.L. (1988), "Das Schamanentum der Jakuten", *Mitteilung der Wiener Anthropologischen Gesellschaft* 18.

Schmidt, W. (1954), *Der Ursprung der Gottesidee* Bd. 11, Münster: Aschendorffsche Verlagsbuchhandlung.

Schmidt, W. (1955), *Der Ursprung der Gottesidee* Bd. 12, Münster: Aschendorffsche Verlagsbuchhandlung.

Shirokogoroff, S.M. (1935), *The Psychomental Complex of the Tungus*, London: Kegan, Paul, Trench, Trubner.

Siikala, Anna-Leena (1978), *The Rite Technique of the Siberian Shaman*, Helsinki.

Vajda, L. (1964), "Zur Phaseologischen Stellung des Schamanismus", C.A. Schmitz (ed.), *Religion-ethnologie*, Frankfurt a. M.

Znamenski, Andrei (2003), *Shamanism in Sibiria–Russian Records of Indigenous Spirituality*, Dordrecht: Kluwer.

Alekseev, N.A. (1975), *Tradichionnye religioznye verovaniia Yakutov v XIX-nachala XX v*, Novosibirsk.

Banzarov, D. (1891), *Chernaia vera, ili shamanstvo u mongolov*, St. Petersburg.

Khudiakov, I.A. (1969), *Kratkoe opisanie verkhoianskogo okruga*, Leningrad.

Ksenofontov, G.V. (1929), *Khrestes. Shamism I khristianstvo*, Irkutsk.

Kulakovskii, A.E. (1979), *Nauchnie trudy*, Yakutsk.

Maak, R. (1887), *Viliuiskii okrug yakutskoi oblasti*, St. Petersburg.

Novik, E.S. (1984), *Obriad I fol'klor v Sibirskom shamanizme*, Moskva.

Seroshevskii, W. (1896), *Jakuty*, St. Petersburg.

Shchukin, N.S. (1833), *Poezdka v Yakutsk*, St. Petersburg.

제8장

유전체 서열 변이를 이용한 동아시아 민족 간 유전적 연관성 분석 연구 현황과 과제

김종일

서울대학교 의과대학(생화학교실) 교수

주요 논저: A highly annotated whole-genome sequence of a Korean individual (Nature, 2009), Discovery of common Asian copy number variants using integrated high-resolution array CGH and massively parallel DNA sequencing (Nat. Genet., 2010), Extensive genomic and transcriptional diversity identified through massively parallel DNA and RNA sequencing of eighteen Korean individuals (Nat. Genet., 2011)

서정선

서울대학교 의과대학(생화학교실) 교수

주요 논저: 현대과학의 제문제(공저, 1991), 인간이란 무엇인가(공저, 1991), 과학과 철학 7집(공저, 1997), 단위 생식법에 의한 마우스 성체 발생(Nature, 2004), 알콜 미생물의 전장게놈분석(Nat. Biotech., 2005), 한국인 전장 게놈분석(Nature, 2009), 아시아인 게놈 공동 구조변이(Nat. Genet., 2010), 폐선암의 전사체 및 변이분석(Genome Res., 2012), 만능유도줄기세포 전장 게놈분석(Nature, 2014), DNA 메칠화에 의한 만능유도 줄기세포 역분화(Nat. Commun., 2014)

1. 들어가기

우리 민족이 언제부터 한반도에 살게 되었는지, 우리 조상들은 어떤 사람들이며 한반도에 이주하기 전에는 어디에 살았고, 언제 어떻게 한반도에 들어오게 되었는지 하는 의문은, 비전문가들도 많은 관심을 가지고 있는 분야일 것이다. 단순한 문헌적 증거 외에, 고고학적 발견이나 언어, 종교, 설화 등 대단히 다양하고 복합적인 관점에서의 접근이 필요하다는 이유 때문에 이러한 분야의 연구에 많은 어려움이 있으며, 아직도 많은 논쟁과 풀리지 않은 문제가 남아 있는 것도 그 때문일 것이다.

최근 발전한 유전체 분석 기술은 이 분야에 새로운 시각을 제시하고 있다. 각 민족들의 유전적 유사성을 놀라울 만큼 정밀한 수준에서 분석할 수 있게 되면서, 순수 생물학적 관점에서 민족의 기원과 이동, 그리고 주위 환경에 적응해 나간 과정에 대해 새로운 증거들을 제시하기 시작한 것이다. 향후 5년 이내에 유전체 분석 기술의 정밀도와 효율성이 더욱 급격하게 증가할 것으로 기대되고 있고, 그 결과를 활용한다면 우리 민족의 기원에 대해서 더욱 확실한 해답을 찾는 데 다가갈 수 있을 것이다.

그렇지만 생물학적 연구 결과는 그 자체만으로 의미를 찾기 힘든 경우가 많다. 민족이라는 개념 자체가 순수 생물학적 의미로 설명하기 힘든 부분을 많이 포함하고 있는 까닭에, 유전체 분석 결과는 고고학·역사학·인류학·언어학 등 다른 학문 분야와 연계되어 해석되어야만 그 진정한 의미를 찾을 수 있을 것이다. 그런 의미에서 이 글은 최근의 유전체 연구 결과를 생물학 비전공자에게 소개하고 학문 분야 간 교류의 장을 여는 계기를 마련하고자 한다. 이를 위하여 분자생물학 및 유전체 연구를 통해 인류 진화와 기원을 해석하는 방법론을 간단히 설명하고, 이 결과를 이용하여 한국을 포함한 동아시아 민족 간의 연관성이 어떻게 연구되고 있는가를 소개하고자 한다. 또한 현재까지의 연구가 어떠한 한계를 가지고 있으며 향후 어떤 분야의 연구가 더 이루어져야 할지에 대해서도 간략하게 덧붙이고자 한다.

2. 분자계통학과 분자인류학

현재의 생물분류학은 18세기 스웨덴의 자연과학자 카롤루스 린네(Carolus Linnaeus)에 의해 그 체계가 갖추어진 것으로, 각 생물의 해부학적 특징을 중심으로 여러 가지 요소들을 비교함으로써 서로 간의 유사성이 큰 것과 작은 것들을 구분하고 이를 체계화함으로써 종·속·과·목·강·문·계 등의 분류 체계로 계통화한다. 현재 살아 있는 생물체뿐 아니라 그 조상으로 생각되는 화석에도 이러한 방식을 적용함으로써 생물체의 진화 경로를 추정하는 것도 가능하다. 하지만 여기서의 문제점은 수많은 특징 중 어떠한 것을 이용하는가에 따라 생물체 간의 거리나 분류가 달라질 수도 있다는 것이다. 예를 들어 박쥐는 날개가 있다는 점에서, 그리고 고래는 바다에서 살고 지느러미가 있다는 점에서 사람보다는 각각 참새나 상어와 더 가깝다고 분류할 수도 있지만, 털이 있고 새끼를 낳아 젖을 먹여 키운다는 특징이 더 본질적이라고 판단하기 때문에 참새나 상어보다는 사람에 더 가깝다고 판단하는 것이다. 그런데 어떤 경우는 무엇이 더 본질적인 특징인가 하는 점에서 논란이 있을 수 있다.

20세기 중반 이후에는, 분자생물학과 유전체학의 발달에 힘입어 유전자(또는 유전자의 총체라는 의미에서 유전체)의 차이를 계통 분류 및 진화 연구에 적용하는 것이 큰 성과를 얻고 있다. 생물체의 여러 가지 특징이라고 하는 것의 상당수가 그 단백질의 차이에서 기인하고, 그 단백질의 차이는 궁극적으로 유전자의 차이에서 유래된다는 점을 감안해 볼 때, 유전자를 비교하는 것이 생물체 간의 보다 근원적인 차이점을 반영하는 의미가 있기 때문이다. 특히 여러 생물의 단백질을 구성하는 아미노산 서열이나, 이를 코딩하는 유전자 서열, 더 나아가서는 특별한 의미가 없이 존재하는(또는 아직까지 그 의미를 발견하지 못한) 소위 쓰레기 DNA(junk DNA) 서열을 비교해 볼 때, 각 생물체 간 서열의 차이 정도가 우리가 이미 잘 알고 있는 진화상 거리와 밀접한 관련을 가지고 있다는 것을 알게 됨으로써 이를 잘 모르는 생물체에도 적용할 수 있게 된 것이다. 즉 단백질 또는 DNA 서열의 차이를 측정하고, 이를 여러 생물 종들 사이의 상대적 거리를 나타내는 분자 시계(molecular clock)로 활용함으로써 기존의 방식보다 훨씬 정확하고 계량적으로 진화 과정을 추정하는 것이 가능해졌다. 이러한 방법론은 분자계통학(molecular phylogenetics)이라는 학문 분야로 체계화되었으며, 사실상 현대생물학에서 생물 분류 및 진화 연구의 가장 중요한 수단으로 활용되고 있다.

초기 분자생물학 기법은 단백질 또는 유전체의 차이를 정밀한 수준에서 측정하는 데 한계가 있었기 때문에 주로 진화 계통상 어느 정도 거리가 있는 생물 종들 사이에 적용하는 것이 일반적이었다. 하지만 그 기술이 발달하면서 복잡하고 논란이 많은 인류 진화 연구에도 적용되기 시작하였다. 분자생물학이 본격적으로 인류 진화 연구에 적용되기 시작한 것은 1967년으로 거슬러 올라간다. 버클리에 있는 캘리포니아 주립대학(University of California at Berkeley)의 빈센트 사리히(Vincent Sarich)는 사람과 침팬지 사이에서 혈액 단백질의 차이를 측정하고, 이를 다른 종들과 비교함으로써 사람과 침팬지가 공통 조상에서 갈라져 나온 것이 500-700만 년 전이라는 결과를 얻었다. 이는 그 당시 고생물학자들이 추정하고 있던 것에 비해 터무니없이 작은 수치였고 당연히 많은 반발을 샀다. 가장 중요한 근거는, 약 2,500만 년 전의 것이라고 추정한 고대 유인원 화석이었다. 라마피테쿠스라고 명명된 이 화석은, 어금니나 골격의 모양으로 볼 때 호미니드와 아프리카 원숭이가 갈라진 이후에 나타난 인류의 먼 선조로 생각되는 것이었다. 따라서 사람과 아프리카 원숭이가 갈라진 시기는 2,500만 년 이전이라는 것이 그때까지의 정설이었던 것이다. 그렇지만 시간이 지나면서 점차 새로운 화석 자료들이 나타나게 되었다. 그 결과 라마피테쿠스와 사람의 유사점이 너무 과대 포장되었다는 것이 밝혀지게 되었고, 이들이 아프리카 원숭이가 아닌 오랑우탄의 선조인 시바피테쿠스에 속한다는 것을 알게 되었다. 더군다나 어떤 시바피테쿠스 화석은 불과 600만 년 전 지층에서 발견되기도 하였다. 따라서 지금은 대부분의 고생물학자들이 사람과 아프리카 원숭이가 600만 년 전에 갈라졌다는 사리히의 견해에 동의하게 되었다. 다만 어떤 고생물학자들은 아직도 사리히가 우연히 맞았을 뿐이지, 정답은 유전자가 아닌 화석에 있다는 견해를 고수하고 있다. 아무튼 이러한 과정을 통해 분자유전학적인 분석이 적어도 화석 연구 못지않은 정확성과 신뢰성을 가지고 있다는 견해가 힘을 얻으면서, 이 분야가 분자인류학(molecular anthropology)이라는 독창적인 영역으로 자리 잡게 되었던 것이다.

초창기 분자계통학이나 분자인류학에 사용된 실험 기법은 주로 단백질의 차이를 이용하는 것이었다. 하지만 이러한 분석을 동일한 종, 특히 현생 인류에 적용할 수는 없었다. 현생 인류가 공통의 조상에서 갈라져 나온 것이 진화적으로는 너무나 가까운 시간이고, 현생 인류의 대부분이 거의 동일한 단백질을 가지고 있기 때문에 그 차이를 밝힌다는 것이 의미없는 일이었기 때문이다. 하지만 1970년대에 DNA 염기 서열 분석 기술이 개발되고, 미토콘드리아라는 독특한 세포 내 구조물을 이용하면서 그 상황이 바뀌게 되었고, 1987년 레베카 칸(Rebecca Cann), 마크 스톤킹(Mark Stoneking), 앨런 윌슨(Allan Wilson)의 공동 연구 논문인 「미토콘드리아 DNA와 인류의 진화(Mitochondrial DNA and human evolution)」가 『네이처』지에 발표되는 계기가 되었다.

미토콘드리아는 모든 세포에 존재하는 아주 작은 구조물이다. 이것들은 염색체를 품고 있는 핵 안에 있지 않고, 그 바깥의 세포질이라는 곳에 자리 잡고 있다. 그리고 세포가 산소를 사용하여 에너지를 만드는 것을 돕는다. 세포의 활동력이 왕성할수록 더 많은 에너지가 필요하고, 따라서 더 많은 미토콘드리아를 품고 있다. 근육이나 뇌와 같이 매우 활동적인 조직의 세포들은 각기 1천 개의 미토콘드리아를 품기도 한다.

각 미토콘드리아는 막으로 둘러싸여 있고, 그 안에는 유기호흡 대사의 마지막 단계에 필요한 모든 효소들이 정교한 구조로 배열되어 있다. 여기가 바로 세포 내 산소의 바다에서 우리가 음식물로 섭취한 연료가 타는 부분이다. 비록 불꽃도 없고 모든 산소는 용해되어 있지만 그것은 가스불이나 자동차 엔진에서 일어나는 연소와 다름없다. 미토콘드리아에서 연료가 산소와 결합하여 연소될 때 빛은 발생하지 않지만 열이 발생하여 미토콘드리아 자체가 데워지는데, 이 열이 우리의 체온을 유지하는 데 일부 역할을 한다. 그러나 주요 산물은 ATP라고 하는 고에너지 분자로서 심장근육의 수축에서부터 신경세포의 작용에 이르기까지 사실상 몸에서 일어나는 모든 일에 사용되는 에너지원이 된다.

미토콘드리아의 아주 독특한 점은 내부에 16,500개 정도의 염기로 구성된 작은 DNA 조각을 가지고 있다는 것이다. 이것은 핵의 염색체들 안에 있는 총 30억 개의 염기에 비한다면 대단히 짧은 것이다. 하지만 이것도 엄연한 DNA이다. 마치 독립적인 생명체처럼 그 속에 여러 가지 유전자를 가지고 있는 것이다.

미토콘드리아 DNA는 그 밖의 여러 가지 점에서도 사람의 보통 DNA와는 다른 특징을 가지고 있다. 우선 한 예를 들자면 이 DNA의 이중나선은 고리 모양이다. 박테리아와 그 밖의 일부 다른 미생물들은 고리 모양의 염색체를 가지고 있지만, 사람을 포함한 복잡한 다세포 동물은 그렇지 않다. 그 다음 놀랄 일은 미토콘드리아 DNA의 유전부호가 핵의 염색체에서 사용되는 것과 약간 다르다는 사실이다. 미토콘드리아의 유전자들은 자신이 필요로 하는 단백질을 만들기 위한 독립적인 유전부호를 품고 있는 것이다. 사실 미토콘드리아는 여러 가지 면에서 박테리아를 닮아 있다. 마치 한 개의 박테리아가 두 개로 갈라져서 분열해 나가듯이 세포 속에서 미토콘드리아는 박테리아처럼 분열한다. 한 개의 세포가 두 개의 세포로 분열할 때, 그 속의 수많은 미토콘드리아들은 박테리아처럼 분열해서 각각 절반씩 새로운 세포 속으로 들어가 나뉘는 것이다. 하지만 이들을 독립적인 생명체로 볼 수는 없다. 미토콘드리아의 단백질들 중 대부분은 그 유전자가 세포핵의 염색체 속에 들어 있다. 즉, 미토콘드리아 바깥쪽에서 만들어져서 미토콘드리아 내부로 전달되는 것이다.

어떻게 이런 일이 일어나게 되었는가? 이에 대한 오늘날의 설명은 놀랍기 그지없다. 원래 독립적인 생활을 하는 원시 박테리아였던 미토콘드리아가 수억 년 전 더 진보된 세포 속으로 들어와 그대로 머물렀다고 한다. 놈들을 기생자라고 할 수도 있고, 세포와 서로 돕는 공생적인 존재라고 할 수도 있다. 세포는 미토콘드리아를 받아들여서 산소를 사용할 수 있게 됨으로써 크게 도약할 수 있었다. 산소를 사용하면 그렇지 않을 때에 비해 같은 양의 연료로부터 훨씬 더 많은 고에너지 ATP를 만들어 낼 수 있다. 미토콘드리아의 입장에서도 세포 안에서의 생활이 바깥보다 분명히 더 편했을 것이다. 아주 천천히, 수백만 년에 걸쳐서 미토콘드리아의 일부 유전자들은 핵으로 옮겨 가 그곳에 머물게 되었을 것이다. 이것은 이제 미토콘드리아가 세포 안에 갇혀 바깥으로 나가고 싶어도 돌아갈 수 없다는 것을 의미한다. 요컨대 유전적으로 부속기관화된 것이다.

이 미토콘드리아 DNA는 인류 진화 연구에도 결정적인 기여를 하고 있다. 왜 미토콘드리아 DNA가 중요한가? 첫 번째로 미토콘드리아 DNA는 얻어 내기가 쉽다. 하나의 세포핵 속에는 달랑 한 쌍의 DNA가 들어 있을 뿐이지만(그 대신 하나의 DNA가 엄청난 길이를 가지고 있다) 세포질 속에는 많으면 1,000개까지의 미토콘드리아가 있다. 따라서 적은 샘플로도 충분한 양을 얻어 낼 수 있는 것이다. 사실 DNA를 이용한 인류 진화 연구가 현재 살아 있는 사람만을 대상으로 하는 것은 아니다. 쉽지는 않지만 이미 죽은 사람의 시체나 유골 속에서 DNA를 얻어 내는 것이 가능하다. 아마도 법의학 드라마나 뉴스에서 죽은 사람의 DNA를 이용하여 신원을 밝혀내거나, 옛날에 죽은 사람의 진짜 후손이 누구인가를 밝히는 이야기를 들어 본 적이 있을 것이다. DNA라고 하는 물질은 의외로 튼튼한 편이어서 잘 건조된 곳에서는 오랜 기간 보존할 수 있다. 그래서 심지어는 아주 오래된, 즉 네안데르탈인 유골 같은 곳에서도 DNA를 얻어 내는 것이 가능한 것이다. 하지만 이렇게 오래된 유골로부터 완전한 DNA 조각을 얻어 내는 것은 극히 힘들다. 부서지고 남은 DNA의 아주 일부 조각들을 얻어 내고 그것들을 잘 연결시키면 꽤 많은 정보를 얻어 낼 수도 있다는 정도이다. 이런 상황에서 미토콘드리아 DNA는 아주 유용한 쓰임새를 가지고 있다. 한 세포 속에 몇 백에서 몇 천 배 이상 많이 존재할 뿐 아니라, 그 길이가 짧기 때문에, 그 원형을 복원할 가능성이 훨씬 높은 것이다.

미토콘드리아의 특이한 점은 또 있다. 양쪽 부모로부터 유전되는 핵염색체의 DNA와는 달리 누구나 다 어머니로부터만 미토콘드리아를 받게 된다. 우리의 세포 속에는 46개의 염색체가 들어 있다. 성염색체를 제외한 22종의 염색체가 한 쌍씩 들어 있고, 남자의 경우는 X와 Y, 여자의 경우는 한 쌍의 X를 더 가지고 있어서 모두 46개가 되는 것이다. 사람이 후손을 생산하기 위해 생식세포, 즉 정자 또는 난자를 만들게 되면 정확히 절반, 즉 22개의 일반 염색체와 한 개의 성염색체가 그 속으로 들어간다. 그래서 그 정자와 난자가 만나서 수정란을 만들면 다시 46개의 염색체를 가지게 되는 것이다. 그런데 미토콘드리아의 전달 방식은 이와 다르다. 사람 난자세포의 세포질에는 약 25만 개의 미토콘드리아가 들어차 있다. 이에 비해 정자는 자궁 속을 유영하여 난자에 도달하기에 겨우 충분한 양만큼의 에너지를 제공할 (난자에 비해) 아주 소수의 미토콘드리아만 가지고 있다. 성공적으로 난자에 도달한 정자가 난자 속으로 들어가 핵염색체를 전해 주면 정자의 미토콘드리아는 더 이상 쓸모가 없어져 꼬리와 함께 버려진다. 오직 정자의 머리 부분만 핵의 DNA와 함께 난자로 들어가게 된다. 수정된 난자는 이제 양쪽 부모의 DNA를 가지지만 미토콘드리아는 처음부터 난자의 세포질에 있던 것으로 모두 어머니로부터 온 것들이다. 바로 이러한 간단한 이유 때문에 미토콘드리아의 DNA는 항상 모계로만 유전된다. 수정란은 계속 분열하여 처음에는 배아가 되고 곧 태아가 되어 신생아로 태어나며 결국 성인이 된다. 이 전 과정에서 어머니의 난자 속에 있던 원래의 미토콘드리아가 복제된다. 비록 남자와 여자 모두 자신의 모든 세포 속에 미토콘드리아를 가지고 있지만, 단지 여자만이 난자를 생산하기 때문에 자손에게 자신의 미토콘드리아를 물려줄 수 있다. 아버지는 다음 세대에게 핵의 DNA는 물려주지만 자신의 미토콘드리아 DNA는 대물림할 수가 없다.

이러한 특징이 진화 연구에 어떠한 영향을 미칠 것인지 생각해 보자. 앞에서 설명했듯이 우리 몸의 세포핵 속에 들어 있는 DNA는 정확히 아버지와 어머니로부터 반반씩 받은 것이다. 우리가 흔히 피가 섞였다는 표현으로 유전을 설명하는데, 그 표현을 빌리자면 아버지와 어머니의 피가 반반씩 섞여 있는 것이다. 그런데 한 세대를 더 거슬러 올라가면, 아버지의 DNA는 다시 할아버지와 할머니로부터 절반씩 받은 것이다. 따라서 확률적으로 내 DNA의 4분의 1은 할아버지, 그리고 4분의 1은 할머니에게서 온 것이다. 마찬가지로 또 다른 4분의 1은 외할아버지, 그리고 나머지 4분의 1은 외할머니로부터 온 것이다. 즉, 지금부터 두 세대 전에 사셨던 네 분의 선조가 각각 유전자를 4분의 1씩 투자해서 나를 만든 셈이 되는 것이다. 이것을 더 거슬러 올라가면 어떻게 될까? 3세대를 거슬러 올라가면 8명, 10세대를 거슬러 올라가면 1,024명, 100세대를 거슬러 올라가면 약 100만 명의 조상을 가지게 되는 셈이다. 한 세대를 25년으로 잡으면 2,500년 전, 그러니까 삼한 시대 근처가 될지 모르는데 그때 살았던 100만 명이 내 조상인 것이다. 거꾸로 이야기하면 그때 살았던 내 조상 한 분과 나는, 현재 내 유전자의 100만분의 1만을 공유하게 되는 것이다(물론 이러한 계산에는 지나친 단순화 과정이 포함되어 있지만, 전체적인 맥락의 이해를 위해 무시하도록 하자). 이러한 점은 진화 연구에 때때로 당혹감을 일으키게 한다. 하지만 미토콘드리아의 경우는 다르다. 오직 어머니에게서 자손에게로 일대일 전달이 되는 것이다. 나의 DNA는 어머니에게서, 그것은 또 외할머니에게서, 그렇게 거슬러 올라가면 2,500년 전에도 그때 사셨던 한 분의 여성이 바로 내 미토콘드리아 DNA의 근원이 되는 것이다.

인류 진화 연구에서 미토콘드리아 DNA가 가지는 또 다른 장점은 그 돌연변이 방식에 있다. 미토콘드리아와 핵 모두에서 세포분열에 동반되는 복제과정의 단순한 실수로 DNA에 저절로 변화가 생길 수 있다. 세포들은 대부분의 실수를 교정하는 에러 검정 시스템을 가지고 있지만, 극소수의 에러는 이러한 감시체계를 벗어나 교정되지 않은 채 그냥 전해지기도 한다. 생식에 직접 관계하지 않는 세포들, 즉 체세포에 생긴 돌연변이는 그 자체로는 심각한 영향을 미칠지 몰라도 다음 세대에는 영향을 주지 않는다. 하지만 만일 이러한 돌연변이가 난자나 정자를 만드는 생식세포에서 일어나게 되면 다음 세대로까지 전해질 수도 있는 것이나. 핵의 DNA에 돌연변이가 생기는 비율은 극히 낮아서 세포분열 때마다 대략 10억 염기당 1개 정도이다. 반면에 미토콘드리아의 경우는 에러 검정 시스템이 그

만큼 철저하지 못해서 돌연변이가 약 20배 정도 더 많이 일어난다. 이것은 동일한 길이의 DNA로 비교할 때 핵의 DNA보다 미토콘드리아 DNA에 훨씬 더 많은 변화가 생긴다는 것을 뜻한다. 다시 말해 DNA를 통해 시간의 경과를 측정할 수 있는 '분자 시계'가 핵보다 미토콘드리아에서 훨씬 더 빨리 움직인다는 것이다. 이 때문에 미토콘드리아는 인간의 진화를 조사하는 데 있어서 더 매력적인 도구가 된다. 수천 년에서 수만 년 정도의 시간은 인류 역사에 있어서는 장구한 시간일지 모르지만, 진화를 연구하는 생물학자의 입장에서는 그야말로 순식간에 불과한 시간이다. 그 정도의 짧은 시간을 대상으로 별로 변하지도 않은 DNA의 변화를 연구한다는 것 자체가 극히 힘든 일이다. 하지만 미토콘드리아 DNA의 경우는 그 정도의 시간 속에서도 의미 있는 연구 결과를 나타낼 수 있을 만큼의 변화를 보인다는 점 때문에 매력적인 대상이 되는 것이다.

어떤 두 형제 간의 미토콘드리아 DNA를 비교해 본다면 어떤 결과가 나올까? 어머니로부터 두 형제 중 한 명에게로 미토콘드리아가 전해지는 그 과정에 돌연변이가 일어날 극히 낮은 가능성을 배제한다면 아마도 똑같은(설사 돌연변이가 있다 하더라도 극히 드문) DNA를 가지고 있을 것이다. 이것을 이종사촌 간에 적용시켜 본다면? 공통의 외할머니를 가지고 있으니 역시 같은 DNA를 가지고 있을 가능성이 높다. 하지만 5세대 전의 공통 외할머니를 가진 친척 간에는 어떨까? 어쩌면 몇 개의 돌연변이가 발견될지도 모를 것이다. 더 확대시켜 100세대 전이라면? 공통의 외할머니로부터 떨어진 기간이 길면 길수록 서로 간의 미토콘드리아 DNA가 돌연변이에 의해 달라질 확률이 높을 것이다. 반대로, 어떤 집단에서 임의의 두 사람을 골라 서로의 미토콘드리아 DNA를 비교했을 때, 그것이 비슷할수록 두 사람의 공통 조상은 가깝고, 다를수록 공통 조상이 멀 것이라고 쉽게 추정할 수 있다. 또 그 다른 정도를 가지고, 공통 조상이 몇 세대 전쯤일 것인지 추정하는 것도 가능하다.

이것이 1987년에 레베카 칸 등이 한 작업이다. 이들은 전 세계 사람들 가운데 147명을 다섯 개 표본 집단으로 추출하고, 미토콘드리아 DNA를 관찰한 다음, 이를 토대로 인류의 공통 모계 조상을 확인하려고 시도했다. 이들이 선택한 다섯 개 집단은 사하라 남부 아프리카 출신, 코카서스인(유럽, 북아프리카, 중앙아시아를 포함), 동아시아인, 오스트레일리아 원주민, 뉴기니 원주민 들이었다. 이들 가운데 일부는 동일한 미토콘드리아 DNA를 가지고 있어서 서로 다른 미토콘드리아 DNA를 가진 사람의 수는 133명으로 줄었다. 이 분석의 목적은 주어진 미토콘드리아 DNA가 서로 얼마나 다른가를 결정하고, 이 결과를 이용해 DNA 배열 속에서 연관성의 정도를 표시하는 '수형도'를 그리고, 마지막으로 이들의 가장 최근 공통 조상을 확인하는 것이었다.

원래의 도표가 너무 복잡하여, 이를 16명만으로 재구성하여 보인 것이 〈그림 8-1〉이다. 이 그림에 따르면 인류의 조상은 약 15만 년 전에 살았던 사람이고, 아프리카인들이 우선적으로 갈라져 나온 것이 눈에 띈다. 이들은 또한 미토콘드리아 DNA 배열 내에서 흥미로운 사실을 발견했다. 이들은 관찰 대상인 미토콘드리아 배열을 두 개의 집단으로 나누어 비교·분석 작업을 따로 진행하였는데, 하나는 아프리카 조상에서 비롯된 배열들로만 묶고, 다른 하나는 다섯 개 지역 전체의 조상에서 비롯된 배열을 한데 모아서 묶었다. 두 집단이 모두 아프리카 조상으로 거슬러 올라간 것이다. 또한 이들은, 유전자 분포의 지리적 차이에 관해서도 흥미로운 발견을 했다. 최근의 아프리카인 공통 조상을 가지고 있는 사람이 그렇지 않은 사람들보다 미토콘드리아 DNA 배열이 더 다양하다는 사실을 확인한 것이다. 이 결과를 토대로, 칸과 동료들은 인류의 공통 조상이 아프리카 출신이라고 추론했다.

미토콘드리아 DNA 계통도는 처음으로 현대 인류 기원 문제에 대한 객관적인 시간 측정을 가능하게 만들었고, 모든 현대인의 미토콘드리아

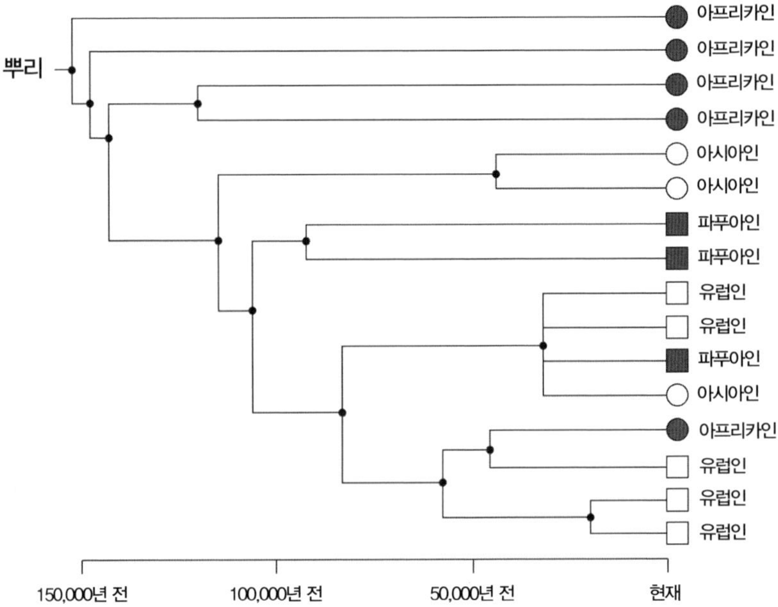

〈그림 8–1〉 16명의 현대인으로 재구성한 미토콘드리아 DNA의 계통도

공통 조상이 약 15만 년 전에 살았다는 것을 분명하게 보여 준 것이다. 또한 이는 인류 진화의 대표적 논쟁 중 하나인 아프리카인 대체설과 다지역 기원설 중 아프리카인 대체설을 확실하게 지지하는 증거 중 하나로 자리 잡게 되었다. 만일 모든 현대인들이 불과 15만 년 전의 공통조상으로 연결되어 있다면, 그들이 적어도 100만 년 전에 이미 세계의 서로 다른 지역에 정착해 살았던 호모 에렉투스의 집단으로부터 진화했을 리는 없기 때문이다.

단 한 명의 공통 모계 조상이 15만 년 전에 아프리카에 살았다는 상상은 성서적인 환상을 이끌어 내었고, 가장 대표적인 이미지가 창세기에 나오는 이브였던지라 그 모계조상은 '아프리카 이브'니 '미토콘드리아 이브'니 하는 별칭으로도 불렸다. 칸과 동료들의 공동 논문이 실린 『네이처』지의 같은 호 뉴스 기사 역시 "에덴동산 바깥으로"라는 제목으로 아프리카를 에덴동산으로 상징해서 아프리카인 대체설을 설명했다. 이런 식으로 강조하다 보면 자칫 오해가 생길 수 있다. 왜냐하면 특정한 시기에 아프리카에 존재했던 아담과 이브 단 한 쌍이 최초의 인간이었다는 상상을 불러일으키기 때문이다. 실제로 미토콘드리아 DNA 분석을 통해 동일한 미토콘드리아 조상의 시기와 장소를 확인했지만, 그 조상은 당시 살고 있었을 여러 명 중의 하나일 뿐이다. 유전자 변이 정도와 개체군 크기의 상관관계에 근거해서 추정하면, 그 시기에는 최소한 수만 명 이상의 조상이 함께 살았던 것 같다. 다만 그중의 한 명이 현대까지 미토콘드리아 DNA를 물려주는 데 성공했을 뿐인 것이다.

비록 진짜 '이브'는 아니라 하더라도, '미토콘드리아 이브'는 현대인의 DNA 분석으로 조상을 찾아 나가는 것이 가능하다는 것을 보여 준 예로서 널리 알려지게 되었고, 많은 연구자들이 후속 연구에 나서게 하는 계기가 되었다. 칸 등은 더 많은 사람을 대상으로 연구를 확장하였다. 〈그림 8-2〉에 나타낸 것이 그 한 예로서, 인류의 조상이 아프리카에서 비롯되었을 뿐 아니라, 어떤 시기에 대략 몇 명의 사람들이 아프리카를 빠져나와 어디로 이동했는가 하는 것까지도 추정할 수 있다는 것을 보여 주고 있다.

한편 미토콘드리아 DNA가 아닌 Y염색체를 사용하는 연구도 시작되었다. 미토콘드리아가 딸에게만 유전되는 것이라면, Y염색체는 남자에게서 아들로만 전달되는 것이다. 미토콘드리아가 가지고 있는 몇 가지 장점(양이 많다거나, 길이가 짧다거나, 돌연변이 확률이 높다거나 하는 등)은 없지만, 이것 또한 단일하게 유전된다는 측면에서 연구할 가치가 있는 것이다. Y염색체 전체를 분석하는 것은 대단히 어려운 작업이지만, Y염색체 위에 존재하는 짧은 반복 서열(short tandem repeat)의 반복 횟수를 측정하는 방법이 개발됨으로써 그 비교가 가능하게 되었다. Y염색체의 반복 서열

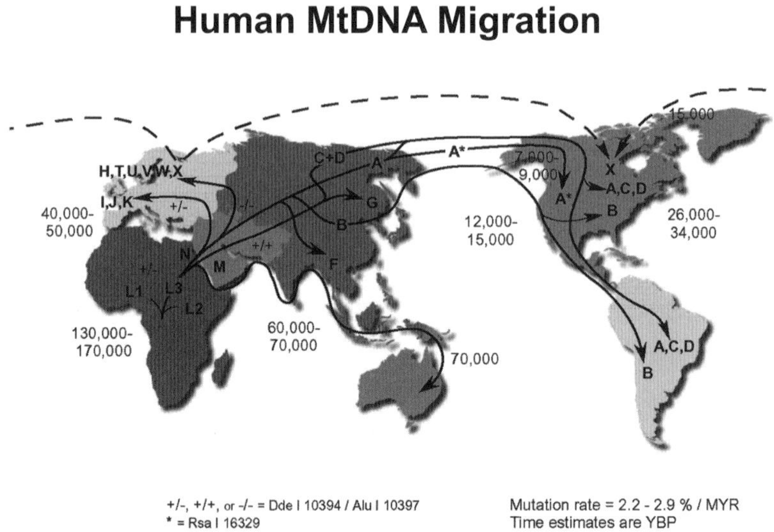

〈그림 8-2〉 미토콘드리아 DNA 패턴을 이용한 인류의 이동 경로 재구성

을 비교하여 인류의 기원을 살펴본 결과 역시 공통의 조상(일종의 '아담')이 아프리카에 살았을 가능성이 높다는 것을 보여 주고 있다(그림 8-2 참조). 하지만 몇 가지 세부적인 면에서는 미토콘드리아 DNA 연구 결과와 다른 점을 나타내고 있는데, 이것이 단순한 오차인지, 아니면 남성과 여성의 이주 역사에 차이가 있다는 것을 의미하는지에 대해서는 더욱 깊은 연구가 필요할 것이다.

지금까지 언급한 결과만 본다면 아프리카인 대체설이야말로 절대 진리이고 다지역 기원설은 더 이상 학계에 발을 못 붙이고 있을 것으로 보일지 모른다. 그러나 사실은 아직까지 많은 논쟁이 있는 상태이고, 어떤 연구자들은 다지역 기원설로도 현재까지의 데이터 대부분이 설명된다는 주장을 굽히지 않고 있다. 그들의 주장을 단순한 고집만으로 볼 수 없을 만큼 여러 가지 과학적 논거들이 제공되고 있는 것도 사실이고, 초창기 DNA 분석 방법에 많은 약점이 있는 것 또한 사실이다.

그렇지만 최근 유전체 분석 기술의 발전은 더욱 자세하고 확실한 인류 진화의 증거들을 제시하고 있다. 미토콘드리아나 Y염색체뿐만 아니라 전체 염색체에 대해 매우 정밀한 지도를 그리는 것이 가능해졌고, 네안데르탈인 등 고대 인류의 인골에서 직접 DNA를 추출하여 그 서열을 분석한 결과도 발표된 바 있다. 현재까지 조사되어 발표된 대부분의 결과는 인류가 비교적 가까운 시기(약 20만 년 전)에 아프리카에 존재한 공통 조상으로부터 유래되었고, 특히 수만 년 전에 그중 일부가 아프리카를 벗어나 현재 대부분의 유라시아인 및 일부 아프리카인의 조상이 되었다는 사실을 지지하고 있다. 하지만 최근에는 그 당시에 존재했던 네안데르탈인과 혼혈이 일어나 적어도 우리 DNA 일부는 네안데르탈인으로부터 유래되었다는 증거도 나타나고 있어, 더욱 자세한 연구가 필요하다.

3. 동아시아 민족의 유전적 연관성에 대한 연구

유전체 분석 기술의 발전에 힘입어 더욱 정밀한 지도를 제작할 수 있게 되면서, 많은 연구자들의 관심은, 더욱 세밀한 인류 진화 및 이동의 역사를 알아낼 수 있는가 하는 주제로 옮겨지게 되었다. 대표적인 예가 옥스퍼드 대학의 브라이언 사이키스(Bryan Sykes) 박사이다. 그는 유럽의 신석기 문명이 중동으로부터 전해질 때 유럽인의 조상도 같이 이주해 왔는지, 아니면 그전부터 이미 유럽지역에 거주하고 있으면서 신석기 문명만 받아들였는지에 대한 오랜 논쟁에 대해, 유럽인들의 미토콘드리아 DNA 패턴을 분석함으로써 유럽인들 대부분이 7명의 다른 여성 조상으로부터 유래되었으며 그중 한 명만 신석기 문명과 함께 중동으로부터 이주하였고, 나머지는 모두 그 이전부터 유럽 대륙에 살고 있었음을 역설한 바 있다.

〈그림 8-3〉 53개 종족의 전체 미토콘드리아 DNA 서열을 이용한 계통 분석

이렇듯 현재 각 지역에 흩어져 살고 있는 각 민족들이 유전적으로 어떠한 유사성을 가지고 얼마나 서로 다른가를 밝히는 것은, 그 민족의 역사와 이동 경로를 추정하는 데 중요한 근거를 제시할 수 있다는 점에서 매력적인 연구 주제라고 할 수 있다. 다만 아직까지도 대규모의 정밀 유전체 지도를 제작하는 데에는 많은 비용과 시간이 필요하기 때문에, 연구 대상이 많을 때에는 유전체 지도의 정밀성이 부족하고, 아주 정밀한 유전체 지도를 제작한 연구에 대해서는 대상 인구 집단의 수가 제한된다는 한계를 가지고 있다.

대표적인 예 중 하나가 2000년에 잉그만(Ingman) 등이 『네이처』지에 발표한 논문이다(그림 8-3). 이 논문은 그 동안 이루어진 미토콘드리아 연구의 결정판으로서, 제한효소 잘림 특성이나 부분 서열 등 제한된 방법론이 아니라 전체 미토콘드리아 서열을 분석하여 각 민족 간의 특성을 비교한 최초의 논문이다. 이 연구 결과 역시 인류의 아프리카 기원설과 유라시아 민족이 비교적 단일한 조상에서 유래되었을 가능성이 높음을 제시하고 있다. 하지만 이 연구 결과는 각 민족별로 1-2명만을 연구 대상으로 삼았다는 한계를 가지고 있으며, 그 때문에 〈그림 8-3〉에서 볼 수 있듯이 한국인(18번)이 일본인(31, 32번)과는 많이 다르고 프랑스(15번), 영국(16번), 사모아(17번)인과 가깝다는 식으로 해석될 여지를 남기고 있다.

또한 비교적 많은 인원을 대상으로 상세하게 이루어진 현재까지의 연구는 대부분 유럽인들을 대상으로 하고 있고, 아시아인을 대상으로 한 연구는 상대적으로 미미한 편이며, 그나마 대부분의 아시아인 연구가 중국 내 소수 민족을 대상으로 하고 있다는 한계를 가지고 있다.

4. 서울대학교 유전체의학연구소(GMI-SNU) 연구 자료 소개

서울대학교 유전체의학연구소에서는 최신 장비를 사용하여 유전체 분석 작업을 해 왔다. 그 일부를 간략히 소개하면 다음과 같다.

2009년에 『네이처』지에 실린 한국인 게놈 분석 논문이 있는데 이는 최초로 한국인 18명의 게놈에 존재하는 DNA 변이를 보고한 것으로 단일 민족을 대상으로 한 개인 유전체 분석으로는 세계 최대 규모이며 이 연구를 통해 한국인에 공통으로 3퍼센트 이상 존재하는 유전체 변이를 발견하는 쾌거를 이루었다.

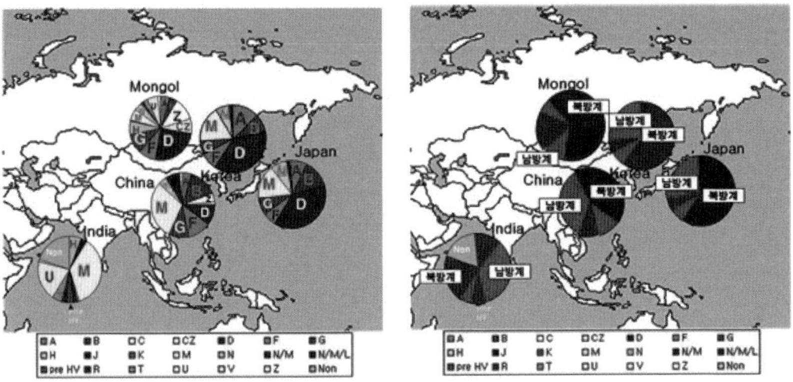

〈그림 8-4〉 동아시아 민족의 미토콘드리아 유전체 서열 비교

그 후속적 연구 성과로는 아시아인의 맞춤의학 유전 지도를 세계 최초로 완성하였는데 이 내용은 세계적 과학 잡지인 『네이처 제네틱스(*Nature Genetics*)』 온라인 판에 게재되었다. 이 논문에서 한국인, 중국인, 일본인 각 10명을 대상으로 하여 "아시아인 초고해상도 유전자 복제개수 변이 지도"를 완성한 것이다. 이 연구를 통해 유전자 복제개수 변이와 질병의 연관성을 본격적으로 연구할 수 있는 기반을 마련했다는 점에서 큰 의미가 있다.

한편, 후속 연구에서 한국인, 중국인, 일본인에 몽골인과 인도인을 추가하여 미토콘드리아 유전체 서열을 분석 · 비교하였는데, 놀랍게도 한국인은 남방계와 북방계 기원 미토콘드리아 DNA가 혼재함을 시사하는 결과가 나온 바 있었다. 이러한 사실은 앞으로의 새로운 연구를 촉발하는 계기가 될 것이다.

5. 맺음말: 향후 연구 과제 및 결론

이 장에서는 유전자 서열 비교 연구가 민족 간의 연관성 및 이동 경로 연구에 어떻게 활용되어 왔는가를 고찰하고, 최근에 활발하게 이루어지고 있는 고해상도 유전체 연구 결과를 어떻게 이 분야의 연구에 활용할 수 있는가를 논하고자 하였다. 특히 최근에 서울대학교 의과대학 유전체의학연구소에서 확보한 한국인, 중국인, 일본인, 몽골인 유전자 분석 결과를 보여서 민족의 연관성에 대한 새로운 관점을 제시하였다.

민족마다 대대로 살아온 환경에 따라서 이에 적응하기 위한 고유한 유전자 변이를 가지고 있으며 이러한 유전자 정보에 대한 정확한 지식을 가지고 일차적으로는 민족별 질병 유전자를 연구할 수 있으며 이러한 연구의 부차적 산물로 민족 간의 연관성도 파악할 수 있는 것이다.

다만 한 가지 강조하고 싶은 것은 이러한 연구 성과가 각 민족의 역사적 관련성을 직접 보여 주는 것으로 해석해서는 안 된다는 점이다. 이 분야의 연구가 현대 과학의 최첨단 연구 분야인 만큼 데이터가 안정적으로 구축되고 많은 자료가 쌓이게 되면 지금까지 몰랐던 사실을 알 수 있게 해 줄 것이라는 점에서 기대할 만한 것이다.

참고문헌

릴리스포드, 존 , 이경식 옮김 (2003), 유전자인류학』, Human & Books.

사이키스, 브라이언, 전성수 옮김 (2001), 『이브의 일곱 딸들』, 도서출판 뜨님.

Cann, Rebecca L. and Allan C. Wilson (1992), "The recent African genesis of humans", *Scientific American* 266(4), pp. 68-73.

Cann, Rebecca L. et al. (1987), "Mitochondrial DNA and human evolution", *Nature* 325, p. 31.

Ingman, M. et al. (2000), "Mitochondrial genome variation and the origin of modern humans", *Nature* 408, p. 708.

Ju, Young Seok et al. (2011), "Extensive genomic and transcriptional diversity identified through massively parallel DNA and RNA sequencing of eighteen Korean individuals", *Nature Genetics* 43, pp. 745-752.

Kim. Jong-il et al. (2009), "A highly annotated whole-genome sequence of a Korean individual", *Nature* 460, pp. 1011-1015.

Krings, M. et al. (1997), "Neandertal DNA sequences and the origin of modern humans", *Cell* 90, p. 19.

Park, Hansoo et al. (2010), "Discovery of common Asian copy number variants using integrated high-resolution array CGH and massively parallel DNA sequencing", *Nature Genetics* 42, pp. 400-405.

찾아보기

ㄷ

ㄹ

ㅁ

ㅂ

ㅅ

A

C

D

Y

Abstract

Chapter 1. Introduction to Altaic Studies: Past and Present

Kim, Juwon (Department of Linguistics, Seoul National University)

This paper contains a summarization of the term Altaic Studies and an assertion of the importance of interdisciplinary studies for Altaic Studies. Earlier the term Altaic Studies had been viewed as emerging from the comparative research of Altaic languages with the aim of studying the genealogy of the Korean language. That is to say the term referred to the job, i.e. comparative linguistic research, of demonstrating the existence of the Altaic language family as well as the affinity of the Korean language with those languages. This research has attained some results, but has been overall unsuccessful. Be that as it may, it would be somewhat hasty to conclude that Korean does not belong to the Altaic language family. The comparative methodology has been strictly applied to this task and it has been difficult to prove the relationships of languages like Korean, which have drifted away from one another. In order to do research somewhat more effectively, a need has arisen for interdisciplinary studies, which until now we have lacked. The related fields are as follows: Linguistics, Literary Studies, History, Mythological Studies, Folklore Studies, Religious Studies, Archaeology, and Genomics.

Accordingly Altaic Studies can now be defined as 'the synchronic and diachronic research of the languages, literature, history, religions, folklore, as well as the genomic studies related to the region in which the languages traditionally categorized as Altaic are spoken, for the purpose of more deeply understanding those peoples.'

Chapter 2. A Study on Progenitor Myth of Altaic People

Cho, Hyun-Soul (Department of Korean Language and Literature, SNU)

This thesis is a study on the Progenitor myth of Altaic people. And it discloses the distinct characteristics of these myths. For example, Turkic people have distinctive wolf totems and the crow or swan mythemes coexisted with these wolf totems. Mongols too have a distinctive wolf totem which combines with the sunlight. And their swan totem coexists with other totems. Tungus people have bear and tiger Progenitor myths. They also have distinctive mythemes like the oviparous mytheme, the feeling sunlight mytheme and the mytheme of son descending from the heaven.

Here, there are two noticeable facts in these characteristics. Firstly, an animal totem combines with the sunlight in the Mongolic Progenitor myth. This phenomenon is a resultant of the foundation myth of their ancient kingdom. It is because the founder of this kingdom is the son of a divine heavenly god. Secondly, Mongolic myths have the characteristic of a mediator. Mongol empire which was also called Won Dynasty has been the mediator of Mongolic myths. This is because of its geographical position. And as they had a vast empire they had the power of spreading. As a result, Mongolic Progenitor myth holds in common the characteristics of Turkic Progenitor myth (i.e. a wolf totem) and the characteristics of Tungus progenitor myth (i.e. a bird totem).

Chapter 3. Present States and Tasks of Manchu Studies in Korea

KO, Dongho (Department of Korean Language and Literature, Chonbuk National University)

The purpose of this study is to introduce present status of Manchu studies by Korean scholars in Korea, and to search for directions of Manchu study in the future by examining their problems. Manchu materials in Korea cannot be said to be excellent quantitatively as well as qualitatively. Furthermore, there was not so many researchers in Manchu in Korea in the past, though the situation is gradually improving. But works of Manchu studies in Korea have been increasing steadily, even under such considerable disadvantageous situations. The works are divided into those carried out by Sayeogwon in Joseon dynasty, and those after 1950's. Moreover, the latter are classified into those Manchu books published by Sayeogwon, Manchu materials published in Qing dynasty, and the rest data. Manchu studies by Korean will need to contribute to the Manchu studies all over the world. Some of the works of Manchu studies are overlapped with existing ones, resulting from the insufficient examination of the latter. Some of them have problems not well-acquainted with linguistic concepts and methods. These problems should not be repeated for the field of Manchu study in Korea to advance in the future.

Chapter 4. A Research History of the Udihe Language
— With Fieldwork Notes —

Kim, Juwon (Department of Linguistics, SNU)

This article examines the history of academic research on the Udihe language. The population of the Udihe people has not exceeded 2,000, and since the 1930's use of their own language has gradually diminished. At present, they inhabit three or four regions, but Udihe speakers, limited to people aged over 70, are an extreme minority, and the highest estimate of their number barely reaches 50: in short, Udihe is a nearly extinct language. Mainly from looking at academic writing on Udihe, the following have been noted about the history of its study: besides Shenejder's admirable work from the 1930's, general neglect prevailed, with only intermittent studies taking place during the 70's and the 80's. It was only in the late 90's that vigorous research took off.

In particular, the field investigation conducted in the summer of 2012 in Krasnyji Yar by a team from The Altaic Society of Korea (which focused on the Documentation of endangered languages, highlighted as a key assignment in linguistics in 2000) has been delineated with detail in this article.

Chapter 5. Archaeological Researches of Balhae History in Russian Primorye

Song, Kiho (Department of Korean History, SNU)

Russian scholars have studied Balhae history and have examined the archaeological sites from the 19th century, and Korean scholars could joined their researches after establishing diplomatic relations with Russia in 1990.

From 1992 to 1998, we mainly focused on understanding Russian studies of Balhae history which had been done in Primorye province for near 100 years, and participated in small-scale excavations.

In the last decade, we broadened the scope of research from Balhae history to neolithic period, bronze period and early iron period, also mainly focusing Balhae history, and more researchers participated in well-organized excavations of sites such as Kraskino fortress, Bulochka dwelling, Chernyatino tombs.

Chapter 6. Nikolai Yadrintsev's View on Native Siberians

Hahn, Jeong-Sook (Department of Western History, SNU)

This article examines the view of Nikolai Mikhailovich Yadrintsev (1842–1894) on the Siberian native people. He was one of the most active representatives of Siberian regionalist movement. Since the Russian conquest of Siberia, native Siberians were considered as 'the others', 'inferiors' or 'savages' by Russians. Yadrintsev opposed to such stereotype. His book *Siberian Foreigners* (1891) focuses on the West Siberian Region (especially the Altaic Region). The author was mainly concerned with the questions of demographic changes among the natives and their cultural development.

Regarding the question of "extinction of the natives", Yadrintsev thought they were obviously in the process of dying out and its main cause was their poverty: the economic conditions of the natives were deteriorating since Russians came to Siberia. He maintained before the Russian conquest of Siberia, the life of the native Siberians had guaranteed their existence and productivity while their population had been increasing.

Yadrintsev was confident that the native Siberians were capable of cultural development. According to him there are many examples showing their past high culture with formidable cities and agricultural settlements. He insisted that the technical standard of the native Siberians worsened after the arrival of Russians in Siberia but their ability of cultural development itself did not retreat. Yadrintsev was sure of their competence of future intellectual development.

Chapter 7. The Characteristics of the Siberian Shamanism and It's Research History

Kang, JeongWon (Department of Anthropology, SNU)

This article studies the history of the siberian shamanism. In Korea the siberian shamanism is considered as the proto type of the shamanism and is considered also to have strong relations with the Korean shamanism. But the history of the preceding studies of the siberian shamanism are not yet introduced enough to Korean scholars of the shamanism. In this article the history is divided into two periods, the 20th century and the preceding centuries. To the 19th century the siberian shamanism was studied descriptively, but in the 20th century it was analyzed from diverse theories. I hope that this article can be helpful to the study of the Korean shamanism.

Chapter 8. The Status Quo and the Issues of the Analysis of Genetic Linkage among East Asian Ethnic Groups: Using Genome Sequence Mutation

Kim, Jong-Il and Seo, Jeong-Sun (Genomic Medicine Institute, SNU)

This paper presents how the comparative studies on genome sequence have been utilized for the studies on ethnic linkage and migration routes. and investigates use possibilities of high resolution genome studies performed actively until recent dates. Energized by developments in molecular biology and genomics since the mid-20th century, genetic differences have been applied on phylogenesis and evolution researches.

We Genomic Medicine Institute of Seoul National University (GMI-SNU) have also carried out genomic analysis with current research trends. First, GMI-SNU found genomic variation existent commonly more than 3% in Korean ethnic group through research articles on Korean genome analysis. On the basis of the analysis, we completed 'high resolution map of the variation of Asian genetic copy numbers' from the examination of each 10 Korean, Japanese, and Chinese people.

We also figured out that mitochondrial DNA originated both from southern and northern races are mixed in Korean people, from the analysis of mitochondrial genome sequence of larger examinee groups—Korean, Chinese, Japanese plus Mongolian and Indian people.

발간사

알타이학이라는 용어는 다소 생소할지도 모른다. 종래에는 주로 한국어 계통론이라는 명칭으로 알타이학이 연구되어 왔다고 할 수 있다. 시각과 연구 범위도 다소 한정되어 한국어의 조상 언어를 찾아내고 이웃 언어와의 계통적 연관성을 연구하는 분야 정도로 알려져 왔다.

그러나 알타이학은 알타이계 제 민족의 언어를 연구하는 데 머무르지 않는다. 알타이학은 이른바 알타이어족으로 불린 민족들의 언어·문학·역사·신화·종교·민속·관습·유전체학 등을 종합적으로 연구하는 분야이다.

이러한 학문 분야는 개별적으로 진행되기보다는 융합적인 관점에서 서로의 연구 성과를 아우르면서 진행되어야 소기의 목적을 달성할 수 있다. 이렇게 함으로써 편협한 시각에서 벗어나 우리 자신과 우리의 이웃을 총체적으로 이해할 수 있고, 한국학의 수준을 제고할 수 있게 되는 것이다.

알타이학을 종합적 대상으로 연구하기 위해 서울대학교 인문학연구원에 알타이학연구소가 설립되었다. 이를 계기로 뿔뿔이 흩어져 연구자가 개인적으로 연구하고 있던 과제를 상호 토론하고 종합함으로써 알타이학의 전기를 맞게 되었다. 우리는 그 결과를 알타이학총서로 출판하기로 하였다.

이 총서는 관련 학자들뿐만 아니라 이 분야의 학문적 정보에 목말라 있는 대중들에게 학문적 진실에 바탕을 둔 고급 교양서 수준의 정보를 제공하고자 한다. 아울러 이 총서를 통해 한국의 알타이학이 종합되어 한국학의 중요한 부분으로서 역할을 하기를, 나아가 세계적인 수준으로 성장하기를 기대한다.

2015년 3월

서울대학교 인문학연구원 전 알타이학연구소장

김주원